Ferdinand Schultz

Lateinische Synonymik

Zunächst für die oberen Klassen der Gymnasien bearbeitet

Ferdinand Schultz

Lateinische Synonymik
Zunächst für die oberen Klassen der Gymnasien bearbeitet

ISBN/EAN: 9783742868558

Hergestellt in Europa, USA, Kanada, Australien, Japan

Cover: Foto ©Paul-Georg Meister /pixelio.de

Manufactured and distributed by brebook publishing software (www.brebook.com)

Ferdinand Schultz

Lateinische Synonymik

Lateinische Synonymik

zunächst

für die oberen Klassen der Gymnasien

bearbeitet

von

Dr. Ferdinand Schultz,
Direktor des Gymnasiums zu Münster.

Fünfte verbesserte Auflage.

Paderborn.
Verlag von Ferdinand Schöningh.

1863.

Lateinische Synonymik

zunäch

für die oberen Klassen der Gymnasien

bearbeitet

von

Dr. Ferdinand Schultz,
Direktor des Gymnasiums zu Münster.

Fünfte verbesserte Auflage.

Paderborn,
Verlag von Ferdinand Schöningh.
1863.

Druck von G. G. Elbert in Leipzig.

Aus der Vorrede zur ersten Ausgabe.

Zwei Gesichtspunkte sind es im Allgemeinen, nach denen die Synonymik einer jeden Sprache, besonders aber die der Lateinischen zu bearbeiten sein möchte, der rationelle und der dogmatische. Wer von dem ersteren ausgeht, setzt sich eine tiefere Ergründung der Sprache, eine Förderung der Synonymik als Wissenschaft, zum Ziele; sein Weg, durch historische und philosophische Untersuchungen hinführend, macht selbst einen nothwendigen Theil seiner Leistung aus; und dieses allein begründet den Unterschied zwischen dem rationellen und dem dogmatischen Synonymiker. Wandern müssen beide den Einen Weg der Forschung und die Freuden und Beschwerden desselben in fast gleichem Maße ertragen; den Leser selbst aber auf eben diesem Wege zum Ziele zu führen, an den Forschungen und Untersuchungen zur Auffindung der Resultate ihn selbstthätig Theil nehmen zu lassen: das ist nur die Aufgabe der rationellen Synonymik. Die dogmatische Synonymik dagegen versetzt ihn sofort an das Ziel der Wanderung, indem sie ihm die Resultate mühsamer Untersuchung, nicht die Untersuchung selbst vorführt. Ihr Zweck ist zunächst nicht Förderung der objektiven Wissenschaft, sondern des subjektiven Wissens; sie hebt den Unterschied synonymer Wörter, welcher in jeder Sprache sich weit eher dem Gefühle kund giebt, als der Erkenntniß, mit strenger Bestimmtheit und Schärfe hervor, und sucht auf diese Weise das bisher nur dunkel Gefühlte zu klarer Erkenntniß zu erheben.

Die rationelle Synonymik hat einen durch Gelehrsamkeit und Scharfsinn in hohem Grade ausgezeichneten Bearbeiter gefunden an Herrn Professor Ludwig Döderlein. Allein sein siebenbändiges Werk ist so voll verwickelter und mühsamer und vielangefochtener etymologischer Untersuchungen, daß die Zweckmäßigkeit desselben, ja selbst die Brauchbarkeit für den Schulgebrauch trotz des Verfassers eigener Meinung (Vorrede zum 4ten Bande p. IX.) durchaus bestritten werden muß.*) Für diesen Zweck ist überhaupt nicht eine rationelle, sondern eine dogmatische Synonymik erforderlich: nicht eine Synonymik, welche das sämmtliche, auch aus den verlassensten Winkeln der Litteratur zusammengeschaffte Sprachmaterial durch die ätzende Schärfe des Verstandes vor den Augen des Lesers in seine Elemente zerlegt, um aus diesen Grundbestandtheilen der Wörter die Grund- und nothwendige Bedeutung derselben selbst zu konstruiren; sondern eine solche, welche nur das Material der reinen und ausgebildeten Sprache berücksichtigt, und das Wort nicht sowohl aus seinen abgestorbenen Bestandtheilen, als vielmehr aus seinem Leben in dem lebendigen Sprachgebrauch unter mitwirkender Leitung etymologischer Forschung erklärt. Der Sprachgebrauch ist durchaus das leitende Prinzip für eine dogmatische Synonymik; die Etymologie ist für dieselbe nur da von Bedeutung, wo sie mit dem Sprachgebrauche vollkommen übereinstimmt. Ist dieser ein Tyrann, so hat es doch einen vernünftigern Tyrannen zuverlässig niemals gegeben, und von ihm mögen wir ohne Furcht vor dem Vorwurfe sklavischer Selbsterniedrigung uns fügsam beherrschen lassen. — Am Reinsten aber zeigt sich der Lateinische Sprachgebrauch bei Cicero, und neben diesem bei Cäsar [und Nepos]. Für den Cicero namentlich spricht nicht nur das Urtheil seiner Zeitgenossen, sondern weit lauter und entschiedener die in seinen Schriften nirgendwo zu verkennende Übereinstimmung seiner Sprechweise mit den Anforderungen einer historischen und philosophischen Durchbringung des Lateinischen Sprachgeistes: und nur darum hat die Zeit, gerechter und zuverlässiger, als irgend ein anderer Richter, aufs Bestimmteste für ihn sich entschieden. Die Sprache des Livius aber, dessen Ruhm in andern Rücksichten ungekürzt bleiben mag, ist der ausgezeichneten Darstellungskunst des Mannes zum Trotze in Wörtern und Wortverbindungen keineswegs frei von zahlreichen Anstößigkeiten gegen die gebildete Lateinische Sprache; und die von seinem Zeitgenossen Asinius Pollio ihm vorgerückte Patavinität ist ebenso zuverlässig das Urtheil eines richtenden Kenners, und nicht die Mäkelei eines mürrischen Krittlers, als sie nur in jener, wie es scheint, provinziellen Spracheigen-

---

*) Das Handbuch der Lateinischen Synonymik von demselben Verfasser (Leipzig, 1840, bei Vogel) erhielt ich erst, als der Druck dieser Arbeit schon vollendet war. Es giebt so ziemlich die Resultate des größeren Werkes in kurzer und scharfer Bezeichnung.

thümlichkeit zu suchen ist. Die Latinitas der Rede ist bei ihm häufig, in Wörtern und Konstruktionen, mit der Patavinitas versetzt worden — ein Fehler, den das gewöhnliche Urtheil übersieht, in der gerechten Bewunderung der ausgezeichneten Darstellungskunst des Mannes. Deshalb wird man sich hüten müssen, bei der Beurtheilung einzeler Wörter und grammatischer Satzverbindungen sich ohne Weiteres auf Livius zu stützen, während die Periodenlehre, der rhetorische Satzbau, und die ganze Kunst der warmen und lebendigen Darstellung bei ihm eine vortreffliche und musterhafte Anleitung findet.

Der dogmatische Synonymiker muß sich daher nach meiner Überzeugung vorzugsweise an Cicero anschließen, und in der Ergründung seines Sprachgebrauchs die Bedeutung und den Unterschied der Wörter aufzufassen bemüht sein; am Zweckmäßigsten ist es, andere Schriftsteller und der Dichter „listige Verbindungen" nur subsidiarisch zu Rathe zu ziehen. In Betreff der angezweifelten und für unächt erklärten Schriften des Cicero bedarf es vielleicht nicht der Gewissenhaftigkeit, welche in diesem Buche beobachtet ist; höchst selten ist auf derartige Schriften Bezug genommen, mit etwaiger Ausnahme der Danksagung für den Marcellus. Aber diese Rede, obschon von Wolf mit der strengsten Entschiedenheit verdammt und auch von Orelli unter die unächten Reden gesetzt, ist nach meiner Überzeugung ebenso sicheres Eigenthum des Cicero, und sicherer vielleicht, als die Rede für den Archias und manches andere, das bisher vergeblich angetastet worden ist. Demgemäß wird die Hauptanforderung des dogmatischen Synonymikers darin bestehen, daß er die Bedeutung und den Unterschied der Wörter, so viel möglich nach Ciceronischem Sprachgebrauche, klar, bestimmt und kurz darstelle und durch angemessene Beispiele erläutere und erweise. Die Erklärung und die gegebenen Beispiele müssen, von dem Schüler namentlich, immer zusammen aufgefaßt werden: und auf solche Art möchte es ihm nur selten zu schwer sein, eine klare und lebendige Anschauung von der Bedeutung und dem Unterschiede der einzelen Wörter zu gewinnen. — Die meisten dogmatischen Synonymiker aber lassen in Rücksicht auf Klarheit und Sicherheit der Auffassung, auf Schärfe und Bestimmtheit des Ausdrucks, vielleicht mehr, als billig, zu wünschen übrig; und ebenso ist in der Wahl der Beispiele, nicht bloß in Rücksicht der Schriftsteller, auch wo bessere Beispiele aus den besten Schriftstellern beigebracht werden konnten, sondern überhaupt in Rücksicht der Erläuterungs- und Beweiskraft der einzelen Beispiele von den meisten vielfach gefehlt worden. Beides in der gegenwärtigen Schrift, so viel möglich, zu vermeiden, bin ich mit eifrigem Fleiße, und wie es mir scheint, nicht erfolglos bemüht gewesen. Alle einzelen Artikel habe ich selbst, einzig und allein unter Anleitung der klassischen Stellen, ausgearbeitet, und demnächst mit Benutzung der mir zu Gebote stehenden Bearbeitungen der Synonymik vervollständiget und berichtigt. Vorzugsweise, ja fast ganz allein, glaube ich hier Herrn Professor Döderlein meinen Dank schuldig zu sein, dessen Angaben ich manchmal mit denselben Worten an die Stelle der meinigen gesetzt, manchmal freilich auch geradezu umgekehrt habe und umkehren mußte. In dem Buche selbst habe ich weder das Eine, noch das Andere angemerkt, überzeugt, daß ein solches jedesmaliges Zitiren in einer Schrift dieser Art werthlos ist. Hier aber kann ich das allgemeine Bekenntniß meines Dankes nicht unterdrücken; est enim benignum et plenum ingenui pudoris fateri, per quos profeceris; und um dieses nach der Neigung meines Herzens vollständig zu thun, habe ich nur noch Herrn Professor Grysar's vielfach ausgezeichnete „Theorie des Lateinischen Styls" anzuführen ... Erläuterungen, die sich in verschiedenen Büchern zerstreut finden, habe ich meistens nur aus dem Gedächtnisse, ohne jedesmaliges Aufsuchen der Stellen, zu Rathe gezogen; und diese werden daher durch meine individuelle Auffassung so modifizirt worden sein, daß sie allenfalls ganz als meine Angaben gelten können ...

Die Folge der einzelen Artikel in einem synonymischen Wörterbuche ist mit Rechte schon von Herrn Döderlein als eine Nebensache betrachtet worden. Die alphabetische Ordnung, namentlich wie sie bisher meistens beobachtet worden ist, hat gar keinen Werth; besser ist es jeden Falls, die Wörter nach einzelen Begriffsreihen zusammenzustellen, wiewohl auch hierbei weder ein sonderlicher Gewinn erwächset, noch eine strenge Konsequenz beobachtet werden kann. Jedoch habe ich diesen Gesichtspunkt im Ganzen festzuhalten gesucht, und unter den drei allgemeinen Abtheilungen in Verba, Nomina und Partikeln, die verwandten Wörter meistens in unmittelbarer Folge abgehandelt. Zu bemerken aber bleibt noch, daß nicht bloß viele zusammengesetzte Wörter ganz übergangen sind, weil ihre Bedeutung und ihr Unterschied von andern Wörtern sich aus den einzelen Theilen der Zusammensetzung ergiebt; sondern auch bei manchen Wörtern eines gemeinsamen Stammes eine besondere Erklärung aller einzelen durchaus unnöthig schien, indem sie das Charakteristische ihrer Bedeutung und ihres Unterschieds von andern genau aus der Bedeutung des Stammwortes mit sich hinübernehmen. Splendeo, splendor und splendidus stehen zu fulgeo, fulgor und fulgidus, zu niteo, nidor und nitidus genau in demselben Verhältnisse, und hat man die Verba oder die Substantiva oder die Adjektiva erklärt und mit einander verglichen, so ist eine weitere Besprechung der beiden andern ganz überflüssig. Zu diesem Zwecke das Stammwort jedes Mal herauszuwählen, ist keines Weges erforderlich; für die Klarheit und Bestimmtheit ist es vielmehr meistens gleichgültig, während es für die Kürze mindestens wünschenswerth sein kann, die abgeleiteten Wörter zur Besprechung an die Spitze zu stellen. Manche Wörter aber, selbst solche, die in andern Bearbeitungen der Synonymik für den Schulgebrauch sorglich besprochen sind, habe ich ganz weggelassen, z. B. marsupium, pasceolus, crumena; corbis, fiscina, calathus, sporta; cantharus, capedo, carchesium, cululus, trulla; essedum, cisium, raeda, petorritum, pilentum, tensa; und manche andere, die bei einer Unterscheidung, welche bloß in einer Angabe äußerer Eigenschaften für das Gedächtniß besteht, einzig und allein den Alterthümern angehören und größten Theils nicht viel mehr wie Synonyma anzusehen sein mögen, als im Deutschen Gabel und Messer. Obendrein hat für den Gymnasialschüler die Betrachtung solcher Wörter als Synonyma gar keine Bedeutung; und noch viel weniger wird der weiter Ausgebildete Veranlassung nehmen, in einer Synonymik über derartige Dinge Auskunft zu suchen.

Wer demgemäß die Weglassung der drei bezeichneten Wörterklassen mit mir für keinen Mangel hält, der wird hoffentlich des Nothwendigen nicht viel vermissen. Schließlich aber möchte ich über den Gebrauch dieses Buches für den Gymnasialunterricht noch Einzeles bemerken. Wie sehr die Lateinische Synonymik bei den schriftlichen und mündlichen Übersetzungen aus dem Lateinischen ins Deutsche, und umgekehrt, ein förderliches Hülfsmittel ist, bedarf keiner weitern Berührung, und bei allen diesen Arbeiten sollten die Schüler der obern Klassen ein derartiges Buch immer zur Hand haben. Als zweckmäßig möchte ich auch folgende Übung vorschlagen. Anstatt eines Lateinischen Pensums mache man es dem Schüler von Zeit zu Zeit zur Aufgabe, einzele Synonyma, z. B. quies, tranquillitas und requies, mit Anleitung des Buches und etwa ausführlicherer Erläuterung des Lehrers gründlich zu lernen und alsdann schriftlich in Lateinischer Sprache mehre Beispiele auszuarbeiten, in welchen der Unterschied der betreffenden Wörter so scharf, wie möglich, hervortritt; etwa in dieser Art: Matre occisa Orestes, animi *tranquillitate* privatus, quum in ipsis *quietibus* nocturnis subito saepe ardentibus furiarum taedis suscitaretur: Delphos profectus consuluit Apollinem, qua tandem ratione malorum *requiem* posset invenire. In diesem Beispiele hat jedes der besprochenen Wörter seinen festen Platz und kann durch keines der Synonyma vertreten werden: Solche Versuche aber gewähren einmal den ganzen Vortheil jeder anderen Lateinischen Stilübung, und befördern außerdem auf eine besonders wirksame Weise die Schärfe und Sicherheit in verschiedenen sprachlichen Auffassungen. Der Begriff Ruhe z. B. wird im Deutschen durch dies Eine Wort vollständig ausgedrückt, obgleich er zwei ganz entgegengesetzte Beziehungen in sich vereinigt, indem er zuerst einen Zustand, der aus dem Gefühle der Kraft, dann auch einen Zustand, der aus dem Gefühle der Schwäche hervorgeht, bezeichnet. Im Lateinischen aber ist jenes *tranquillitas*, dieses *quies*; der tranquillus fühlt sich stark, der quietus will sich stärken: und in ganz angemessener Übertragung werden beide Wörter auch von leblosen Dingen ausgesagt. Wie aber die richtige Auffassung dieser verschiedenen Beziehungen zunächst die Lateinische Sprache vor dem Verdachte eines unnützen und überflüssigen Wortvorrathes sichert: so bereichert sie auch fernerhin den Geist durch die Anregung und Entwickelung der in dem Einen Worte verborgen liegenden Begriffsverschiedenheiten überhaupt. In andern Fällen sind solche Beziehungen in der Deutschen Sprache durch besondere Wörter bezeichnet, während sie im Lateinischen nicht geschieden sind; Gedächtniß und Andenken z. B. werden trotz ihrer Verschiedenheit im Lateinischen durch das Eine Wort memoria ausgedrückt, und in diesen und ähnlichen Fällen ist offenbar die Deutsche Sprache durch die Schärfe der Begriffstrennung vor der Lateinischen ausgezeichnet. Die vorgeschlagenen Übungen werden sich demgemäß nicht bloß zu einer klaren und bestimmten Erkenntniß der Synonyma immer besonders wirksam beweisen, sondern auch die Schärfe und Sicherheit des Geistes zu allgemeineren sprachlichen Auffassungen kräftigst anregen und beleben.

Arnsberg, den 2. September 1841.

Vorrede zur dritten Ausgabe.

Als ich die zweite Ausgabe dieses Buches vorbereitete, waren mir leider die beiden vortrefflichen Gesammt-Rezensionen neuerer synonymischer Wörterbücher von Herrn Prof. Reinhold Klotz in Leipzig (N. Jahrb. f. Ph. 1844 S. 3—75.) und von Herrn Prof. Haase in Breslau (Ergänzungsblätter zur Allg. Litter. Zeitung, 1842 S. 737 ff.) noch nicht bekannt geworden. Die erstere erhielt ich, als der Druck der zweiten Ausgabe schon bis zum Index fortgeschritten war; und da mich zugleich andere Verhältnisse bedrängten, so mußte ich mich damit begnügen, in der damaligen Vorrede (Arnsberg den 5. März 1844) einen kurzen Bericht über die wesentlichsten Bemerkungen derselben zu erstatten. Für die gegenwärtige Ausgabe habe ich natürlich die ganze Rezension des Herrn Klotz mit aller Sorgfalt geprüft, und bald erkannt, daß ich demselben für seine vielfachen Belehrungen weit größeren Dank schuldig bin, als ich beim ersten Durchlesen der einzelen Bemerkungen geglaubt. Späterhin habe ich auch reichen Nutzen gezogen aus desselben Verfassers Lateinischem Handwörterbuch, das in Wahrheit einen Fortschritt der Lateinischen Lexikographie bildet, wenigstens in denjenigen Artikeln, die Herr Klotz selbst ausgearbeitet, leider nicht so in denen des Herrn Lübker, noch weniger in denen des Herrn Hudemann — denn in Betreff des Letztern muß ich der Ansicht des Rezensenten in den N. Jahrb. f. Phil. (1854 p. 403 ff.) aufs Bestimmteste entgegengetreten. Wo ich von einer ausdrücklichen Angabe des Herrn Klotz abgewichen bin, da ist es allemal nur geschehen, weil ich auch nach der sorgfältigsten Prüfung ihm beizustimmen nicht vermochte. So habe ich Art. 10. aus Cic. Tusc. IV. 31. auch jetzt nicht *Confidere* decet, wie es überliefert ist, drucken lassen, sondern die auch von Wolf und Orelli in den Text aufgenommene Konjektur von Dawes *Cavere* decet beibehalten, weil nach meinem Urtheil der Zusammenhang der Gedanken den Begriff von confidere gar nicht zuläßt. Als Beleg für den Begriff von cavere würde ich die zweifelhafte Stelle natürlich nicht gebraucht haben. Ferner habe ich den Verweis des Herrn Klotz, daß ich bei adamare, Art. 11. „obschon Freund u. b. W. richtig angab, daß Cicero bloß das Perfekt und Plusquamperfekt brauche, dies anzugeben nach meinem Plane und meiner sonstigen Gewohnheit mit Unrecht unterlassen habe" nicht vollständig gelten lassen können; denn obgleich Herr Klotz die Behauptung in seinem Wörterbuche wiederholt, so hat doch sowohl er, als auch Herr Freund sich um ein Kleines geirrt, da wenigstens das Präsens adamare in allen Ausgaben des Cicero, auch in der des Herrn Klotz, gelesen wird de fin. I. 20. 69. Doch wozu mehr Einzelheiten? Ich drücke wiederholentlich in aufrichtiger Verehrung dem Herrn Klotz meinen wärmsten Dank aus, nicht bloß für sein empfehlendes Urtheil über das Buch im Allgemeinen, sondern noch viel mehr für die Belehrungen und Berichtigungen im Einzelen; denn die letzteren haben mir am Meisten genutzt. Auch in den aus Cicero angeführten Stellen bin ich vorzugsweise der Ausgabe des Herrn Klotz gefolgt; nur daß ich die ganz ungerechtfertigte Schreibung von Wörtern wie ocium, precium nebst einigen andern überall ausgeschlossen und überhaupt diejenige Orthographie festgehalten habe, die ich neulich in einer besondern Untersuchung als die bessere nachgewiesen (Orthographicarum quaestionum decas, Paderbornae 1855, Schöningh).

Die andre, nicht minder belehrende und anregende Rezension wurde mir erst im vorigen Jahre bekannt, und Herr Professor Haase selbst hatte die Freundlichkeit, sie mir auf einige Zeit zum Gebrauche zukommen zu lassen: wofür ich demselben meinen besten Dank ausspreche. Zwar hatte ich damals die Durchsicht des Buches zum Neudruck schon ziemlich vollendet, habe indessen alle Einzelberichtigungen des Herrn Haase, auf die er zu meinem Bedauern nur wenig eingegangen, noch benutzen können. Allein seine Winke zu einer allgemeinen Umgestaltung der Synonymik, wie schön sie auch sind, hätte ich bennoch, selbst bei genügender Muße, nicht in Anwendung bringen dürfen, indem ich wesentlich einen praktischen Standpunkt einnehme, und, wie bei meinen übrigen Arbeiten, so auch bei der Synonymik, vorwiegend die Förderung des Gymnasial-Unterrichts im Auge habe. Seine Behandlungsweise der Synonymen dürfte wol auch nur von einem Manne, wie er selbst ist, mit einer gewissen Allgemeinheit durchzuführen und von allzu subjektiver Auffassung frei zu halten sein; und selbst dann wird in dem Systeme mehr der Reiz der Betrachtungsweise, als eine wissenschaftliche Sicherheit hervortreten; geschweige denn eine dogmatische Belehrung des Gymnasial-Schülers zu erzielen sein. Um die Sache richtig zu bezeichnen, muß ich mich seines eigenen wundervoll durchgeführten Beispiels und seiner eigenen Worte bedienen:

„Auf alle Bemerkungen dieser Art verzichte ich jetzt, um nur noch an einem Beispiele zu zeigen, wie sich die synonymischen Unterschiede sehr anschaulich parallelisiren lassen, wenn man darauf ausgeht, nicht bloß einzeln und ohne Zusammenhang die Bedeutung der Synonyma zu bestimmen, sondern zugleich die Gesichtspunkte der Unterscheidung zu finden. Ich wähle dazu die sich leicht an einander schließenden Ausdrücke für L u f t , W a s s e r und G e i s t . Die Römer haben vermöge ihres materiellen Sinnes kein eigenes Wort für die Luft, als Element überhaupt aufgefaßt, sondern nur das von den Griechen entlehnte *aër*, weil sie ursprünglich die Luft nur in den besondern, fühlbaren Modifikationen derselben auffaßten. Das Wasser dagegen ist viel materieller und bietet sich unter allen Umständen als einen gleichförmigen Stoff dar, und da dieser im Allgemeinen weich und ohne selbständige Energie erscheint, so wurde *aqua* als Feminin der Name für das Element. Die Modifikationen der Luft sind, abgesehen von den Ausdrücken für den Sturm, *ventus* und *aura*, jener als Maskulin für die kräftig sich bewegende und wirkende Luft, *aura* als Feminin für das weiche, angenehm berührende, schmeichelnde Wehen, daher auch übertragen auf Gunst und Auszeichnung, *auram captare*, aber nicht ohne Zusatz, wie popularem, favoris u. dgl. Auf Seiten des Wassers entspricht der *aura* die *unda*, dem *ventus* der *fluctus*, indem jene das sanft und gleichmäßig, dieser das kräftig und wirkend sich bewegende Wasser darstellt. Aber außerdem erscheinen *unda* und *fluctus* nicht bloß als das Wasser überhaupt, nach seiner größern oder geringern Kraftäußerung als Maskulin und Feminin aufgefaßt, sondern zugleich als einzele, abgeschlossene Gestaltungen, gleichsam Individualitäten desselben; in beiden Beziehungen sind auf Seiten der Luft entsprechend *anima* und *spiritus*, das Weibliche und Männliche des Athems, abgeschlossene, als begränzt gedachte Theile der Luft von einem gewissen Punkte ausgehend und sich in einer gewissen Richtung fortbewegend, wie *unda* und *fluctus*; aber *anima* ist der gleichmäßige, ruhige Athem, unselbständig, an den Leib gebunden und dessen physisches Leben bedingend; *spiritus* dagegen als Maskulin, ist der kräftige, frei nach Außen gehende Athem, auch vom Winde gesagt für sein Blasen in bestimmter Richtung, und metaphorisch das starke Blasen eines Menschen als Ausdruck der Anmaßung, des Stolzes. An *anima*, insofern dies die unselbständige physische Lebensbedingung ist, schließt sich sein Maskulin *animus*, als das selbständige energisch bewegende Lebensprinzip im Menschen, sein Geist als thätig gedacht, als Muth, bestimmter Wille. Das Feminin *mens* ist auch der Geist des Menschen, aber nicht als thätiger Trieb zum Handeln, sondern als die Fähigkeit zu leidendem, unselbständigem Empfangen und Auffassen des Gegebenen, Verstand und Vernunft, und so überhaupt Denkvermögen. Eine spätere Auffassung des Geistes liegt in dem jüngeren Worte *ingenium*, das von der Reflexion über die Verschiedenheit des menschlichen Geistes ausgeht und diese als eine von der Natur herrührende, angeborene auffaßt; daher bezeichnet *ingenium* den Geist, insofern er einem jeden als besonderer, eigenthümlicher angeboren ist, den individuellen geistigen Charakter. Da nun dieser sehr verschieden sein kann und das bloße Merkmal des Angebornen dem Geiste nicht an sich schon eine bestimmte Physiognomie giebt, durch welche er den Eindruck eines Maskulins oder Feminins machen würde, so kann er hier auch nicht durch das Genus charakterisirt werden, weshalb *ingenium* Neutrum ist; denn wird es auch im engern Sinne auf Talente und Anlagen bezogen, weil sich in diesen hauptsächlich die Verschiedenheiten des angebornen Geistes zeigen, so werden doch die Anlagen weder als einzele, bestimmte, noch auch nur als positiv vorhandene bezeichnet, sondern beides muß erst durch beigefügte nähere Bestimmungen des *ingenium* hinzugebracht werden.

Wenn man in dieser Weise parallele Reihen von synonymen Begriffen zusammenstellte, und untersuchte, nach welchen Gesichtspunkten und Merkmalen die Unterscheidungen gemacht sind, so würde uns dies zu einer tiefen Erkenntniß der volksthümlichen Anschauungsweise der Römer führen, vorausgesetzt, daß diese Richtung nicht einseitig verfolgt, sondern durch besonnene Rücksicht auf die Abstammung, wie auf die etymologische Gestalt der Wörter, und durch genaue Observation des Gebrauchs unterstützt würde; es dürfte sich auch auf diesem Wege ergeben, daß die Römer von Ursprung her weder für die Poesie, noch für die Philosophie geschaffen waren; und so hat die Synonymik an ihrem Theile zur Lösung der großen Aufgabe beizutragen, welche sich die Grammatik überhaupt zu stellen hat, den weltgeschichtlichen Charakter der Römer gerade aus seiner innersten und gründlichsten Offenbarung in der Sprache zu erkennen."

Außer diesen und den übrigen bereits bei der zweiten Ausgabe benutzten Beurtheilungen meines Buches (in der Berlin. Litter. Zeitung von 1842 Nro. 8. p. 191., im Gersdorffschen Repertorium Band 30. Heft 1. p. 31. und von Herrn Prof. Moser in Ulm in den Heidelberger Jahrb. von 1842 p. 581 ff.) sind mir weiterhin noch zwei Anzeigen desselben von Herrn Schulrath Wilhelm in

Troppau bekannt geworden (Zeitschrift für die Österreichischen Gymnasien 1851 Hft. 4. S. 328. und 1852 Hft. 11. S. 936.), welche eine Berichtigung im Einzelen nicht beabsichtigen, sondern nur im Allgemeinen und mit derselben freundlichen Anerkennung, wie die übrigen Rezensionen, das Buch der studirenden Jugend empfehlen.

Daß ich außerdem durch fortgesetztes eigenes Studium der Lateinischen Schriftsteller, durch viele treffliche Bemerkungen in neuern Kommentarien, und durch ununterbrochene Beschäftigung mit dem Lateinischen Unterrichte zu mancherlei Berichtigungen und Nachträgen veranlaßt worden bin, möchte ich lieber aus einer Vergleichung des Buches selbst, als aus meiner Versicherung entnehmen lassen.

Ich schließe mit den Schlußworten der Vorrede zur zweiten Ausgabe: So sende ich das Buch in seiner neuen Gestalt hinaus, und spreche noch einmal den aufrichtigsten Dank aus gegen alle, die demselben Ihre Theilnahme bewiesen, namentlich aber gegen ein Hohes Ministerium, welches das Buch gleich bei seinem ersten Erscheinen einer speziellen Empfehlung an die Preußischen Lehrerkollegien für würdig geachtet hat. Mögen künftige Richter erkennen, daß ich hierin nicht eine Veranlassung zu sorgloser Zufriedenheit, sondern einen Sporn zu größerer Strenge mit mir selbst gesehen habe.

Braunsberg, den 5. März 1856.

Vorrede zur fünften Ausgabe.

Mit gutem Vertrauen darf ich auch die gegenwärtige Ausgabe der Synonymik eine verbesserte nennen. Manche dieser Verbesserungen verdanke ich zweien Rezensionen des Herrn Professors Ludwig Vielhaber zu Salzburg; manche den Erinnerungen und Mittheilungen meiner hiesigen Amtsgenossen und Freunde, besonders der Herren Professoren Lauff, Dr. Middendorf und Hölscher, sowie des Herrn Oberlehrers Dr. Ganß zu Kempen; manche auch der fortdauernden eigenen Freude und Betheiligung an den Lateinischen Sprachstudien überhaupt und der Synonymik insbesondere. Einzeles

Wenige (309 a. 368 a. u. b.) ist neu hinzugefügt. Die Orthographie habe ich in Übereinstimmung gebracht mit der S. 9 der 5. Ausgabe meiner Lateinischen Sprachlehre gegebenen Zusammenstellung, welche in gemeinschaftlichen Berathungen unseres Lehrer-Kollegiums zunächst als Norm für unsre Anstalt vereinbart worden ist. Druckfehler von irgendwelcher Erheblichkeit sind hoffentlich vermieden. Dies, sowie auch verschiedene Berichtigungen der Zitate, verdanke ich der Theilnahme meines Amtsgenossen, des Herrn Dr. Schnorbusch, der jeden Bogen zugleich mit mir einer sorgfältigen Durchsicht unterzogen hat.

So entlasse ich das Buch zum fünften Male und empfehle es, wie auch mich selbst, dem fernern Wohlwollen der Schulmänner.

Münster, den 7. April 1863.

Schultz.

I. Verba.

1. Cogitare, meditari, commentari, deliberare, reputare, sentire — denken.

Cogitare enthält den allgemeinsten Begriff, denken, als naturgemäße Thätigkeit des Geistes. *Meditari* ist nachdenken, als spekulatives Denken, durch Anstrengung des Denkens das Wesen einer Sache zu ergründen suchen, namentlich um sich dadurch auf ein entsprechendes Handeln vorzubereiten. Dasselbe bezeichnet *commentari;* jedoch ist *meditari* mehr auf das Innere, auf den Gedanken an sich gerichtet, *commentari* mehr auf das Äußere, auf die dem Gedanken entsprechende Fassung; *meditari* ist mehr eine Thätigkeit der Vernunft, *commentari* mehr des Verstandes, der *mens. Deliberare* ist erwägen, die Gründe für und gegen mit einander vergleichen, überlegen was zu thun sei, immer in Rücksicht auf eine Handlung, die man unternehmen oder unterlassen will, während bei *meditari* und *commentari* nur das wie der Handlung in Betracht kommt. *Reputare* entspricht ebenfalls dem Deutschen erwägen oder überdenken, aber nicht sowohl um darnach zu handeln, als um gründlich zu erkennen. *Sentire* endlich heißt das Denken als wahre Gesinnung, im Gegensatz zum Scheine, gesinnt sein. Docto et crudito homini *vivere* est *cogitare.* Cic. Tusc. V. 38. *Meditabor,* quomodo cum illo loquar. Cic. Att. IX. 17. Hortensius tanta memoria erat, ut quae secum *commentatus* esset, ea sine scripto verbis iisdem redderet, quibus *cogitavisset.* Cic. Brut. 88. Nihil est, quod tam elevet aegritudinem, quam perpetua in omni vita *cogitatio,* nihil esse quod non accidere possit, quam *meditatio* condicionis humanae, quam vitae lex *commentatioque* parendi. Cic. Tusc. III. 16. cf. II. 17 u. 18. Noctem sibi ad *deliberandum* postulavit. Cic. Sest. 34. Haec copulatio rerum et quasi consentiens

I. VERBA.

ad mundi incolumitatem coagmentatio naturae quem non movet, hunc horum nihil unquam *repulavisse* certo scio. Cic. n. d. II. 46. Causa haec inventa est sola, in qua omnes *sentirent* idem. Cic. Cat. IV. 7. Pansa et *sentit* bene et loquitur fortiter. Cic. fam. XII. 22. *Iocansne* an ita *sentiens?* Cic. Ac. II. 19.

2. Meminisse, reminisci, recordari — sich erinnern.

Meminisse, sich erinnern, ist noch im Gedächtnisse haben, = memoria *tenere;* verstärkt *commeminisse; reminisci,* sich durch Nachdenken wieder besinnen auf das, was dem Gedächtnisse entfallen war = in memoriam *revocare;* beide sind mehr eine Verstandesthätigkeit. Recordari dagegen ist mehr eine Thätigkeit des Gemüthes, gedenken, beherzigen, mehr in *animum,* als in memoriam revocare; mit Theilnahme des Herzens wieder an etwas denken. Demgemäß kann man Lateinisch niemals sagen: Saepe tui *memini;* auch reminisci würde hier nicht angemessen und, weil es kein Perfekt hat, überhaupt nicht brauchbar sein; man wird sagen müssen: Saepe tui recordatus sum. Ein ganz zufälliges, absichtsloses sich erinnern wird bezeichnet durch den Ausdruck *venit mihi in mentem* alicuius rei, es fällt mir etwas ein. Antipater ille Sidonius, quem tu *probe meministi.* Cic. or. III. 50. Ebenso Cinnam memini Cic. Phil. II. 42. V. 6. und Galbam memoria teneo Cic. or. I. 10. *Reminiscendo* recognoscere. Cic. Tusc. I. 24. *Recordari* memoriam pueritiae ultimam. Cic. Arch. 1. Talia esse eius scripta magis *reminiscor,* quam *teneo.* Sen. ep. 100. Zusammen stehen sie Cic. Lig. 12. Equidem, quum tuis omnibus negotiis interessem, *memoria teneo,* qualis Ligarius, quaestor urbanus, fuerit erga te et dignitatem tuam; sed parum est, me hoc *meminisse;* spero etiam te, qui oblivisci nihil soles, nisi iniurias — etiam de aliis quibusdam quaestoribus *reminiscentem recordari.* (Hoc loco) *venit mihi* Platonis *in mentem.* Cic. fin. V. 1.

3. Intellegere, comprehendere, perspicere, cognoscere — erkennen.

Intellegere, einsehen, begreifen, das Wesen und die Wahrheit eines Objekts erfassen mit der Vernunft; com-

prehendere, auffassen, verstehen, den Inhalt, die Bedeutung eines Objekts erfassen und als einen Begriff zusammenfassen—mit dem Verstande; *perspicere*, durchschauen, ein Objekt mit dem leiblichen oder geistigen Auge genau und in allen seinen Theilen besichtigen und erkennen; *cognoscere*, erkennen, zunächst ein Ganzes aus Einzelheiten kennen lernen, als Anfang des Erkennens (das in *pernoscere* als vollendet erscheint); demnächst einen Gegenstand an seinen Merkmalen von andern unterscheiden. *Cognoscere* ist ein historisches Erkennen, sowie *intellegere* das allgemeine Wort für ein rein vernünftiges, *sentire*, merken, für ein bloß natürliches, auf unmittelbarer, sinnlicher oder geistiger Empfindung beruhendes Erkennen und Denken ist. Propositio ex se *intellegitur*. Cic. invent. I. 39. Quidni gauderet (Socrates), quod iram suam multi *intellegerent*, nemo *sentiret*? Sen. ir. III. 13. Quo magis mentem ab oculis sevoco, eo minus id, quod tu vis, possum mente *comprehendere*. Cic. n. d. III. 8. Quidam saepe in parva pecunia *perspiciuntur*, quam sint leves. Cic. am. 17. Vocem tuam *cognosco*. Cic. or. II. 63. Quare in his vis deorum insit, tum *intellegam*, quum *cognovero*. Cic. n. d. III. 24. Rem *cognoscite*, ut *pernoscatis*, ecquid spei sit relicuum. Ter. Andr. prol. 24.

4. Animadvertere, sentire, percipere (notare, signare) — bemerken.

Animadvertere heißt beobachten und bemerken, insofern dieses durch ein absichtliches Hinwenden des Geistes auf einen Gegenstand geschieht. Es hat auch die Bedeutung strafen; und auf eine bemerkenswerthe Weise berühren sich auch im Deutschen die beiden Begriffe in dem Worte ahnen und ahnden. *Sentire* ist nicht sowohl bemerken, als merken, ohne besondere Absichtlichkeit und ohne ein daraus hervorgehendes klares Bewußtsein, bloß durch eine irgendwie erregte sinnliche oder geistige Empfindung; fühlen. *Percipere* enthält fast die umgekehrte Anschauung von *animadvertere*; es bezeichnet das Aufnehmen des Objektes in den Geist, meistens mit dem Nebenbegriffe der Vollständigkeit und Stärke, erfassen, kennen lernen, empfinden. *Notare* heißt bloß durch eine nota bemerklich machen, wie *signare* durch ein signum u. s. w. Man übersetzt notare durch zeichnen, anzeichnen, signare durch bezeichnen; übrigens ist der Unterschied nur der von nota und signum. Quum repugnare utilitas honestati videtur, *animadvertendum* est, repugnetne plane, an possit cum honestate coniungi. Cic. off. III. 12. *Sentit* animus, se moveri; quod quum *sentit*, illud una *sentit*, se vi sua, non aliena moveri. Cic. Tusc. I. 23. Dignitas tua facit, ut *animadvertatur*, quidquid facias. Cic. fam. XI. 27. Earum herbarum utilitates longinqui temporis usu et periclitatione *percepimus*. Cic. n. d. II. 64. Cicero acerbissimos dolores miseriasque *percepit* (wegen der Stärke der Empfindung). Cic. fam. XIV. 1.

5. Scire, nosse, callere — verstehen.

Scire, wissen, ist auf Einsicht und Gedächtniß, *nosse*, kennen, auf Anschauung und Wahrnehmung, *callere* (mehr der Umgangssprache eigen), sich auf etwas verstehen, auf Gewöhnung und Übung gegründet. Durch scire entsteht eine Sicherheit und Gewißheit, durch nosse eine Bekanntschaft, durch callere eine Gewandtheit. Daher nur scire Latine Cic. Brut. 37. aber nosse viam Ter. Heaut. II. 2. 7. Nego scire nos, sciamusne aliquid, an nihil sciamus... Dubitari non potest, quin Socrati nihil sit visum *sciri* posse; excepit unum tantum scire se, nihil se *scire*. Cic. Acad. II. 23. Virtutem ne de *facie* quidem *nosti* Cic. Pis. 32. Deum colit, qui *novit*. Sen. ep. 95. §. 47. Neque Poenorum iura *calles* (zu einem Gaditaner gesagt); reliqueras enim civitatem tuam; neque nostras potuisti leges inspicere. Cic. Balb. 14.

6. Nescire, ignorare — nicht wissen.

Nescire, nicht wissen, ist der gerade Gegensatz von scire, und bezeichnet ein Nichtwissen dessen, was man durch Verstand und Vernunft wissen kann; *ignorare*, nicht kennen, ist der Gegensatz zu nosse, und bezeichnet ein Nichtwissen dessen, was man durch Erfahrung und Wahrnehmung wissen kann; das erste ist vorzugsweise begründet durch geringe Geistesgaben, das zweite durch geringe Erfahrung; daher auch nescire ein völliges Nichtwissen, *ignorare* ein ungenaues, verkehrtes Wissen, ein Nichtkennen, ausdrückt. *Deos nescio, von Göttern weiß ich nichts.* Ter. Heaut. V. 4. 15. Anima sit (animus) ignisne, *nescio;* nec me pudet fateri *nescire*, quod *nesciam.* Cic. Tusc. I. 25. Maiore studio Lucullus philosophiae deditus fuit, quam, qui illum *ignorabant,* arbitrabantur. Cic. Ac. II. 2. In der bekannten Stelle respondit, se *ignorare* Aristidem Nep. III. 1. wäre nescire offenbar falsch; ebenso in me vehementer *ignoras.* Cic. Rab. Post. 12.

7. Credere, reri, arbitrari, putare, opinari, censere — glauben.

Credere, glauben, einen früher schon (von uns selbst oder von andern) gedachten Gedanken für wahr halten; *reri,* nach einem berechnenden Überschlag den Verhältnissen gemäß erachten, in dem Sinne, wie im Deutschen das Wort denken für glauben gebraucht wird; *arbitrari,* nach seinem persönlichen Ermessen, nach eigener, moralischer Überzeugung, unbekümmert um das Urtheil anderer, glauben; *putare,* meinen, glauben, einen selbst gedachten Gedanken bei noch nicht klarem Bewußtsein der Gründe für wahr halten; *opinari,* wähnen, vermuthen, einen entstehenden Gedanken bei noch unklarem Bewußtsein der Gründe für wahr halten, obschon er in der Wirklichkeit vielleicht falsch, oder höchstens wahrscheinlich ist. Audivi equidem ista, sed nunquam sum adductus, ut *crederem.* Cic. Brut. 26. Mihi *crede* (in der gewählten Prosa bei Cicero immer in dieser Stellung, dagegen in den Briefen auch einzelne Male crede mihi vorkommt). Nam, *reor,* nullis, si vita longior daretur, posset esse iucundior. Cic. Tusc. I. 39. Si hoc minus ad officium tuum pertinere *arbitrabere,* suscipiam ego partes, quas alienas esse *arbitraberis.* Cic. Verr. IV. 37. Ingenii magni est, ... non committere, ut aliquando dicendum sit: Non *putaram.* Cic. off. I. 23. Sapiens nihil *opinatur.* Cic. Mur. 30. Sapientis est, *opinionem* a perspicuitate seiungere. Cic. Ac. II. 14. Vermuthen aus bewußten Gründen heißt *conicere,* schließen; ein Glauben aus bewußten Gründen heißt *existimare,* erachten (mit dem acc. c. inf.). *Censere* enthält nicht eine bloße Thätigkeit des Geistes, sondern auch eine Äußerung derselben, einer Ansicht sein und sie auszusprechen, wobei man sich das Subjekt unter der Form einer gewissenhaften, obrigkeitlichen Person denkt, wie bei *iudicare*, urtheilen, unter der bestimmteren Form eines Richters. *Arbiter* ist der Richter nach persönlichem Ermessen, der Schiedsrichter; *iudex* der förmliche Richter nach Gesetzen oder wenigstens nach nöthigenden Gründen; und ebenso verhält es sich mit arbitrium und iudicium. Cito *conieci*, Lanuvii te fuisse. Cic. Att. XIV. 21. Institui referre ad vos tamquam integrum, et de facto quid *iudicetis* et de poena quid *censeatis*. Cic. Cat. IV. 3. Quid mihi animi in navigando *censes* fore? Cic. Att. X. 11. *Iudicem* formula includit et certos, quos non excedat, terminos ponit; *arbitri* libera et nullis adstricta vinculis religio . . . sententiam suam prout humanitas et misericordia impellit, potest regere. Senec. benef. III. 7. Populus Romanus victis non ad alterius praescriptum, sed ad suum *arbitrium* imperare consuevit. Caes. b. G. I. 36. Daher auch *iudicium* das Urtheil oder Erkenntniß, als richterliche Entscheidung des Prozesses, *arbitrium* der Vergleich bei Cic. Rosc. com. 4.

8. Aestimare, existimare — schätzen.

Aestimare, schätzen, abschätzen, nach Art eines Tarators, sowohl in Rücksicht auf den Preis, als auf den moralischen Werth; auch achten, aber alsdann nie absolut, sondern stäts mit dem nothwendigen Zusatze des wie hoch. Magni *aestimare* ist eine Thätigkeit des Erkennens, magni *habere*, des Gemüthes; ein magni *facere* zeigt sich im Betragen; magni *ducere* ist ebenfalls eine Thätigkeit des Erkennens, aber unsicherer, als aestimare, und verhält sich dazu, wie credere zu scire. *Taxare* ist der guten Sprache fremd. *Existimare* heißt sich durch aestimare ein Urtheil bilden, als Privatmann, (und hierdurch von *iudicare* unterschieden), nicht in Rücksicht auf den Geldwerth, sondern auf innern Werth (*bene*, *male* existimare *de* aliquo) und auf Wahrheit; daher auch glauben, dafür halten (mit acc. c. inf., der bei aestimare nicht statthaft). Vulgus ex veritate pauca, ex opinione multa *aestimat* (schätzt ab). Cic. Rosc. com. 10. Ego sic *existimo*, hos oratores maximos fuisse. Cic. Brut. 36. cf. Man. 10. Litem *aestimare.* Cic. Idem fecisse est *existimandus* ... tritici modium *aestimavit* denariis tribus ... aiebat, se tantidem *aestimasse.* Cic. Verr. 92. Exstant orationes, ex quibus de ingeniis illorum oratorum *existimari* potest. Cic. Brut. 21. De omnibus nobis non illa tacita *existimatio* (Urtheil), quam antea contemnere solebatis, sed vehemens ac liberum populi Romani *iudicium* (Gericht) consequetur. Cic. Verr. V. 68.

9. Optare, desiderare; expetere, requirere, avere, cupere, concupiscere, gestire; velle — wünschen, wollen.

Optare, wünschen, beruht auf der Vorstellung, daß das Gewünschte besser sei, als das Wirkliche, daher, wenn mehre Dinge vorliegen, wählen. *Desiderare,* nach etwas verlangen, sich sehnen, beruht auf dem durch die Abwesenheit des Objekts erregten Gefühle des Mißbehagens. *Expetere,* begehren, bezeichnet ein starkes, gerades Hinstreben zur Erlangung eines Objekts; bei *requirere,* begehren, findet dagegen eine Rücksicht auf die zur Erlangung desselben angewendeten Mittel Statt; dabei treibt den *expetens* bloß die Begierde selbst, den *requirens* die Erkenntniß von der Brauchbarkeit des Gegenstandes, den *desiderans* aber seine Liebe und Theilnahme für denselben; und derselbe Unterschied besteht zwischen requirere und desiderare, wenn sie ein Vermissen, Nichtfinden bezeichnen. Alle diese Wörter, wie auch *velle,* weisen auf Akte des vernünftigen Begehrens hin, während *avere, cupere* und *gestire,* wornach trachten (ich möchte, es gelüstet mich), Akte des instinktmäßigen Begehrens und der Aufregung sind. *Avere* bezeichnet ein Begehren aus natürlichem Triebe, *cupere* und *concupiscere* (intensiv durch con, und inchoativ) aus Begierde und Leidenschaft, *gestire* aus Neugierde, Unruhe, bis etwas geschieht. *Velle,* wollen, stellt den Versuch zur Verwirklichung des Objektes in Aussicht; der Wollende arbeitet deßhalb auch durch Wort oder That daran mit, während der *optans* die Verwirklichung fremden Einflüssen anheimstellt. *Optemus* potius, ut (Catilina) eat in exilium, quam queramur. Cic. Cat. II. 7. Saepe aliud *volumus,* quam *optumus.* Sen. ep. 95. §. 2. Is non caret, qui non *desiderat.* Cic. sen. 14. Cupide mortem *expetiverunt* pro vita civium. Cic. Tusc. I. 48. Virtus nullam *requirit* voluptatem. Cic. fin. I. 18. Omnes vestram severitatem *desiderant*, vestram fidem implorant, vestrum auxilium *requirunt*. Cic. Verr. V. 67. Etiam quid in coelo fiat scire *avemus*. Cic. fin. II. 14. cf. off. I. 4. *Cupio*, me esse clementem cet. Cic. Cat. I. 1. Omnia omnium *concupivit*. Cic. Att. VII. 13. Videmusne, ut pueri aliquid scire se gaudeant? ut aliis narrare *gestiant*? Cic. fin. V. 18. Iudicem me esse *volo*, non doctorem. Cic. or. 33. Quum tibi *cupere* (res iucundas) interdixero, *velle* permittam. Quidni ad te magis perventurae sunt, si illis imperabis, quam si servies? Sen. ep. 116.

10. Timere, metuere, vereri, reformidare, horrere, pavere — fürchten.

Timere, fürchten, aus dem Gefühl der Unsicherheit und Schwäche; *metuere* ist zunächst das allgemeine Wort, dann fürchten nach bewußtem Ermessen der Gefahr; *vereri* aus irgend einem Sittlichkeitsmotive, namentlich aus bescheidenem Sinne; daher auch aus Scheu und Achtung, scheuen; jedoch fehlt diese Beziehung oft ganz, und der Begriff von vereri ist jeden Falls viel umfassender, als der von verecundia. *Timor* ist ein moralischer Begriff (Ggstz. magnus animus, fiducia); *metus* ist ein intellektueller Begriff (Ggstz. spes); der *timens* will der Gefahr durch Flucht entgehen, der *metuens* will sie durch Vorsicht zu nichte machen; der *verens* hat weniger eine Gefahr, als vielmehr eine imponirende Ehrwürdigkeit im Auge, die er nicht verletzen möchte. *Reformidare, horrere* und *pavere* enthalten den Nebenbegriff des äußern Hervortretens der Furcht; das erstere bezeichnet ein Widerstreben der Natur, ein unüberwindliches Grauen vor einem Schreckbilde (d. i. formido, Μορμών, von forma?); *horrere* ist ein momentanes Schaudern, sich entsetzen; *pavere*, der Ausdruck für eine natürliche Ängstlichkeit, ein Zittern, Zagen. Cavere decet, *timere* non decet. Cic. Tusc. IV. 31. Te *metuunt* omnes cives tui. Cic. Cat. I. 7. Huius (patriae) tu neque auctoritatem *verebere*, neque vim *pertimesces*? Id. ib. Appium *metuebant* servi, *verebantur* liberi, carum omnes habebant. Cic. sen. 11. cf. Cic. Quint. 1. Caes. b. G. I. 39.

I. VERBA.

Academici a natura dicebant *metum cavendi* causa datum. Cic. Ac. II. 43. *Horrent* dolorem et *reformidant.* Cic. Tusc. V. 30. Multitudo *timebat* quidem hostem; sed magis iter immensum Alpesque, rem fama utique inexpertis *horrendam, metuebat.* Liv. XXI. 29. Mulieres *pavere* omnia. Sall. Cat. 32. Quae subiecta sunt sub *metum*, ea sic definiunt: *terrorem* metum concutientem; *timorem* metum mali appropinquantis; *pavorem* metum mentem loco moventem; *exanimationem* metum subsequentem et quasi comitem pavoris; *conturbationem* metum excutientem cogitata; *formidinem* metum permanentem. Cic. Tusc. IV. 8. Jedoch sind diese bei Cicero in Stoischer Weise gemachten Bestimmungen keines Weges von der gewöhnlichen Sprache, noch auch von ihm selbst immer strenge festgehalten.

11. Amare, diligere, carum habere, adamare — lieben.

Amare geht aus dem Gefühle, *diligere* aus dem Erkennen hervor; daher auch nur jenes das Lieben aus Neigung und Leidenschaft, dieses das Lieben aus Übereinstimmung und Achtung ausdrückt; das diligere ist ein reineres, das amare ein wärmeres Gefühl. Man wird meistens sagen müssen amare puellam, aber diligere iustitiam. *Carum habere*, lieb haben, beruht auf einem Vergleiche; wir umfassen alle Menschen mit einer gewissen Liebe; diejenigen, deren Liebe in uns über das arithmetische Mittel jener allgemeinen Liebe hinaus geht, sind uns cari, theuer. *Adamare*, lieb gewinnen, sich in eine Sache (nicht Person) verlieben, bezeichnet den Beginn der Liebe; daher in den Perfektformen (so am Gebräuchlichsten) sich in etwas verliebt haben, es sehr lieben (steigernd). Tantum accessit ad amorem, ut nunc mihi denique *amare* videar, antea *dilexisse.* Cic. fam. IX. 14. (weil bei vernünftigen Menschen die Achtung der Neigung vorangeht.) cf. XIII. 47. P. Clodius valde me *diligit*, vel, ut ἐμφατικώτερον dicam, valde me *amat.* Cic. ep. ad Brut. I. 1. Lentulum, et quia tuus et quia te dignus est filius, et quia nos *diligit* semperque *dilexit,* imprimis *amamus carumque habemus.* Cic. fam. I. 7 extr. Plerique errare malunt eamque sententiam, quam *adamaverunt*, pugnacissime defendere, quam sine pertinacia, quid constantissme dicatur, exquirere. Cic. Ac. quaest. II. 3. Si virtutem *adamaveris (amare* enim parum est), quidquid contigerit, id tibi faustum felixque erit. Sen. ep. 71.

12. Irasci, succensere, stomachari — zürnen.

Irasci, in Zorn gerathen (inchoativ); *iratum esse*, erzürnt sein, zürnen, als leidenschaftliche Aufregung; *succensere*, als bauernde, mißbilligende Stimmung, einem böse sein; *stomachari*, sich ereifern, eine momentane Aufwallung als Folge körperlicher Reizbarkeit. Sapiens nunquam *irascitur.* Cic. Mur. 30. wo beide anderen Wörter falsch wären. Non habeo, quod iis, a quibus accusatus sum, *succenseam.* Cic. Tusc. I. 41. Sokrates konnte hier keins der beiden andern Wörter gebrauchen. Amariorem me senectus facit; *stomachor* omnia. Cic. Att. XIV. 21. 3. *Stomachabatur* senex, si quid asperius dixeram. Cic. n. d. I. 33. Die durch *irasci* entstehende Gemüthsstimmung heißt *ira*, Zorn — nur von Menschen gebraucht, dagegen furor und rabies (Nro. 196) von Thieren und stürmischen Naturszenen — die Neigung dazu und der heftige Ausbruch heißt *iracundia*, Jähzorn, Zornmüthigkeit; der krankhafte Zorn heißt *stomachus*, Ärger, wie *stomachum movere* alicui. In aliis *iracundia* dicitur, quae ab *ira* differt; estque aliud *iracundum* esse, aliud *iratum*, ut differt anxietas ab angore cet. Cic. Tusc. IV. 12. Quod me tecum *iracunde* agere dixisti solere, non ita est. *Vehementer* me agere fateor, *iracunde* nego. Omnino *irasci* amicis non temere soleo, ne si merentur quidem. Cic. Phil. VIII. 5. *Stomachum* erumpere in aliquem, Cic. wie *iram* erumpere in aliquem, Liv., seinen Ärger, seinen Zorn gegen jemand loslassen. Vergl. Nro. 13.

13. Indignari, aegre ferre — worüber unwillig sein.

Indignari, sich entrüsten, entrüstet sein, ist Folge des empörten sittlichen Gefühls; die *indignatio*, Entrüstung, ist ein Unwille der Verachtung, die *ira* ein Unwille der Leidenschaft. *Aegre* (graviter, moleste) *ferre*, worüber unwillig sein, ist Folge eines durch das Objekt veranlaßten, körperlichen oder geistigen Mißbehagens und Widerstrebens.

I. VERBA.

Bei *aegre ferre* ist die Stimmung des Gemüthes die des Verdrusses, bei *graviter ferre* die des Unwillens, bei *moleste ferre* die der Trauer. Alle drei bezeichnen, wie succensere, einen stillen, indignari dagegen, wie irasci und stomachari, einen lauten Unwillen. Septimus locus (Art und Weise) est, per quem *indignamur*, quod tactrum, nefarium, tyrannicum factum esse dicamus. Cic. invent. I. 53. Id factum multi *indignabantur*. Nep. Dion. 4. Vos ego milites pugnare velim cum *indignatione* quadam et *ira*, velut si servos videatis vestros arma repente contra vos ferentes. Liv. XXI. 41. Si quis *aegre ferat*, se pauperem esse, disputes, hominem *aegre ferre* nihil oportere. Cic. Tusc. IV. 27. Tulit hoc commune dedecus familiae *graviter* filius. Cic. Cluent. 6. Te de praedio Oviae exerceri, *moleste fero* (ich bedaure). Cic. Att. XIII. 22. Jene Ausdrücke bezeichnen etwas Thätiges, Transitives; dolere dagegen bloß eine schmerzliche Empfindung, einen Zustand. Vgl. Nro. 14 und 15.

14. Gaudere, laetari sich — freuen.

Gaudere, Freude empfinden, sich freuen, ist innerlicher, als Gegensatz von dolere; *laetari*, sich freuen (fröhlich sein), ist mehr äußerlich hervortretend, als Gegensatz von lugere; daher auch nach Cic. Tusc. IV. 6. jenes vernünftiger, dies der Leidenschaft nahe kommend; obgleich nach dem allgemeinen Sprachgebrauch auch *laetari* ohne den Nebenbegriff des Tadelhaften ist. Beide bilden einen Gegensatz zu andern Gemüthsstimmungen, während *delectari* und *oblectari* den Gegensatz zu ernsten Beschäftigungen bilden; vergl. Nro. 64. Oportebat delicto *dolere*, correctione *gaudere*. Cic. am.. 24. Tu *laetaris* in omnium gemitu. Cic. Verr. V. 46. *Gaudere* decet, *laetari* non decet. Cic. Tusc. IV. 31. Scipionem natum esse et nos *gaudemus*, et haec civitas, dum erit, *laetabitur*. Cic. am. 4.

15. Maerere, lugere (tristem esse, dolere) — trauern.

Maerere geht hervor aus einer Mäßigung, *lugere* aus einer Aufregung des Begehrens; jenes bezeichnet die Trauer der Ergebung, dies des Widerstrebens. Beide sind mehr oder minder äußerlich erkennbar, jenes in Haltung und

Miene, lugere in Klagerufen, Trauerkleidern und andern äußern Zeichen, während das Schmerzleiden als bloß inneres Gefühl durch *dolere* bezeichnet wird. Wie luctus und maeror, so und noch mehr ist auch die *tristitia* äußerlich erkennbar; aber der lugens und maerens erregen Theilnahme und Mitleid, der *tristis* erregt Entfremdung und Bedauern. Ganz demgemäß ist die Angabe, daß dolor einfach das Schmerzgefühl ist, tristitia die unfreundliche Trauer, die Finsterkeit, luctus der heftige Ausbruch des Schmerzgefühls und maeror die anhaltende Stimmung desselben, die beiden letzteren vorzugsweise in Rücksicht eines Schmerzes über den Verlust eines Wesens, gegen das man Pietät fühlt. Quis tyrannus miseros *lugere* vetuit? ... Tu etiam edicere audeas, ne *maererent* homines meam, suam, reipublicae calamitatem, neve hunc suum *dolorem* veste significarent? Cic. Sest. 14. Feminis *lugere* honestum est (apud Germanos), viris meminisse. Tac. Germ. 27. *Maerorem* minui; *dolorem* nec potui nec, si possem, vellem. Cic. Att. XII. 28. Visum tibi esse narrabas, quum in locis solis *maestus* errares, C. Marium cum fascibus laureatis quaerere ex te, quid *tristis* esses. Cic. divin. I. 28. Sequani *tristes*, capite demisso, terram intuebantur. Caes. b. G. I. 32. cf. Cic. Tusc. I. 13.

16. Pati, ferre, sinere — leiden.

Pati, leiden, besteht in der Duldsamkeit, Fügsamkeit, mit welcher das Unangenehme aufgenommen, *ferre* in der Kraft, mit der das Schwere getragen wird; jenes bezeichnet mehr die Empfindung, dies die Last des Leidens. *Sinere*, leiden, lassen, besteht in der Gleichgültigkeit, mit der man etwas geschehen läßt. Der patiens erträgt, ohne sich zu sträuben, der ferens ohne unthätig zu bleiben, der sinens ohne sich darum zu kümmern. Virorum est fortium, toleranter *pati* dolorem . . . (Dolorem) aut extimescere venientem aut non *ferre* praesentem nonne turpe est? Cic. Tusc. II. 18. Nunquam *sinit* (improbitas hominem) respirare. Cic. fin. I. 16. Nobiscum versari iam diutius non potes; non *feram*, non *patiar*, non *sinam* (ich kann's, ich will's, ich darf's nicht dulden.) Cic. Cat. I. 5. Vergl. Nro. 124. 125 und 126.

I. VERBA.

17. Mirari, admirari, suspicere, stupere — bewundern.

Mirari, sich wundern oder verwundern, ist allgemeiner und bezieht sich auf alles Ungewöhnliche, Unerklärliche; *admirari* dagegen bezieht sich meist auf das Ungewöhnliche im guten Sinne, bewundern. So könnte man verbunden sagen: *Miratus* sum neglegentiam hominis (Cic. Att. X. 5.), *admiratus* ingenium Cic. or. I. 20.; aber schwerlich umgekehrt. *Demiror* (fast nur 1. Perf. Präs.), es nimmt mich Wunder, ist fast nur auf eine Unverständigkeit gerichtet; bei Anknüpfung einer Frage heißt es: es soll mich wundern (in der Umgangssprache). *Suspicere* ist bewundern, unter dem Bilde des Hinaufschauens, in Demuth und im Gefühle der eigenen Niedrigkeit; es bezeichnet den Begriff von der Gemüthsseite, den *admirari* mehr von der Verstandesseite giebt. Die Verwunderung des Verbutzten bei gleichsam stillstehendem Verstande über die Unbegreiflichkeit der Erscheinung ist *stupere*, staunen. *Mirari* se aiebat (Cato), quod non rideret haruspex, haruspicem quum vidisset. Cic. divin. II. 24. Esse praestantem aliquam aeternamque naturam et eam *suspiciendam admirandamque* hominum generi, pulchritudo mundi ordoque rerum coelestium cogit confiteri. Cic. divin. II. 72. Me, propter quem ceteri liberi sunt, tibi liberum non visum *demiror*. Cic. fam. VII. 27. *Demiror*, quid illaec me ad se arcessi iusserit. Plaut. Stich. I. 3. 109. Haec (officium, aequitatem ... mori pro patria) quum loqueris, nos barones *stupemus*. Cic. fin. II, 23.

18. Contemnere, despicere, spernere, aspernari, repudiare, neglegere — verachten.

Contemnere, verachten, bezieht sich immer auf die Beschaffenheit des Objekts; es ist das nach gewöhnlicher Beurtheilung als bedeutend Geltende gering anschlagen und als solches behandeln, sich nichts daraus machen; z. B. mortem, dolorem; Gegensatz magni facere, timere. *Despicere*, mißachten, beruht auf einem Vergleiche des Objekts mit dem Subjekt und bezeichnet zugleich einen Ausdruck der daraus hervorgehenden Geringschätzung in dem Benehmen, den

Mienen des Subjekts; Gegensatz suspicere,* vereri. *Spernere*, verwerfen, verschmähen, geht aus dem Begehren hervor, nicht begehrenswerth, nicht annehmenswerth erachten; Gegensatz concupiscere. Stellt sich diese Verachtung in einem widerstrebenden Benehmen dar, so ist es ein *aspernari*; Gegensatz appetere. *Repudiare* ist ein spernere mit dem Nebenbegriffe der Schmach und Beschämung für den Anbietenden oder das Angebotene, also ebenfalls verschmähen, zurückweisen. *Neglegere*, vernachlässigen, enthält zugleich die subjektive Ursache der Verachtung, Gleichgültigkeit, Sorglosigkeit; vgl. Nr. 60. Ist Mißstimmung und Überdruß die Ursache der Verachtung, so sagt man auch *fastidire*, etwas leid sein. Iudicia poenamque *contempserat*. Cic. Mil. 16. Videtis, ut omnes *despiciat*, ut *hominem prae se neminem putet*. Cic. Rosc. Am. 46. Catilina rem publicam *despexit* atque *contempsit*. Cic. Mur. 37. Virtus haec omnia *subter se habet* eaque *despiciens* casus *contemnit* humanos. Cic. Tusc. V. 1. Orationis genus, quod diximus proprium sophistarum, *spretum* et pulsum foro. Cic. or. 13. Simulatque natum animal est, gaudet voluptate et eam *appetit* ut bonum, dolorem *aspernatur* ut malum. Cic. fin. II. 10. Phrygium dictionis genus Athenienses funditus *repudiaverunt*. Cic. or. 8. Spem imperii ultro oblatam *neglexerunt*. Cic. Cat. III. 9. Iustitia eas res *spernit et neglegit*, ad quas plerique inflammati aviditate rapiuntur. Cic. off. II. 11.

19. Videre, cernere, spectare, visere, contueri, intueri, conspicere — sehen.

Videre, sehen, ist das allgemeinste Wort und bezeichnet zunächst nur die Thätigkeit des Gesichtssinnes; es wird vielfach auch in übertragenem Sinne gebraucht. *Cernere* (perf. u. sup. sind nicht im Gebrauch) ist sehen mit Unterscheidung des Einzelnen, mit entsprechender Thätigkeit des Geistes. *Spectare*, zuschauen, schauen, ist ein Intensivum und bezeichnet ein dauerndes, genaues Hinsehen zu einem bestimmten Zwecke, um etwas zu beurtheilen, um sich zu ergötzen u. s. w. *Visere* ist mehr desiderativ, sehen wollen, aus Neugier, Wißbegierde ꝛc. und zugleich intensiv, genau besehen, besichtigen, besuchen. In *contueri* und *intueri* liegt zunächst der besondere Begriff von *tueri*, welches ein Sehen mit Theilnahme des Gemüthes bezeichnet; dann aber auch der Begriff der Präpositionen: *contueri* überschauen, ein Großes, Vieltheiliges mit einem Blicke zusammenfassen; *intueri*, hineinsehen, ansehen, betrachten (Nr. 20). *Conspicere*, ist mit dem Gesichte etwas erreichen, erblicken (im Aktiv ein Ganzes, genau sehen, im Paff. von allen gesehen werden, wegen *cum*). In *adspicere*, anblicken, wird bloß die Richtung des Blickes und sein Ziel hervorgehoben; auf ähnliche Weise wird der Begriff des Blickens durch andere Präpositionen mobifizirt. Saepe apertis atque integris oculis non *videmus*. Cic. Tusc. I. 20. Nos ne nunc quidem oculis *cernimus* ea, quae *videmus*. Cic. Tusc. I. 20. cf. Mil. 29. u. Acad. II. 25. Philippus quum *spectatum* ludos iret, a Pausania occisus est. Nep. Reg. 2. Oder *spectare* Megalesia. Cic. harusp. 11. Ex finitimis oppidis *visendi* causa conveniebant. Cic. Verr. V. 26. und ebenso V. 3. Quod tandem spectaculum fore putamus, quum totam terram *contueri* licebit? Cic. Tusc. I. 20. *Intueri* solem adversum nequitis. Cic. rep. VI. 18. Inania sunt ista, captare plausus, vehi per urbem, *conspici* velle. Cic. Pis. 25.

20. Considerare, contemplari — betrachten.

So lange das Betrachten vorzugsweise in einem Ansehen mit den Augen besteht, heißt es *intueri* oder contueri; in dem considerans und contemplans aber vereinigen sich Augen und Gedanken zu einer urtheilenden Betrachtung; ja das leibliche Auge kann dabei ganz und gar außer Acht kommen. Der considerans aber sucht mit kritischem Auge vorzugsweise ein bestimmtes Urtheil, während der contemplans sich in die Betrachtung selbst versenkt; *considerare* ist mehr ein Wort des Erkennens, *contemplari* des Gemüthes. Id coram *considerabimus* quale sit. Cic. Att. VII. 3. Licet iam remota subtilitate disputandi oculis quodammodo *contemplari* pulchritudinem rerum. Cic. n. d. II. 38. Pictores — suum quisque opus a vulgo *considerari* vult, ut, si quid *reprehensum* sit a pluribus, id corrigatur. Cic. off. I. 41. Accessit ad argentum; *contemplari* unum quidque otiose et *considerare* coepit. Cic.

Verr. IV. 15. Eius ingenii ornamenta quum *contemplari*
cuperem, vix *adspiciendi* potestas fuit. Cic. or. I. 35.

21. Audire, auscultare, exaudire — hören.

Das allgemeinste Wort ist *audire;* es bezeichnet das bloße
Wahrnehmen durch den Gehörsinn. *Auscultare* hat den
Nebenbegriff der Absichtlichkeit des Hörens, um das Gehörte
zu benutzen, zu befolgen 2c., also horchen und zuhorchen. *Exaudire* modifizirt den Begriff von audire durch ex, entweder
als Verstärkung, genau hören, oder aus der Ferne hören.
Saepe aut cogitatione aut aliqua vi morbi impediti apertis atque integris auribus non *audimus.* Cic. Tusc. I. 20. *Ausculta*
paucis; et quid ego te velim scies. Ter. Andr. III. 3. 4. Mihi
ausculta! Vide, ne quid tibi desit. Cic. Rosc. Am. 36. Beide
Wörter setzt einander entgegen Pacuv. ap. Cic. divin. I. 57.
Istis magis audiendum, quam auscultandum censeo d. h. man
darf ihnen zuhören, muß ihnen aber nicht glauben. Homines
etiam quum taciti optant quid vel vovent, non dubitant, quin
dii illud *exaudiant* (aus der Ferne und vollständig hören, nicht
aber erhören; in dieser Bedeutung ist es minder gut, bei
Cicero gar nicht). Cic. divin. I. 47.

22. Olere, olfacere, odorari — riechen.

Olere ist intransitiv, einen Geruch geben, riechen, und
ohne nähere Bestimmung, wie im Deutschen, meist mit bösem
Nebensinn; auch tropisch. Die Grundbedeutung scheint aus-
hauchen zu sein, weshalb das wonach dabei Lateinisch durch
den Akkusativ gegeben wird. Dasselbe geschieht bei *redolere,*
wonach riechen, d. h. einen empfangenen Eindruck, Geruch,
merken lassen. *Olfacere* ist transitiv, mit dem Geruchsinne
wahrnehmen; selten tropisch. *Odorari,* ebenfalls transitiv,
ist nur tropisch, riechen, wittern, ausspüren. Odor ist
der Geruch objektiv, als Aushauchung der Dinge; *odoratus* der
Geruch subjektiv, als Einhauchung durch den Geruchsinn, und
daher auch der Geruchsinn selbst, wofür auch olfactus, jedoch
selten, gebraucht wird. Magis laudatur, quod ceram, quam
quod crocum *olere* videtur. Cic. or. III. 25. So *olere* mali-
tiam Cic. Rosc. com. 7. nach Bosheit riechen. Definitio genere

ipso doctrinam *redolet* exercitationemque paene puerilem. Cic. or. II. 25. Ea, quae gustamus, *olfacimus*, tractamus, audimus, in ea ipsa, ubi sentimus, parte versantur. Cic. Tusc. V. 38. Cupio *odorari* diligentius, quid futurum sit. Cic. Att. II. 22.

23. Sapere, gustare — schmecken.

Sapere, schmecken, von Dingen, Speisen, einen Geschmack an sich haben; von Personen oder persönlich aufgefaßten Wesen Geschmacksfähigkeit, Urtheil, Verstand haben, verständig sein, natürlich intransitiv, mit adverbialen Bestimmungen (auch nihil als synonym mit non) verbunden. *Gustare*, schmecken, bezeichnet die transitive Thätigkeit des Geschmackssinnes, daher durch den Geschmack etwas empfinden, genießen, kosten; mit einem Objekte verbunden. *Sapor* ist, dem odor entsprechend, objektiv, eine Eigenschaft der Dinge; *gustus* ist, dem odoratus entsprechend, vorwiegend subjektiv, eine Thätigkeit des Geschmackssinnes und daher auch der Geschmackssinn selbst; für gustus wird auch *gustatus*, us, m. gebraucht. Caseus iucundissime *sapit.* Colum. I. 8. 2. Non sequitur ut, cui cor *sapiat*, ei non *sapiat* palatus. Cic. fin. II. 8. Biduum ita ieiunus fui, ut ne aquam quidem *gustarem*. Cic. fam. VII. 26. Omnium summatim causas et genera ipsa *gustavi.* Cic. or. II. 36. cf. Arch. 8. Ebenso primis labris gustare. Cic. n. d. I. 8., wie gustare im tropischen Sinne überhaupt meist den Nebenbegriff einer gelegentlichen und dilettantenmäßigen Thätigkeit hat. Die allgemeine Wahrnehmung durch die Sinne, fühlen, empfinden, wird durch *sentire* bezeichnet.

24. Dicere, loqui, fari, inquam, aio, sermocinari, pronuntiare, orare, narrare — sagen, sprechen.

Dicere, sagen, den fertigen, gewußten Gedanken in Worten ausdrücken, daher auch als Bezeichnung für eine förmliche Rede halten, sowie für ein belehrendes Sagen; mit einem Objekt (meist acc. c. inf.). *Loqui*, sprechen, bezeichnet die bloße Thätigkeit des Mundes zur Hervorbringung von artikulirten Lauten; dann auch das Aussprechen des entstehenden, augenblicklich gefühlten Gedankens; daher auch tropisch z. B. oculi; auch von Thieren, die man sprechen gelehrt; entweder ohne oder nur mit einem allgemeinen Objekte, als multa, haec u. s. w. Bei *loqui* kommen besonders die verba, lingua, spiritus, vocis sonus in Betracht; bei *dicere* dagegen Gedanke und Stil (Cic. or. III. 11.). *Fari*, sprechen, in feierlichem, prophetischem Tone; daher meist poetisch mit Ausnahme von (fatum und) fando audire Cic. n. d. I. 29. *Inquam*, unser sag' ich, meist als Einschiebsel in eine direkt angeführte Rede; aio, sagen, im affirmativen Sinne, Gegensatz von nego, daher als Einschiebsel meist bei indirekt angeführter Rede. *Sermocinari*, sprechen, im vertraulichen Umgange, schwatzen. *Pronuntiare*, sprechen, in Rücksicht auf die Aussprache und Betonung; daher auch mit Hinweisung auf das Würdevolle des Vortrages, vorzugsweise oft von dem Ausspruche eines Urtheils oder Edikts durch den Richter oder andere Staatsbeamte. *Orare*, reden, wird mit einem Objekte (causam, litem, cet.) vom mündlichen Vortrage im Gerichte gebraucht. Endlich wurde in der leichten Umgangs- und Briefsprache auch *narrare* zuweilen gebraucht, wo es von uns nicht durch erzählen, sondern nur durch sagen wiedergegeben werden kann; vergl. Nro. 28. Non conamur docere eum *dicere*, qui *loqui* nesciat. Cic. or. III. 10. Tum ad eos is deus, qui omnia genuit, *fatur.* Cic. Tim. 11. Quidquid *dicunt*, laudo; id rursum si *negant*; laudo id quoque: *negat* quis, *nego; ait, aio.* Ter. Eun. II. 2. 21. Ipsos enim induxi *loquentes*, ne *inquam* et *inquit* saepius interponeretur. Cic. am. 1. Quasi ego id curem, quid ille *aiat* aut *neget.* Cic. fin. II. 22. Quinque faciunt membra eloquentiae, invenire quid *dicas*, inventa disponere, deinde ornare verbis, post memoriae mandare, tum ad extremum agere et *pronuntiare.* Cic. or. II. 19. Iste palam de sella ac tribunali *pronuntiat* SI QUIS cet. Cic. Verr. II. 38. Libenter, *ait*, se esse facturam et se cum isto diligenter *sermocinaturam.* Cic. Verr. I. 52. *Orandae* litis tempus accommodare. Cic. off. III. 10. *Narro* tibi: plane relegatus mihi videor. Cic. Att. II. 11.

25a. Negare, infitiari, infitias ire — läugnen.

Negare, verneinen, ist der gerade Gegensatz zu aio; nein sagen, d. i. in Rücksicht auf eine Behauptung läugnen, in

I. VERBA.

Rücksicht auf eine Bitte abschlagen, verweigern, für welches letztere auch *denegare* gebraucht wird. *Infitiari* ist der gerade Gegensatz von *fateri;* etwas läugnen, das als Anklage gegen einen erscheint. Etwas schwächer ist das seltene *diffiteri,* in Abrede stellen, indem statt einer Anklage dabei ein bloßer Tadel abgewiesen oder eine Behauptung angezweifelt wird. *Infitias ire* ist im Ganzen seltener (bei Cicero und Cäsar gar nicht) und bezeichnet seiner Natur gemäß mehr läugnen wollen, als läugnen; es wird in der Prosa nur mit vorhergehender Negation gebraucht. Ein Beispiel von nego siehe Nro. 24. Quum scelus posset *infitiari,* repente praeter opinionem omnium *confessus* est. Cic. Cat. III. 5. Nunquam *diffitebor,* multa me simulasse invitum et dissimulasse cum dolore. Planc. in Cic. fam. X. 8. Nemo eat *infitias,* Thebas ante Epaminondam alieno paruisse imperio. Nep. Ep. 10.

25 b. Fateri, confiteri, profiteri (prae se ferre, gloriari, se iactare) — gestehen.

Fateri, gestehen, einer berechtigten Frage gegenüber etwas bis dahin Verschwiegenes aussagen; *confiteri,* bekennen, eingestehen, mit Innigkeit des Gemüths, namentlich eine Schuld; *profiteri,* bekennen, frei und offen aussagen (confessio *peccatorum,* professio *fidei*). *Prae se ferre,* zur Schau tragen, geschieht mehr durch die Haltung, als durch Worte; *gloriari* (sich) rühmen, weiset mehr auf das Großreden und Erheben seiner Vorzüge; *se iactare,* sich brüsten, auf eine geckenhafte Großthuerei hin. Fateor atque etiam *profiteor et prae me fero,* te ex illa crudeli actione meo consilio esse depulsum. Cic. C. Rab. perd. 5. *Confitetur,* atque ita libenter *confitetur,* ut non solum *fateri,* sed etiam *profiteri* videatur. Cic. Caecin. 9. cf. Cic. divin. II. 72. Beata vita *glorianda* et praedicanda et *prae se ferenda* est. Cic. Tusc. V. 17. Licet mihi, Marce fili, apud te *gloriari,* ad quem hereditas huius gloriae pertinet. Cic. off. I. 22. Etiam superioribus invidetur saepe vehementer et eo magis, si intolerantius *se iactant.* Cic. or. II. 53.

26. Tacere, silere, conticescere, obmutescere — schweigen.

Tacere, schweigen, ist der gerade Gegensatz von *loqui,*

I. VERBA.

alſo nicht ſprechen, meiſt intranſitiv, dagegen *reticere*, verſchweigen, nur tranſitiv. *Silere*, ſtille ſein, ſtärker als *tacere*, iſt der Gegenſatz von *strepere*, *sonare*, heißt alſo keinen Laut von ſich geben, kein Geräuſch machen; auch tranſitiv aliquid, davon nicht ſprechen. In conticescere und obmutescere liegt zugleich das Inchoative, alſo anfangen zu ſchweigen; aber durch conticescere wird ausgedrückt, daß das Subjekt nicht mehr ſprechen will oder mag, wie bei ſchweigen; durch obmutescere, daß das Subjekt nicht mehr ſprechen kann, wie bei verſtummen. Num negare audes? quid *taces?* Convincam, si negas. Cic. Cat. I. 4. *Silent* leges inter arma. Cic. Mil. 4. Hoc scelus facile patior *sileri*. Cic. Cat. I. 6. *Obmutuit* animi dolor. Cic. Tusc. II. 21. Studium nostrum *obmutuit* subito. Cic. Brut. 94. Silent loca, nox, aura u. ſ. w. ſind jedoch meiſt nur dichteriſche Ausdrücke. Aetas nulla de tuis laudibus *conticescet*. Cic. Marc. 3. *Obmutuit* senatus, iudicia *conticuerunt*. Cic. Pis. 12.

27. Polliceri, recipere, promittere, spondere, vovere — verſprechen.

Polliceri, verſprechen, wobei man ſich ſelbſt durch eine einfache Zuſage verpflichtet. Stärker iſt *recipere* (oder in se recipere), auf ſich nehmen, übernehmen, verſprechen, als eigentliche (perſönliche, private) Verpflichtung gegen einen andern. Bei *suscipere*, unternehmen, tritt die Rückſicht auf andere in den Hintergrund; es enthält aber eine ſittliche Verpflichtung gegen uns ſelbſt. *Promittere* hat zunächſt den allgemeineren Sinn von verſichern; daher z. B. ich verſpreche Dir, daß Du glücklich ſein wirſt, nur promitto heißen kann. Verſichere ich aber einem andern, dies oder jenes zu thun, ſo wird dies ein verpflichtendes Verſprechen, wie namentlich in den Ausdrücken *promissa facere* oder *servare* und *promissis stare*, ſein Verſprechen halten oder löſen. *Spondere*, verbürgen, geloben, geſchieht mit einer den Geſetzen oder der Religion gemäß verpflichtenden Feierlichkeit. Iſt ein ſolches Verſprechen einem Gotte ſelbſt oder etwas Ähnlichem gegeben, ſo daß es zu einem Gelübde wird, das man dem Gotte halten muß, ſo heißt es *vovere*, geloben, ein Gelübbe thun. Spondere giebt den Begriff mehr von der juristischen, vovere von der religiösen Seite. Festinationem mihi tollis, quoniam de aestate *polliceris* vel potius *recipis*. Cic. Att. XIII. 1. Neque minus ei de voluntate tua *promisi*, quam eram solitus de mea *polliceri*. Cic. fam. VII. 5. Nihil tibi ego tum de meis opibus *pollicebar*, sed de horum erga me benevolentia *promittebam*. Cic. Planc. 42. *Promitto* tibi, tegulam illum in Italia nullam relicturum. Cic. Att. IX. 7. Si quis, quod *spopondit*, id non facit, maturo iudicio condemnatur. Cic. Caecin. 3. *Promitto, recipio, spondeo,* C. Caesarem talem semper fore civem, qualis hodie est. Cic. Phil. V. 18. Ego in hoc iudicio mihi Siculorum causam *receptam*, populi Romani *susceptam* esse arbitror. Cic. Caecil. 8. Vgl. Cic. or. II. 24. 101. *Vovisse* dicitur, uvam se deo daturum. Cic. divin. I. 17.

28. Narrare, referre — erzählen.

Narrare bezeichnet den allgemeinen Begriff des Erzählens und heißt daher auch leichthin sprechen; vgl. Nr. 24. In *referre* dagegen liegt fast immer eine Beziehung zu einer Pflichtmäßigkeit, Amtlichkeit der Erzählung, berichten, vortragen; daher auch meist verbunden mit ad aliquem. Clitarchus tibi saepe *narravit*, Darium ab Alexandro esse superatum. Cic. fam. II. 10. Senatus institit flagitare Cornutum, ut *referret* de tuis litteris. Cic. fam. X. 16.

29. Disserere, disputare, disceptare — sprechen, erörtern.

Disserere und disputare, in der Bedeutung sprechen, sind von loqui und dessen Synonymen zunächst dadurch unterschieden, daß sie den Begriff eines wissenschaftlichen Erörterns in sich schließen. *Disserere* aber bezieht sich mehr auf eine entwickelnde Darstellung der Gedanken in zusammenhangender Rede; *disputare* mehr auf eine beweisende Darstellung der Gedanken mit Berücksichtigung der von einem wirklichen oder eingebildeten Gegner gemachten Einwendungen. (Die Abhandlung *disputatio,* spätlat. dissertatio.) Beide stützen sich jedoch auf Gründe und werden ohne Animosität ausgeführt; dahingegen *disceptare* vorzugsweise ein leidenschaftliches Rechthabenwollen, ein Streiten mit Worten und selbst mit Waffen zur Entscheidung eines Zweifels bezeichnet. Ego vero et opto me redargui, Balbe, et ea, quae *disputavi, disserere* malui, quam iudicare. Cic. n. d. III. 40. De hoc teste *disseruit* subtiliter et copiose Hortensius. Cic. Flacc. 17. (De hac re) multa copiose a philosophis *disputata* sunt. Cic. off. I. 2. cf. Cic. fam. III. 8. 5. Magno periculo de iure publico armis *disceptabatur*. Cic. fam. IV. 14. Haec denuntiatio belli magis ex dignitate populi Romani visa est, quam de foederum iure verbis *disceptare*. Liv. XXI. 19.

30. Docere, praecipere, instituere — lehren.

Docere, lehren, zunächst um eine Erkenntniß, ein Wissen, dann auch um eine Fertigkeit oder Geschicklichkeit bei andern zu Wege zu bringen; *praecipere*, Lehren geben, vorschreiben, nur in Beziehung auf die Praxis, auf Grundsätze und Verhaltungsregeln. *Instituere* ist eine gewisse Verbindung beider vorhergehenden Begriffe, unterrichten, unterweisen, durch zusammenhangende Anleitung in intellektueller und moralischer Rücksicht ausbilden. Eam artem (Wissenschaft) nos tu potissimum *docebis*. Cic. or. II. 54. Connus Socratem fidibus canere *docuit*. Cic. fam. IX. 22. Silii causam te *docui*. ib. VII. 21. Num placet, quum de eloquentia *praecipias*, aliquid de testimoniis dicendis tradere? Cic. or. II. 11. Haec est igitur tua disciplina? sic tu *instituis* adolescentes? Cic. Coel. 17. Vergleiche formare, educare, erudire. Nro. 80. 81. 82. und 188.

31. Rogare, interrogare, quaerere, percunctari, sciscitari — fragen.

Rogare und *interrogare*, fragen, dienen zur Bezeichnung jedes im Tone der Frage ausgesprochenen Gedankens, mit dem Unterschiede, daß jenes eine gewisse Hochachtung gegen den Gefragten in sich schließt, so daß der rogatus dadurch meistens geehrt und seine Antwort als Gefälligkeit angesehen wird, der interrogatus aber Rede und Antwort stehen muß; daher auch *rogare* das eigentliche Wort für ein Rathsuchendes Fragen, *interrogare* für ein prüfendes Fragen. Quaerere (aliquid ex aliquo) hat den Nebenbegriff des zusammenhangenden Fragens, daher nothwendig bei wissenschaftlich oder richterlich untersuchenden Fragen. (Vergl. quaestio und interrogatio; auf jene folgt eine Beantwortung [entwickelnd], auf diese eine Antwort.) *Percanctari* (percontari), ausführlich, mit Muße nachfragen, um über ein Faktum Auskunft zu bekommen; *sciscitari*, wiederholentlich, eifrig nachfragen, um schnell zu erfahren. Ego *rogatus* (sententiam) mutavi meum consilium. Cic. fam. IV. 4. (interrogatus sententiam steht bei Cicero vielleicht nicht, rogatus s. aber öfters ad Att. I. 13. u. f. w.) Pusionem quendam Socrates *interrogavit* quaedam geometrica de dimensione quadrati. Cic. Tusc. I. 24. Quid maxime consentaneum sit, *quaerimus*. Cic. Tusc. II. 19. und sehr oft si verum quaeris, quaerimus, quaeritis. Solebat ex me Deiotarus *percunctari* nostri augurii disciplinam. Cic. divin. II. 36. Bei Quint. IX. 2. 6. heißt es: Quid tam commune, quam *interrogare* vel *percontari*? Nam utroque utimur indifferenter, quum alterum (i. e. dieses) noscendi, alterum (i. e. jenes) arguendi gratia videatur adhiberi. — Oraculum ab Iove Dodoneo petiverunt, de victoria *sciscitantes*. Cic. divin. I. 34. Epicuri sententiam ex Velleio *sciscitabar*. Cic. n. d. I. 7.

32. Quaeso, rogare, orare, obsecrare, obtestari, implorare, supplicare, precari — bitten.

Quaeso und *quaesumus* hat eigentlich die Bedeutung des fragenden Bittens; meistens wird quaeso parenthetisch in die Bitte selbst eingeschoben, ähnlich wie inquam, ohne auf die Konstruktion des Satzes Einfluß zu üben. *Rogare*, ersuchen, bezeichnet den einfachen, kurzen Ausdruck der Bitte, ohne großes Gerede, um den andern zu erweichen u. s. w. *Orare*, bitten, in einer förmlichen Darlegung, um den Gebetenen zur Gewährung der Bitte zu erweichen oder durch den Ausdruck seiner Gesinnung sich derselben würdig zu machen, daher es auch späterhin das eigentliche Wort für beten, wie oratio für Gebet, geworden ist. Der rogans faßt sich kürzer, als der orans; jener nennt sein Anliegen, dieser stellt es dar; jener beweiset Hochachtung, dieser Abhängigkeit und Ergebenheit; daher, wenn beide Wörter verbunden, immer rogare vorsteht. *Obsecrare*, beschwören, ist ein inniges Bitten, mit dem Nebengedanken, daß man die Nichtgewährung der Bitte für eine Verletzung alles Heiligen halte, aber ohne bestimmte Nennung desselben. Rogo und oro stehen, obgleich sehr selten, mit dem Akkusativ der Sache und der Person zugleich; obsecro hat neben dem acc. der Person den acc. der Sache nur ganz allgemein z. B. *hoc te* etc. *Obtestari*, beschwören, ein inniges Bitten mit ausdrücklicher Anrufung dessen, was dem Gebetenen heilig und schauererregend sein muß, *per deos* etc.; nur mit einem acc., dem der Person, da die Sache in einem Satze mit ut ausgedrückt wird. *Implorare*, anflehen, in einer schmerzhaften Aufregung bitten; mit dem acc. der Person oder der Sache (wobei die Person gewöhnlich im gen.) *Supplicare*, zu einem flehen, mit dem Ausdruck der tiefsten Ehrerbietung gegen die Macht und Hoheit dessen, an den man sich wendet. Es steht mit dem dat. der Person und stäts ohne Objekt, öfter mit *pro aliquo*, für jemanden. Es nähert sich dem Begriffe von beten, den *precari* als innere Stimmung, *orare* mehr als äußere Darstellung ausdrückt. Precari steht mit dem acc. der Person oder der Sache (wobei die gebetene Person mit a genannt wird). Tu, *quaeso*, crebro ad me scribe. Cic. Att. VII. 10. Malo emere, quam *rogare*. Cic. Verr. IV. 4. Ego te magnopere non hortor solum, sed etiam pro amore nostro *rogo* atque *oro*, te colligas virumque praebeas. Cic. fam. V. 18. *Rogo* te atque etiam *oro*. Cic. Att. XVI. 16. So *orare precibus* Caes. bell. Afr. 91.; auch multa prece. *Oro, obsecro*, ignosce. Cic. Att. X. 2. Te *obsecrat obtestaturque* Quintius per senectutem ac solitudinem suam, ut tuae naturae bonitatique obsequaris. Cic. Quint. 30. Quid restat, nisi ut *orem obtesterque* vos, iudices, ut eam misericordiam tribuatis fortissimo viro, quam ipse non *implorat*. Cic. Mil. 34. Neque Caesari solum, sed etiam amicis eius omnibus pro te libentissime *supplicabo*. Cic. fam. VI. 14. *Precor* a diis, ut hodiernum diem ad huius salutem conservandam illuxisse patiantur. Cic. Rab. perd. 2.

33. Petere, poscere, postulare, flagitare, exigere
— fordern.

Petere hat einen ganz allgemeinen Sinn, etwas zu erreichen suchen; die Bedeutung von fordern bekommt es nur durch den Zusammenhang und kann in diesem Sinne nur Personen, nicht Sachen als Subjekt bei sich haben. *Poscere*, fordern, in kurzem und bestimmtem Ausdrucke sagen, daß man etwas haben will, ohne alle Angabe eines Grundes; daher auch von unbilligen, ungerechten Forderungen. *Postulare*, fordern, der Billigkeit, den Umständen, den Verhältnissen gemäß etwas haben wollen, es verlangen; auch tropisch tempus postulat bei Cicero (bei Cäsar und Nepos auch poscit); daher es auch nachfragen, z. B. de foedere Cic. Balb. 15. und vor Gericht fordern, anklagen heißt. *Flagitare* bezeichnet ein ungestümes, heftiges Fordern, ein Fordern, bei dem man die Genügeleistung für ein Müssen, eine Nothwendigkeit erklärt. *Exigere*, mit Zuziehung obrigkeitlicher Hülfe einen Rechtsanspruch geltend machen, beitreiben, eintreiben, oder auch allgemein fordern. Non sic *rogabam*, ut *petere* viderer. Cic. Planc. 10. Magistratum Sicyonium nummos *poposcit*. Cic. Verr. I. 17. Geometrae non omnia solent docere, sed *postulare*, ut quaedam sibi concedantur. Cic. off. III. 7. Incipiunt *postulare, poscere,* minari. Cic. Verr. III. 34. Nemo inventus est tam amens, qui illud argentum tam nobile (Calidio) eriperet, nemo tam audax, qui *posceret*, nemo tam impudens, qui *postularet* ut venderet. Cic. Verr. IV. 20. *Posco* atque adeo *flagito.* Cic. Planc. 19. Tametsi causa *postulat*, tamen, quia *postulat*, non *flagitat*, praeteribo. Cic. Quint. 3. cf. Cic. leg. I. 2. Grave est homini pudenti, *petere* aliquid magnum ab eo, de quo se bene meritum putet; ne id, quod *petat, exigere* magis, quam *rogare*, et in *mercedis* potius, quam *beneficii* loco numerare videatur. Cic. fam. II. 6.

34. Flere, lacrimare, plorare, lamentari, queri —
weinen.

Flere ist das natürliche Weinen aus Schmerz; *lacrimare* aus jeder inneren Empfindung, aus Schmerz, wie aus

Freude u. f. w.; bei *flere* kommen die Thränen und die Schmerzenslaute, bei *lacrimare* nur die Thränen in Betracht. Bei *plorare* sind die Schmerzenslaute das Wesentliche; es bezeichnet ein hörbares, durch überwältigenden Schmerz ausbrechendes oder anhaltendes Weinen; auch aus Eigensinn oder Reizbarkeit, oft wie heulen oder schluchzen. Mulier *flebat* uberius. Cic. Phil. II. 31. Te, ut a me discesseris, *lacrimasse*, moleste ferebam. Cic. Att. XV. 27. *Lacrimo* gaudio Ter. Ad. III. 3. 55. Quid faciam? *Plorando* fessus sum. Cic. Att. XV. 9. Nec sicci sint oculi amisso amico, nec fluant; *lacrimandum* est, non *plorandum*. Senec. ep. 63. Auch kann dazu gerechnet werden *lamentari*, welches das laute Jammern des vom Unglück Betroffenen bezeichnet; verschieden von *queri*, welches das sich Beklagen des Unzufriedenen, sich Beschwerenden bezeichnet. Haec vita mors est, quam *lamentari* possem, si liberet. Cic. Tusc. I. 31. *Queri* cogimur, quod hic sermo est tota Asia dissipatus. Cic. Flacc. 6.

35. Hortari, monere — ermahnen.

Hortari ist ermahnen, indem man auf das Begehren wirkt, ermuntern; *monere*, mahnen, indem man auf das Erkennen wirkt, erinnern, und dies vorzugsweise als Abmahnung, Warnung. Te etiam atque etiam *hortor*, ut in ea re publica velis esse. Cic. fam. IV. 9. Eos hoc *moneo*, desinant furere. Cic. Cat. II. 9. Nihil est, quod me *hortere; admoneri* me satis est. Cic. Pis. 38. cf. Sen. ep. 13. 14. Es ist dabei natürlich, daß nach *hortor* der Gedanke meist affirmativ, nach *moneo* meist negativ ausgedrückt wird. Das eine wie das andere zeigt sich in folgender Stelle, worin beide Wörter zusammen vorkommen: Si aut aliter sentirem, certe *admonitio* tua me reprimere, aut si dubitarem, *hortatio* impellere posset. Cic. fam. X. 4.

36. Iubere, imperare, praecipere, edicere — befehlen.

Iubere, befehlen, heißen, ist der direkte Ausdruck seines Willens, daß etwas geschehen soll; daher auch letzteres (als acc. c. inf.) dabei angegeben werden muß. Einen eigentlichen Befehl, wie wir dies Wort gewöhnlich fassen, bezeichnet es nicht immer, sondern es wird auch gebraucht bei indirekter Fassung eines

Gedankens, den wir direkt als **Imperativ** aussprechen würden; daher selbst beim Gruße, z. B. salvum te esse iubeo fast gleich salvus *esto*. **Auf das Subjekt kommt dabei nichts an.** *Imperare*, **befehlen, gebieten, mit dem Ausdruck einer höheren, dazu berechtigenden Würde des Subjekts**. *Praecipere*, **befehlen, vorschreiben, mit Rücksicht auf eine höhere Einsicht des Subjekts**. *Edicere* **heißt an sich nur aussagen und erhält die Bedeutung von befehlen nur bei amtlichen Personen; es ist also befehlen kraft eines Amtes oder Gesetzes, d. h. verordnen oder verfügen**. *Mandare* und *commendare* **nähern sich diesen Wörtern in der Bedeutung von auftragen, empfehlen; ein gemäßigtes Befehlen in Folge eines guten Vertrauens, wobei dem persönlichen Objekte mehr Freiheit in der Art der Befolgung bleibt;** die *iussa* werden gethan, die *mandata* aber ausgeführt. Sperare nos amici iubent. Cic. fam. XIV. 1. b. h. unsere Freunde sagen: *Sperate*. Caste lex *iubet* adire deos. Cic. leg. II. 10. Accipite nunc, quid *imperaverit*. Cic. Verr. III. 30. (Hier nur mit dem Scheine der ihn dazu berechtigenden Würde, und so mehrmals an derselben Stelle.) Ea audiebamus et ea verebamur, ut quodcunque tu consilium *praecepisses*, id nobis persequendum putaremus. Cic. Att. VIII. 11. B. *Edixit* Memmius praetor ex ea lege, ut adesses die tricesimo. Cic. Vatin. 14.

37. Regnare, dominari, imperare, regere, gubernare —
herrschen, regieren.

Regnare, **regieren, König sein, bezeichnet ohne Rücksicht auf ein Objekt vorzugsweise die Alleinherrschaft der Könige**, das *regnum*, **dann auch jede unumschränkte Herrschaft**. *Dominari* **ist der gerade Gegensatz zu servire, herrschen, Herr sein und sich als solchen betragen**. *Imperare*, **herrschen, befehligen, gemäß der höheren Würde, der militärischen Obergewalt**, dem *imperium*; **der Gegensatz von parere. Alle drei Verben haben kein direktes Personobjekt bei sich, indem regnare nur lokal (durch Angabe des wo), dominari entweder ebenso oder durch in c. acc., imperare durch den dat. näher bestimmt wird**. *Regere*, **regieren, immer mit direktem Objekte, bezeichnet die reine Handlung, ohne irgend** die Beschaffenheit des Subjekts anzudeuten; zu einem bestimmten Zwecke lenken. *Gubernare*, urspr. als Steuermann lenken, ebenfalls stäts mit direktem Objekte, unterscheidet sich von regere dadurch, daß es auf die Fähigkeit des Subjektes hindeutet, etwaige Gefahren für das Regierte zu erkennen und zu vermeiden. Herrschen in der Bedeutung von allgemein sein, verbreitet sein u. s. w. muß immer anders ausgedrückt werden, z. B. es herrscht bei den Griechen die Sitte, etwa moris Graecorum est Cic. Verr. I. 26. ober mos est hominum Cic. Brut. 21. und bei Livius auch öfter mos est ohne einen Genitiv; die herrschende Meinung, etwa vulgi opinio Cic. Brut. 51.; eine herrschende Krankheit etwa morbus, quo multi ober omnes nunc laborant, affecti sunt, temptantur (aber nicht etwa morbus grassatur): doch muß man bei allen derartigen Ausdrücken die Bedeutung des herrschen genau auffassen und den speziell bezeichnenden Ausdruck wählen. (Mithridates) ab illo tempore annum iam tertium et vicesimum *regnat* (i. e. rex est). Cic. Man. 3. *Regnatum* est Romae annos ducentos quadraginta quattuor. Liv. I. 60. Vetat enim *dominans* ille in nobis deus. Cic. Tusc. I. 30. Alter *imperat*, alter paret. Cic. Tusc. II. 20. Deus est, qui *regit* et moderatur et movet corpus. Cic. rep. VI. 24. Solus Sulla rem publicam *regebat* orbemque terrarum *gubernabat*. Cic. Rosc. Am. 45.

38. Parere, oboedire, obtemperare, obsequi, dicto audientem esse, morem gerere — gehorchen.

Parere, unterthänig sein, ist der volle Gegensatz zu imperare und bezeichnet demnach ein dauerndes Gehorchen, ohne jedes Mal vorhergegangenen Ausspruch eines Befehls; es nähert sich also dem Begriffe des Dienens, *servire*; doch schließt parere den Gedanken an ein Bewußtsein seines Rechtes und seiner Würde weit weniger aus, als servire; verbunden ubi parendum et serviendum est Cic. Rab. Post. 8. *Oboedire*, gehorchen, bildet den Gegensatz zu iubere und bezeichnet das einzelne Gehorchen nach jedesmaligem Befehle. Daher dies nur in dieser Bedeutung, *parere* aber auch allgemeiner, sich wornach richten (consuetudini, utilitati cet. Cic. Manil. 20.), unterworfen sein Caes. b. c. III. 81. und

I. VERBA.

nur in dieser Bedeutung steht bei parere der dat. einer Person. *Obtemperare*, folgen, Folge leisten, schließt sich mehr an praecipere an; es bezeichnet mehr ein rücksichtsvolles, dann auch ein vernünftiges, überlegendes Gehorchen, im Gegensatze von bloßer Wortbefolgung. *Obsequi*, nachkommen, sich fügen, geschieht aus Nachgiebigkeit oder gar Schwäche gegen die Wünsche oder Launen eines andern. *Dicto audientem esse* bezeichnet ein pünktliches, sofortiges, soldatisches Gehorchen; wir brauchen in der gewöhnlichen Sprache dafür wol das Fremdwort pariren. *Morem gerere* und das seltnere morigerari ist ein Gehorchen aus Gefälligkeit und Fügsamkeit, willfahren. Qui bene imperat, *paruerit* necesse est. Cic. leg. III. 2. Britanni iniurias aegre tolerant, iam domiti, ut *pareant*, nondum, ut *serviant*. Tac. Agr. 13. Imperium domesticum nullum erit, si servulis hoc nostris concesserimus, ut ad verba nobis *oboediant*, non ad id, quod ex verbis intellegi possit, *obtemperent*. Cic. Caecin. 18. Pompeii voluntatibus non modo cives semper assenserunt, *socii obtemperarunt, hostes oboediverunt*, sed etiam venti tempestatesque obsecundarunt. Cic. Man. 16. *Obtemperare* cogito praeceptis tuis. Cic. fam. IX. 25. Tibi roganti volui *obsequi*. Cic. or. 71. *Obsequium* amicos, veritas odium parit. Ter. Andr. I. 1. 41. Respondit, se *dicto audientem fuisse* praetori. Cic. Verr. IV. 12. *Dicto audientes* fuerunt duci. Nep. Iph. 2. Geram tibi morem (d. h. ich will Dich nicht fragen, sondern, weil Du es so wünschest, allein die Sache auseinandersetzen). Cic. Tusc. I. 9.

39. Servire, ministrare, apparere — dienen.

Servire, dienen, *servus* sein, bezeichnet das Verhältniß eines unfreien Mannes (vergl. Nro. 38.); dann auch allgemein und im tropischen Sinne die Gewöhnung, zu gehorchen, sich wornach zu richten, etwas zu befördern, selbst wenn es aus Gefälligkeit und Freundschaft geschieht, wo auch wir meistens das Wort dienen gebrauchen; z. B. tempori, laudi alicuius, Cic. Cat. I. 9. *Ministrare* bezieht sich auf einen speziellen Fall, im Dienste etwas thun nach dem Willen eines andern, daher aufwarten bei Tafel, darreichen z. B. Iovi bibere Cic. Tusc. I. 26. Ein Verhältniß der dienenden

Person zu der befehlenden liegt nicht in dem Worte. *Apparere* ist fast bloß technischer Ausdruck, in untergeordneter amtlicher Stellung, bei einem amtlichen Geschäfte dienen. Pudet *servire* Cic. fam. XV. 18. Exstructa mensa non conchyliis aut piscibus, sed multa carne subrancida. Servi sordidati *ministrant*. Cic. Pis. 27. Quid sibi illi scribae, quid lictores, quid ceteri, quos *apparere* huic quaestioni video, volunt? Cic. Cluent. 53. Eumenes septem annos Philippo *apparuit*. Nep. Eum. 13.

40. Adulari, blandiri, assentari — schmeicheln.

Adulari, schmeicheln, durch Selbsterniedrigung und Kriecherei, immer im tadelnden Sinne; *blandiri*, schmeicheln, liebkosen, durch gefälliges, anschmiegendes Freundlich- thun, gleichviel aus welchem Grunde. *Assentari*, schmeicheln, durch fortwährendes Beistimmen aus Heuchelei oder Scheu und Ängstlichkeit zu widersprechen, während assentiri ein Bei- stimmen aus Überzeugung bezeichnet; jedoch steht *assentari* auch tropisch, wie unser zusagen. Adulari hat bei Cic. nur den Akkusativ der Person, später den Dativ bei sich; die übrigen den Dativ. Non ita *adulatus sum* fortunam alterius, ut me meae poeniteret. Cic. divin. II. 2. *Adulari* nos (passivisch, sel- ten) ne sinamus. Cic. off. I. 26. Nolo esse laudator, ne videar *adulator*. Auct. ad Her. IV. 21. Ita nati sumus, ut *blandiri* possimus iis, a quibus sit petendum. Cic. or. I. 20. Voluptas *blanditur* sensibus. Cic. Ac. II. 45. Saepe *adulatio*, dum *blan- ditur*, offendit. Senec. ir. II. 28. Negat quis? nego; ait? aio; postremo imperavi egomet mihi, omnia *assentari* (ich habe es mir auferlegt, zu allem ja zu sagen.) Ter. Eun. II. 2. 21. Baiae tibi *assentantur*, Bajae sagt dir zu. Cic. fam. IX. 12. (Homo callidus) etiam adversando saepe *assentatur* et litigare se si- mulans *blanditur*. Cic. am. 26.

41. Decernere, statuere, constituere, sciscere, iubere — beschließen.

Decernere, einen Beschluß fassen, ist nach vorherge- gangener Überlegung eine Entscheidung treffen, die alsdann für uns selbst oder für andere als Gesetz oder Norm gilt; vor- zugsweise von obrigkeitlichen Beschlüssen, verfügen, verordnen. *Statuere*, sich vornehmen, und das bestimmtere *constituere*, beschließen, sich entschließen, ist, sich über eine zu unternehmende Handlung seinen Willen und Entschluß klar machen und in Worte fassen. Von dem Beschließen der Volksversammlung sagt man *sciscere*, und wenn die Volksherrschaft angedeutet werden soll, auch *iubere*. Legem *iubere* sagt man von dem Beschlusse des Volkes, wodurch ein Gesetz bindendes Gesetz wird; legem *rogare* von der Anfrage an das Volk, von der Bitte um Annahme des Gesetzes; legem *ferre* von dem Antragsteller, der zugleich für die Durchsetzung des Gesetzes wirkt und sie bewirkt, daher auch von dem Gesetzgeber überhaupt. Decrevit quondam senatus, ut L. Opimius consul videret, ne quid res publica detrimenti caperet. Cic. Cat. I. 2. Athenienses quum Persarum impetum nullo modo possent sustinere, *statuerunt*, ut urbe relicta naves conscenderent. Cic. off. III. 11. In Tusculanum Scaevola ire *constituit*. Cic. or. I. 62. Consules populum iure rogaverunt, populusque iure *scivit* cet. Cic. Phil. I. 10. Senatus decrevit, populusque *iussit*, ut quaestores Verris statuas demoliendas locarent. Cic. Verr. II. 67. Ego hanc legem, uti *rogas, iubendam* censeo. Liv. IX. 8. Eas leges habiturum populum Romanum, quas consensus omnium non *iussisse latas* magis, quam *tulisse* videri posset. Liv. III. 34. Quid est hoc „legem dedit"? an *tulit*? an *rogavit*? (Leges dare kann nur heißen: Geschriebene Gesetze übergeben, wie Cic. Verr. II. 49.) Cic. frgm. p. 448. Orell.

42. Nominare, nuncupare, dicere, vocare, appellare — nennen.

Nominare heißt einen Namen als das Kennzeichen eines Begriffs oder Gegenstands (nomen aus noimen) aussprechen. Dem sehr nahe liegt *nuncupare*, ein verkündigendes Nennen, besonders wie benennen, mit einem bloßher für die Sache noch nicht gebrauchten Namen; es steht daher meist in etwas feierlichen Ausdrücken, z. B. res utiles deorum vocabulis und aliquid nomine dei *nuncupare*. Cic. n. d. 1. 15. und II. 23. *Dicere* und *vocare*, wofür in diesem Sinne häufig *vocitare*, bezeichnen ein attributives Nennen, daher unser sogenannt fast nur durch qui dicitur, qui vocatur oder die Aktiven derselben gegeben wird. *Dicere* pflegt alsdann ein **abjektivisches**, *vocitare*, ein **substantivisches Attribut** bei sich zu haben; beim Passiv tritt der Unterschied auch im Deutschen hervor, indem dici mehr dem **genannt werden**, vocitari dem **heißen** entspricht. *Appellare*, **nennen, den bestimmten und eigentlichen Namen eines Dinges mit einer besondern Absicht aussprechen,** um **anzureden** (*alloqui*, **wirklich** anreden), um **Zweideutigkeit zu vermeiden** u. s. w. ›Als ein politischer Ausdruck in der Bedeutung **sich auf jemanden berufen** ist appello synonym mit provoco; doch geht jenes nur auf eine amtliche Person, vorzugsweise auf die Volkstribunen, provoco dagegen an das Volk selbst und sonst als allgemeines Wort an **außeramtliche** Personen. Amor enim, ex quo amicitia *nominata* est, princeps est ad benevolentiam coniungendam. Cic. amic. 8. Filii ex patribus *nominantur* nach Cic. off. III. 16. Ex duodecim tabulis satis erat ea praestari, quae essent lingua *nuncupata*. Id. ib. Graecia, quae magna *dicitur*. Cic. Tusc. V. 4. Demetrium, qui Phalereus *vocitatus* est. Cic. Rab. Post. 9. Testarum suffragia illi ostracismum *vocant*. Nep. Cim. 3. Ut eum tristem Galba vidit, nomine *appellavit*. Cic. or. I. 56. Placet Stoicis, suo quamque rem nomine *appellare*. Cic. fam. IX. 22. Tribuni igitur *appellabantur*. Cic. Quint. 20. Lex promulgata est, ut de vi damnati ad populum *provocent*. Cic. Phil. I. 9. Tribunos plebis *appello* et *provoco* ad populum. Liv. VIII. 33.

43. Audere, conari — wagen.

Audere, **wagen, heißt aus Kühnheit und mit Verachtung der Gefahr etwas wirklich thun;** *conari*, mit kräftigem Entschlusse etwas zu thun versuchen. Bei jenem kommt die Gefahr und der Muth, bei diesem nur die Bedeutsamkeit und der Beginn der Handlung in Betracht. Auch das Deutsche beginnen, dem conari entsprechend, nähert sich oft dem Begriffe des Wagens. Man vergleiche eum interficere *ausus est* und *conatus est;* im erstern Falle ist der Mord wirklich geschehn, im andern muthmaßlich verhindert worden. Civitates Asiae imperatorem a vobis deposcere neque *audent*, neque id se facere *sine summo periculo* posse arbitrantur. Cic. Manil. 5. Vides profecto, Demosthenem multa *perficere*, nos multa *conari*. Cic. or. 30. Magnum opus et arduum *conamur*. Cic. or. 10.

44. Experiri, tentare (temptare), periclitari — erfahren, verſuchen.

Experiri, erfahren, erproben, iſt durch Beobachtung, durch Verſuche oder durch die That etwas wirklich kennen lernen. *Tentare*, verſuchen, enthält die Hindeutung auf ein Antaſten, ein Zufühlen, ob man ſicher weiter gehen kann; *periclitari*, verſuchen, prüfen, enthält die Hindeutung auf ein friſches Wagniß; bei tentare tritt die Vorſicht, bei periclitari mehr ein Selbſtvertrauen in den Vordergrund. Periclitari enthält auch die Bedeutung in Gefahr ſetzen und ſich in Gefahr befinden. Erfahren in dem Sinne von vernehmen heißt nie *experiri*, ſondern audire, accipere oder irgend ein ſpezielleres Verb. Par est, omnes omnia *experiri*, qui res magnas et magno opere expetendas concupiverunt. Cic. or. 1. *Tentamini* leviter, quo animo libertatis vestrae deminutionem ferre possitis. Cic. agr. II. 7. Animos vestros illi *tentabunt* semper, vires non *experientur*. Liv. IV. 5. *Periclitandae* vires ingenii. Cic. or. I. 34. Homines in proeliis fortunam belli *tentare, periclitari* solent. Cic. Verr. V. 50. Non est saepius in uno homine salus summa *periclitanda* rei publicae. Cic. Cat. I. 5.

45. Facere (reddere), agere, gerere — thun, machen.

Facere, thun, mit nothwendiger Rückſicht auf die Verwirklichung des Objekts, daher meiſtens machen. In agere liegt eine geiſtigere Beziehung, die Rückſicht auf die Art und Weiſe, den Verlauf des Thuns, handeln. Id *agunt*, ut pontem dissolvant, ſie wollen die Brücke abbrechen; *faciunt*, ut dissolvant würde heißen, ſie brechen dieſelbe ab. *Facere* iſt mit *reddere* ſynonym in Verbindung mit einem Eigenſchaftsworte; alsdann iſt bei *facere* die Wirkung gerade beabſichtigt, bei *reddere* oft mehr nebenbei zu Stande gebracht und Folge einer Haupthandlung; daher in der Bedeutung wählen nur *facere*; ebenſo nur *certiorem facere*. Die eigentliche Anſchauung bei reddere ift: Etwas in einem gewiſſen Zuſtande empfangen oder finden und es in einem veränderten Zuſtande gleichſam zurückgeben; ſo daß alſo das Reſultat von facere als etwas Neues, von reddere als etwas Verändertes angeſehen wird; man bemerke aber, daß im Paſſiv nur fieri (effici), nicht reddi auf dieſe Art gebraucht wird. *Gerere* bezieht ſich immer auf eine **Verkettung des Thuns, ausführen**. Res *actae* find **abgemachte Dinge**; *acta* namentlich, faſt als techniſches Wort, die amtlichen Verhandlungen; jedoch auch *acta* agere, Cic. am. 22.; die *facta* ſind **geſchehen oder fertig**, res *gestae* ſind *facta* in ihrem **Zuſammenhange**. Agere cum aliquo, mit einem **unterhandeln**, facere cum aliquo, es mit einem **halten**. Vos rem unam ex duabus *facere* conamini. Cic. fin. II. 7. Annia, pecuniosa mulier, testamento *fecit* heredem filiam. Cic. Verr. I. 43. Angebatur animi necessario, quod domum eius exornatam atque instructam fere iam iste *reddiderat* nudam atque inanem. Cic. Verr. II. 34. Zweck des Verres war nur, die Sachen ſelbſt zu beſitzen. Nostris consiliis et laboribus vitam hominum tutiorem et opulentiorem *reddere* studemus. Cic. rep. I. 2. Diei noctisque vicissitudo conservat animantes, tribuens aliud *agendi* tempus, aliud quiescendi. Cic. n. d. II. 53. Marius eximie dilexit L. Plotium, cuius ingenio putabat ea quae *gesserat* posse celebrari. Cic. Arch. 9.

46. Posse, quire, valere, pollere — können.

Den **allgemeinſten** Sinn hat *posse*, **können**, ſowohl in Rückſicht auf Leiſtung und Erfolg, als auch zur Bezeichnung einer jeden **Möglichkeit**. Quire bezeichnet ein **Können den Umſtänden gemäß**; es wird faſt nur in **negativen** Sätzen gebraucht, während in affirmativen dafür *licere* eintritt (verneint *nequire*, doch ſagt Cicero in der 1. Perſ. Sing. nur non queo, nicht nequeo). Beide Wörter haben **tranſitiven** Sinn, wogegen *valere* und *pollere* eigentlich **intranſitiv** find. *Valere* iſt **vermögen, Einfluß haben oder abſolut Kraft haben**. *Pollere* iſt ein **bedeutungsvolleres** *valere* und weiſet auf die **Fülle und den Glanz der Machtentwickelung** hin; es verbindet ſich nie mit *valere*, aber gern mit *posse*. Posse hebt die **Befähigung**, quire die **Geeignetheit**, *valere* die Tüchtigkeit, *pollere* die Überlegenheit hervor: daher natürlich nur errare *possum*, nicht etwa errare *valeo* gesagt werden kann. Aus diesen Bedeutungen der Wörter geht ferner hervor, daß *posse* mit einem allgemeinen Accusativ (hoc, cet.), mit Quantitäts-Ausdrücken (multum, plurimum) und mit einem Infinitiv; *quire* nur mit dem Infinitiv, *valere* und *pollere* nur mit Quantitäts-Ausdrücken (multum, plus, plurimum) gebraucht werden können. Quis *potest*, mortem metuens, esse non miser? Cic. Tusc. V. 6. Quis est, qui pro rerum atrocitate deplorare tantas calamitates *queat*? Cic. Phil. XI. 2. Maritimus et navalis hostis ante adesse *potest*, quam quisquam venturum esse suspicari *queat*. Cic. rep. II. 3. Nervii quidquid *possunt*, pedestribus *valent* copiis. Caes. b. G. II. 17. Qui plus opibus, armis, potentia *valent*, profecisse tantum mihi videntur stultitia et inconstantia adversariorum, ut etiam auctoritate iam plus *valerent*. Cic. fam. I. 7. 10. *Potentes* in re publica iudiciisque tum plurimum *pollebant*. Caes. b. c. I. 4. Hortensius perorandi locum, ubi plurimum *pollet* oratio, semper tibi relinquebat. Cic. Brut. 51.

47. Coepisse, incipere, ordiri, inchoare — anfangen.

Coepisse, anfangen, bezieht sich immer auf eine Handlung, nicht auf eine Sache, daher fast immer mit einem Infinitiv (bei einem passiven Inf. mit passiver Bedeutung nach Cicero's Sprachgebrauch nur *coeptus sum* st. coepi). *Incipere* ist gleich initium facere oder capere, und steht entweder mit dem Infin. oder intransitiv gleich entstehen; jedoch auch mit dem acc. einer Sache (im Perf. von Cic. vermieden; dafür coepi). Der Gegensatz zu beiden ist nichts thun und aufhören; doch ist coepisse schwächer, fast wie ein Hülfszettwort, incipere dagegen mehr nachdrucksvoll. *Ordiri* und *exordiri* beziehen sich auf eine Sache, wie auf eine Handlung, und bezeichnen hier das Anfangen als einen Theil der ganzen Handlung, im Gegensatze zu den übrigen Theilen, der Fortsetzung und dem Schlusse; oft enthält es eine gewisse Feierlichkeit des Ausdrucks, wie im Deutschen anheben. Virg. Aen. II. 2. Inde toro pater Aeneas sic *orsus* ab alto — Schiller: der also anhbb ꝛc. ꝛc. *Inchoare* ist anfangen, im Gegensatz zu vollenden und hat daher nur ein Sachobjekt bei sich; beginnen. Quum autem ver *esse coeperat* — sed quum rosam viderat, tum ver *incipere* arbitrabatur, dabat se labori atque itineribus. Cic. Verr. V. 10. Ut *incipiendi* ratio fuerit, ita sit *desinendi* modus. Cic. off. I. 37. Tum bella gerere duces nostri *incipiunt*, quum auspicia posuerunt. Cic. divin. II. 3. Unde est *orsa*, in eodem *terminetur* oratio. Cic. Marc. 11. *Perge*, quaeso; nec enim imperite *exorsus* es. Cic. frgm. ap. Non. Praeclare *inchoata* multa, *perfecta* non plane. Cic. Brut. 33. Nemo pictor inventus est, qui Coae Veneris eam partem, quam Apelles *inchoatam* reliquerat, *absolveret*. Cic. off. III. 2.

48. Corrigere, emendare — verbessern.

Corrigere, verbessern, bezeichnet eine Handlung, wodurch das Ganze dem Gedanken und seiner Idee näher gebracht wird; der Gegensatz ist *depravare*. *Emendare*, bessern, besser machen, bezieht sich seiner Grundbedeutung gemäß auf das Wegschaffen der einzelnen Fehler, menda; sein Gegensatz ist das bei Cicero seltene *vitiare*. Ein Fehler selbst kann eigentlich nicht emendirt, sondern nur korrigirt werden. Die Sache aber, aus welcher die Fehler getilgt werden, wird emendirt. Ein Ausdruck, der von einzelnen Sprachfehlern rein ist, heißt bei Cicero nur *emendata* locutio Brut. 74. Dahingegen ist orationem *corrigere* bei Cic. Att. XV. 2. durchaus etwas anderes, nämlich den Sinn der ganzen Rede so gestalten, wie er sein mußte; denn in Betreff des Einzelnen war sie scripta elegantissime sententiis, verbis, ut nihil posset ultra. — Quid fuit istic antea scriptum? Quod mendum ista litura *correxit*? Cic. Verr. II. 42. Rogat me Quintus frater, ut annales suos *emendem* et edam. Cic. Att. II. 16. Epicurus ea, quae in Democrito *corrigere* vult, mihi quidem *depravare* videtur. Cic. fin. I. 6.

49. Indulgere, connivere, ignoscere, veniam dare, condonare — nachsichtig sein.

Indulgere, einem etwas nachsehen und dadurch ihn darin bestärken, aus einer Hinneigung des Gemüths zu demselben. *Connivere*, thun, als ob man das Bestrafenswerthe gar nicht sähe (ein Auge zudrücken). *Ignoscere*, das als strafwürdig Erkannte aus Güte nicht bestrafen, es verzeihen. Fast dasselbe ist *veniam dare*, nur daß hierbei auf die Stimmung des Herzens (Güte u. s. w.) keine Rücksicht genommen, sondern bloß die Straflosigkeit in Betracht gezogen wird; wie be= gnadigen. Dem Freunde wird verziehen, ignoscitur; der Verbrecher wird begnadigt, venia ei datur. *Condonare*, ohne Vergeltung einem andern überlassen, es ihm vergeben, mit dem acc. des Verbrechens, das bei ignoscere auch im Da= tiv stehen kann. Spernuntur a multis veteres amicitiae, *indulgetur* novis. Cic. am. 15. Obsequium peccatis *indulgens* praecipitem amicum ferri sinit. ibid. 24. Cur in hominum sceleribus maximis *connivetis*? Cic. Coel. 24. Hoc *ignoscant* dii immortales velim populo Romano. Cic. Phil. I. 6. und ignoscere festinationi Cic. fam. V. 12. Ceteris si cum re publica in gratiam redierint, *veniam* et impunitatem *dandam* puto. Cic. Phil. VIII. 11. Non deprecaturi sumus, ut hoc *crimen* nobis propter praeclara in rem publicam merita *condonetis*. Cic. Mil. 2.

50. Simulare, dissimulare, fingere, mentiri — sich verstellen, lügen.

Diese Wörter sind zwar nicht eigentlich synonym, berühren sich aber doch in ihrer Bedeutung. *Simulare*, sich so betragen und so sprechen, sich so stellen, als sei etwas der Fall, was nicht der Fall ist, etwas erheucheln, namentlich bei dem Adjektiv erheuchelt, *simulatus; dissimulare*, durch Heuchelei oder Ver= stellung etwas verbergen, sich so stellen, als sei etwas nicht der Fall, was doch wirklich der Fall ist. Das Unwahre in beiden kann auch durch *fingere*, erdichten, ausgedrückt wer= den, wenn die dabei nothwendige schöpferische Geistesthä= tigkeit hervorgehoben werden soll; durch *mentiri*, wenn nicht das Erfinden des falschen Gedankens, sondern vielmehr der Aus= druck desselben, sei es in Worten oder in Zeichen, bezeichnet werden soll; daher auch tropisch z. B. oculi mentiuntur Cic. Qu. fr. I. 1. 6. Im Deutschen entsprechen demnach oft heu= cheln, verheimlichen, erdichten, lügen. Solon furere se *simulavit*. Cic. off. I. 30. *Dissimulare* non potero, mihi quae acta sunt displicere. Cic. Att. VIII. 1. Quicum ego colloquar, nihil *fingam*, nihil *dissimulem*, nihil obtegam. Cic. Att. I. 18. Philo aperte *mentitur.* Cic. Ac. II. 6.

51. Refellere, redarguere, refutare, confutare — widerlegen.

Refellere ist gegen irrige Behauptungen *(falsa)* gerichtet, *redarguere*, gegen Beweise und Beschuldigungen *(argumenta)*, *refutare* gegen kleinliche Ansichten *(futilia)*. Hieraus ergeben sich folgende nähere Bestimmungen: *Refellere* bezeichnet ein beweisendes Widerlegen dessen, was man als unrichtig erkennt. In *redarguere* kommt die Rücksicht hinzu, daß die Widerlegung zugleich eine gewisse Beschuldigung und Anklage des Gegners enthält. *Refutare* schließt eine Theilnahme des Gemüths in sich, daher häufig bei rednerischen Widerlegungen. Stärker, als dies, ist *confutare*, wodurch das Widerlegte als etwas Erbärmliches, Kleines fast weggeworfen wird. Der refellens will nur die Wahrheit, der *refutans* will sich vertheidigen, der redarguens in seiner Vertheidigung den Gegner angreifen, der confutans lächerlich machen. Nos, qui sequimur probabilia, et *refellere* sine pertinacia et *refelli* sine iracundia parati sumus. Cic. Tusc. II. 2. Socrates *subtilitate disputandi refellere* aliorum instituta solebat. Cic. Brut. 7. Improborum prosperitates *redarguunt* vim omnem deorum ac potestatem. Cic. n. d. III. 36. Rhetores iubent nostra confirmare argumentis, contraria *refutare*. Cic. or. II. 19. Huius opinionis levitas *confutata* a Cotta non desiderat orationem meam. Cic. n. d. II. 17.

52. Quaerere, scrutari, investigare, indagare, rimari, expiscari — suchen, erforschen.

Quaerere, suchen, weiset ganz allgemein auf ein empfundenes Bedürfniß hin; es ist also thätig sein, um etwas zu finden oder zu erfahren. *Scrutari* und *rimari* beziehen sich auf etwas Nahes, aber Verborgenes, *investigare* und *indagare* aber auf etwas Entferntes. Ferner soll bei *scrutari* und dem stärkeren *perscrutari* nicht das Objekt selbst gefunden werden, sondern in oder bei demselben etwas anderes, durchsuchen. *Investigare* und *vestigare* heißt die schon ge-

fundene Spur ferner und bis zum Ziele verfolgen, nach-
spüren. *Indagare* ist auf die Spur kommen, auswit-
tern, das eigentliche Prädikat der Spürhunde. In *rimari* liegt
eine Beziehung zu der Masse und Vielheit des Verbergen-
den, wie es denn bei Dichtern noch aufwühlen heißt z. B.
rastris terram Virg. Georg. III. 534.; es ist aber selten. *Expiscari* (ausfischen) bezeichnet ein heimliches, allmähliches
Ausforschen, das der Ausgeforschte selbst nicht bemerken soll.
Quaere argumenta, si qua potes. Cic. Arch. 5. Omnium domos, apothecas, naves furacissime *scrutabaris*. Cic. Vat. 5.
Tu quoquo modo, quoniam Ephesi es, hominem *investiges*
velim, summaque diligentia ad me deducas. Cic. Qu. fr. I. 2.
4. Causas rerum *vestigabimus*. Cic. or. II. 39. Verres acutis-
sime tota provincia quid cuique accidisset, quid cuique esset
necesse, *indagare* et odorari solebat. Cic. Verr. II. 54. Id
quoque *rimatur*, quantum potest, natura. Cic. divin. I. 57.
Nescis, me ab illo omnia *expiscatum*. Cic. fam. IX. 19.

53. Invenire, reperire, deprehendere, offendere,
detegere — finden.

Invenire bezeichnet das Finden im Allgemeinen, welches
im Lateinischen, wie bei uns, meistens als ein zufälliges, ein
Finden ohne Absicht und Anstrengung gilt. Ist dieses
zugleich mit einer Überraschung, namentlich einer unangenehmen, verbunden, so wird dies durch *offendere* hervorgehoben,
antreffen, auf etwas stoßen. *Reperire* setzt zunächst ein
Bedürfniß, einen Wunsch zu finden, und demgemäß eine Absicht, ein Suchen voraus, auffinden. Zu dem Ausdrucke
reperiuntur qui ergänzt sich der Gedanke: wenn man sich
darnach umsieht; während bei *inveniuntur qui* zu denken
ist: sie bieten sich ungesucht dar. *Deprehendere* bezeichnet
ein plötzliches Finden bei tadelhaftem Thun, wie be-
treffen, ertappen. Ein leichtes Erfinden ist demnach
auch *invenire*, ein mühsames *reperire*. Finden und bekannt machen, ist *detegere*, jedoch selten bei Cicero, der dafür eins der obigen Wörter, oder *aperire*, oder ein entsprechendes Verb mit dem Zusatze von primus gebraucht. Oratores tolerabiles vix singuli singulis aetatibus *inveniebantur*. Cic. or.

I. 2. Si *quaerimus,* causas *reperiemus* verissimas. Cic. Brut. 95. Ille quomodo crimen commenticium confirmaret, non *inveniebat* (tam nicht barauf); ego res tam leves qua ratione infirmem, *reperire* non possum. Cic. Rosc. Am. 15. Perpauci lintribus *inventis* salutem sibi *repererunt.* Caes. b. G. I. 53. Qualem existimas, qui in adulterio *deprehenditur?* Cic. or. II. 68. Ego te imparatum *offendam.* Cic. fam. II. 3. Multa ibi vitia *offendi,* quo veneram. Cic. fam. VII. 3.

54. Monstrare, demonstrare, ostendere, declarare, significare — zeigen.

Monstrare ist durch sichtbare Zeichen andeuten, weisen, so daß man es recht behandeln kann. *Demonstrare*, nachweisen, ist nicht eigentlich beweisen, sondern nur ein verstärktes *monstrare;* beweisen heißt oft *firmare* und *confirmare,* in der Art, daß *monstrare* und *demonstrare* sich auf etwas bis dahin Unbekanntes, *firmare* und *confirmare* dagegen auf etwas Angezweifeltes bezieht. *Ostendere* etwas zeigen, so daß es offenbar, sichtbar wird. Der ursprünglichen Anschauung gemäß geschieht ostendere durch ein Herzeigen des Objekts, monstrare durch ein Hinzeigen auf das Objekt; daher auch digitis monstrare. *Declarare* wird für zeigen gebraucht, wie unser barthun, d. i. durch eine That, ein Beispiel u. s. w. etwas klar und anschaulich machen. *Significare* ist durch Zeichen zu verstehen geben, anzeigen, bedeuten. Eine Eigenschaft an sich zeigen wird durch praebere, praestare, exhibere, und wenn sie bloß äußerlich ist, durch prae se ferre gegeben. Tu, si quid librarii non intellegent, *monstrabis.* Cic. fam. XVI. 22. Plus etiam est, quam viam non *monstrare*, scientem in errorem alterum inducere. Cic. off. III. 13. *Demonstrabant,* quid ubique esset. Cic. Verr. IV. 59. *Demonstrabo* iter. Cic. Cat. II. 4. Tam impudens est, ut multis testibus convictus ora iudicum aspicere, os suum populo Romano *ostendere* audeat. Cic. Verr. I. 1. Praesentiam saepe divi suam *declarant*, ut apud Regillum bello Latinorum cet. Cic. n. d. II. 2. Hoc res ipsa *declaravit.* Verr. IV. 27. Canes aluntur, ut *significent*, si fures venerint. Cic. Rosc. Am. 20. Qua postulatione hoc *significant*

I. VERBA.

atque adeo aperte *ostendunt*, se pecuniam invitissimos contulisse. Cic. Verr. II. 60.

55. Fallere, fraudare, frustrari, decipere — täuschen.

Fallere, täuschen, bezieht sich auf wahr und unwahr, einen falschen Gedanken beibringen; z. B. mendaciis fallere, memoria me fallit u. a., daher passivisch sich irren. *Fraudare*, betrügen, bezieht sich auf einen Besitz, einem durch List und Betrug (fraus) etwas entwenden, entweder für sich, oder allgemein, einen um etwas bringen. *Frustrari* bezieht sich auf eine Erwartung, zum Nachtheile eines andern nicht das thun oder nicht so ausfallen, als man mit Grund hoffen konnte; wir übersetzen es meistens ebenfalls durch täuschen, zuweilen durch hinhalten, vereiteln. *Decipere* bezieht sich auf die Versteckheit und Heimlichkeit der Mittel, wodurch die Täuschung zu Stande gebracht wurde, hintergehen; daher dolo decipere. Num me *fefellit* res tanta, tam atrox, tam incredibilis? Cic. Cat. I. 3. Illa amphibolia, quae Croesum *decepit*, vel Chrysippum potuisset *fallere*. Cic. divin. II. 56. Neque in amovendo neque in asportando frumento grano uno potest arator sine maxima poena *fraudare* decumanum. Cic. Verr. III. 8. Cocceius vide ne *frustretur* (nämlich mich in der Bezahlung). Cic. Att. XII. 18. Iam illis promissis standum non esse quis non videt, quae coactus quis metu, quae *deceptus* dolo promiserit? Cic. off. I. 10.

56. Accusare, incusare, criminari, arguere, insimulare (reum facere, agere, petere) —. anklagen.

Accusare, anklagen, hat die allgemeinste Bedeutung; im gerichtlichen Sinne wird es am Besten mit dem Acc. der Person und dem Gen. des Verbrechens (auch de mit dem Abl.) verbunden; im Sinne des gewöhnlichen Lebens mit dem Accusativ des Verbrechens, wobei die Person im Genitiv steht. In diesem Sinne, wo kein Dritter als Richter angegangen wird, ist noch gewöhnlicher, wenn auch bei Cicero vielleicht gar nicht, *incusare* (Acc. des Verbrechens), beschuldigen. *Criminari* setzt eine böswillige Absicht des Beschuldigers voraus, anschwärzen; es geschieht mehr mit Gründen und Überlegung, während das ebenfalls böswillige *calumniari*, verläumben, mehr durch leidenschaftliche Schmähung geschieht. In *arguere* liegt das Bewußtsein der Fähigkeit und die Bereitwilligkeit des Anklägers, die Anklage durch Beweise zu erhärten; dagegen wird in *insimulare* schon hervorgehoben, daß die Schuld eine angedichtete ist; verdächtigen. Technische Ausdrücke bei gerichtlichen Anklagen sind *reum facere, agere, petere;* das *reum facere* konnte erst Statt finden, wenn der Prätor die Klageanmeldung (nominis delatio) angenommen hatte; *agere* bezieht sich speziell auf Kriminalsachen (*causas publicas*) oder es hat den allgemeinen Sinn gerichtlich verfahren; *petere* auf Zivilsachen (*causas privatas*), gerichtlich fordern. Suis eum certis propriisque criminibus *accusabo.* Cic. Verr. I. 16. Hoc mihi scribenti veniebat in mentem, me esse eum, cuius tu desperationem *accusare* solitus esses. Cic. fam. VI. 1. *Incusabant* iniurias Romanorum. Liv. VIII. 23. Tribunus plebis quotidie meam potentiam invidiose *criminabatur*, quum diceret, senatum non quod sentiret, sed quod ego vellem, decernere. Cic. Mil. 5. Servos neque *arguo* neque purgo. Cic. Rosc. Am. 41. Probri *insimulasti* pudicissimam feminam. Cic. Phil. II. 38. Non oportuit Sextium de vi *reum* fieri d. h. die Anklage mußte vom Prätor nicht angenommen werden. Cic. Vatin. 17. *Egit* lege in hereditatem paternam testamento exheres filius. Cic. or. I. 38. Utrum est aequius, decumanum *petere*, an aratorem repetere. Cic. Verr. III. •11.

57. Absolvere, liberare, vindicare — befreien.

Absolvere geschieht durch den Urtheilsspruch des Richters, freisprechen. *Liberare* und *vindicare* haben einen allgemeineren Sinn; jenes ist befreien von einem Übel, das schon da ist, manchmal gleich erlösen; *vindicare* von einem, das zu kommen droht, oft gleich schützen, retten; im gerichtlichen Sinne sind beide mehr Leistungen des Vertheidigers, als des Richters. Video, Neronis iudicio non te *absolutum* esse improbitatis, sed illos damnatos esse caedis. Cic. Verr. I. 28. Roscius culpa *liberatus* et crimine nefario solutus cupit a vobis discedere. Cic. Rosc. Am. 49. Nos a verberibus, ab unço, a crucis denique terrore neque res gestae, neque acta aetas, neque vestri honores *vindicabunt;* d. i. werden uns davor nicht schützen. Cic. Rab. perd. 5.

58. Exspectare, opperiri, manere, praestolari — warten.

In *exspectare* ist der Wunsch und die Hoffnung, daß etwas geschehen werde, vorwiegend, die Zeitdauer Nebensache, erwarten, entgegensehen. *Opperiri,* warten, ist ohne Geschäfte an einer Stelle bleiben und eine Sache erwarten. Deshalb stehn nach *exspectare* meist Absichtspartikeln, ut, dum, donec etc. mit dem Konjunktiv, oder stellvertretende Hauptwörter, während opperiri entweder absolut oder nur mit einem Sachobjekt gebraucht wird. In *manere,* bleiben, warten, ist die Rücksicht auf die Zeitdauer ganz vorherrschend; erwarten heißt es in der guten Sprache nur in dem Sinne von dereinst sicher erreichen (so bei Cic. c. dat., sonst intransitiv oder c. acc.). Es ist ein rein äußerliches Thun ohne alle Theilnahme der Seele, die bei allen seinen Synonymen Statt findet. *Praestolari* ist warten oder erwarten in untergeordneter dienstlicher Stellung, um zu empfangen, zu bedienen u. s. w. Acta quae essent usque ad a. d. VIII. Kal. Iun. cognovi ex tuis litteris. Reliqua *exspectabam* Thessalonicae ... Si erit causa, aut ibidem *opperiar,* aut me ad te conferam. Cic. Att. III. 10. Ibi me *opperire.* Ter. Andr. III. 2. 43. Clodii fatum tibi, sicuti Curioni, *manet.* Cic. Phil. II. 5. Praemissi sunt, qui tibi ad Forum Aurelium *praestolarentur* armati. Cic. Cat. I. 9.

59. Cunctari, morari, cessare, haesitare — zaudern.

Das *cunctari,* zaudern, zögern, geschieht vor einer Handlung aus Bedächtigkeit, wo es dann an Vorsicht gränzend löblich, an Unschlüssigkeit gränzend tadelhaft ist; es bezieht sich immer auf einen Zweck. *Morari* bezeichnet ein längeres Verweilen an einem Orte, als einstweilige Unterbrechung des Fortschrittes; auf eine veranlassende geistige Stimmung wird dabei keine Rücksicht genommen, wodurch es sich von allen seinen Synonymen unterscheidet; es ist auch transitiv, ganz wie unser verweilen. *Cessare* ist von der begonnenen Handlung immer wieder ablassen; oft gleich säumen, aus Trägheit, Furcht, Schwäche u. dgl., meistens mit einer Negation. *Haesitare* ist in der begonnenen Handlung vor Schwierigkeiten, Verlegenheit, nicht vorwärts können, stecken bleiben, festsitzen. Si cunctor, amitto omnia. Cic. Att. X. 8. Tempus eius tridui, quod in his castris *morabar*, in magno officio mihi ponendum putavi. Cic. fam. XV. 2. Non cessat (fängt immer wieder an) de nobis detrahere. Cic. Att. XI. 11. Quum *haesitaret*, quum *teneretur*, quaesivi, quid dubitaret proficisci. Cic. Cat. II. 6.

60. Desinere, desistere, intermittere, omittere — aufhören.

Desinere bezeichnet das völlige Aufhören, und zwar als den Eintritt eines (andern Zustandes; *desistere* dagegen als eine Thätigkeit des Willens, daher nur von Personen zu sagen, abstehen, ablassen. *Intermittere* bezeichnet nur ein einstweiliges Aufhören, unterbrechen; *omittere* ein völliges Nichtmehrthun oder Nichtthun, worin die Andeutung liegt, daß man entweder gar keinen Grund habe, fortzufahren, oder die Handlung vielleicht noch gar nicht begonnen hat, wie bei unserem unterlassen, dahingegen bei desistere und ablassen immer eine schon begonnene Handlung gedacht wird. In dieser Bedeutung wird omittere mit neglegere und seinen Synonymen (Nro. 18.) verwandt, nur daß bei den letzteren immer auf die veranlassende Seelenstimmung Rücksicht genommen wird, was bei omittere gar nicht der Fall ist. Auch der *praetermittens* unterläßt etwas, indem er aus Übersehen nicht darauf achtet, wogegen der *relinquens* mit Absicht und vielleicht nur vorläufig davon Abstand nimmt. Conventus iam fieri *desierunt*. Cic. Att. I. 16. Et amici et medici me hortabantur, ut causas agere *desisterem*. Cic. Brut. 91. Galli gallinacei sic assidue canere coeperunt, ut nihil *intermitterent*. Cic. divin. I. 34. Auch cum inf. z. B. consulere rei publicae. Cic. divin. II. 1. *Omittat* urgere Carneades. Cic. divin. I. 7. Romulus *omisit* pietatem et humanitatem (sc. quum Remum interficeret). Cic. off. III. 10. Non multum (refert, utrum *omittas* philosophiam, an *intermittas*. Sen. ep. 72. 3. Minime assentior iis, qui negant, eum locum a Panaetio *praetermissum*, sed consulto *relictum* esse. Cic. off. III. 2.

61. Pergere, continuare, perseverare — fortfahren.

Der Begriff wird eigentlich nur durch pergere ausgedrückt, entweder absolut, oder mit dem Infinitiv. *Continuare*, stäts mit einem Objektsaccusativ, heißt ohne Unterbrechung fortsetzen, jedoch nicht bei Cicero, der es nur in der Bedeutung von verbinden gebraucht z. B. verba continuare. Cic. or. III. 47. Für fortfahren als Ausdruck der Beharrlichkeit in einer Sache oder Handlung wird perseverare gebraucht. *Perge* de Caesare, et redde quae restant. Cic. Brut. 74. Haec tu *perge* mitigare. Cic. Att. XI. 7. Scipio die ac nocte *continuato* itinere ad Favonium pervenit. Caes. b. c. III. 36. Die zuweilen unterbrochene Reise fortsetzen mußte durch pergere mit einem Infinitiv ausgedrückt werden z. B. iter reliquum conficere *pergit*. Cic. or. II. 27. *Perseveras* tu quidem et in tua vetere sententia permanes. Cic. leg. III. 11.

62. Absolvere, perficere, peragere, exsequi, consummare — vollenden.

Absolvere bezieht sich auf die Quantität der Handlung, und heißt etwas ganz fertig machen, im Gegensatze zu einem theilweisen Machen; *perficere* dagegen bezieht sich hauptsächlich auf die Qualität der Handlung, etwas vollenden, vollkommen machen oder ausführen. *Peragere* bezieht sich weniger auf das Resultat, als auf das wie, auf die Art und Weise der ganzen Handlung, Schwierigkeiten bei derselben u. s. w., bis zu Ende durchführen. *Exsequi* hebt die Beharrlichkeit des Handelnden hervor, etwas verfolgen oder vollständig thun; vollführen, vollstrecken. *Consummare* heißt auf den höchsten Gipfel bringen, wird aber füglich vermieden. Nemo pictor inventus est, qui Coae Veneris eam partem, quam Apelles *inchoatam* reliquerat, *absolveret*. Cic. off. III. 2. Vivitur non cum *perfectis* hominibus planeque sapientibus. Cic. off. I. 15. Gracchus comitia nihilo minus *peregit*. Cic. n. d. II. 4. Est difficile, quod cum spe magna

46　　　　　　　　　I. VERBA.

sis ingressus, id non *exsequi* usque ad extremum. Cic. Rab.
Post. 2. Iam in suum decus nomenque velut *consummatam*
eius belli gloriam spectabat. Liv. XXVIII. 17.

63. Moderari, temperare — mäßigen.

Moderari, mäßigen, lenken, ist mehr quantitativ
und wird durch Verminderung und äußere Beschränkung bewirkt;
temperare mildern, ordnen, ist mehr qualitativ und wird
durch Vermischung oder innere Veränderung bewirkt; das *moderatum* ist auf die rechte Größe, das *temperatum* auf die
rechte Wesenheit zurückgeführt. Rem publicam temperare geschieht legibus et institutis; aber deus maria moderatur imperio und dominus navim moderatur gubernaculo oder sogar
funiculo ad puppim religato. Moderari verbindet sich mit dem
Dativ, wenn das Objekt ein selbsthandelndes ist, mit dem
acc., wenn es als eine Sache betrachtet wird; temperare mit
dem Dativ, bei Cicero nur in der Bedeutung schonen z. B.
sociis Cic. Verr. I. 59., mit *ab* aliqua re in der Bedeutung
sich enthalten, sonst immer mit dem acc. Oratio sine vinculis sibi ipsa *moderetur*. Cic. or. III. 48. Fac mentem divinam esse terram tuentem, maria *moderantem*. Cic. n. d.
III. 39. Lycurgus, qui Lacedaemoniorum rem publicam *temperavit*, leges suas auctoritate Apollinis Delphici confirmavit.
Cic. divin. I. 43. Antonii acerbitas morum immanitasque naturae ne vino quidem permixta *temperari* solet. Cic. Phil.
XII. 11. Vergl. Nro. 113. 206.

64. Delectare, oblectare, iuvare — ergötzen.

Delectare, anziehen, nimmt mehr das innerste Wesen
des Menschen in Anspruch; es gewährt einen Genuß, bei dem
der Mensch von sich selbst ab auf den Gegenstand hingezogen
wird (mehr passiv ist); *oblectare* bleibt mehr äußerlich; es gewährt einen Zeitvertreib, eine Unterhaltung, die man sucht,
sich vornimmt (mehr aktiv). *Delectari* (se delectare), sich ergötzen,
sich angezogen fühlen, und *oblectari* (se oblectare), sich ergötzen, sich unterhalten, bilden beide einen Gegensatz zu andern,
namentlich bloßen Nützlichkeitsbeschäftigungen, während
gaudere und *laetari* nur einen Gegensatz zu andern Gemüths-

ſtimmungen enthalten; vergl. Nro. 14. *Iuvare*, in dieſem Sinne meiſtens unperſönlich (*iuvat*, es macht mir Freude) bezeichnet die Annehmlichkeit als ein wohlthuendes Gefühl, wie einem zuſagen, Genugthuung gewähren, weniger intenſiv, als *gaudere*, aber ebenfalls im Gegenſatz zu Nützlichkeitsrückſichten. Si nosmet ipsi, qui et ab *delectatione* omni negotiis impedimur et in ipsa occupatione *delectationes* alias multas habere possumus, ludis tamen *oblectamur:* qui tu admirere de multitudine indocta? Cic. Mur. 19. Non tantum *delectatus*, sed *gavisus sum*. Sen. ep. 46. Ego me in Cumano, praeterquam quod sine te, ceterum satis commode *oblectabam* (unſtatthaft delectabam). Cic. Qu. fr. II. 14. Haec studia adolescentiam agunt, senectutem *oblectant* etc. Cic. Arch. 7. cf. sen. 16. Mira quaedam in cognoscendo suavitas est et *delectatio*. Cic. or. I. 43. In his artibus non *utilitas* quaeritur necessaria, sed animi libera quaedam *oblectatio*. Cic. or. I. 26. Ex litteris tuis intellexi, quam fortiter iniuriam ferres; *iuvit*que me, tibi quum summam humanitatem, tum etiam tuas litteras profuisse. Cic. fam. V. 21. Gratus sum, non quia *expedit*, sed quia *iuvat*. Sen. ep. 81. 18.

65. Laedere, violare, offendere — verletzen.

Laedere iſt gegen die *integritas* eines Objekts gerichtet, wiewohl es auch ohne Abſicht geſchehen kann; beſchädigen, beleidigen. *Violare* iſt gegen die *sanctitas* des Objekts gerichtet und ſchließt immer eine Abſicht in ſich, entheiligen, verletzen. *Offendere* iſt gegen die Behaglichkeit, die Neigung eines andern gerichtet, anſtoßen, Anſtoß geben, auch Anſtoß nehmen. Nullis impulsi inimicitiis, nulla privatim *laesi* iniuria, nullo praemio adducti eum in iudicium vocamus. Cic. Verr. III. 1. Loca religiosa ac lucos ab hoc *violatos* esse dixisti. Cic. Rab. perd. 2. Me *offendet* loci celebritas. Cic. fam. XIV. 1. Pleraque eorum, propter quae irascimur, *offendunt* nos magis, quam *laedunt*. Senec. de ira III. 28. In me aliquid *offendistis*. Cic. Mil. 36. Agricola honestius putabat *offendere*, quam odisse. Tac. Agr. 22.

I. VERBA.

66. Laudare, probare, celebrare, praedicare — loben.

Nur *laudare* drückt den Begriff loben vollständig aus, eine Person oder Sache mit dem Ausdruck seines Beifalls als **ausgezeichnet und vorzüglich hervorheben**. Der Form nach etwas schwächer ist *probare*, **billigen, als gut anerkennen**; das letzte ist mehr ein Ausdruck des Beurtheilens und bezieht sich auf Korrektheit oder erfüllte Schuldigkeit, wogegen *laudare* mehr ein Ausdruck des Bewunderns ist. Bei *celebrare* und *praedicare* kommt als wesentliche Bestimmung hinzu, daß das Lob vor vielen und für viele ausgesprochen, daher auch mit stärkeren Farben aufgetragen wird. *Celebrare*, im Allgemeinen nur von **abstrakten Begriffen** (virtutem, laudes, nomen alicuius) gesagt, bezeichnet mehr das **Verbreiten des Lobes**, als das Loben selbst; **preisen**, oder mit einem angemessenen Objekte **feiern**. *Praedicare* ist zunächst nur **öffentlich sagen**, und erhält, indem es meistens mit einem rühmlichen Attribut verbunden ist, den Sinn von **rühmen**; es kann nur eine Sache, nicht eine Person (die letztere wird mit *de* hinzugefügt) zum Objekt haben. Quis *laudare* bonos ornatius potest (quam orator)? Cic. or. II. 9. A me inita ratio est, quam omnes non solum *probant*, sed etiam *laudant*. Cic. fam. V. 20. 4. Ardeo cupiditate incredibili, nomen ut nostrum scriptis illustretur et *celebretur* tuis. Cic. Att. V. 12. Mihi ista licet de me vera cum gloria *praedicare*. Cic. Pis. 1.

67. Favere, studere (secundare) — günstig sein.

Favere, **günstig sein**, geschieht aus Wohlwollen und Zuneigung; *studere* alicui, **für jemanden sein, es mit ihm halten, aus Parteinahme**. Beide beziehen sich mehr auf die Gesinnung, dahingegen das transitive *secundare*, **begünstigen** (welches indeß in der guten Sprache nur bei Dichtern vorkommt; obsecundare auch Cic. Man. 16.), zugleich eine **thätliche Förderung zur Erreichung eines Zieles** bezeichnet; vergl. Nro. 174. *Favebam* et rei publicae, cui semper *favi*, et dignitati ac gloriae tuae. Cic. fam. XII. 7. Coelius *studuit*

I. VERBA. 49

Catilinao consulatum iterum petenti. Cic. Coel. 5. Di nostra
incepta *secundent.* Virg. Aen. VII. 259.

68. Explicare, explanare, exponere, interpretari — erklären.

In den beiden ersten liegt die Hindeutung auf eine Schwierigkeit des Objekts, welches bei *explicare* oft erst aufgefunden, bei *explanare* nur deutlicher dargelegt zu werden braucht. So ist das erste entwickelnde Aussprechen seiner Ansicht ein sententiam *explicare*, während *explanare* sententiam die schon ausgesprochene Ansicht deutlich machen heißen würde. *Exponere* hat die Bedeutung auseinandersetzen nur in dem Sinne von darstellen, ohne daß dabei eine Schwierigkeit der Sache an sich gedacht würde. *Interpretari* ist erklären, die Bedeutung eines Dinges durch einen verständlicheren Ausdruck wiedergeben, daher häufig dem Sinne nach übersetzen. *Explicare* non potui (auffinden), quid esset optimum factu. Cic. fam. VII. 3. Id vero etiam *explanare* debes apertiusque dicere. Cic. fin. II. 19. Scaevola eam didicit artem, quae docet rem *latentem explicare* definiendo, *obscuram explanare interpretando.* Cic. Brut. 41. Quae ab eo contra rem publicam facta esse arbitror, *exposui.* Cic. or. II. 12. Dicenda, demonstranda, *explicanda* sunt omnia; causa non solum *exponenda*, sed etiam graviter copioseque agenda est. Cic. Caecil. 12. Exta pecudum, monstra, fulgura *interpretantur.* Cic. divin. I. 6. Nihil aliud est philosophia, si *interpretari* velis, praeter studium sapientiae. Cic. off. II. 2.

69. Occultare, condere, abscondere, abdere, celare — verbergen.

Das allgemeinste Wort ist *occultare*, verbergen, machen, daß etwas nicht gesehen wird; es ist ein Intensiv des weniger gewöhnlichen *occulere*. In *condere* und dem dafür gebräuchlicheren *abscondere* wird auf das Mittel des Verbergens hingedeutet, indem das Objekt irgendwo hineingethan, bedeckt wird u. s. w., verstecken. Auch bei *abdere* wird auf das Mittel des Verbergens hingewiesen, jedoch allgemeiner, als bei *condere*; es ist ein Verbergen durch Wegthun, namentlich durch **Entfernung**; daher mit einem Reflexiv verbunden, sich wegbegeben. Stärker ist *abstrudere*, welches zugleich auf eine dichte, kaum zu durchdringende Umschließung oder eine Versenkung in die Tiefe hinweiset. In *celare* wird auf die **Absicht** Rücksicht genommen, es geschieht, um zu täuschen, u. s. w. verheimlichen. Quae natura *occultavit*, eadem omnes, qui sana mente sunt, removent ab oculis. Cic. off. I. 35. Vigilavi et providi, quemadmodum in tantis et tam *absconditis* insidiis salvi esse possemus. Cic. Cat. III. 2. Est quiddam, quod *occultatur;* quod quo studiosius opprimitur et *absconditur*, eo magis eminet et apparet. Cic. Rosc. Am. 41. *Abdo* me in bibliothecam. Cic. fam. VII. 28. Quum mane me in silvam *abstrusi* densam et asperam, non exeo inde ante vesperum. Cic. Att. XII. 15. Neque enim id est *celare*, quidquid reticeas; sed quum quod tu scias, id ignorare emolumenti tui causa velis eos, quorum intersit id scire. Cic. off. III. 13. De insidiis *celare* te noluit. Cic. Deiot. 6. Te hoc *celatum* volebam. Cic. Qu. fr. III. 5.

70. Affirmare, confirmare, asseverare, contendere — behaupten.

Der Unterschied dieser Wörter liegt in der verschiedenen Art und Weise der Handlung. *Affirmare* ist **behaupten durch ein bloßes Sagen**, aber mit Entschiedenheit und Festigkeit; *confirmare*, **beweisen**, ist stärker; es geschieht durch Gründe, Eide, Zeugen. Diese beiden sollen einen Zweifel beseitigen; *asseverare*, **versichern, betheuern**, hebt den Ernst des Sprechenden hervor, im Gegensatze von scherzen. Bei *contendere* hat man an einen fortdauernden Widerspruch zu denken, daher die Hartnäckigkeit oder Kraft des Behauptens darin angedeutet wird. Dicendum mihi est ita, nihil ut *affirmem*, quaeram omnia dubitans. Cic. divin. II. 3. Iubent nostra *confirmare* argumentis ac rationibus; deinde contraria refutare. Cic. or. II. 19. Bella ironia, si *iocaremur;* sin *asseveramus*, vide, ne religio nobis adhibenda sit. Cic. Brut. 85. Servius hoc firmissime *asseverabat*, si damnati restituerentur, in exsilium se esse iturum. Cic. Att. X. 14. Tamenne vereris, ut possis hoc contra Hortensium *contendere?* Cic. Quint. 25.

I. VERBA.

71. Partiri, dividere, distribuere, disponere, digerere
— theilen, eintheilen.

Partiri ist theilen, ein Ganzes zu kleineren Ganzen machen ohne eine Nebenbeziehung. Durch *dividere* wird der Begriff der Trennung in Theile wesentlich hervorgehoben; es ist in Theile zerlegen; cf. Nro. 72. Ende. Geschieht dies, um etwas bequemer zu übersehn oder zu behandeln, so ist es eintheilen. *Distribuere* heißt ebenfalls eintheilen, aber mit dem Nebenbegriffe, daß die Eintheilung eine angemessene sei und jeder Theil seine Bestimmung habe; also in seine Theile zerlegen und zutheilen. *Disponere*, eintheilen, ordnen, heißt nicht mehr die Theile machen, sondern die schon gefundenen Theile an die rechte Stelle hinsetzen. *Digerere* liegt dem vorigen nahe; die Theile sind schon da, allein sie liegen verworren durch einander. Unum in ea membra *partitus* est. Cic. Tim. 7. Omne corpus secari ac *dividi* potest. Cic. n. d. III. 12. Eloquens genus universum in species certas, ut nulla neque praetermittatur neque redundet, *partitur* ac *dividit* (jenes muß vorstehen). Cic. or. 33. Commode Pompeius gladiatores *distribuit* binos singulis patribus familiarum. Cic. Att. VII. 14. In eodem orbe, in duodecim partes *distributo*, quinque stellae feruntur. Cic. Tusc. I. 28. Pisistratus primus Homeri libros, confusos antea, sic *disposuisse* dicitur, ut nunc habemus. Cic. or. III. 34. In praesentia tantummodo partes argumentandi *confuse et permixte* dispersimus; post discrete et electe in genus quodque causae, quid cuique conveniat, ex hac copia *digeremus*. Cic. inv. I. 30.

72. Secernere, discernere (distinguere), separare,
seiungere, segregare, dirimere — trennen.

In diesen Wörtern (mit Ausnahme des letzten) liegt nicht der Begriff eines eigentlichen Machens der Theile, sondern eines Voneinanderthuns, Absonderns der von Natur schon in der Sache liegenden Theile. Geschieht dieses Absondern mit dem Verstande, mit scharfem Blicke, so ist es ein *secernere*, scheiden oder *discernere*, unterscheiden; jenes, wenn man dabei nur einen Theil, das eigentliche Objekt, gleichsam bewegt denkt, dieses, wenn bei dem Abſondern beide Theile als bewegt gedacht werden. In der geiſtigeren, bei Weitem gewöhnlichſten, Bedeutung von unterſcheiden wird discernere ſynonym mit *distinguere:* doch auch hier geſchieht jenes durch Trennung und Erkenntniß, distinguere durch Zeichen und Merkmale; daher auch distinctus mit vielen Zeichen verſehn, d. i. bald deutlich, bald geſchmückt ꝛc. *Separare,* abſondern, bezeichnet eigentlich nur ein äußeres Erhalten der Trennung, die an ſich ſchon beſteht; *seiungere,* trennen, das Voneinanderbringen von Dingen, die verbunden waren, durch Auflöſung des Bandes. In *segregare,* ſcheiden, ausſcheiden, liegt eine Hindeutung auf die Menge, von der etwas durch die Sonderung getrennt wird. *Dirimere* iſt zunächſt örtlich, trennen d. i. die Verbindung und den Verkehr zwiſchen zwei Perſonen oder Orten hindern; viel häufiger aber tropiſch trennen, auflöſen, mit dem Nebenbegriffe, daß das Getrennte, Aufgelöſete dadurch aufhört zu beſtehen. *Secerni* blandus amicus a vero et internosci potest. Cic. am. 25. Democritus luminibus amissis *alba et atra discernere* non poterat. Cic. Tusc. V. 39. Oratorum genera aetatibus *distinguere* instituisti. Cic. Brut. 19. Duo maria (apud Corinthum) pertenui discrimine *separantur.* Cic. agr. II. 32. Animus a spe *seiungi* non potest. Cic. fin. I. 20. Perficiam profecto, ut hunc A. Licinium *segregandum* a numero civium non putetis. Cic. Arch. 2. Coniunctionem civium qui *dirimunt,* eos leges morte, exsilio, vinculis, damno coercent. Cic. off. III. 5. Ebenſo rem, controversiam, colloquium dirimere. — Flumen agros *dividit,* inſofern flumen die Gränze bildet; flumen agros *dirimit,* inſofern es die Verbindung beider Ufer erſchwert. cf. Liv. XXII. 15.

73. Tegere, operire — bedecken.

Tegere geſchieht vorzugsweiſe zum Schutze, wie bedecken; Gegenſatz ſowohl detegere, als auch aperire; *operire* dagegen, um dadurch ungeſehen zu machen, wie verdecken; Gegenſatz nur aperire (Nro. 173). So ſind einige Thiere coriis *tectae,* aber keines Weges opertae, Cic. n. d. II. 47., während *opertum* bonae deae oder Apollinis (Cic. parad. 4. divin. I. 50.

II. 55.) etwas Geheimes bezeichnet. Beide verhalten sich zu einander, wie gerere und ferre, indem z. B. wer vestem purpuream gerit, damit tectus, wer aber vestem purpuream fert, damit nicht tectus, sondern vielleicht davon opertus d. h. darunter versteckt sein kann. Tropisch, von geistiger Verstecktheit, Vorsicht und geheimnißvollem Wesen kann nur tegere, tectus. u. s. w. gebraucht werden. Amica corpus inhumati Alcibiadis suo pallio *texit*. Cic. divin. II. 69. *Operta* lectica latus est per oppidum. Cic. Phil. II. 41. Tecti esse ad alienos possumus; intimi multa apertiora videant necesse est. Cic. Rosc. Am. 40.

74. Vestire, induere, amicire — bekleiden.

Das allgemeine Wort ist *vestire*, bekleiden, zum Schutze oder zum Schmucke. *Induere* heißt hineingehen oder anlegen, und bekommt die Bedeutung bekleiden nur durch den Zusatz des Mittels der Bekleidung. Amicire ist eigentlich umlegen (am-iacio), und kann nur von einem weiten Gewande gesagt werden, daher meistens vom Oberkleide. Natura oculos membranis tenuissimis *vestivit* et saepsit. Cic. n. d. II. 57. Homo male *vestitus*. Cic. Pis. 25. Gyges annulum aureum hominis mortui ipse *induit*. Cic. off. III. 9. Eleus Hippias Olympiae gloriatus est, annulum quem haberet, pallium quo *amictus*, soccos quibus *indutus* esset, se manu sua confecisse. Cic. or. III. 32. Übrigens braucht Cicero nur das Partizip amictus.

75. Abhorrere, aversari, detestari, abominari — verabscheuen.

Abhorrere ist die Folge eines Widerstrebens der Natur; im Deutschen kann man nur selten den allgemeinen Ausdruck zurückschaudern beibehalten; oft ist es fern sein wovon, fremd sein u. s. w. oder auch als Transitivum verabscheuen. Dasselbe liegt zwar auch in *aversari*, doch zeigt es sich hierbei immer in dem äußeren Zeichen des Abwendens. *Detestari* enthält zugleich den Ausdruck des Verabscheuens in feierlichen Worten; es nähert sich dem Begriffe des Verwünschens, der in der Bedeutung verfluchen durch exsecrari, diras imprecari, in der Bedeutung **weihen** durch *devovere* ausgedrückt wird. *Abominari* (nicht bei Cic.) ist ... Verabscheuen aus heiliger Scheu; es bezieht sich auf Dinge, die etwas Böses bedeuten können. Quod haberet tres illos filios, idcirco se ab his nuptiis *abhorrere* respondit. Cic. Cluent. 9. Illum omnes *abhorrebant*. ib. 14. Nulla vis tormentorum praetermittitur: *aversari* advocati et iam vix ferre posse. ib. 63. Omnes memoriam consulatus tui *detestantur*. Cic. Pis. 40. Poris mentionem tam foedi facinoris *abominabatur*. Liv. XL. 4.

76. Sacrificare, mactare, immolare (parentare), litare, libare — opfern.

Sacrificare, oder dafür weit gebräuchlicher sacra facere, bezeichnet ganz allgemein die bloße Handlung zur Ehre der Götter. *Mactare* bezieht sich auf die Art und Weise der Handlung; es ist immer ein Opfern durch Tödtung, aber selten den Göttern zu Ehren; auch tropisch z. B. ius civitatis Cic. Verr. IV. 11. *Immolare* enthält eine Beziehung auf die Förmlichkeit der Handlung, mit der mola salsa bestreuen und den Göttern opfern (daher boves *immolatos* priusquam caederentur, in Siciliam profugisse Cat. ap. Serv. ad Virg. Aen. X. 541.). Es wird auch absolut gebraucht, während mactare nothwendig ein Objekt bei sich hat. *Parentare* bezeichnet immer ein Todtenopfer, *libare* (bei Cicero nur in der Bedeutung kosten) ist eigentlich das Aussprengen eines Theiles bei einem Trankopfer; jedoch auch mit dapes Liv. XXXIX. 43.; *litare* und das stärkere perlitare heißt so opfern, daß man eine glückliche Anzeige erhält, glücklich opfern. Principem in *sacrificando* Ianum esse voluerunt. Cic. n. d. II. 27. Nonne hunc summo supplicio *mactari* imperabis? Cic. Cat. I. 11. Pythagoras quum in geometria novi quiddam invenisset, Musis bovem *immolasse* dicitur. Cic. n. d. III. 36. *Immolatur* diis. Cic. divin. II. 17. Maiores nostri Februario mense *mortuis parentari* voluerunt. Cic. leg. II. 21. Quum tristissima exta sine capite fuerunt, proxima hostia saepe *litatur* pulcherrime. Cic. divin. II. 15. Quam potestis Lentulo victimam *mactare* gratiorem, quam si Flacci sanguine illius nefarium in nos

I. VERBA.

omnes odium saturaveritis? *Litemus* igitur Lentulo, *parentemus* Cethego, revocemus eiectos. Cic. Flacc. 38.

77. Piare, expiare, lustrare — sühnen.

Piare bezieht sich meistens auf die Person, welche man dadurch wieder gewinnen will, versöhnen; es findet sich aber bei Cicero nur in der Rede pro domo, ist auch sonst in Prosa selten und daher zu vermeiden. *Expiare* ist, ein Vergehen durch religiöse Handlungen wieder gut machen, sühnen und entsühnen, auch büßen. *Lustrare* ist ein Sühnen durch Reinigung oder Musterung. Si quid tibi aut *piandum,* aut religione domestica instituendum fuisset, ad pontificem retulisses. Cic. dom. 25. Tellurem porco, Silvanum lacte *piabant.* Hor. ep. II. 1. 143. Quod neglectum post acceptam illam maximam cladem *expiatum* est. Ara enim Aio Loquenti consecrata est. Cic. divin. I. 45. Quum imperator exercitum, censor populum *lustraret,* bonis nominibus qui hostias ducerent eligebantur. Id. ibid.

78. Consecrare, dedicare, inaugurare, initiare — weihen.

Consecrare, heiligen, bezeichnet dasjenige Weihen, wodurch das Objekt für heilig erklärt, dazu gemacht wird; daher selbst vergöttern, unsterblich machen. Das *sacrum* ist nämlich das Heilige als Eigenthum der Götter, den Göttern geweiht, auch als Opfer; das *sanctum* dagegen ist in sich heilig und Ehrfurcht gebietend, und als solches unter den besondern Schutz der Götter gestellt. Das *bellum sacrum* ist ein Krieg um Heiligthümer; das *bellum sanctum* ein heiliger, in sich sittlicher Krieg. *Dedicare* und *dicare* bezeichnen bloß den feierlichen Ausspruch, durch welchen jemand sich des Eigenthumsrechtes begiebt und es einem andern zuspricht; bei einem Ehrengeschenk widmen. *Inaugurare* (ohne Dat.) ist dasjenige Einweihen, welches eigentlich durch Befragung des Vogelfluges geschieht; daher überhaupt ein Einweihen unter religiösen Förmlichkeiten. *Initiare* ist das Einweihen in geheime Lehren, Künste u. s. w., aber immer mit dem Zusatze des *worein.* Ait rex se illud

candelabrum dare, donare, *dicare, consecrare* Iovi. Cic. Verr.
IV. 29. Socratis ratio Platonis memoria *consecrata* est (ver«
ewigt). Cic. Tusc. V. 4. Delubrum Homeri in oppido *dedicaverunt.* Cic. Arch. 8. Vide, *«« inauguret* (Dich durch
Augurien einsetzt). Cic. Phil. II. 43. u.   — ns
initiatus, quae traduntur mysteriis. Cic. Tusc. ..

79. Bibere, potare (propinare) — trinken.

Bibere, trinken, bezeichnet den Begriff vollständig und
ganz allgemein. *Potare* ist intensiv, das anhaltende, starke
Trinken, das minder des Durstes wegen, als aus einer Neigung
und Lust am Trinken geschieht; also bald zechen, bald saufen. Steht trinken in dem Sinne von zutrinken, so geht weder bibere noch potare an, sondern man muß *propinare* brauchen. Darius in fuga quum aquam turbidam et cadaveribus
inquinatam *bibisset,* negavit unquam se *bibisse* iucundius;
nunquam videlicet sitiens *biberat.* Cic. Tusc. V. 34. Totos
dies *potabatur.* Cic. Phil. II. 27. Socrates *propino,* inquit,
hoc pulchro Critiae. Cic. Tusc. I. 40.

80. Formare, conformare, informare, fingere —
bilden.

Formare bezeichnet formen, bilden in dem Sinne von
eine andre, besonders die rechte Gestalt geben. Derselbe Sinn
waltet vor in den Kompositis, conformare, ausbilden, informare, vorbilden u. s. w., jenes eine allgemeine Vollständigkeit besselben, dieses die vorbereitende Bildung für einen
besondern Zweck bezeichnend. *Fingere* ist dasjenige Bilden,
wodurch etwas neues entsteht; daher es auch in dem Sinne
von erdenken, erdichten, u. s. w. gebraucht wird. Nemo potest, nisi orator, *formare* orationem eamque variare et distinguere quasi quibusdam verborum sententiarumque insignibus
— von der Gestaltung der Rede. Cic. or. II. 9. Si omnia
a philosophis essent petenda, Peripateticorum institutis commodius (quam Stoicorum) *fingeretur* oratio — besonders von
der Herbeischaffung des Inhalts der Rede. Cic. Brut. 31.
Ipsa Himera in muliebrem figuram habitumque *formata* erat,
ex oppidi nomine et fluminis. Cic. Verr. II. 35. Apes *fingunt*

I. VERBA.

favos. Cic. off. I. 40. His artibus aetas puerilis ad humanitatem *informari* solet. Cic. Arch. 3. Animum et mentem meam cogitatione hominum excellentium *conformabam.* Id. ibid. 6.

..are, educere — erziehen.

„erziehen, bezieht sich auf die Entwicklung und „bildung der Anlagen für ein gutes Betragen und geschicktes Auftreten; *educare* ist das bloße äußere Aufziehen, Großziehen. Hoc est homine ingenuo liberaliterque *educato* dignum. Cic. or. I. 31. Neque enim est boni neque liberalis parentis, quem procrearit et *eduxerit*, eum non et vestire et ornare. Cic. or. II. 28.

82. Erudire, instruere, imbuere — unterrichten.

Erudire, bilden, aus dem rohen Zustande in einen geistig oder sittlich vollkommneren bringen, während formare vorzugsweise auf die äußere Bildung, die Form, sich bezieht. Erudire ist allgemeiner, als die beiden Synonymen; es bezeichnet die Bildung sowohl des Lebens, als der Schule, wogegen sich docere und instituere (Vergl. Nro. 30) immer auf einen kunstgerechten Unterricht beziehen. *Instruere*, womit oder wozu ausrüsten, tüchtig machen, ist unterrichten als das durch Lehre bewirkte Vorbereiten zu einem gewissen Zwecke. *Imbuere* bezeichnet nicht einen kunstgerechten Unterricht, sondern ein frühes und natürliches Beibringen von Gedanken oder Grundsätzen, die mehr eingesogen, als begriffen werden. Sunt in illa oratione multi loci inanes, verumtamen nondum tritis nostrorum hominum auribus nec *erudita* civitate tolerabiles. Cic. Brut. 32. Senectus adolescentulos docet, instituit, ad omne officii munus *instruit*. Cic. senect. 9. Plerumque parentum praeceptis *imbuti* ad eorum consuetudinem moremque deducimur. Cic. off. I. 32. Est haec non scripta, sed nata lex, ad quam non *instituti*, sed *imbuti* sumus. Cic. Mil. 4. Vix in corona quisquam assistat, quin elementis studiorum etsi non *instructus*, at certe *imbutus* sit. Tac. dial. de or. 19.

83. Serere, seminare, plantare — säen, pflanzen.

In beiden Bedeutungen darf man nur *serere* brauchen, das

I. VERBA.

sowohl säen und pflanzen, als auch besäen bezeichnet. *Plantare* und *seminare* sind nur bei nicht nachahmenswerthen Schriftstellern zu finden, und müssen daher, wie auch plantarium, vermieden werden; seminarium aber ist gut. Tantum decumae est, quantum *severis*. Cic. Verr. III. 47 Da mihi ex ista arbore quos *seram surculos*. Cic. or. II. 69. Tot millia iugerum *sata* erant in agro Leontino. Cic. Verr. III. 47. — Das Partizip *insitus* wird synonym mit *innatus, nativus* und *naturalis*, natürlich. *Insitus* ist eingepflanzt, eingeimpft und demnächst mit dem Wesen verwachsen; *innatus* und *nativus*, eingeboren und angeboren, ist durch die Geburt selbst und von Natur gegeben, so daß erst *natura insitus* dem innatus gleich steht; *naturalis*, natürlich, ist in Übereinstimmung mit der Natur, der Natur oder seiner Natur gemäß. *Insitus* und *innatus* können selbst einander entgegengestellt werden, als gewordene und ursprüngliche Natürlichkeit; *nativus* steht dem Erlernten und Künstlichen, *naturalis* dem Erheuchelten und Unwahren gegenüber. Habemus *insitam* quandam vel potius *innatam* cupiditatem scientiae. Cic. fin. IV. 2. cf. n. d. I. 17. Tanta erat suavitas sermonis Latini, ut appareret, in eo *nativum* quendam leporem esse, non adscitum. Nep. Att. 4. In his oratoribus *naturalis* inerat, non fucatus nitor. Cic. Brut. 9.

84. Ponere, collocare, statuere. — setzen, legen.

Ponere hat den weitern Begriffsumfang; es bezeichnet eigentlich bloß das Aufhören etwas zu halten, mit Angabe des Ortes hinlegen, hinstellen, aufstellen, alles im eigentlichen und figürlichen Sinne; ohne Angabe des Ortes oft ablegen. *Collocare* (auch locare) bezeichnet immer ein Hinstellen mit Absicht und Auswahl des Platzes, an den rechten Ort hinsetzen. *Statuere* enthält nicht zu dem Platze, sondern zu der Art und Weise der bewirkten Stellung eine nähere Beziehung; in eine rechte, aufrechte, feste Stellung bringen. Ubi pedem *poneret*, non habebat. Cic. fin. IV. 25. Verbo *posuit*, Sthenium litteras publicas corrupisse. Cic. Verr. II. 38. Petimus, ut salutem praesentium, spem reliquorum in vestra potestate, in vestris sententiis, in hoc uno iudicio *positam* esse et defixam putetis. Cic. Flacc. 1. Nonne nutu Iovis O. M. factum esse videtur, ut eo ipso tempore signum *statueretur*? Quo *collocato* omnia patefacta vidistis. Cic. Cat. III. 9. Columnas neque rectas, neque e regione Diphilus *collocarat*. Cic. Qu. fr. III. 1.

85. Habitare, incolere — wohnen.

Habitare bezeichnet das Wohnen (Einelner, sein Haus haben, und wird, besonders im Aktiv, fast nur mit der Angabe des wo gebraucht, nicht mit einem Objekt in dem Sinne von bewohnen (apud aliquem, cum aliquo, Lilybaei, in aediculis, Cic.), tropisch immer irgendwo sein, z. B. in foro, in oculis civium. *Incolere* ist das Wohnen einer Gesammtheit, eines Volkes, bei Cicero mit einem Akkusativ, bewohnen; bei Caesar und Livius mit Angabe einer Gränze des Gebietes (trans, cis Rhenum, inter mare Alpesque; aber nicht mit in), wohnen. Si essent qui sub terra semper *habitavissent* bonis et illustribus domiciliis, ... ii quum repente terram, maria coelumque vidissent, profecto et esse deos et haec tanta opera deorum esse arbitrarentur. Cic. n. d. II. 37. Eam urbem Lycii *incolebant*. Cic. Verr. IV. 10.

86. Exaggerare, coacervare, cumulare — häufen.

Die beiden ersten, im eigentlichen, wie im übertragenen Sinne gebraucht, sind nur wenig von einander verschieden. Bei *exaggerare* ist indeß dies die Anschauung, daß das reichlich Zusammengebrachte in einer Längenausdehnung aufgehäuft oder nach dem Grundbegriff aufgedämmt wird, während in *coacervare* ein Zusammendrängen des Vielen zu einem eigentlichen Haufen bezeichnet liegt. *Cumulare* bezeichnet bei Cicero nur ein reichliches Anfüllen, überhäufen, und zwar immer tropisch; bei Handlungen ist es, wie wir sagen, ihnen die Krone aufsetzen. Ebenso ist *acervus*, der Haufe, in Rücksicht auf die Vielheit der zusammengeworfenen Dinge und zwar zunächst in kegelförmiger oder ähnlicher Gestalt; *cumulus* in Rücksicht auf den Eindruck als Reichlichkeit und Fülle; bei *agger*, der Damm, wird die Form als Längenausdehnung besonders ins Auge gefaßt; es ist mehr synonym mit *vallum*, welches, wie der Wall, regelmäßiger eingerichtet, gleichsam gebaut ist, während der agger die Gestalt zusammengeworfener

Dinge hat. Multi delectantur re familiari, eam *exaggerantes*.
Cic. off. I. 26. Scaevola istam artem oratione *exaggeravit*
(coacervavit würde nicht angehen). Cic. or. I. 55. Pecuniae
coguntur et *coacervantur*. Cic. agr. II. 27. *Cumulor* maximo
gaudio. Cic. fam. IX. 14. Hoc scelus alio incredibili scelere
cumulasti. Cic. Cat. I. 6.

87. Corrumpere, depravare, perdere — verderben.

Corrumpere bezieht sich immer auf eine innere Umwand-
lung des Wesens, namentlich in Rücksicht auf ein bisher gutes Objekt; es bezeichnet verderben, als die Vernichtung des
guten Zustandes; oft tropisch verführen und spezieller bestechen. *Depravare* bezieht sich auf eine äußere Ablenkung vom
Rechten, namentlich in Rücksicht auf etwas, das schon als
minder gut angesehen wurde; es ist verderben, in dem Sinne
von verschlechtern, verschlimmern. *Perdere*, seiner Grundbedeutung nach sehr allgemein, heißt verderben in dem Sinne von
zu Grunde richten; dieselbe Bedeutung, nur spezieller, liegt
in *pessumdare*, welches Wort aber in der guten Prosa vermieden
zu sein scheint. Corrumpere hat seinen Gegensatz in meliorem
reddere, depravare in corrigere, perdere in servare. Das cor-
ruptum ist unbrauchbar und unedel, das depravatum verkehrt und
schlecht geworden, das perditum ist vernichtet. Von perdo kommt
im Passiv in der besten Prosa nur das Partizip perditus vor;
alles andere wird durch pereo ersetzt (perderentur, Sen. cons. 22.).
Profluens amnis aut vix aut nullo modo, conclusa autem aqua
facile *corrumpitur*. Cic. n. d. II. 7. Me laudandis maioribus meis
non *corrupisti*. Cic. fin. I. 10. Ebenso pretio, pecunia, sermone improbo corrumpere, bestechen. Quae corrigere vult,
mihi quidem *depravare* videtur. Cic. fin. I. 6. Cantuum dulce-
dine corruptelaque mores *depravati* sunt. Cic. leg. II. 15. Amicos, patriam, se ipsos penitus *perdiderunt*. Cic. fin. I. 15.

88. Amittere, perdere — verlieren.

Amittere bezeichnet das Verlieren als eine bloße Trennung von dem Objekte, in sofern es freiwillig geschieht, oft
gleich aufgeben, fallen lassen; in sofern durch Nachlässigkeit,
gleich einbüßen; *perdere* dagegen bezeichnet das Verlieren als

I. VERBA.

eine Vernichtung des Objektes; wer amittit, wird dabei zunächst nicht als Besitzer gedacht; wer perdit, verliert durch sein Thun; demgemäß kann ein unverschuldeter Verlust fast nur durch amittere ausgedrückt werden; man vergl. amisit patrem und perdidit patrem suum. Decius Mus *amisit* vitam, at non perdidit; re enim vilissima et parva maximam redemit. Cic. Her. IV. 44. Omne et exercitus et imperii ius *amittit* is, qui eo imperio et exercitu rem publicam oppugnat. Cic. Phil. X. 5. In spectandis athletis et gladiatoribus ipse Pompeius confitetur se et *operam et oleum perdidisse* (sprüchwörtlich). Cic. fam. VII. 1.

89. Frangere, rumpere — brechen.

Als Objekt zu *frangere, brechen, zerbrechen*, wird etwas durch Härte und Sprödigkeit Festes gedacht, zu *rumpere, reißen, zerreißen*, etwas Zähes. Deshalb wird im eigentlichen wie im tropischen Sinne *frangere* gebraucht von dem, was als unbiegsam gilt; *rumpere* von dem, was als bindend angesehen wird. Hoc est non dividere, sed *frangere* (das heißt nicht in seine Theile zerlegen, sondern in Stücke zerbrechen).. Cic. fin. II. 9. Titium, quum studiose pila luderet et idem signa sacra noctu *frangere* putaretur, gregalesque, quum in campum non venisset, requirerent, excusavit Vespa Terentius, quod cum brachium *fregisse* diceret. Cic. or. II. 62. Fidem *fregit* (fides als etwas Unbiegsames, Starres angeschaut), pupillum fraudavit, socium fefellit. Cic. Rosc. Com. 6. Socrates vincula carceris non *rupit*. Cic. Tusc. I. 30. Pompeium quisquam foedera scientem neglexisse, violasse, *rupisse*, dicere audebit? Cic. Balb. 5.

90. Scindere, divellere, lacerare, laniare, rumpere
— zerreißen.

Scindere, zerreißen, setzt zunächst nur ein empfindungsloses Objekt voraus und ist durch einen Riß oder Spalt trennen, wie vestem, epistolam, auch pontem (rescindere). *Divellere*, auseinanderreißen, setzt ein Festhalten und Widerstreben des Objektes voraus. *Rumpere* ist ein Zerreißen dessen, was bindet (s. b. vor. Nro.). Von diesen unterscheiben sich *lacerare* und *laniare* vorzugsweise dadurch, daß beide das Zerreißen als eine Mißhandlung und Grausamkeit kennzeichnen, und zwar *lacerare* in dem Sinne von verwunden durch Reißen, in der guten Prosa meistens tropisch, wie verunglimpfen, kränken, verschleudern (pecuniam); *laniare* dagegen ganz eigentlich in dem Sinne von zerfleischen und so verschlingen. Testis productus est, qui *scissa* veste tergum *laceratum* virgis ostendit. Liv. III. 58. (Qui sic cogitat) „Est istuc quidem honestum, verum hoc expedit" res a natura copulatas audet errore *divellere,* qui est fons scelerum omnium. Cic. off. III. 18. Num funus id habendum est, quo non amici conveniunt ad exsequias cohonestandas, sed bonorum emptores, ut carnifices, ad reliquias vitae *lacerandas* et distrahendas? Cic. Quint. 15. Haec te *lacerat*, haec cruentat oratio. Cic. Phil. II. 34. Quae potest homini esse polito delectatio, quum homo imbecillus a valentissima bestia *laniatur?* Cic. fam. VII. 1.

91. Maculare, contaminare, inquinare, inficere, polluere — beflecken.

Maculare, beflecken, eigentlich nur mit Flecken versehen; bei Cicero immer tropisch; das Objekt ist stets etwas an sich Reines und die Verunreinigung daher nur theilweise. *Contaminare,* besudeln, ist weit stärker; es bezeichnet ein Beflecken, wodurch das Objekt (meist eine Person) verunehrt wird. *Inquinare,* verunreinigen, ist beflecken durch Hinzufügung kothiger, ekelhafter Dinge. *Inficere* ist in bösem Sinne innerlicher, als inquinare, indem es auf ein Einsaugen und Durchdringen hinweiset, wie anstecken, verpesten; doch wird es auch in gutem Sinne gebraucht. *Polluere* hebt immer die Rücksicht auf die Heiligkeit des Objekts (keine Person) hervor, entweihen, entheiligen durch eine unanständige Handlung. Eo negotio Catonis splendorem *maculare* voluerunt. Cic. Sext. 28. Nullum maleficium fingi potest, quo iste sese non *contaminarit.* Cic. Rosc. Am. 40. Summi viri et clarissimi cives Gracchorum sanguine se non *contaminarunt.* Cic. Cat. I. 12. Darius in fuga aquam cadaveribus *inquinatam* bibit. Cic. Tusc. V. 34. Eius vita omnibus flagitiis *inqui-*

I. VERBA.

nuta est. Cic. Rosc. Am. 24. Cupiditatibus principum et vitiis inficí solet tota civitas. Cic. leg. III. 13. Diu in istis vitiis iacuimus; elui difficile est; non enim *inquinati* sumus, sed *infecti*. Sen. ep. 59. 8. (Puer *infici* debet artibus. Cic. fin. III. 2.) Sacra *polluta* et violata sunt. Cic. Verr. V. 72. Omnia deorum hominumque iura inexpiabili scelere polluit. Cic. Phil. XI. 12.

92. Nocere, obesse, obstare, officere — ſchaden.

Nocere iſt ſchaden durch Zufügung eines Nachtheils; *obesse*, *obstare*, *officere* durch Abhaltung von einem Vortheile, mit dem in den Stammzeitwörtern ſelbſt deutlich liegenden Nebenbegriffe, wornach alſo *obesse* ein Schaden durch die bloße Beſchaffenheit des abhaltenden Subjektes iſt, *obstare* durch deſſen Stand und Feſtigkeit (beide aber bloß neutral), *officere* durch deſſen Gegenwirkung gegen die Abſicht eines andern. Doch haben die beiden letzteren vorzugsweiſe die Bedeutung von hinderlich ſein. Vergl. Nro. 114. Non licet sui commodi causa *nocere* alteri. Cic. off. III. 5. Fuit in Crasso mirificus quidam pudor, qui tamen non modo non *obesset* eius orationi, sed etiam probitatis commendatione prodesset. Cic. or. I. 26.

93. Adoriri, aggredi, invadere — angreifen.

In *adoriri* wird das Plötzliche und Unvermuthete der Handlung hervorgehoben, anfallen; in *aggredi* das Geregelte in derſelben, wobei es gleichgültig iſt, ob ſie mit oder ohne Gewalt geſchieht, angreifen; daher auch zuweilen herantreten an jemanden (aliquem, ſeltner ad aliquem) und ſehr häufig mit Vorbereitung etwas beginnen, wofür auch wir in dieſem Sinne oft angreifen gebrauchen. *Invadere*, eindringen (bei Cicero mit in c. acc.) enthält immer eine Beziehung zu dem heftigen, ſtürmiſchen, feindlichen Weſen bei dem Herankommen. Illi, qui erant cum Clodio, gladiis eductis recurrerunt ad raedam, ut a *tergo* Milonem *adorirentur*. Cic. Mil. 10. In negotiis, priusquam *aggrediare*, adhibenda est praeparatio. Cic. off. I. 21. Hunc ego Romae *aggrediar* (um ſeine Geſinnung zu erforſchen). Cic. Qu. fr. III. 2. In Galliam *invasit* Antonius, in Asiam Dolabella. Cic. Phil. XI. 2.

64 I. VERBA.

94. Verberare, pulsare, icere, ferire — schlagen.

Verberare ist schlagen, Schläge geben, als Strafe und Züchtigung, daher es nach dem Zusammenhange auch peitschen, prügeln übersetzt werden kann. *Pulsare* bezeichnet nur das Schlagen als eine bestimmte Art der Bewegung, daher es oft in besonderem Sinne stoßen, aber auch schlagen als Mißhandlung und Zeichen einer Beleidigung ausdrückt. Das verberare und pulsare trifft zunächst nur die Oberfläche des Objekts; das icere und ferire bringt hinein, bewirkt eine Wunde ꝛc. *Icere*, wovon man nur das Partizip *ictus* und im Aktiv das Perf. und Plusquamperf. (jedoch mit foedus gewöhnlicher feci, inii, oder im schlechten Sinne auch coii, cf. Cic. Rosc. Am. 34.) brauchen darf, heißt wol nur treffen. Häufig ist die Verbindung jenes Partizips mit foedus, ein Bündniß schließen. Soll aber dies in einem temp. fin. ausgedrückt werden, so gebraucht man ferire, welches dagegen kein Partizip und kein Perfekt bildet. *Ferire* bezeichnet allgemein jede gewaltsame Bewegung gegen einen Gegenstand, sei sie Schlag, Stoß, Hieb oder Wurf, und zwar meistens mit Rücksicht auf die Wirkung, daher es treffen, selbst tödten bedeutet; an etwas schlagen wird auch durch ferire bezeichnet. Aeque peccat, qui parentem et qui servum iniuria *verberat*. Cic. fin. IV. 27. Aiebant accusatores, fore testem senatorem, qui se pontificiis comitiis *pulsatum* a Coelio diceret. Cic. Coel. 8. Lictores ad *pulsandos verberandosque* homines exercitatissimi erant. Cic. Verr. V. 54. Summanus in fastigio Iovis O. M., qui tum erat fictilis, e coelo *ictus* est. Cic. divin. I. 10. Foedus illud meo sanguine in pactione provinciarum *iceras*. Cic. Pis. 12. Ut frontem *ferias* (wenn Du Dich auch vor die Stirn schlägst): sunt qui etiam Caesonium competitorem fore putent. Cic. Att. I. 1. Iacere telum voluntatis quidem est; *ferire* quem nolueris, fortunae. Cic. top. 17.

95. Vulnerare, sauciare — verwunden.

Vulnerare wird zur Bezeichnung jeder, auch einer kleinen körperlichen Verletzung gebraucht; sauciare bezeichnet immer eine stärkere, unbrauchbar machende, selbst tödtliche Ver-

I. VERBA.

wunbung. Tropifch kann wol nur vulnerare gebraucht werden, wie verbis, voce bei Cicero öfter. Si gladium parvo puero dederis, ipse impetu suo nemini-noceat, sed possit acie ipsa et ferri viribus *vulnerare*. Cic. Sest. 10. Caesarem Brutus noster *sauciavit*. Cic. Att. XIV. 22. Cornelius occiditur, servi nonnulli *vulnerantur*; ipse Rubrius in turba *sauciatur*. Cic. Verr. I. 26.

96. Transfigere, percutere, percellere — durchbohren.

Den strengen Sinn des Wortes, mit irgend einem Instrumente durch und durch stoßen hat nur *transfigere*. *Percutere* wird von jedem wirksamen Treffen (per-quatere) gesagt und weiset vorzugsweise darauf hin, daß der rechte Punkt nicht verfehlt worden, sei die Handlung ein Hieb, ein Stich oder eine andre rasche Berührung; auch auf starke geistige Eindrücke übertragen. *Percutere* hebt den sofortigen, *percellere* den nachhaltigen Erfolg hervor; *percutere* weiset auf die Wunde, *percellere*, eigentlich und figürlich, auf die Niederlage des Getroffenen hin, wie niederschmettern. *Concutere* behält ganz den Begriff eines verstärkten quatere (frequentativ quassare) bei, erschüttern. Epaminondas quum fusos esse hostes audivisset, evelli iussit eam, qua erat *transfixus*, hastam. Cic. fin. II. 30. Memoria tenetis, complures in Capitolio res de coelo esse *percussas* (transfixas wäre unrichtig). Cic. Cat. III. 8. Hac ille *percussus* plaga non succubuit (falsch perculsus). Nep. Eum. 5. Eos Martis vis *perculit*. Cic. Marc. 6. Bonorum animi recreati sunt, improbi quasi *perculsi*. Cic. Att. VII. 23.

97. Fugare, fundere — in die Flucht schlagen.

Fugare, verjagen, bezeichnet ganz allgemein machen, daß etwas flieht; in *fundere* aber wird das Regellose, Verworrene vor und bei der Flucht hervorgehoben; zudem ist das erstere Wort im eigentlichen, das andere hier im tropischen Sinne gebraucht, indem es ja eigentlich gießen bedeutet. Fundere kann also nicht gebraucht werden, wenn das Objekt nur eine Person oder eine Sache ist, wohl aber fugare. Wenn beide Wörter verbunden werden, so muß natürlich fundere voran stehen. Solus Milo cognovit, quemadmodum armatum civem, qui ferro alios *fugaret*, alios domi contineret, non solum vincere, verum etiam vincire oporteret. Cic. har. 4. Marius innumerabiles hostium copias in Italia *fudit.* Cic. Rab. perd. 10. Manlii tertio consulatu Latini ad Veserim *fusi et fugati* sunt. Cic. off. III. 31.

98. Vincere, devincere, superare, antecedere, praestare — besiegen, übertreffen.

Vincere, siegen, setzt immer einen Feind oder Gegner und daher einen Kampf voraus, durch welchen der Sieg erlangt wird. Eine Verstärkung des Begriffs liegt in *devincere*, gänzlich besiegen, durch einen Sieg dem ganzen Kampfe ein Ende machen; außerdem muß devincere, wie besiegen, immer ein Objekt bei sich haben, während vincere auch absolut steht — veni, vidi, vici. *Superare* hat einen allgemeineren Sinn, als vincere; es weiset, wie überwinden, weit mehr auf eine Schwierigkeit hin, als auf einen Feind; ist eine Person das Objekt, so bezeichnet es oft, auch ohne Kampf, bloß überlegen sein, übertreffen, und ist alsdann fast gleich *antecedere*, den Vorzug haben vor etwas, worin jedoch noch mehr das Zufällige, von selbst Entstandene hervorgehoben wird. Daher z. B. in Bezug auf Schlachten und Prozesse vincere, in Bezug auf die Überlegenheit des Talents ꝛc. superare das bezeichnendere Wort ist. *Praestare* bezeichnet das Übertreffen als einen dauernden Vorzug, besser, vortrefflicher, ausgezeichneter sein. Maiores nostri Karthaginienses *vicerunt.* Cic. Man. 18. Id iudicium Mustius me uno defendente *vicit.* Cic. Verr. I. 53. Mithridates rex pulsus *superatusque* regnabat. Cic. Man. 3. Varietates autem iniuriasque fortunae facile veterum philosophorum praeceptis instituta vita *superabat.* Cic. fin. IV. 7. A Dione se *superari* videbat *ingenio*, auctoritate, amore populi. Nep. X. 4. Natura hominis pecudibus *antecedit.* Cic. off. I. 30. Quorum patres aut maiores aliqua gloria *praestiterunt*, ii student plerumque eodem in genere laudis excellere. Cic. off. 1. 32. Mori millies *praestitit*, quam haec pati. Cic. Att. XIV. 9.

99. Delere, diruere, evertere, exstinguere — zerstören.

Delere, wegwischen, erhält im Sprachgebrauch einen ganz

allgemeinen Sinn; es wird dadurch ohne Nebenbegriff jedes
Vertilgen und Vernichten bezeichnet, wofür wir nur bei
gewissen Objekten zerstören sagen können. *Diruere* hebt die
Rücksicht hervor, daß das Objekt aus vielen einzelnen Theilen
zusammengesetzt war, die nun getrennt und verworren
durcheinander liegen werden; also ganz eigentlich zerstören. In
evertere wird das Feindselige und Gewaltsame der Handlung angedeutet; daher man z. B. wol sagt scripseram; delere
nolui Cic. Att. XV. 4., aber nicht evertere nolui; von Grund
aus zerstören, vernichten. *Exstinguere*, eigentlich auslöschen,
bezeichnet in tropischer Bedeutung zerstören und kann deshalb
nur da gebraucht werden, wo zwischen dem Objekte und einem
Lichte, Feuer u. s. w. irgend eine Ähnlichkeit besteht; deshalb
bezieht sich bei Gegensätzen exstinguere gewöhnlich auf den
Glanz des Objekts, wie delere auf die Macht desselben.
Iuppiter O. M. saepe ventis vehementioribus aut immoderatis
tempestatibus aut nimio calore aut intolerabili frigore hominibus nocuit, urbes *delevit*, fruges perdidit. Cic. Rosc. Am. 45.
Accepi tres epistolas, quas ego lacrimis prope *delevi*. Cic.
fam. XIV. 3. Urbes complures *dirutae* ac paene desertae
per te sunt recreatae. Cic. Qu. fr. I. 1. 8. De *evertendis*
diripiendisque urbibus valde considerandum est, ne quid
temere, ne quid crudeliter. Cic. off. I. 24. Leges, testa-
menta *evertere*. Cic. Verr. II. 19. Silanus eos, qui nos omnes
vita privare conati sunt, qui *delere* imperium, qui populi Romani nomen *exstinguere*, punctum temporis frui vita non putat
oportere. Cic. Cat. IV. 4. *Exstincto* senatu *deletis*que iudiciis,
da der Glanz des Senates und die Macht der Gerichte dahin
ist ꝛc. Cic. off. III. 1.

100. Demoliri, destruere — abbrechen.

In *demoliri*, niederreißen, liegt das Ordnungs- und
Planlose der Handlung, das gewaltsame Durcheinander-
werfen des Objekts, so daß es zuweilen fast zertrümmern
bedeutet, wie Cic. Verr. II. 67. Verris statuas demoliendas
locaverunt. *Destruere* ist das geregelte, ruhige Abbrechen, das
Zurückbringen des ganzen Gebäudes in seine Theile; der Gegensatz von construere. Octavii praeclaram domum Scaurus *de-*

molitus accessionem adiunxit aedibus, ac tamen in domum multiplicatam non repulsam solum rettulit, sed ignominiam etiam et calamitatem. Cic. off. I. 39. Navem, aedificium idem *destruit* facillime, qui *construxit*. Cic. sen. 20.

101. Restituere, reficere, reparare, redintegrare, renovare — wiederherstellen, erneuern.

Restituere, wiederherstellen, hat eine örtliche Bedeutung, etwas wieder an seinen Ort, und daher tropisch wieder in seinen Zustand versetzen. Ein späteres Wort derselben Bedeutung, jedoch etwas pomphafter, ist *restaurare; instaurare* dagegen heißt nicht wiederholen, sondern nur veranstalten, und ist ein feierlicher Ausdruck für das gewöhnliche *instituere*, einsetzen. *Reficere*, erholen (sich), wieder stärken, bezieht sich auf das, was beschädigt und dadurch geschwächt, *reparare*, wieder gewinnen, mehr auf das, was verloren oder zu Grunde gerichtet war. Synonym mit reficere ist auch *recreare*, wieder beleben, wodurch jedoch wesentlich eine geistige Erfrischung bezeichnet wird. Einen Schaden wiederherstellen in dem Sinne von wieder gut machen, ausgleichen, auswetzen, heißt *sarcire* (detrimentum, incommodum, damna, iniuriam, infamiam; Caes. und Cic.), obgleich Livius auch damna accepta restituere, Horaz damna reparare sagt. *Redintegrare*, wieder vollständig machen, auch wiederholen, weiset mehr darauf hin, daß an dem Erneuerten nichts fehle; *renovare*, erneuern, stellt mehr die Wiederbelebung und Frische in den Vordergrund, wie redintegrare die Vollständigkeit. So ist memoriam auditoris *redintegrare* bei Cic. invent. I. 52. dem Gedächtnisse wieder vollständig vergegenwärtigen; memoriam *renovare* Cic. Quir. 3. das erloschene Andenken wieder herstellen. Über die verschiedene Anschauung in proelium redintegrare, restituere, renovare ist belehrend zu vergleichen Caes. b. G. I. 25. mit I. 53. und III. 20. Senatus decrevit, ut Minerva nostra, quam turbo deiecerat, *restitueretur*. Cic. fam. XII. 25. Sicilia *restitui* in antiquum statum nullo modo potest. Cic. Verr. I. 4. Ego ex maximis caloribus me *refeci*. Cic. Qu. fr. III. 1. Vester conspectus me *reficit* et *recreat*. Cic. Planc. 1. *Id perdere* videbatur, quod alio praetore *reparare* posset. Cic. Verr. III. 86. Enumeratio est, per quam colligimus et commonemus, quibus de rebus verba fecerimus, *breviter*, ut *renovetur*, non ut *redintegretur* oratio. Cic. Her. II. 30. Vides Virtutis templum, vides ·Honoris a M. Marcello *renovatum* Cic. n. d. II. 23.

102. ⸺ Obsidere, oppugnare — belagern.

Obsidere, belagern, heißt einen Ort mit Truppen oder Werfen absperren, ihn blokiren. In *oppugnare* wird wesentlich der Kampf bei der Belagerung hervorgehoben, bestürmen; auch auf andre Verhältnisse übertragen, wie *oppugnare aliquem pecunia*, gravissimis sententiis. Veni in aedem Telluris, et quidem invitus, quum omnes aditus armati *obsiderent*. Cic. Phil. II. 35. Non *oppugnavi* fratrem tuum, sed fratri tuo repugnavi. Cic. fam. V. 2. Carthago a multis imperatoribus *obsessa*, *oppugnata*, labefacta est. Cic. har. 4. Porsena primo conatu repulsus consilia ab *oppugnanda* urbe ad *obsidendam* vertit. Liv. II. 11.

103. Expugnare, occupare, capere — einnehmen.

Expugnare bezeichnet das Einnehmen durch Kampf, erobern, eigentlich und figürlich. *Occupare* ist allgemeiner, indem es jedes kräftige Besetzen und In Besitz nehmen ausdrückt. Es liegt aber darin zugleich die Festigkeit der Handlung und der Entschluß, das Besetzte zu behaupten, und hierdurch unterscheidet es sich von dem ganz allgemeinen *capere*, nehmen, ergreifen. *Expugnare* urbes Caes. b. c. III. 55. Nihil tam munitum est, quod non *expugnari* pecunia possit. Cic. Verr. I. 2. Ti. Gracchus regnum *occupare* conatus est vel regnavit is quidem paucos menses. Cic. am. 12. Sulla quum oratus a Postumio haruspice exercitum eduxisset, florentissima hostium castra *cepit*. Cic. divin. I. 33.

104[a.] Accipere, sumere, prehendere — nehmen.

Accipere bezieht sich auf etwas Dargebotenes, annehmen, bekommen, erhalten. *Sumere* ist nehmen, an sich nehmen, mit Überlegung und Absicht, zu einem bestimmten Zwecke; arma *sumere*, die Waffen ergreifen, geschieht mit Ruhe,

Gegensatz *ponere: arma capere,* zu den Waffen greifen, geschieht mit Eifer. Gegensatz *abicere,* zu einem bestimmten Zwecke. In *prehendere* und dem stärkeren *comprehendere* wird das Rasche und Plötzliche der Handlung hervorgehoben, greifen, ergreifen, anfassen und halten. Der *prehendens* hat nur einen Zweck für den Augenblick, wogegen der *capiens* in seine Gewalt bringen und festhalten will. Anfassen als erstes Berühren ist *apprehendere.* Quod dat, *accipimus.* Cic. fam. I. 1. Tres epistolas tuas *accepi.* Cic. Att. IX. 9. Verres unumquodque vas in manus *sumere,* laudare, mirari (damit nämlich Antiochus ihm einige schenke). Cic. Verr. IV. 27. Galba Crassum manu *prehendit* et Heus tu, inquit, quid tibi in mentem venit ita respondere. Cic. or. I. 56. Quidquid *apprehenderam,* statim adversarius extorquebat de manibus. Cic. Cluent. 19. Non dominationis causa Sullam arma *sumpsisse,* argumentum est dictatura deposita. Quint. V. 10. 71. cf. Cic. Tusc. I. 35. Saga *sumpsimus,* arma *cepimus.* Cic. Phil. XII. 7.

104[b]. Tollere, demere, adimere, eximere, eripere, auferre — wegnehmen.

Tollere ist wegnehmen, etwas von seinem Platze, Ggstz. restituere; *demere,* abnehmen, etwas von einem Ganzen, Ggstz. addere; eine betheiligte Person kommt bei beiden nicht in Betracht. *Adimere,* einem etwas wegnehmen, und zwar (in der Prosa immer) ein Gut, Ggstz. dare oder reddere. *Eximere* weiset zunächst (vermittelst ex) auf etwas Innerliches hin, herausnehmen, und zwar meistens etwas Belästigendes. Man sagt *adimere alicui aliquid,* aber *eximere aliquem* (aliquid) *ex aliqua re* (auch *de re, re*), dichterisch alicui aliquid. Alle jene Verben deuten an sich weder auf eine Anstrengung, noch auf eine List hin. *Eripere* aber, herausreißen, entreißen, hebt die Anstrengung, die Raschheit, oft auch die Gewaltsamkeit des Wegnehmens hervor (*surripere,* entwenden, die Heimlichkeit und List), jedoch ohne Rücksicht auf etwaigen eigenen Gewinn; *auferre,* wegschleppen, rauben, schließt neben der Gewaltsamkeit der Handlung auch die Rücksicht auf den eigenen Gewinn ein (*furari,* stehlen, Heimlichkeit und List mit Rücksicht auf den Gewinn). Dionysius Victoriolas aureas et pateras et coronas, quae simulacrorum porrectis manibus sustinebantur, sine dubitatione *tollebat*, eaque se *accipere*, non *auferre* dicebat ... Idem Aesculapii barbam auream *demi* iussit. Cic. n. d. III. 34. Quum aliquid minutatim *additur* aut *demitur*, (soritas appellant). Cic. Ac. II. 16. C. Caesari aut exercitus *adimendus*, aut imperium dandum fuit. Cic. Phil. XI. 8. Primum igitur oratorem tamquam e vinculis numerorum *eximamus*. Cic. or. 23. Si *exemeris* ex rerum natura benevolentiae coniunctionem, nec domus ulla nec urbs stare poterit. Cic. am. 7. Multi *eripiunt* aliis, quod aliis largiantur. Cic. off. I. 14. Hunc mihi *eripe* timorem (wir: entreiße mich biefer Furcht, wie Plaut. Rud. I. 4. 13. *eximes ex* hoc miseram metu). Cic. Cat. 1. 7. Quod auri, quod argenti, quod ornamentorum in meis urbibus fuit, id mihi tu, C. Verres, *eripuisti* atque *abstulisti*. Cic. Caecil. 5.

105. Continere, complecti, comprehendere — enthalten.

Das Objekt zu *continere*, enthalten, kann immer als ein Inhalt, eigentlich und tropisch, angesehen werden. Vrgl. Nro. 113. *Complecti* ist umfassen, vollständig umgeben, sei es durch eine Fläche oder eine Linie; daher einschließen, umarmen, was im tropischen Sinne lieben, gern betreiben u. s. w. wird. In continere und complecti liegt mehr der dauernde Zustand des Umfassens, während der eigentliche Beginn desselben durch *comprehendere* bezeichnet wird, jedoch bei Cicero fast nur tropisch, zusammenfassen. Alvus arcet et *continet*, quod recipit. Cic. n. d. II. 22. Orbis est coelestis, qui reliquos omnes *complectitur*. Cic. de rep. VI. 17. Iam liceat, una comprehensione omnia *complecti*. Cic. fin. V. 9. Haec omnia tu memoria et scientia *comprehendisti*. Cic. fam. VI. 23.

106. Accipere, nancisci, assequi, consequi, adipisci, impetrare, obtinere, parare, acquirere — bekommen, erlangen.

Accipere und *nancisci* geschehen ohne alle Anstrengung; bei accipere, empfangen, findet nur die Thätigkeit des Annehmens Statt (bei *excipere*, aufnehmen, zugleich mit dem Ausdruck der Bereitwilligkeit und des Verlangens), bei *nancisci*, bekommen, gar keine Thätigkeit, meistens nicht einmal eine Absicht; es ist durch Veränderung der Umstände, durch Zufall bekommen. z. B. spem, morbum. *Assequi* und *consequi* bedeuten beide das Erreichen eines Zieles oder Zweckes, den man mit Anstrengung verfolgt hat, erringen; jedoch liegt in assequi mehr das Dahinkommen, in consequi das vollständige Erreichen. Das Erreichen kann aber zu Stande kommen auf doppelte Art: 1) dadurch, daß man eine Sache verfolgt; 2) dadurch, daß man nach ihr hinreicht. Die letztere Anschauung liegt in *adipisci*, erlangen, wobei demgemäß immer das Erreichen als ein Ergreifen, in seinen Besitz bekommen, betrachtet wird. *Impetrare* ist erlangen durch Bitten und Vorstellungen. *Obtinere* heißt erlangen in dem Sinne von zum Besitz einer Sache kommen, gleichviel auf welche Art. Soll aber im Allgemeinen darauf hingewiesen werden, daß man durch seine eigene Thätigkeit in den Besitz kommt, so heißt es *parare*, sich verschaffen, erwerben; und wenn hierbei auf das Mühe- und Sorgenvolle der Arbeit hingewiesen wird *acquirere*, erwerben, sich verdienen. Dollabella plus fecit Verrem *accepisse*, quam iste in suis tabulis habuit. Cic. Verr. I. 39. Haec pluribus multaque alia et de te et ad te, quum primum ero aliquid *nactus* otii. Cic. fam. II. 9. Non *sequi* attinet, quod *assequi* nequeas. Cic. off. I. 31. Non me hoc dicere pudebit, nos ea quae *consecuti* sumus, his studiis et artibus esse *adeptos*. Cic. Qu. fr. I. 1. *Impetrabis* a Caesare, ut tibi abesse liceat. Cic. Att. IX. 2. Efficias, ut hereditatem Capito *obtineat*. Cic. fam. XIII. 29. (Apud Germanos) pigrum et iners videtur, sudore *acquirere*, quod possis sanguine *parare*. Tac. Germ. 14.

107. Privare, orbare, spoliare (nudare) — berauben.

Privare ist das gelindeste unter diesen Wörtern; es heißt immer einer (dabei benannten) Sache berauben, sei es gewaltsam und ungerecht, oder nicht, so daß es oft mit befreien verwandt wird; namentlich aber wird es gebraucht von dem Entziehen gewisser Ansprüche, Genüsse u. s. w. *Orbare* bezieht sich zunächst nur auf den Verlust der liebsten Anverwandten, und heißt dann in einem hiervon entnommenen Sinne überhaupt einen des Theuersten berauben. *Spoliare* ist eigentlich einen dessen berauben, was als ein Kleidungsstück und Ehrenschmuck angesehen werden kann, und zwar auf gewaltsame Art; wird dann aber auch tropisch gebraucht, z. B. dignitate, fama. Cic. Mur. 41. off. III. 19. *Nudare* heißt eigentlich nackt machen, entblößen, und bezeichnet demnach auch eine Beraubung, durch welche das Objekt seine Bedeckung und seinen Schutz verliert. Quum *privamur* dolore, ipsa liberatione et vacuitate omnis molestiae gaudemus. Cic. fin. I. 11. Patrem vita *privare* per se scelus est. Cic. par. III. 2. Si Neptunus quod Theseo promiserat non fecisset, Theseus Hippolyto filio non esset *orbatus*. Cic. off. I. 10. Non debes patriam multis claris viris *orbatam privare* etiam aspectu tuo. Cic. fam. IV. 9. Iste praetor monumenta antiquissima *spoliavit nudavit*que omnia. Cic. Verr. I. 5. Sed vide, Crasse, ne, dum alieno ornatu ornare velis iuris civilis scientiam, suo eam *spolies* atque *denudes*. Cic. or. I. 55. Armis aliquem *spoliare* oder verstärkt *despoliare* Caes.

108. Praedari, populari, expilare, vastare, depeculari
— plündern, verwüsten.

In *praedari* wird nicht der Zustand des Geplünderten, sondern nur der Gewinn des Plünderers hervorgehoben; Beute machen. Durch *populari* und *depopulari* wird das verwüstende Plündern bezeichnet, indem es mehr den Zustand des geplünderten Ortes, als den Gewinn des Plünderers hervorhebt. *Expilare* ist ein Plündern, wodurch keine eigentliche Verwüstung geschieht, sondern ein Ort oder eine Person bloß das Ihrige los wird, leer gemacht wird, und zwar mit einem ungerechten Gewinn des Handelnden. In *vastare* dagegen ist ein Gewinn von dem Handelnden gar nicht gesucht, es ist ein bloßes Verwüsten. *Depeculari* bezeichnet ein diebisches Plündern, bestehlen. Tuus apparitor, parva mercede populi conductus, de aratorum bonis *praedabitur*. Cic. Verr. III. 78. Quum triginta dierum essent cum hoste induciae factae, noctu *populabatur* agros. Cic. off. I. 10. Dionysius fanum Proserpinae Locris *expilavit*. Cic. n. d. III. 34. Arationes et agros vetigales *vastavit* atque exinanivit. Cic.

Verr. III. 50. Peccatum est, patriam prodere, fana *depeculari.* Cic. fin. III. 9.

109. Fugere, effugere, vitare — fliehen.

Fugere, fliehen, ist durch Entrinnen sich vor einer Gefahr zu retten suchen; wird dieser Zweck erreicht, so ist es ein *effugere,* entfliehen; beide Wörter werden auch tropisch gebraucht. So kann man verbunden sagen mortem fugimus omnes, effugit nemo. *Vitare* geschieht nicht aus einer ängstlichen Aufregung; es bezeichnet daher nicht ein eigentliches Entrinnen, sondern vielmehr vermeiden, ausweichen, worin weder die Ursache noch das Mittel der Handlung angedeutet ist. So heißt laborem fugere arbeitscheu sein; laborem vitare die Arbeit vermeiden, z. B. wegen Krankheit u. s. w. Die übrigen Komposita sind in ihrer Bedeutung nach der jedesmaligen Präposition leicht zu erkennen. *Fugisse* ex proelio Mutinensi dicuntur notissimi latronum duces. Cic. fam. X. 14. Non dubito, quin Gnaeus in fuga sit; modo *effugiat.* Cic. Att. VII. 24. Qui id, quod *vitari* non potest, metuit, is vivere animo quieto nullo modo potest. Cic. Tusc. II. 1.

110. Relinquere, derelinquere, deserere, destituere — verlassen.

Am Allgemeinsten wird der Begriff ausgedrückt durch *relinquere,* zurücklassen, verlassen, als ein Scheiden von dem, womit man bloß dem Orte nach zusammen war, so daß darin weder zu den Beweggründen des Subjekts, noch zu dem Zustande des Objekts irgend eine Beziehung Statt findet. In *derelinquere* liegt nur eine größere Stärke des Ausdrucks. *Deserere* bezeichnet ein Verlassen dessen, womit man durch Natur oder Pflicht verbunden ist (de-sero), ein pflichtwidriges Verlassen; daher den desertor (communis utilitatis, amicorum Cic.) nur schlechte Beweggründe treiben, als Feigheit, Pflichtvergessenheit u. a. In *destituere* wird der durch die Handlung bewirkte hülflose Zustand des Objekts besonders hervorgehoben, ohne wesentliche Rücksicht auf die Beweggründe des Subjekts. Der Begriff übrig lassen wird nur durch *relinquere* ausgedrückt. Omnia *relinques,* si me amabis, quum tua opera Fabius uti volet. Cic. fam. II. 14. Multis non modo granum nullum, sed ne paleae quidem ex omni fructu atque ex annuo labore *relinquebantur*. Cic. Verr. III. 39. Nactus es ex perditis atque ab omni non modo fortuna, verum etiam spe *derelictis* conflatam improborum manum. Cic. Cat. I. 10. Quis monumenta et indicia virtutis tuebitur, si tu ea *relinques* ac *deseres?* Cic. Verr. IV. 36. Nunquam ego *deseruisse* mihi videor praesidium, in quo a populo Romano locatus sum. Cic. fin. I. 4. Und fo immer vadimonium *deserere*. Cic. Quint. 18. Tu me sitientem virtutis tuae *deseruisti* ac *dereliquisti*. Cic. Planc. 5. Si constitueris, te cuipiam advocatum in rem praesentem esse venturum, atque interim graviter aegrotare filius coeperit: non sit contra officium non facere, quod promiseris, magisque ille, cui promissum sit, ab officio discedat, si se *destitutum* queratur. Cic. off. I. 10.

111. Servare, tueri, defendere, vindicare, propugnare — beſchützen.

Servare und *tueri* haben urſprünglich beide die Bedeutung von ſehen, beobachten (de coelo servare Cic. divin. II. 35. und oft, als eine Pflicht der Auguru). In der Bedeutung beſchützen unterſcheiden ſie ſich ſo, daß *servare* mehr das Reſultat deſſelben, erhalten, erretten (Ggſß. von perdere), *tueri* mehr die Sorgfalt des Beſchützenden hervorhebt, bewahren, beachten, in Acht nehmen, Ggſß. von neglegere. Conservare und tutari ſind bloße Verſtärkungen von servare und tueri. Weder durch servare noch durch tueri wird auf einen Kampf hingewieſen. In *defendere* dagegen liegt immer die Beziehung zu einem Kampfe, eigentlich und tropiſch, wobei dann das Reſultat der Handlung noch zweifelhaft iſt; gegen etwas vertheidigen, als Ggſß. von deserere. *Vindicare* bezeichnet immer einen gerechten Schutz gewähren, ein vindex ſein; daher es ja ſelbſt beſtrafen, rächen bedeutet. *Propugnare* behält ganz die in den Theilen des Wortes liegende Bedeutung und ſteht daher auch nur in Verbindung mit *pro*. Urbem et cives integros incolumesque *servavi*. Cic. Cat. III. 10. Animi affectio suum cuique tribuens et societatem coniunctionis humanae munifice et aeque *tuens* iustitia dicitur. Cic. fin. V. 23.

Tuemini castra et *defendite* diligenter. Caes. b. c. III. 94. Ab inimicorum audacia telisque vitam impune licet *defendere*. Cic. Mil. 2. Sapientia sola nos a libidinum impetu et formidinum terrore *vindicat*. Cic. fin. I. 14. Bestiae pro partu suo *propugnant*. Cic. Tusc. V. 37.

112. Arcere, defendere, depellere — abwehren.

Durch arcere, abhalten, wird das Objekt eingeschränkt und festgehalten, oder das Bedrohte durch Schutzmittel, Befestigungen, Gesetze u. s. w., aber ohne einen Angriff, gesichert, während bei defendere, abwehren, und depellere, zurücktreiben, die Abwehr durch einen Angriff auf das Bedrohende geschehen soll. Diese beiden unterscheiden sich so, daß *defendere* sich auf eine wiederholt herankommende Gefahr bezieht, *depellere* aber ein gelingendes Vertreiben des schon anwesenden Bösen bezeichnet. Noch stärker wird das Letzte ausgedrückt durch *propulsare*, zurückschlagen. Tum tu, Iuppiter, hunc et huius socios a tuis aris ceterisque templis *arcebis*. Cic. Cat. I. 13. Homines ab iniuria natura, non poena *arcere* debet. Cic. leg. I. 14. Qui non *defendit* iniuriam neque *propulsat* a suis, quum potest, iniuste facit. Cic. off. III. 18. Sertorianae partis periculum Pompeii divino consilio ac singulari virtute *depulsum* est. Cic. Man. 4.

113. Coërcere, cohibere, continere, (compescere) — in Schranken halten.

Coërcere, in Schranken halten, zügeln, ist gegen ein widerstrebendes Objekt gerichtet und gilt immer als eine Art von Züchtigung; *cohibere* und *continere* dagegen sind gegen ein abschweifendes Objekt gerichtet und gelten mehr als Leitung und Regelung. Bei *coërcere* wird sehr häufig das Mittel der Handlung angegeben, selten dasjenige, wovon man einen dadurch abhält. *Cohibere* dagegen bezeichnet zunächst ein Zusammenhalten, dann ein Zurückhalten, wobei die Angabe des wovon sehr natürlich ist. Als Mittel ist bei dem ersten Worte eine umschließende, bei *cohibere* eine beliebige Kraft angeschaut. Dies wird fast gerade so durch *continere* ausgedrückt, nur daß cohibere, wie habere, müheloser geschieht, continere bagegen, wie tenere, mehr Kraftaufwanb erforbert. Durch oft wieberholtes continere entwickelt sich baher auch eine geistige Fähigkeit, die *continentia*, die Enthaltsamkeit, eine positive Tugenb als Selbstbeherrschung, wogegen die *abstinentia* mehr negativer Natur ist, verwanbt mit Entsagung, Verzichtleistung; die *continentia* ist mehr sittlicher, die *abstinentia* mehr gesetzlicher Natur. *Compescere* scheint ber guten Prosa fremb zu sein, wiewohl es vielleicht Quint. XI. 3. 169. statt continetis gelesen hat in ber gleich anzuführenben Stelle Cic. Rab. perd. 6. Mundus omnia complexu suo *coërcet* et *continet*. Cic. n. d. II. 22. Docemur auctoritate nutuque legum domitas habere libidines, *coërcere* omnes cupiditates, ab alienis mentes, oculos, manus *abstinere*. Cic. or. I. 43. (Nemo, nisi) qui ab auro gazaque regia manus, oculos, animum *cohibere* possit, erit idoneus, qui ad bellum Asiaticum mittatur. Cic. Man. 23. Non potest exercitum is *continere* imperator, qui se ipsum non *continet*. Ib. 13. Quanto iam levior est acclamatio! Quin *continetis* vocem iudicem stultitiae vestrae, testem paucitatis! Könnt ihr benn u. s. w., als Hinweisung barauf, baß es ihnen schwer wirb; wogegen in dem vorhergehenden Beispiele bas cohibere einem leicht sein muß. Cic. Rab. perd. 6.

114. Impedire, prohibere, obstare, officere — hinbern.

Alle brei vereinigen sich in dem Begriffe bes Abhaltens oon bem, was man wünscht. Bei *impedire* geschieht bies Abhalten durch ein Verwickeln bes Objekts, sei es vor ober auch schon nach dem Beginn der Handlung; es ist baher nur ein Hinbern, in bem Sinne von schwerer machen. In *prohibere*, fern- ober abhalten, ist bas Mittel der Handlung gar nicht angedeutet, wohl aber bas Gelingen berselben; es ist ein Verhindern, Abhalten, so baß es selbst ben Sinn von beschützen haben kann z. B. tenuiores iniuria prohibere. Cic. off. II. 12. Demnach könnte statt *prohibiti* estis in provincia pedem ponere Cic. Lig. 8. unmöglich impediti stehn. *Obstare* heißt hinbern nur in so fern bies wirklich burch ein Entgegenstehn, im Wege stehn, *obsistere*, in so fern es burch ein Entgegentreten bewirkt wird, so wie *officere*, wenn es durch ein Entgegenwirken geschieht. Nosmet ipsi ab omni delectatione negotiis *impedimur*. Cic. Mur. 19. Aetas non *impedit*, quo minus haec studia teneamus. Cic. sen. 17. Hiemem credo adhuc *prohibuisse*, quo minus de te certum haberemus. Cic. fam. XII. 5. *Obstitisti* videlicet, ne ex Italia transire in Siciliam fugitivorum copiae possent. Cic. Verr. V. 1. Ille *obstitit*, ne tribuni comitia *impedirent*. Liv. III. 29. Ei pecuniae vita S. Roscii *obstare* atque *officere* videtur. Cic. Rosc. Am. 2.

115. Adversari, repugnare, resistere, refragari — sich widersetzen.

Adversari, entgegen treten, ist aus Abneigung als Gegner auftreten, ohne Hindeutung auf die Mittel oder die Art und Weise der Handlung. *Repugnare* ist zunächst sich durch einen Kampf widersetzen, gegen einander streiten, wobei beiderseitige feindliche Entgegenstellung gedacht wird, die bei adversari nur auf einer Seite zu sein braucht; daher repugnare tropisch sich widersprechen. *Resistere* bezeichnet widersetzen durch Festigkeit, widerstehen. *Refragari* heißt eigentlich gegen etwas stimmen, und bezieht sich demnach auf einen Vorschlag oder eine Bitte. Cleomenes Verris libidini *adversari* nec poterat nec audebat. Cic. Verr. V. 31. Ipsi neque *repugnare* nec mari effugere ullo modo poterant. Cic. Verr. V. 35. Invita Minerva, id est, *adversante* et *repugnante* natura. Cic. off. I. 31. Hortatus sum, ut dolori fortiter ac fortunae *resisteres*. Cic. fam. V. 17. Haec inter se quam *repugnent*, plerique non vident. Cic. Tusc. III. 29. Illa lex petitioni tuae *refragata* est. Cic. Mur. 23. De hoc hactenus, ne *refragari* homini amicissimo videar. Etsi quis potest *refragari* non modo non petenti, verum etiam recusanti? Cic. Phil. XI. 9.

116. Vituperare, reprehendere — tadeln.

Vituperare, tadeln, der gerade Gegensatz zu laudare, ist gegen die Unschönheit des Objektes gerichtet; es bezieht sich besonders auf den Ausdruck und die Darstellung des als unschön Erkannten, und in diesem Sinne spricht Cicero or. II. 85. sogar von den rednerischen praeceptis vituperandi. *Reprehendere* bezeichnet mehr das erste Finden und Aufdecken des Feh-

I. VERBA.

lers, wie unrecht finden, mißbilligen, als Gegensatz zu probare, und ist gegen ein Unrecht und eine Unrichtigkeit gerichtet. Vituperare bezweckt dabei mehr eine Beschämung, reprehendere mehr eine Besserung. His locis et laudandi et *vituperandi* saepe nobis est utendum in omni genere causarum. Cic. or. II. 85. Non modo accusator, sed ne obiurgator quidem ferendus est is, qui quod in altero vitium *reprehendit*, in eo ipse deprehenditur. Cic. Verr. III. 2. A vitio dictum puto *vituperari*. Cic. fin. III. 12. Sullana gratificatio *reprehenditur*. Cic. Mur. 20. Vergl. Cic. Planc. 3. 8.

117. Congruere, consentire, concordare, concinere, convenire, quadrare — übereinstimmen.

Der Unterschied der mit con zusammengesetzten Wörter ist nur in dem anderen Theile ihrer Zusammensetzung zu suchen. Demnach kann *congruere*, übereintreffen, angemessen verbunden sein, nur ausgesagt werden von nicht selbstthätigen Dingen, während bei *consentire*, übereinstimmen, eine Selbstthätigkeit derselben entweder wirklich ist oder doch gedacht wird. So entsteht bei Cicero durch das congruere der Körpertheile nur die Gesundheit, durch consentire die Schönheit des Körpers. Von consentire nun unterscheidet sich *concordare*, einmüthig sein, dadurch, daß dieses mehr eine Einigkeit des Herzens, d. i. des Wollens und Begehrens, jenes zunächst der gesammten Geistesthätigkeiten, besonders aber des Erkennens ausdrückt. *Concinere* in Einklang stehen, bezieht sich auf den Ausdruck der Übereinstimmung, und enthält den geraden Gegensatz zu discrepare. Alle genannten Wörter bezeichnen eigentlich die schon dauernde Übereinstimmung, während durch *convenire*, übereinkommen, und *quadrare*, passen, die entstehende Übereinstimmung ausgedrückt wird, mit dem Unterschiede, daß quadrare nur von Sachen, convenire zunächst bloß von Personen und nur figürlich von Sachen gesagt wird. Graeci dies mensesque *congruere* volunt cum solis lunaeque ratione. Cic. Verr. II. 52. Ratio nostra *consentit*, pugnat oratio. Cic. fin. III. 3. Ut corporis temperatio, quum ea *congruunt* inter se, e quibus constamus, sanitas: sic animi dicitur, quum eius iudicia opinionesque *concordant*. Cic. Tusc. IV. 13. Pulchritudo corporis apta compositione membrorum movet oculos et hoc ipso delectat, quod inter se omnes partes *consentiunt*. Cic. off. I. 28. Omnes mundi partes inter se *concinunt.* Cic. n. d. II. 7. Antiocho Stoici re *concinere* videntur, verbis *discrepare*. Cic. n. d. I. 7. Quam sibi *conveniat*, ipse viderit. Cic. Tusc. V. 11. Cothurni laus est, ad pedem apte *convenire.* Cic. fin. III. 18. Omnia, quae cum turpitudine aliqua dicuntur, in istam videntur *quadrare.* Cic. Cocl. 29.

118. Discrepare, dissentire, dissidere — nicht übereinstimmen.

Discrepare, sich widersprechen, bezeichnet einen äußerlich im Wort oder in der That hervortretenden Gegensatz. *Dissentire*, nicht übereinstimmen, anders denken, bezeichnet mehr einen innern Gegensatz. Die *discrepantes* stehn sich äußerlich schroffer, die *dissentientes* wesentlich entschiedener gegenüber. *Dissidere* enthält eine noch nähere Beziehung zur Äußerlichkeit, als *discrepare;* während sich der Gegensatz bei *discrepare* zunächst in Worten und Lauten ausdrückt, besteht er bei *dissidere* in einer räumlichen Sonderung; es bezeichnet also das Nichtübereinstimmen, in so fern es sich in dem Benehmen und Verhalten gegeneinander ausdrückt, daher es auch oft in dem Sinne von uneinig sein, sich feind sein, gebraucht wird. Facta eius cum dictis *discrepant.* Cic. fin. II. 30. *Discrepat* a timendo confidere. Cic. Tusc. III. 7. Non quaero, quid virtus efficere possit, sed quid constanter dicatur, quid ipsum a se *dissentiat*. Cic. fin. V. 27. Quia de re una solum *dissident*, de ceteris mirifice *congruunt* (auch dies ja mehr auf das Äußere bezogen; dem dissentire wäre consentire gegenübergestellt). Cic. leg. I. 20.

119. Differre, distare, interesse, — verschieden sein.

Sie unterscheiden sich von den vorher genannten drei Zeitwörtern dadurch, daß diese ein Entgegengesetztsein, *differre, distare* und *interesse* aber nur ein Verschiedensein bezeichnen. *Differre*, sich unterscheiden (in diesem Sinne ohne Perfekt und Supin), ist das Abweichen in einzelnen Eigenschaften, während in anderen eine Übereinstimmung entweder

Statt findet ober doch gedacht wird. *Distare* und *interesse* haben eine noch mehr örtliche Beziehung. *Distare* ist ein Getrenntsein, räumlich und äußerlich verschieden sein, selbst ohne die verstärkenden Zusätze multum, tantum, u. a. *Interesse*, unterschieden sein, bezeichnet ebenfalls ein Getrenntsein, aber immer mit besonderer Hinweisung auf den Zusammenhang des Getrennten. *Distare* bezeichnet die Verschiedenheit, die in den Dingen ist; *interesse* den Unterschied, den man macht. Statui a vobis non *differre* vestitu. Cic. Phil. VIII. 11. Est, quod *differat* inter iustitiam et verecundiam. Cic. off. I. 28. Vita hominum multum *distat* a victu et cultu bestiarum. Cic. off. II. 4. *Interest aliquid* inter laborem et dolorem. Cic. Tusc. II. 25. Ex hoc intellegitur, quid velimus inter partitionem et divisionem *interesse*. Quamquam enim vocabula prope idem valere videbantur, tamen quia res *differebant*, nomina rerum *distare* voluerunt. Cic. top. 8.

120. Incitare, irritare, lacessere, instigare, stimulare
— reizen.

Incitare unterscheidet sich zunächst von *irritare* dadurch, daß *incitare*, antreiben, mehr den terminus a quo, *irritare* dagegen, anreizen, mehr den terminus ad quem ins Auge faßt. *Incitare* bezeichnet ein beschleunigendes Antreiben wobei das Objekt schon vorher ebensowohl in dem Zustande der Bewegung, als der Ruhe gedacht werden kann; bei *excitare* und *suscitare* wird der vorherige Zustand nur als Ruhe gedacht, und zwar bei *excitare* als ein bloßer Aufenthalt in einem Orte, bei *suscitare* als ein Liegen. *Irritare* und *lacessere* enthalten beide den Begriff des Reizens zu feindlicher Gesinnung und That, mit dem Unterschiede, daß *irritare* das Aufreizen allgemein als eine Erregung der Leidenschaft, *lacessere* das Aufreizen zu oder gegen etwas, herausfordern, bezeichnet. *Instigare* und *stimulare* vereinigen sich sowohl in der ursprünglichen Anschauung des Stachelns, als auch in der Bedeutung des versteckten, heimlichen Aufreizens; dabei deutet *instigare* zugleich auf den Beweggrund hin (Bosheit, Malice), während *stimulare* ohne Andeutung des Beweggrundes die Art und Weise der Handlung, ein wiederholtes

Stacheln, und daher selbst beunruhigen, quälen bezeichnet. Haec non eo dicuntur, ut te oratio mea dormientem *excitasse*, sed potius ut currentem *incitasse* videatur. Cic. Qu. fr. I. 1. 16. Themistocles dixit, se tropaeis Miltiadis e somno *suscitari*. Cic. Tusc. IV. 19. Propter socios, nulla ipsi iniuria *lacessiti*, maiores vestri bellum cum Antiocho gesserunt. Cic. Man. 6. *Bello, proelio* aliquem *lacessere*. Caes. A te ad scribendum *lacessitus* sum. Cic. Att. I. 13. Vi *irritare* ferroque *lacessere* fortissimum virum ausus est. Cic. Mil. 31. In Palatio mea domus ardebat, non casu aliquo, sed ignibus iniectis *instigante* te. Cic. Pis. 11. Vetus nostra simultas me *stimulabat*, ut caverem. Cic. fam. III. 12.

121. Punire, mulctare, castigare, animadvertere, (plecti) — strafen.

Punire, strafen (wofür gewöhnlicher Umschreibungen poena afficere, poenas expetere u. a.), hat einen ganz allgemeinen Sinn, ein Vergehen auf irgend eine Art entgelten lassen. Das Deponens *puniri* siehe Nro. 429. *Mulctare* ist strafen durch einen Verlust, namentlich an Geld oder sonstigem Besitz. *Castigare* bezieht sich auf ein Vergehen in Betragen und Aufführung, als ein Theil der Erziehung, züchtigen. *Animadvertere* in aliquem oder aliquid, ahnden, bezeichnet das Strafen vermöge einer Amtsgewalt. *Plecti* (denn es kommt nur im Passiv vor) eigentlich gefaßt werden, bezeichnet demnach ein sofortiges Strafen im Gegensatze von laufen lassen. Cavendum est, ne iisdem de causis alii *plectantur*, alii ne appellentur quidem. Prohibenda autem maxime est ira in *puniendo*. Cic. off. I. 25. Omnes provincias obeundi, liberos populos agris *mulctandi* summa potestas datur. Cic. agr. II. 13. Pueros matres et magistri *castigare* solent non verbis solum, sed etiam verberibus. Cic. Tusc. III. 27. Metellus dixerat, ei, qui in alios *animadvertisset* indicta causa, dicendi potestatem fieri non oportere. Cic. fam. V. 2.

122. Cruciare, torquere, vexare, angere — quälen.

Cruciare, quälen (niemals ans Kreuz schlagen, wofür auch nicht gut crucifigere, sondern in crucem tollere Cic.

Verr. I. 3. cruce afficere ib. 4. cruci suffigere Cic. Pis. 18.) bezieht sich bloß auf den dadurch bewirkten Zustand des Objekts ohne irgend die Mittel und die Art der Qual, oder die Absicht des Quälenden anzudeuten. In *torquere*, martern, foltern, wird zunächst auf die Mittel hingewiesen, Marterwerkzeuge, und dadurch die Art der Qual als eine gewaltsame, unmenschliche (geistig und körperlich), vor der man sich vergeblich krümmt und windet, dargestellt. *Vexare*, peinigen, mißhandeln, bezeichnet die Qual vorzugsweise als Beunruhigung, gleichgültig durch welche Mittel, und hebt zugleich die böse Absichtlichkeit des Quälenden hervor. *Angere*, beengen, ängstigen, ist das Quälen, wodurch Angst und Unruhe in dem Gequälten entsteht. Vulnere et dolore corporis *cruciantur*. Cic. har. 18. Officii me deliberatio *cruciat cruciavit*que adhuc. Cic. Att. VIII. 15. Illorum ratione certum est, non posse sapientem beatum esse, quum eculeo *torqueatur*. Cic. fin. III. 13. Tuae te libidines *torquent*. Cic. par. 2. *Torqueor* infelix. Cic. Att. IX. 12. Tantum profeci tum, quum te a consulatu reppuli, ut exsul potius tentare, quam consul *vexare* rem publicam posses. Cic. Cat. I. 10. Solitudo *vexat* impios. Cic. leg. I. 14. Peccasse se non *anguntur*. Cic. am. 24.

123. Interficere, occidere, necare, interimere, trucidare, percutere, iugulare, obtruncare — tödten.

Interficere hat den allgemeinsten Begriff, ist auf jede Todesart anwendbar, fame, veneno, ferro, suspendio u. s. w. und enthält keine Hindeutung auf den Beweggrund des Thäters, also gerade unser tödten. *Occidere* (das Simplex caedere bezeichnet ein bloßes Niederhauen, sei das Objekt etwas Lebendes oder Todtes, z. B. ein Baum) bezeichnet immer das Tödten durch einen Schlag, namentlich mit scharfer Waffe; daher es auch das eigentliche Wort ist für die Tödtung in ehrlichem, offenem Kampfe; niederhauen. *Necare* hebt am Allgemeinsten das Grausige der Todesart hervor; es ist unser umbringen. Das verstärkte *enecare* heißt namentlich auch zu Tode quälen. *Interimere* heißt tödten, in so fern die That ohne viel Lärm und Aufhebens zu Stande gebracht wird, aus der Welt schaffen. *Trucidare*, ermorden, wird mit

Rücksicht auf das Ehrlose und Unmenschliche der That gesagt, indem es besonders ein Hinwürgen des Wehrlosen bedeutet; daher öfter mit dem Zusatz sicuti pecora. *Percutere*, in dem Sinne von tödten, bezeichnet seiner Grundbedeutung gemäß (Nro. 96.) hier eben nur die mechanische Handlung des Durchbohrens oder Köpfens; daher es namentlich von dem gesagt wird, der als bloßes Instrument die Handlung ausführt, während ein anderer den Plan dazu gemacht oder den Beschluß gefaßt hat, z. B. von einem gedungenen Mörder oder vom Scharfrichter. *Iugulare* weiset zugleich auf die Stelle des Körpers hin, an welcher der Tod beigebracht wird; es ist meistens geradezu die Kehle abschneiden; auch enthält es mehr eine Hindeutung auf den Meuchelmord eines Banditen, während trucidare besonders die offene Gewalt des Stärkeren hervorhebt. *Obtruncare* wird immer mit Rücksicht auf eine grausame Verstümmelung und Zerstückelung, und dadurch bewirkten Tod gesagt, findet sich aber bei Cicero wol nur in einer Dichterstelle. Noch verdient bemerkt zu werden, daß man in der guten Prosa für sich tödten, sich entleiben (dies Verb im Deutschen nur reflexiv) nicht interficere se, occidere se u. s. w., zu sagen pflegte, wol aber se interimere und gewöhnlich manum sibi inferre, mortem sibi consciscere, von denen der erste Ausdruck namentlich den Selbstmord durch Gift, der zweite natürlich nur durch äußere Gewalt, der dritte allgemein bezeichnet. Quoties tu me designatum, quoties consulem *interficere* conatus es! Cic. Cat. I. 6. C. Servilius Ahala Sp. Maelium novis rebus studentem manu sua *occidit*. Cic. Cat. I. 1. Hirtius Antonii copias occidione *occidit*. Cic. Phil. 14. Ille furens interrogabat, quis esset, qui plebem fame *necaret*. Cic. Qu. fr. II. 3. Igni *necare*. Caes. b. G. I. 53. Ex hoc efficitur, si, quae *interimant*, innumerabilia sint, etiam ea, quae conservent, infinita esse debere. Cic. n. d. I. 19. Amulius stirpem fratris virilem *interemit*. Liv. I. 3. Quos ferro *trucidari* oportebat, eos nondum voce vulnero. Cic. Cat. I. 4. Omnibus suppliciis cruciatos *trucidando occidit*. Liv. XXIX. 18. Mithridates cives Romanos *necandos trucidandos*que denotavit. Cic. Man. 3. Quoniam cuius consilio *occisus* sit invenio, cuius manu sit *percussus* non laboro. Cic.

Rosc. Am. 34. Antonius in hospitis tectis Brundisii fortissimos viros optimosque cives *iugulari* iussit. Cic. Phil. III. 2. (Surdi non audiunt) grunnitum, quum *iugulatur*, suis. Cic. Tusc. V. 40. Medea puerum interea *obtruncat* membraque articulatim dividit. Cic. n. d. III. 26. e poeta. Der Tod selbst als natürliches Lebensende heißt *mors*, als gewaltsam herbeigeführtes *nex*, als Auflösung und Vernichtung letum; doch ist *letum* poetisch und im gewöhnlichen Leben nur gebräuchlich beim Ansagen des Todes, z. B. N. N. *leto* datus est. Cic. leg. II. 9. Auch sonst braucht es Cicero zuweilen für Todesart divin. I. 26. Att. X. 10.

124. Tolerare, pati, sustinere — ertragen.

Tolerare, ertragen, bezeichnet immer das gelingende Ertragen einer Beschwerde, sie aushalten, ohne zu erliegen. Es weiset also besonders auf das Ende des Ertragens hin, während *pati*, leiden, dulden, vorzüglich die Dauer desselben hervorhebt, worin ausdauern, wobei namentlich der Eindruck auf das Subjekt in Betracht kommt. *Sustinere*, zunächst mit der äußerlichen Bedeutung in die Höhe halten, unterscheidet sich von den beiden ersten Wörtern dadurch, daß diese mehr ein Ertragen in starker Passivität bezeichnen, in *sustinere* aber das siegreiche Ertragen als die Folge einer kräftigen Gegenhandlung erscheint. Epistolae tuae significabant, te istam militiam iam firmo animo *ferre* .... Quare perge, ut coepisti: forti animo istam *tolera* militiam. Cic. fam. VII. 18. Virorum est fortium *toleranter* dolorem *pati.* Cic. Tusc. II. 18. O dii! quis huius potentiam poterit *sustinere?* Cic. Phil. VII. 6. Milo bovem *sustinere* potuit. Cic. sen. 10. Vergl. Nro. 16.

125. Ferre, portare, baiulare, gerere, — tragen.

Der Begriff wird am Allgemeinsten ausgedrückt durch *ferre*. Dies Wort mit allen seinen Kompositis bezeichnet immer ein Fortbewegen durch Kraft, und unterscheidet sich dadurch besonders von *sustinere*, wobei das bloße Aufheben und Halten bedeutender ist, als das Fortbewegen. Es ist demnach unser tragen in jedem Sinne, äußerlich und geistig. Für unser bringen kann es nur dann gebraucht werden, wenn dies wirklich durch ein Tragen geschieht, und deshalb kann z. B. einen Freund mitbringen nie übersetzt werden durch amicum secum ferre, sondern nur durch secum ducere. Portare bezeichnet vorzugsweise das Tragen einer äußeren Last in Rücksicht auf ihr Gewicht, heben und voranbringen, so daß es fast den Begriff von sustinere und von ferre in sich vereinigt. Im uneigentlichen Sinne ist es selten. *Baiulare* ist das Tragen in gemeiner Dienstleistung, kommt aber in der guten Prosa wol nicht vor. Gerere ist an sich tragen, und bezeichnet den Träger immer als den Inhaber oder Besitzer des Getragenen; es setzt demnach ein mehr innerliches Verhältniß des Subjekts zum Objekte voraus. *Arma gerere* heißt Waffen tragen; aber mit dem Zusatz contra patriam kann es nur arma ferre heißen. Demgemäß heißt auch *se gerere* sich betragen. Lectica per oppidum *ferebatur.* Cic. Phil. II. 41. Nomen alicuius *ferre.* Cic. off. III. 18. Demosthenes saepe in eam partem *ferebatur* oratione. Cic. or. I. 20. Haec aetas oratorem perfectum *tulit.* Cic. Brut. 12. Num quid moleste *fers* de illo? Cic. Att. VI. 8. Aegre, toleranter, fortiter, modice, sapienter *ferre.* Cic. Nobiscum versari iam diutius non potes: non *feram,* non patiar, non sinam. Cic. Cat. I. 5. Rumorem offerunt magnum, Romae domum ad Antonium frumentum omne *portari.* Cic. Att. XIV. 5. Quam personam *gerere* volumus? Cic. off. I. 32. Thyum optima *veste* texit, quam satrapae regii *gerere* consueverunt. Nep. Dat. 3. Quanto superiores sumus, tanto nos *geramus* submissius. Cic. off. I. 26.

126. Permittere, admittere, concedere, (veniam dare, licet) — erlauben.

Sie unterscheiden sich zunächst gemeinschaftlich von ferre, sinere, pati (Nro. 16.) dadurch, daß diese nur ein nicht entgegenwirkendes, jene aber ein thätiges Erlauben ausdrücken; *ferre* und die übrigen heißen sich nicht dagegen, *permittere* und die übrigen, sich dafür erklären. Das stärkste ist *permittere,* durch eine bestimmte Erklärung erlauben, oft sogar fast in dem Sinne von bevollmächtigen. *Admittere,*

I. VERBA.

gestatten, ist in diesem Sinne selten und kann nur dann gebraucht werden, wenn wirklich ein Hinzulassen zu denken ist, z. B. zu einer Klage. *Concedere* ist erlauben in dem Sinne von nachgeben, wo man also zuerst dagegen gewesen ist, aber den Bitten und Vorstellungen anderer weicht. In *veniam dare*, Erlaubniß geben, liegt zugleich angedeutet, daß die Handlung an sich unerlaubt ist; daher es auch nach geschehener Handlung den Sinn verzeihen, begnadigen erhält; vergl. Nro. 49. Wozu mir *venia datur*, das wird mir durch die Nachsicht, Gefälligkeit eines andern erlaubt; was mir *licet*, das ist mir an sich erlaubt, steht mir frei; vergl. Nro. 242. Considerandum est, utra lex iubeat aliquid, utra *permittat*. Nam, id quod imperatur, necessarium, quod *permittitur*, voluntarium est. Cic. inv. I. 11. Iudices, si qua in eum lis capitis illata est, non *admittunt*. Cic. Cluent. 41. Si rectum statuerimus vel *concedere* amicis quidquid velint, vel impetrare ab eis quidquid velimus: perfecta quidem sapientia simus, si res nihil habeat vitii. Cic. am. 11. Coegisti, ut *concederem*, qui mortui essent, eos non esse miseros. Cic. Tusc. I. 8. *Datur* haec *venia* antiquitati, ut miscendo humana divinis primordia urbium augustiora faciat. Liv. prooem. 7. *Licere* id dicimus, quod legibus, quod more maiorum institutisque *conceditur*. Neque enim quod quisque potest, id ei *licet;* nec, si non obstatur, propterea etiam *permittitur*. Cic. Phil. XIII. 6.

127. Ire, gradi, vadere (meare, cedere) — gehen.

Ire ist das allgemeinste von diesen Wörtern, gehen, ohne irgend einen Nebenbegriff, während das ungebräuchliche *meare* den Nebenbegriff einer gewissen Leichtigkeit und Eile hat. *Gradi* bezieht sich immer auf das Abgemessene, Gleichmäßige, oft auch auf das Feierliche des Gehens. *Vadere* enthält zunächst eine Hindeutung auf den Muth und das Selbstgefühl des Gehenden und weiset auf einen festen Schritt, namentlich einer Gefahr gegenüber, hin. Zu bemerken ist aber, daß gradi und vadere als simplicia der guten Prosa im Ganzen wenig angehören; jedoch behalten die composita ganz die Bedeutung der einfachen Wörter bei. Man vergleiche *inire*, *ingredi, invadere.* Die composita von *cedere* bekommen ebenfalls die Bedeutung von gehen, wobei jedoch vorzugsweise der Ausdruck der Geistesstimmung z. B. des Stolzes, in Betracht kommt; vergleiche incedere. Der *initus* ist ein Hineingehen ganz allgemein, der *ingressus* ein Einhergehen als ein physischer Akt, die *invasio* ein Eindringen, der *incessus* das Einhergehen mit Rücksicht auf den Ausdruck des Moralischen und Ästhetischen in demselben. Celeriter *isti*, redisti. Cic. Phil. II. 32. Incipit res melius *ire*. Cic. Att. XIV. 15. (Sapiens) fidenti animo, si ita res feret, *gradietur* ad mortem. Cic. Tusc. I. 46. Vadit in eundem carcerem paucis post annis Socrates. Cic. Tusc. I. 40. (Horatius Cocles) *vadit* inde in primum aditum pontis. Liv. II. 10.

128. Proficisci, iter facere, peregrinari, (redire, reverti, revenire) — reisen.

Proficisci, eigentlich sich aufmachen d. h. abreisen oder wohin reisen, enthält immer eine Beziehung zu dem Ausgangs- oder Zielpunkte, bezeichnet dann aber sehr allgemein jedes Vorwärtsrücken von dem erstern, sei es ein bloßes Ausgehen, ein Entstehen oder was sonst, eigentlich und figürlich. In der Bedeutung reisen wird es ganz demgemäß nur dann gebraucht, wenn eben ein Abreisen oder ein Wohinreisen bezeichnet werden soll. In diesem Sinne ist es fast ein Gegensatz zu *redire*, welches die dauernde Handlung des Zurückgehens bezeichnet, die zwischen den momentanen Handlungen der Umkehr, *revertere* (das Aktiv nur in den Perfektformen) oder *reverti*, und der Zurückkunft, *revenire*, liegt; jedoch wird revenire in der guten Prosa nicht für zurückkehren gebraucht, sondern heißt wieder irgend wohin kommen. Wird weder auf den Ausgangs- noch auf den Zielpunkt Rücksicht genommen, und das Reisen bloß als die gegenwärtige Beschäftigung bezeichnet, so sagt man *iter facere*, eine Reise machen, auf Reisen sein. Dasselbe bezeichnet *peregrinari* in der Art, daß es das Verhältniß des Reisenden als eines Fremden zu seiner jetzigen Umgebung immer sehr bestimmt hervorhebt; es heißt dann auch

I. VERBA. 89

überhaupt sich in der Fremde aufhalten. Ex hoc loco Puteolos *proficiscitur.* Cic. Acad. II. 31. Ad somnum, ad dormiendum *proficisci.* Cic. divin. I. 30. II. 58. (auch cubitum ire. Cic. Rosc. Am. 23.) A philosophia *profectus* Xenophon scripsit historiam. Cic. or. II. 14. Quae a falsis initiis *profecta* sunt, vera esse non possunt. Cic. fin. I. 21. A Zenone, ab Aristotele *profecti* (ihre Schüler). Cic. divin. I. 3. invent. I. 35. Permulta a me in te *profecta* sunt (ist erwiesen worden). Cic. fam. III. 1. Quum duo quidam Arcades familiares *iter* una *facerent*, Megaram venerunt. Cic. divin. I. 27. Immensa est magnitudo regionum, in quam se iniciens animus longe lateque *peregrinatur.* Cic. n. d. I. 20. Deiotarus quum ex itinere quodam *revertisset* aquilae admonitus volatu: conclave illud, ubi erat mansurus, si ire perrexisset, proxima nocte corruit (redire und revenire wären unmöglich). Cic. divin. I. 15. Dii immortales, quam valde ille *reditu* vel potius *reversione* mea laetatus est! Cic. Att. XVI. 7. Ite viam; *redite* viam. Cic. Mur. 12. l'ostea Mancinus domum *revenit.* Cic. or. I. 40.

129. Vagari, palari, errare — umherirren.

Die beiden ersten bezeichnen eine wissentliche und absichtliche Handlung, ein freiwilliges Umherirren; *vagari*, umherschweifen, mit dem Nebenbegriffe der Schnelligkeit und Weitläufigkeit der Bewegung, *palari* mit dem der Vereinzelung und Trennung von der Gesellschaft, welcher man angehört. Demnach ist vagari tropisch ein Abschweifen von der Hauptsache, während palari tropisch nicht gebraucht wird und überhaupt mehr den Historikern eigen ist (bei Cicero wol gar nicht). *Errare* bezeichnet ein unfreiwilliges Irren, indem man das Feste und Rechte gegen seinen Willen verfehlt, eigentlich und figürlich. Tota Asia *vagatur*, volitat, ut rex. Cic. Phil. XI. 2. Verba neque alligata sint, neque ita soluta, ut *vagentur.* Cic. or. III. 44. Vagi per agros *palantur* cibo vinoque repleti. Liv. V. 44. Vagus et exsul *errabat* Oppianicus. Cic. Cluent. 62. In eo *errasti*, non tota re, sed temporibus. Cic. Phil. II. 9. Faciam, ut quid illud sit, de quo disputetur, explanetur, ne *vagari* et *errare* cogatur oratio. Cic. or. I. 48.

130. Celerare, accelerare, properare, festinare
— eilen.

Celerare (nur in einer Stelle des Cicero, die allgemein für verdorben gehalten wird; und sonst in der guten Prosa gar nicht) und das gebräuchlichere *accelerare* drücken den Begriff **objektiv** aus, das Eilen bloß als eine **rasche Bewegung**, ohne sonst die Haltung und das Wesen des Subjekts bei der Handlung irgend anzudeuten. *Properare*, **voran machen, sich beeilen**, hebt immer die Leichtigkeit und Behendigkeit des Subjekts hervor, daher es auch meist im guten Sinne gebraucht wird. *Festinare*, **eilig sein**, bezeichnet am Meisten die **geistige Seite** des Eilens, wo es dann entweder im guten Sinne ein rasches **Vorwärtswollen**, oder die Hast und **Eilfertigkeit** in minder gutem Sinne hervorhebt. Die beiden letzten Verben stehen in der besten Sprache entweder absolut oder mit dem Infinitiv; (celerare und) accelerare entweder absolut oder mit dem Ack. des Objekts z. B. iter, be- schleunigen. Unum genus motus est, quod semper *celerat*. Cic. Tim. 10. Aurelia via profectus est; si *accelerare* volent, ad vesperam consequentur. Cic. Cat. II. 4. Equites sequi iubet esse, iterque *accelerat*. Caes. b. c. II. 39. *Properavi* in patriam. Cic. fam. XII. 25. Iustis de causis rationes deferre *properavi*. Cic. fam. V. 20. cf. Phil. IX. 3. Plura scripsissem, nisi tui *festinarent*. XII. 22. Est gratissimum, (quod ad nos) migrare tanto opere *festinas*. Cic. fam. VII. 23. Qui unum quid mature transigit, is *properat*; qui multa simul incipit neque perficit, is *festinat*. Cat. Cens. ap. Gell. n. A. XVI. 14.

131. Cubare, iacere, situm esse — liegen.

Cubare enthält immer den Gegensatz zu irgend einer anstrengenderen Thätigkeit, **liegen um zu ruhen**, daher es natürlich nur von **lebenden Wesen** ausgesagt werden kann. Tropisch wird es nicht gebraucht. *Iacere* bezeichnet das Liegen aus **Mangel an Kraft** sich anderswie zu halten; daher besonders das Liegen des Ohnmächtigen, des Todten, und im tropischen Sinne ein **Darniederliegen**, Verachtetsein ꝛc. Von Dingen gebraucht bezeichnet es dann auch die **örtliche**

Lage, jedoch mehr im Kleinen, mehr das Topische, als das eigentlich Geographische. Die geographische Lage wird wesentlich bezeichnet durch *situm esse* (zuweilen *positum esse*), das jedoch sehr häufig auch bloß sich irgendwo befinden, und tropisch worauf beruhen ausdrückt; auch ist es das eigentliche Wort für das Bestattetliegen der Todten. Polemarchus, quum iste etiam *cubaret*, in cubiculum introductus est. Cic. Verr. III. 13. Cretum nemo gustavit unquam *cubans*. Cic. Mur. 35. Pater moerens *iacebat* in lecto. Cic. Phil. II. 18. Iustitia *iacet*. Cic. off. III. 33. Hic locus *iacet* inter Apenninum et Alpes. Cic. fam. XI. 13. Hae urbes in ora Graeciae *sitae sunt*. Nep. Alc. 5. Lingua in ore *sita est*. Cic. n. d. II. 59. Utrum id frustra an ob rem faciam, in temporibus *situm est*. Cic. Att. VII..9. Vere Ennius de Africano: Hic est ille situs; nam *siti* dicuntur ii, qui conditi sunt. Cic. leg. II. 22.

132. Abesse, distare — entfernt sein.

Zunächst liegt es in den Theilen beider Wörter schon angedeutet, daß bei *abesse* nur ein Punkt, von welchem etwas getrennt ist, als fest und maßgebend besonders hervorgehoben wird, während in *distare* beide Endpunkte des Zwischenraumes als gleich bedeutend gelten und der Zwischenraum selbst am Meisten in Betracht kommt. Wegen dieser besondern Hervorhebung des Zwischenraums kann *distare* einmal nicht von lebenden Wesen als solchen gesagt werden, und hat anderer Seits entweder immer die Angabe des Maßes bei sich, oder es bezeichnet eine vollkommene Geschiedenheit, namentlich tropisch (Nro. 119). Te *afuisse* tam diu a nobis dolui. Cic. fam. II. 1. Turres toto opere circumdedit, quae pedes LXXX inter se *distarent*. Caes. b. G. VII. 72. Multum inter se *distant* istae facultates longeque sunt diversae. Cic. or. I. 49.

133. Abesse, deesse, deficere (desciscere) — fehlen.

Abesse, entfernt sein, bezeichnet auch das Fehlen nur als ein bloß örtliches Getrenntsein, ohne das Wünschenswerthe oder die Nothwendigkeit des Fehlenden irgend anzudeuten. *Deesse* und *deficere* haben immer den Sinn, daß das

Subjekt als etwas Nothwendiges oder Wünschenswerthes angesehen wird. Das erstere bezeichnet alsdann den dauernden Zustand, wie fehlen, *deficere* den entstehenden; so daß dabei also immer ein besseres Verhältniß vorhergegangen sein muß; daher oft verlassen, ausgehen, schwinden. In dem Sinne von verlassen wird deficere synonym mit *desciscere*; doch ist jenes, wie untreu werden, mehr eine Privathandlung mit Hervorhebung der sittlichen Seite; desciscere aber, abfallen, mehr eine öffentliche Handlung durch einen gemeinsamen Beschluß, mit Hervorhebung der politischen Seite. Hoc unum illi, si nihil utilitatis habebat, *afuit*, si opus erat, *defuit*. Cic. Brut. 80. Ego vero istos tantum *abest* ut ornem, ut effici non possit, quin eos tam oderim, quam rem publicam diligo. Cic. Phil. XI. 14. *Abest* historia litteris nostris. Cic. leg. I. 2. Ei paucae centuriae ad consulatum *defuerunt*. Cic. Brut. 67. Non *deest* rei publicae consilium, neque auctoritas huius ordinis; nos, dico aperte, nos consules *desumus*. Cic. Cat. I. 1. Non verebar, ne oratio *deesset*, ne vox viresque *deficerent*. Cic. Verr. I. 11. Tempus te citius, quam oratio *deficiet*. Cic. Rosc. Am. 32. Illud miror, adduci te potuisse, ut existimares aut me tam improvidum, qui ab excitata fortuna ad inclinatam et prope iacentem *desciscerem*; aut tam inconstantem, ut collectam gratiam florentissimi hominis effunderem a meque ipse *deficerem*. Cic. fam. II. 16.

134. Sufficere, suppetere, suppeditare — genügen.

Sufficere, genügen, bezeichnet überhaupt das Dasein des zu einer Leistung erforderlichen Maßes, die beiden andern das noch fortdauernde Dasein eines unbestimmten Maßes. Von diesen enthält wieder *suppetere*, ausreichen, besonders den Begriff der fortgesetzten Dauer, *suppeditare* den des reichlichen, kräftigen Vorhandenseins (auch transitiv, den des reichlichen Darbietens, im Passiv = iuvari, abundare). Nec scribae *sufficere*, nec tabulae nomina illorum capere potuerunt. Cic. Phil. II. 7. Nec iam vires *sufficiebant* cuiquam. Caes. b. G. VII. 20. Homines pecuniam cupiunt, ut amori, ambitioni, quotidianis sumptibus copiae *suppetant*. Cic. Tusc. V. 31. Et multa scripta sunt et scribentur fortasse plura, si vita *suppetet* (fortdauert). Cic. fin. I. 4. Omnibus his rebus nos *suppeditamur*, *eget* ille. Cic. Cat. II. 11. Carbo, cui vita *suppeditavit* (kräftig dauerte), est in multis iudiciis causisque cognitus. Cic. Brut. 27.

135. Egere, indigere, carere, vacare — entbehren.

Die beiden erſten beziehen ſich immer auf etwas Gutes, auf Dinge, deren man zu irgend einem Zwecke bedürftig iſt. *Egere*, Mangel haben, ermangeln, bezeichnet dieſe Dürftigkeit als einen Zuſtand; *indigere*, bedürfen, bedürftig ſein, Noth leiden, mehr als das drückende Gefühl von dieſem Zuſtande, zugleich mit dem Verlangen nach Befriedigung. Beide weiſen auf eine Schwierigkeit der Beſchaffung des Fehlenden hin und ſondern ſich dadurch von *opus est.*, welches nur die Erforderlichkeit hervorhebt, wenn auch die Sache ganz leicht zu haben iſt. Vergl. Nro. 137. *Carere*, entbehren, enthält keine Beziehung auf einen Zweck; es bezeichnet ganz allgemein wenig oder vielmehr nicht haben, eigentlich bloß mit dem Bewußtſein, daß man nicht hat; meiſtens jedoch drückt es das Nichthaben von etwas Gutem aus. *Vacare* unterſcheidet ſich von carere dadurch, daß es einmal das Bewußtſein ausſchließt, nicht haben, von Sachen leer ſein, dann aber immer ein Freiſein von etwas Läſtigem, Drückendem bezeichnet. His rebus nos suppeditamur, *eget* ille. Cic. Cat. II. 11. Hominibus *indigentibus* de re familiari impertiendum est. Cic. off. II. 16. Etsi minus urgeor meque ipse propemodum collegi, tamen *indigeo* tui consilii. Cic. Att. XII. 35. Chrysippus ait, sapientem nulla re *indigere* et tamen multis illi rebus *opus esse*. Contra stulto nulla re *opus est;* nulla enim re scit uti; sed omnibus *eget*. Sen. ep. 9. 12. Voluptate virtus saepe *caret*, nunquam *indiget*. Sen. vit. b. 7. Nunc commisi, ut me vivo *careres*, vivo me aliis *indigeres*. Cic. Qu. fr. I. 3. 2. Odiosum est sine sensu esse; odiosissimum, si id esset *carere*. Triste enim est nomen ipsum *carendi*, quia subicitur haec vis: habuit, non habet; desiderat, requirit, *indiget*. Cic. Tusc. I. 37. und 36. *Caret* mors omni malo. Cic. Tusc. I. 12. Haec duo tempora *carent* crimine. Cic. Lig. 2. Tota domus superior *vacat*. Cic.

Att. XII. 10. Coelestis natura et terra *vacat* et humore. Cic. Tusc. I. 26. Ligarius omni culpa *vacat*. Cic. Lig. 2. Utrumque opus est et cura *vacare* et negotio. Cic. leg. I. 3.

136. Uti, usurpare, adhibere — brauchen.

Das allgemeinste Wort ist *uti*, etwas brauchen, wofür es da ist, meistens jedoch mit besonderer Rücksicht darauf, daß die Handlung eine dauernde oder gewöhnliche ist; deshalb entspricht es oft sogar unserem haben, in welchem Falle aber das Objekt mit einem Eigenschaftsworte verbunden wird; z. B. nicht civibus uti, wol aber locupletibus civibus uti Cic. Verr. II. 3. und noch öfter mit Eigenschaftswörtern im Komparativ. *Usurpare* heißt brauchen in dem Sinne von in Anwendung bringen; es enthält nicht den Ausdruck der Dauer, ist vielmehr fast inchoativ und bezeichnet die Handlung als einen einzelnen Akt, wodurch es zuweilen fast den Sinn von erwähnen, nennen erhält. Beide drücken mehr die Handlung an sich aus, ohne Hervorhebung eines besondern Zweckes; *adhibere* dagegen bezieht sich immer nothwendig auf den Zweck, irgendwozu anwenden. Divitiae expetuntur, ut *utare*. Cic. am. 6. Deiotarus bene armis, optime equis *utebatur*. Cic. Deiot. 10. Si auctionari maturius voluissent, et locupletioribus his et melioribus civibus *uteremur*. Cic. Cat. II. 8. Hoc genus poenae saepe in improbos cives in hac re publica esse *usurpatum* recordatur (Silanus). Cic. Cat. IV. 4. Hoc decere (quod semper *usurpamus* in omnibus dictis et factis, minimis et maximis) quantum sit apparet. Cic. or. 22. Videamus, quanta sint, quae a philosophia remedia morbis *adhibeantur*. Cic. Tusc. IV. 27. Post inventa conclusio est, qua credo *usuros* veteres illos fuisse, si iam nota et *usurpata* res esset. Cic. or. 51. Vergl. Nro. 137.

137. Opus esse, necesse esse, oportere, debere, esse alicuius — nöthig sein, müssen.

Opus est, es bedarf, bezieht sich immer auf den Gebrauch, so daß es meistens selbst durch brauchen übersetzt werden kann (vergl. Nro. 135); auch heißt dieses brauchen = nöthig haben, Lat. nur *opus esse*, nie *uti*. *Necesse est* bezeichnet die Nothwendigkeit als eine in der Natur der Sache be gründete, als eine strenge Folgerung, als einen Beweis, und. ist demgemäß vorzugsweise Ausdruck des Erkennens. *Oportet* ist das Müssen, wodurch eine Pflicht, eine sittliche Nothwendigkeit bloß subjektiv ausgedrückt wird. Objektiv gefaßt, in Beziehung auf einen andern, gegen den man eine Verpflichtung hat, heißt das Müssen *debere*, daher auch geradezu schuldig sein, verdanken. In dem Partizip auf *ndus* ist der Begriff des Müssens noch unentfaltet, so daß es ganz allgemein ein opus est, necesse est, oportet und debeo vertreten kann. *Esse* mit einem Genitiv oder dem Neutrum eines Possessivs bezeichnet ein Müssen nur in dem Falle, wenn es als eine vorzügliche Eigenthümlichkeit des Verpflichteten hervorgehoben werden soll, als sein Amt, seine Sitte, überhaupt als seine Sache. Expedito homine *opus est*. Cic. Phil. XI. 10. Illud tertium etiamsi *opus est*, minus est tamen *necessarium*. Cic. or. II. 10. Huius nobis exempla permulta *opus sunt*. Cic. inv. II. 19. Qui ex divisione tripartita duas partes absolverit, huic *necesse est* restare tertiam. Cic. off. III. 2. Haec oratio nulla sit *necesse est*. Cic. or. I. 12. *Necesse* fuit dari litteras. Cic. fam. VII. 30. Aliud est, utrum decere an *oportere* dicas. *Oportere* enim perfectionem declarat officii, quo et semper utendum est et omnibus; decere quasi aptum esse consentaneumque tempori et personae. Cic. or. 22. Si loquor de re publica, quod *oportet*, insanus, si quod *opus est*, servus existimor. Cic. Att. IV. 6. Tamquam id fieri non solum *oporteret*, sed etiam *necesse esset*. Cic. Verr. IV. 39. Recte ac merito sociorum innocentium miseria commovebamur: quid nunc in nostro sanguine facere *debemus?* Cic. Verr. V. 67. *Est* adolescentis, maiores natu vereri. Cic. off. I. 34. *Fuit meum* iam pridem rem publicam lugere. Cic. Att. XII. 28.

138. Possidere, habere, tenere, obtinere — haben, halten.

Possidere, besitzen, unterscheidet sich ganz von den übrigen dadurch, daß es immer den Besitz als Eigenthumsrecht des Inhabers hervorhebt. *Habere* ist haben ohne irgend eine Nebenbeziehung des Gedankens. *Tenere* ist stärker als habere, und deutet auf die Mittel und die zur Sicherung des fordauernden Habens verwendete größere oder geringere Kraft hin, halten. Noch

96 I. VERBA.

mehr wird dies durch *obtinere* hervorgehoben, indem dies ein Festhalten selbst gegen einen Widerstand ausdrückt, behaupten. Postulat a Burrieno praetore Naevius, ut ex edicto bona Quintii *possidere* sibi liceat. Cic. Quint. 6. Febrim non *habebam*. Cic. fam. VII. 26. De re publica nihil *habeo* scribere. Cic. Att. II. 22. Nihil *habeo*, quod scribam. Cic. Att. VII. 19. Draco, quum radicem ore *teneret*, locutus est. Cic. divin. II. 68. Septimum iam diem Corcyrae *tenebamur*. Cic. fam. XVI. 7. *Tenuit* cum Albino locum quendam inter disertos etiam Fulvius. Cic. Brut. 21. Tu Hispaniam citeriorem cum imperio *obtinebas*. Cic. fam. I. 9. 13. Nobis adhuc praeter te nemo fuit, ubi nostrum ius contra illos *obtineremus*. Cic. Quint. 9.

139. Praebere, praestare, suppeditare — darreichen.

Sie bezeichnen alle ein Hergeben dessen, was gebraucht oder gewünscht wird. *Praebere*, darbieten, thut dies auf die leichteste Weise; *praestare*, leisten, hebt entweder eine Pflicht oder die Kraft der Handlung, *suppeditare* die Reichlichkeit und Wiederholung des Gebens, so oft es nöthig ist, hervor. Dasselbe gilt von *praebere se* und *praestare se* mit einem Eigenschaftsworte, in dem Sinne von sich irgendwie zeigen; das erstere geschieht leichthin, bezieht sich zunächst nur auf das Äußere und kann daher sogar ein bloßer Schein sein; *se praestare* aber, weil es immer die Kraft der Handlung hervorhebt, heißt sich durch die That als etwas zeigen, sich als etwas bewähren. Beide stehn nur mit einem Prädikatsnomen, wogegen *se gerere*, sich benehmen, mit einem Adverb steht (*talem* se praebuit oder praestitit, aber *ita* se gessit). Haec studia secundas res ornant, adversis perfugium ac solacium *praebent*. Cic. Arch. 7. Hic testis et in re misericordem se *praebuit*, et in testimonio religiosum. Cic. Caec. 10. Ser. Sulpicius honorem debitum patri *praestitit*. Cic. Phil. IX. 5. Iidem et in causis amicorum et domi et militiae consilium suum fidemque *praestabant*. Cic. or. III. 33. (In hoc dolore) *praesta* te eum, qui mihi a teneris, ut Graeci dicunt, unguiculis es cognitus. Cic. fam. I. 6. Ciceroni meo *suppeditabis*, quantum videbitur. Cic. Att. XIV. 17.

140. Dare, dedere, tradere, donare, largiri — geben.

Dare hat zunächst die Bedeutung, welche unser geben, wird aber in weit mehren sich hieraus natürlich ergebenden Bedeutungen gebraucht: sich ergeben, zugestehn, verursachen (die beiden letzten bei keinem der Synonyma). In poenam *dare* liegt nur eine andere Anschauung von poena zu Grunde, Genugthuung; daher Strafe leiden, nicht etwa aufgeben. *Dedere*, hingeben, enthält neben der Verstärkung des Begriffs noch die Beziehung zu einem Zwecke, zu einer Bestimmung. So ist *dedere* se aegritudini eine völlige Hingabe an den Kummer, fast mit der Absicht, daß er einen verzehre, während *dare* se aegritudini (wenn es Tusc. IV. 38. statt dedere gelesen werden soll) ebensogut nur den Beginn des Kummers ausdrückt, wie dies bei dare se fugae, iucunditati (Cic. Att. VII. 23. off. I. 34.) und allen übrigen der Fall ist. *Tradere* hebt wie unser übergeben, überliefern mehr das Förmliche und selbst Feierliche der Handlung hervor, und hieraus ergeben sich auf die leichteste Weise alle Anwendungen des Wortes. *Donare* und *largiri* beziehen sich wie unser schenken zunächst auf eine Veränderung des Besitzes, bezeichnen dann aber auch die wohlwollende Theilnahme des Gemüthes in dem Geber für den Empfänger, und zwar donare ohne Nebenbegriff, *largiri* mit Hervorhebung der Reichlichkeit des Geschenks. Quod *dat*, accipimus. Cic. fam. I. 1. Litteras ad te *dedi*. Cic. Att. VIII. 5. Adolescentes quum relaxare animos et *dare* se iucunditati volent, caveant intemperantiam, meminerint verecundiae (dedere wäre ganz falsch). Cic. off. I. 34. Quintius inferiorem esse se patitur, dumtaxat usque eo, ne cum bonis, fama fortunisque omnibus Naevii cupiditati crudelitatique *dedatur*. Cic. Quint. 18. Ne me totum aegritudini *dedam*, sumpsi mihi quasdam tamquam θέσεις, ut abducam animum ab querelis. Cic. Att. IX. 4. Solent Graeci in conviviis nominare, cui poculum *tradituri* sint. Cic. Tusc. I. 40. Optimarum artium vias *tradidi* meis civibus. Cic. divin. II. 1. Memoriae *tradere*. Cic. inv. II. 1. In servitutem *tradere*. Cic. prov. 5. Munera ista, quibus es delectatus, vel civibus tuis vel diis immortalibus *dona*. Cic. Tusc. V. 32. P. Vatinius agro a senatu et vacatione *donatus* est. Cic. n. d. II. 2. Hortensio summam copiam dicendi natura *largita* est. Cic. Quint. 2. *Largitus* est scilicet homo liberalis et bonitate affluens Fannius Roscio. Cic. Rosc. Com. 10.

141. Abundare, redundare, affluere — Überfluß haben.

Abundare und *redundare* gehen aus dem eigenen Reichthume hervor, *affluere* aus dem Zuwachs von anderen Seiten. Jene Bedeutung enthält abundare allgemein, jedoch nur in guten Dingen, redundare zunächst in höherem Grade, als abundare, dann in Beziehung auf ben, der davon irgendwie affizirt wird, gleichgültig ob angenehm oder unangenehm. Auch heißt *abundare* in Überfluß vorhanden sein, wofür *affluere* weniger gebraucht wird. Boni assiduique domini villa semper *abundat* porco, haedo, agno etc. Cic. sen. 16. Sive deest pecunia sive *abundat*. Cic. divin. I. 29. Tu omnibus vel ornamentis vel praesidiis *redundas*. Cic. fam. III. 10. Amici infamia ad amicos *redundat*. Cic. am. 21. Ex hoc beneficio nullum in me periculum *redundabit*. Cic. Sull. 9. Laudem adolescentis propinqui existimo etiam ad meum aliquem fructum *redundare*. Cic. Lig. 3. Antiochia tum eruditissimis hominibus *affluebat*. Cic. Arch. 3.

142. [Plere], complere, refercire — füllen.

Die Komposita von dem nicht gebrauchten *plere* bezeichnen ein Füllen mit Dingen, die als ein Ganzes angesehen werden können; *refercire* ein Füllen mit verschiedenartigen, getrennten und für sich selbständigen Dingen, wobei immer die einschließenden Gränzen, ein Drängen u. s. w. in Betracht kommt; daher z. B. ein Füllen mit Flüssigkeiten nur durch *complere* u. s. w., ein Vollpfropfen am Bezeichnendsten durch *refercire* ausgebrückt wird; der Stoff, womit man refercit, steht demnach entweder immer im Plural, oder er ist ein eigentliches Kollektiv; in welchem Falle es als Verbum (nicht das part. refertus) eine tadelnde Nebenbeziehung hat. Plangore et lamentatione *complevimus* forum. Cic. or. 38. Ponticus Heraclides puerilibus fabulis *refersit* libros. Cic. n. d. I. 13.

I. VERBA.

143. Fluere, manare, humere, madere, liquere — fließen.

Fluere bezeichnet allgemein vorwärts und vorüberfließen von Flüssigkeiten, wobei also immer die Bewegung und Richtung von oder nach einem Punkte in Betracht kommt; *manare* dagegen hebt immer die Vorstellung eines Ausbreitens nach verschiedenen Seiten hervor, daher es auch ganz eigentlich von der Luft, und nicht von Flüssen u. s. w. gesagt wird. Ursache des fluere ist das Streben der Flüssigkeit, sich nach dem Gesetze der Schwerkraft zu bewegen; Ursache des manare ist der Reichthum und die Überfüllung der Quelle. Ganz demgemäß wird tropisch *fluere* von dem leichten Fluß der Rede und der Vergänglichkeit der Dinge, *manare* von dem fortschreitenden Wachsthum und der ausgebreiteten Beziehung gesagt. Ein bloßes Feuchtsein wird durch *humere* und *madere* bezeichnet; jenes in Bezug auf ein inneres Durchdrungensein von Feuchtigkeit, dieses besonders in Rücksicht auf die Oberfläche des Körpers. Flüssig sein als physikalische Bezeichnung einer der allgemeinen Körpereigenschaften heißt *liquere*. Tanti terrae motus facti sunt, ut flumina in contrarias partes *fluxerint*. Cic. divin. I. 35. Ex Nestoris lingua melle dulcior *fluebat* oratio. Cic. sen. 10. *Fluit* voluptas. Cic. fin. II. 32. Herculis simulacrum multo sudore *manavit*. Cic. divin. I. 34. Aer per maria *manat*. Cic. n. d. I. 15. Malum *manavit* per Italiam. Cic. Cat. IV. 6. Ab Aristippo Cyrenaica philosophia *manavit*. Cic. or. III. 62. Fidei nomen latissime *manat*. Cic. off. III. 17.

144. Augere, amplificare — vergrößern.

Augere, vermehren, vergrößern, ist komparativisch; es verlangt immer eine Vergleichung des früheren niederen Zustandes mit dem neubewirkten. *Amplificare* hat einen absoluten Sinn, weitläufig, groß, angesehen machen, nicht im Vergleich mit dem früheren Zustande, sondern zu der Beschaffenheit anderer Gegenstände derselben Art. Sullanos possessores divitiis *augetis*. Cic. agr. II. 26. *Auxit* benevolentiam consuetudo. Cic. am. 9. Ego hanc urbem conditam *amplificatamque* servavi. Cic. Cat. III. 1. Admodum pauci, honore et gloria *amplificati*, vel corrumpere mores civitatis vel corrigere possunt. Cic. leg. III. 14.

145. Differre, proferre, prolatare, prorogare, procrastinare, comperendinare, ampliare — aufschieben.

Die beiden ersten beziehen sich auf eine bestimmte sowohl, als auf eine unbestimmte Zeit; die beiden letzten immer auf eine bestimmte Zeit. *Differre* ist recht das Wort des gewöhnlichen Lebens, wie unser verschieben, durch Unlust, Vielheit der Arbeiten oder sonst einen momentanen Grund veranlaßt etwas jetzt nicht thun wollen. Am Nächsten steht diesem *procrastinare*, welches ein wiederholtes Aufschieben von heute auf morgen, von einem Tage zum andern ausdrückt. *Proferre* hebt mehr das Förmliche hervor, aussetzen, durch öffentliche Ankündigung und ähnliches. Noch weit mehr und immer enthält diese amtliche Bedeutung *comperendinare*, eigentlich nur von einer neuen gerichtlichen Vorladung auf den übermorgigen Tag gesagt, wiewol dieser Zeitpunkt nicht immer ganz strenge zu fassen ist; dasselbe ist, nur der Form nach etwas allgemeiner, *ampliare*. *Prolatare*, ein im Ganzen wenig gebräuchliches Intensivum von proferre, enthält eine tadelnde Nebenbeziehung, so daß das Aufschieben als eine Verzögerung angesehen wird. *Prorogare* geschieht eigentlich von einer regierenden Gewalt; es bezeichnet dann ein Verschieben der Beendigung einer schon begonnenen Handlung, während bei *differre* der Anfang verschoben wird; oft ist es verlängern, zusetzen. Omnem hanc disputationem in adventum tuum *differo*. Cic. fam. II. 3. Iterum eodem modo res a consulibus *prolata* est. Cic. Brut. 22. Si laxius volent *proferre* auctionis diem, poterunt vel biduum vel triduum. Cic. Att. XIII. 14. So sind res prolatae ein Stillstand amtlicher Verhandlungen, Ferien z. B. ante res prolatas. Cic. Att. XIV. 5. Rem differre *quotidie* ac *procrastinare* isti coeperunt. Cic. Rosc. Am. 9. Glaucia primus tulit, ut *comperendinaretur* reus. Cic. Verr. I. 9. Testibus editis ita mittam in consilium, ut, etiamsi lex *ampliandi* faciat potestatem, tamen isti turpe sibi existiment, non primo iudicare. Id ibid. Id malum opprimi sustentando ac *prolatando* nullo pacto potest.

Cic. Cat. IV. 3. Pauci tibi dies ad solvendum propter inopiam tuam *prorogati* sunt. Cic. Phil. II. 29.

146. Cadere, labi — fallen.

Cadere hebt besonders das Ende des Falles, das Hintreffen des frei und senkrecht Fallenden auf etwas hervor; in *labi* dagegen wird der Beginn und der allmähliche und kontinuirliche Fortschritt der Bewegung bezeichnet, die als eine geneigte, nicht als eine senkrechte, angeschaut wird. Demgemäß bezeichnet cadere im tropischen Sinne entweder einfach fallen oder umkommen; dann cadere in aliquem einen treffen, auf einen passen oder angewandt werden können; endlich ausfallen; *labi* dagegen entweder äußerlich wanken, gleiten, selbst schweben, oder schwächer werden, fehlen. Medius ille alte *cadere* non potest. Cic. or. 28. Discessi ab eo bello, in quo aut in acie *cadendum* aut in aliquas insidias *incidendum* fuit. Cic. fam. VII. 3. In id genus orationis *cadunt* verborum lumina omnia, multa etiam sententiarum. Cic. or. 27. In bonum virum non *cadit* mentiri. Cic. off. III. 20. Haec sub iudicium sapientis et delectum *cadunt*. Cic. fin. III. 18. In morbum *cadere*. Cic. Tusc. I. 32. IV. 14. Hoc *cadit* mihi peropportune. Cic. or. II. 4. Verebar, quorsum id *casurum* esset. Cic. Att. III. 24. Incitata semel proclive *labuntur* sustinerique nullo modo possunt. Cic. Tusc. IV. 18. *Labentem* excepit, corruere (dafür könnte cadere stehn) non sivit, fulsit et sustinuit. Cic. Rab. Post. 16. Auch wird Cic. Phil. II. 21. ganz gut *labentem* et prope *cadentem* rem publicam fulcire gelesen, wofür Orelli ohne Grund labantem setzt. Mores ad mollitiem *lapsi* sunt (nach und nach). Cic. leg. II. 15. Ignoscite, iudices; erravit, *lapsus* est. Cic. Lig. 10. Omnia continenter *labebantur*. Cic. Ac. I. 8.

147. Accidit, contingit, evenit (obtingit, obvenit, usu venit) — es ereignet sich.

Accidit wird von allen zufälligen Ereignissen, von angenehmen, wie von unangenehmen, aber meistens von letzteren gebraucht; es trifft sich (cadere, casus), trägt sich zu, ereignet sich, geschieht. *Contingit* bezeichnet ein Ereigniß, das den Verhältnissen angemessen ist, zwar meistens im guten Sinne, aber auch häufig, wenn man sich nämlich schlecht betragen hat, im bösen; es geschieht mir, es gelingt, es wird zu Theil. *Evenit* wird von einem Ereignisse gebraucht, das sich als Resultat schon bestehender Verhältnisse vorhersehen ließ; es ergiebt sich, trifft ein. Die nicht gerade seltenen, wenngleich weniger gewöhnlichen, Wörter *obtingit* und *obvenit* weisen nur bestimmter auf eine betheiligte Person hin, die indeß auch bei den übrigen (als Dativ) hinzugefügt werden kann. Der Ausdruck *usu* (mihi) *venit* enthält eine Hinweisung auf den Lebensverkehr, es begegnet mir im Leben, in meiner Praxis, ich mache die Erfahrung. Nihil tam praeter opiuionem meam *accidere* potuit. Cic. fam. III. 10. Quod si *acciderit*, omnia nobis erunt meliora. Cic. Att. XVI. 3. *Accidit* perincommode, quod eum nusquam vidisti. Cic. Att. I. 17. Mihi omnia, quae iucunda homini accidere possunt, ex illo *accidebant*. Cic. Att. I. 5. Volo id oratori *contingat*, ut, quum auditum sit eum esse dicturum, locus in subselliis occupetur, compleatur tribunal cet. Cic. Brut. 84. Hoc minus *contigit*. Cic. off. II. 12. Talis dux si nunc esset, tibi idem, quod illis *accidit*, *contigisset*. Cic. Phil. II. 7. Si hoc (non salutari) post hominum memoriam *contigit* nemini, vocis exspectas contumeliam, quum sis gravissimo taciturnitatis iudicio oppressus? Cic. Cat. I. 7. Si aliter *accidisset*, qui possem queri, quum mihi nihil gravius, quam exspectavissem, pro tantis meis factis *evenisset*? Cic. rep. I. 4. Timebam, ne *evenirent* ea, quae *acciderunt*. Cic. fam. VI. 21. Id si culpa senectutis *accideret*, eadem mihi *usu venirent* (so würde dieselben Erfahrungen ich machen). Cic. sen. 3.

148. Mori, perire, interire, occidere — umkommen.

Mori ist unser sterben, als Bezeichnung eines natürlichen Endes des Lebens, jedoch auch allgemeiner; von den Kompositis enthält *emori* eine Verstärkung, gänzlich sterben, etwa als Gegensatz zu einem Leben nach dem Tode; *demori* weiset auf den Abgang durch den Tod aus einem bestimmten Kreise hin, wie bei uns wegsterben. Emori findet sich meistens als Infinitiv, demori als Partiz. Perf. *Perire* bezeichnet meiſtens, wie unſer umkommen, ein unnatürliches und wie unſer vergehen, ein zweckloſes Ende des Daſeins; es wird noch allgemeiner gebraucht, wie unſer zu Grunde gehen, und unterſcheidet ſich alsdann von *interire,* untergehen, dadurch, daß bei jenem die Zerſtörung und Verderbniß, bei dieſem das Verlorengehen beſonders ins Auge gefaßt wird. *Occidere,* fallen, iſt ein plötzliches, daher oft auch ein gewaltſames Niederſinken, z. B. in der Schlacht, wo mori gar nicht, perire nur bei den oben angedeuteten Beziehungen gebraucht werden ſollte. *Moriendum* certe est; id incertum, an hoc ipso die. Cic. sen. 20. *Emori* nolo, sed me esse mortuum nihil aestimo. Cic. Tusc. I. 8. Alii enim sunt alias, nostrique familiares fere *demortui.* Cic. Att. XVI. 11. 7. Summo cruciatu Varius *periit.* Cic. n. d. III. 3. *Pereant* amici, dum una inimici intercidant (Sentenz). Cic. Deiot. 9. Eudemus proelians ad Syracusas *occidit.* Cic. divin. I. 25. In bello *occidere.* Cic. fam. IX. 5. Bekanntlich auch sol occidit, nicht interit. Litterae aut *interire* aut aperiri aut intercipi possunt. Cic. Att. I. 13.

149. Lucere, fulgere, splendere, nitere, illustrare, illuminare, micare, radiare, coruscare —
leuchten, glänzen, ſtrahlen.

Lucere iſt, wie unſer leuchten, das allgemeinſte Wort, gleichmäßig und anhaltend Licht ausſtrömen. *Fulgere* bezieht ſich auf die Kraft und Plötzlichkeit des Lichtes, es bezeichnet ein blitzendes Leuchten. *Splendere,* glänzen, bezeichnet den Glanz als etwas Prächtiges, Großartiges; *nitere,* blinken, als etwas Liebliches, Gefälliges. Demgemäß kann der *splendor* an jeder Farbe haften, der fulgor weſentlich nur an einer feurigen und grellen, der *nitor* beſonders an einer weißen und milden. Der allgemeine Begriff leuchten, auf ein Objekt bezogen, wird durch *illustrare* und *illuminare* ausgedrückt, und zwar mit dem Unterſchiede, daß *illustrare,* erhellen, ſichtbar machen heißt, *illuminare* aber die Kraft zu leuchten geben, beſonders von dem nicht kontinuirlich, ſondern an einzelnen Punkten angebrachten Lichtſcheine. Die drei andern Wörter ſind von der guten Proſa in der Bedeutung ſchimmern ausgeſchloſſen,

I. VERBA.

unterscheiden sich aber so, daß *micare*, flimmern, den zitternden Glanz des Einfarbigen, *radiare* den strahlenden Glanz, *coruscare* den zitternden Glanz des Buntfarbigen (schillern) am Bezeichnendsten ausdrückt. Ex stellis quae est minima, ultima a coelo, citima a terris, luce *lucet* aliena. Cic. rep. VI. 16. Hos, qui *nitent* unguentis, qui *fulgent* purpura, mallem secum suos milites eduxisset. Cic. Cat. II. 3. Virtus *splendet* per sese semper. Cic. Sest. 28. Sol cuncta sua luce *illustrat*. Cic. rep. VI. 17. Ius obscurum et ignotum patefactum in iudicio et *illustratum* est a patrono. Cic. or. I. 39. Hi libri non modo Lucullum, verum etiam populi Romani nomen *illustrant*. Cic. Arch. 9. Sol mundum omnem luce sua complet (i. e. illustrat) ab eoque luna *illuminata* (est). Cic. n. d. III. 46. Auch kommt bei Cicero oratio illustrata und oratio illuminata mehre Male vor, jenes wol mehr in Beziehung auf das Licht und die Pracht der ganzen Rede, dieses namentlich auf den Schmuck und die Ausstattung des Einzelnen, wiewol (de or. III. 53. u. 54.) zuweilen eine genaue Scheidung kaum möglich sein mag.

150. Ardere, fervere, candere, flagrare, aestuare, urere, cremare — brennen.

Die fünf ersten Wörter sind intransitiv. Unter ihnen bezeichnet *ardere*, glühen, das Brennen mit Rücksicht auf die dadurch entstehende Dürre und das zu Aschewerden des Subjekts, und kann daher nur von festen Körpern gesagt werden. *Fervere*, sieden, ist das glühende Heißsein in Rücksicht auf die dadurch entstehende bewegte Thätigkeit der einzelnen Theile; daher wesentlich von der Hitze der Flüssigkeiten und der als flüssig gedachten Dinge. Weit schwächer sind *calere*, warm sein, daher auch tropisch noch frisch sein; und *tepere*, lau sein, wie *tepor maris*. Cic. n. d. II. 10. *Candere*, hellglühen, hebt den weißen Lichtglanz hervor. *Flagrare* ist ein flammendes Brennen (flamma aus flag-ma). *Aestuare* bezieht sich immer auf die Empfindung der Hitze und die dadurch entstehende Unruhe. *Urere* und *cremare* haben immer transitive Bedeutung; jenes bezeichnet ganz eigentlich die Thätigkeit des Feuers, cremare dagegen die Thätigkeit der Person, die etwas durch das Feuer vernichtet. Ferner bezieht sich *urere* mehr auf die Dauer des Brennens, das allmähliche Verzehren; *cremare* auf die Vollendung, verbrennen, zu Asche brennen. Deshalb wird das Brennen insofern es Schmerz macht (eigentlich und oft, wiewol nicht in der guten Prosa, auch tropisch), insofern es Gefahr bringt u. s. w. nur durch urere bezeichnet; cremare dagegen ist ohne alle diese Nebenbeziehungen, daher dem tropischen Gebrauche ganz fremd, und fast nur für verbrennen als einen Theil der Beerdigung üblich, wogegen das allgemeine urere und comburere hominem zunächst das Verbrennen eines lebenden Menschen oder doch einen ähnlichen Akt andeutet. In Palatio mea domus *ardebat*. Cic. Pis. 11. Conjuratio acerrime *ardebat*. Cic. Sull. 19. Spumas agebat in ore, *ardebant* oculi. Cic. Verr. IV. 66. *Ardeo* cupiditate incredibili, nomen ut nostrum scriptis illustretur et celebretur tuis. Cic. fam. V. 12. Aqua *ferventi* Philodamus perfunditur. Cic. Verr. I. 26. Usque eo *fervet* ferturque avaritia. Cic. Quint. 11. Dionysius cultros metuens tonsorios *candente* carbone sibi *adurebat* capillum. Cic. off. II. 7. Noctu ad oppidum respiciens *flagrantes* onerarias vidit. Cic. divin. I. 32. Non dici potest, quam *flagrem* desiderio urbis. Cic. Att. V. 41. Der Ausdruck ist offenbar weit stärker, als ardere desiderio. Cic. Tusc. II. 17. Aestuare desiderio (Cic. fam. VII. 18.) bezieht sich dagegen nicht sowol auf die Stärke der Sehnsucht, als auf die dadurch erregte Gemüthsunruhe. Lycurgi leges laboribus erudiunt iuventutem venando, currendo, esuriendo sitiendo, algendo *aestuando*. Cic. Tusc. II. 14. In corpore si quid eiusmodi est, quod reliquo corpori noceat, id *uri* secarique patimur. Cic. Phil. VIII. 5. Hominem mortuum in urbe ne sepelito neve *urito*. Credo, propter ignis periculum. Cic. leg. II. 23. Calanus Indus quum inscenderet in rogum *ardentem*, O praeclarum discessum, inquit, e vita, quum, ut Herculi contigit, mortali corpore *cremato* in lucem animus excesserit. Cic. divin. I. 23. Ebenso durchaus bezeichnend mortui *cremantur* und vivi *comburuntur* nach Cic. fam. X. 32. und Verr. I. 33. u. 38.

151. Frigere, algere, rigere, congelare — frieren.

Frigere, kalt sein, wiewol selbst in diesem Sinne weit weniger gebräuchlich, als seine Derivata, bezieht sich auf die wechselnde Temperatur der Luft, des Wassers ꝛc. Sehr gewöhnlich ist der tropische Gebrauch. *Algere*, frieren, hebt immer nur die Empfindung der Kälte hervor; tropisch wird es nicht gebraucht. *Rigere*, starren, bezieht sich auf die Wirkung der Kälte, das unbeweglich und starr Machende derselben, ist jedoch nur von feuchten Dingen, nicht eigentlich von Flüssigkeiten, auch nicht tropisch zu gebrauchen. Auf Flüssigkeiten bezogen kommt in diesem Sinne bei Dichtern *congelare*, gefrieren, vor, das Cicero auch tropisch für ruhig werden gebraucht. *Frigus* ist die wechselnde Kälte, auf den lebenden Körper bezogen auch Frost; *gelu* ist die Gefrierkälte, sich immer gleich, auf die Natur bezogen auch Frost; *frigidus*, Kompar., frigidior; *gelidus* natürlich ohne Komparativ. Frigidius flumen. Cic. leg. II. 3. Vix in ipsis tectis *frigus* vitatur. Cic. fam. XVI. 8. Sine Cerere et Libero *friget* Venus. Ter. Eun. IV. 5. 6. Omnia iudicia *frigebant*. Cic. Verr. II. 25. Lycurgi leges erudiunt iuventutem *algendo*, aestuando. Cic. Tusc. II. 14. Ceterae terrae partes *frigore rigent*. Cic. Tusc. I. 28. Ister *congelat*. Ov. Trist. III. 10. 29. *Congelasse* nostrum amicum laetabar otio. Cic. fam. II. 13. Vides, ut ... gelu Flumina constiterint acuto? Dissolve *frigus* ligna super foco Large reponens. Hor. carm. I. 9. 3.

152. Sepelire, humare, efferre, condere — begraben.

Sepelire bezeichnet das Begraben als die für die Ruhe des Todten nach der Vorstellung der Alten nothwendige letzte Ehrenbezeugung, die Gewährung eines Ortes der Ruhe (sepulcrum), daher meistens von einer förmlichen Bestattung gebraucht, geschehe sie durch Verbrennen und Beerdigen oder wie auch immer. In tropischer Bedeutung heißt es wegschaffen, vernichten. *Humare*, beerdigen, ist zunächst mit Erde bedecken, und weil dies den Schluß des gewöhnlichen Begräbnisses macht, auch bestatten, natürlich jedoch nur dann, wenn dies durch eine wirkliche Beerdigung geschieht. Tropisch wird

es nicht gebraucht. Ebenso bezeichnet *efferre* eigentlich nur einen
Theil der Bestattung, nämlich den ersten, das H i n a u s t r a g e n
zum Begräbniß, so wie humare den letzten. Im figürlichen
Sinne, der von der Bedeutung b e g r a b e n entnommen wäre,
kommt es gleichfalls nicht vor. Condere hat in dieser Bedeutung
den ziemlich beschränkten Sinn von b e i s e tz e n z. B. die Mumien,
wobei an eine Beschüttung mit Erde nicht gedacht wird; es bezeichnet ebenfalls nur den letzten Theil des Begräbnisses und
ist etwas vornehmer und euphemistischer, als die anderen Wörter. Hominem mortuum in urbe ne *sepelito* neve urito. Credo,
propter ignis periculum. Quod autem addit *neve urito*, indi-
cat, non qui uratur *sepeliri*, sed qui *humetur*. Cic. leg. II. 23.
Quod nunc communiter in omnibus *sepultis* ponitur, ut *hu-
mati* dicantur, id erat proprium antea in iis, quos humus iniecta contegeret. Id. ib. 22. Tropisch sagt Cicero bellum, dolorem sepelire (Man. 11. Tusc. II. 13.) patria sepulta (Cat.
IV. 6.). Tum casu funere *efferebatur* anus Iunia. Cic. or. II.
55. Persae mortuos cera circumlitos *condunt*. Cic. Tusc. I. 45.
Das Leichenbegängniß selbst ist *funus* in j e d e m Falle, *exsequiae* in Rücksicht auf die B e g l e i t u n g, den Leichenzug,
pompa nur in v o r n e h m e r e r Sprache, wobei die imagines
der Vorfahren mitgetragen wurden; der P o m p. Mater *exsequias* illius *funeris* prosecuta est. Cic. Cluent. 71. Atticus
sine ulla *pompa funeris* elatus est. Nep. XXV. 22.

153. Serpere, repere — kriechen.

Das eigentliche Wort dafür ist *serpere;* es bezeichnet eine
a l l m ä h l i c h fortschreitende Bewegung, wobei eine Thätigkeit
der Füße nicht Statt findet oder nicht bemerkt wird. Daher
drückt es tropisch ein h e i m l i c h e s Schleichen oder ein allmähliches Ausbreiten (von guten und schlechten Dingen)
aus. Repere wird von dem Kriechen der Thiere mit k l e i n e n
F ü ß e n, demnächst auch von dem k l e t t e r n d e n Kriechen überhaupt gesagt, ist aber der guten Prosa als Simplex fast fremd;
die Komposita dagegen werden n u r durch repo, nicht durch serpo
gebildet. Kriechen in dem Sinne von s c h m e i c h e l n kann durch
keines von beiden ausgedrückt werden; man muß adulari, assentari etc. gebrauchen. Alia animalia gradiendo, alia *serpendo*

ad pastum accedunt. Cic. n. d. II. 47. *Serpere* occulte coepisti. Cic. or. II. 50. *Serpit* per omnium vitas amicitia. Cic. am. 23. *Serpet* hoc malum longius, quam putatis. Cic. Rab. Post. 6. Si semel suscipimus genus hoc argumenti, attende, quo *serpat.* Cic. Tusc. I. 45. Elephantus ornatus ire poterat, qua antea unus homo inermis vix poterat *repere.* Nep. Hann. 3.

154. Eminere, excellere — hervorragen.

Eminere ist ganz in seiner äußerlichen Bedeutung üblich geblieben; es bezeichnet hervorragen, sich zeigen, meistens ohne daß dabei an einen Vorzug zu denken wäre; und wo dieser darin liegt, kann und muß er doch als eine äußere Erscheinung gefaßt werden. *Excellere* dagegen hat seine äußerliche Bedeutung ganz verloren; es ist immer sich auszeichnen in übertragenem und zwar meistens in gutem Sinne. Demnach sagt man richtig ingenio et scientia excellere (Cic. Ac. II. 2.); aber eminere in dieser oder einer ähnlichen Verbindung wäre unangemessen. Animadverti columellam non multum e dumis *eminentem.* Cic. Tusc. V. 23. Hoc quo studiosius absconditur, eo magis *eminet.* Cic. Rosc. Am. 41. Crudelitas ex toto ore *eminet.* Cic. Verr. V. 62. Demosthenes *eminet* inter omnes. Cic. or. 29. Pompeius dignitate principibus *excellit.* Cic. Man. 14. Qui singulis vitiis *excellunt,* miseri sunt propter vim turpitudinemque vitiorum. Cic. leg. I. 19.

155. Tingere, fucare, colorare — färben.

Tingere, befeuchten, tränken, bezeichnet das Färben mit feuchter Farbe, die eingesogen wird, ist daher auch Sache des eigentlichen Färbers; *fucare* das Belegen mit trockener Farbe, das Schminken. Am Gebräuchlichsten ist von beiden das Partiz. Perf. Paff. in eigentlicher und tropischer Bedeutung, mit dem Unterschiede, daß *tinctus* im tropischen Sinne ein Durchdrungensein wovon (wie getränkt), *fucatus* (fast nur tropisch) eine äußerliche Zustutzung und Verstellung (wie unser geschminkt) bezeichnet. *Colorare,* färben, geschieht nach den Beispielen der guten Prosa nicht durch einen Färbestoff, sondern durch eine mehr innerliche Veränderung mittelst einer einwirkenden Kraft; daher ist es im tropischen Sinne eine

Farbe geben in der Bedeutung von den Charakter, den Ausdruck modifiziren. Deianira Herculi tunicam sanguine Centauri *tinctam* dedit. Cic. n. d. III. 28. Laeliam patris elegantia *tinctam* vidimus. Cic. Brut. 58. Sit mihi orator *tinctus* litteris; audierit aliquid, legerit. Cic. or. II. 20. Persevera colere virtutem, perbibere liberalia studia, non illa, quibus *perfundi* satis est, sed haec, quibus *tingendus* est animus. Sen. ep. 36. 4. Iisdem ineptiis *fucata* sunt omnia. Cic. Mur. 12. Secerni blandus amicus a vero et internosci tam potest adhibita diligentia, quam omnia *fucata* et simulata a sinceris atque veris. Cic. am. 25. Quum in sole ambulem, fit natura, ut *colorer*. Cic. or. II. 14. Haec oratio quadam urbanitate quasi *colorata* est. Cic. Brut. 46. Educata his nutrimentis eloquentia ipsa se postea *colorat* et roborat. Cic. or. 13.

156. Metiri, metari — messen.

Metiri ist das allgemeine und gebräuchlichste Wort und heißt messen, nach welchen und wie vielen Dimensionen es auch sei. *Metari* dagegen ist überhaupt weit seltener und bezeichnet nur das Messen eines Umfangs, daher besonders auch das Abstechen eines Lagers u. s. w.; es wird nicht tropisch gebraucht. Veientem agrum et Capenatem *metiuntur*. Cic. fam. IX. 17. Tu iubeas ibi me *metiri* frumentum, quo portare non expediat! Cic. Verr. III. 84. Pedes syllabis *metiendi* sunt. Cic. or. 57. Vides igitur, si amicitiam sua caritate *metiare*, nihil esse praestantius. Cic. fin. II. 26. Romani in proximis tumulis castra *metantur*. Liv. XXIX. 28.

157. Vergere, spectare, pertinere — nach irgend einer Richtung liegen.

Vergere ist seiner Grundbedeutung gemäß hingekehrt, zugewendet sein, und wird nur von Dingen ohne besondere Nebenbeziehung gesagt. Bei *spectare* dagegen ist immer ein Gedanke an das Hinsehen, daher entweder von lebenden Wesen, oder von Dingen gebraucht, bei denen die Ansicht oder Aussicht hervorgehoben werden soll. Beide bezeichnen die Lage nach einer Richtung nur im Allgemeinen, ohne Angabe einer bestimmten und berührten Gränze. Die Ausdehnung bis in eine meistens bestimmte Weite, eine Gränze, wird durch *pertinere*, fich erstrecken, bezeichnet. Omnes terrae partes in medium *vergunt.* Cic. n. d. II. 45. Crucem iussisti in ea parte figi, quae ad fretum *spectaret*, ut (Gavius) ex cruce domum suam prospicere posset. Cic. Verr. V. 66. *Vergit* haec pars Galliae ad septemtriones und Belgae *spectant* in septemtriones. Caes. b. G. I. 1. und 11. Arteria aspera ad pulmones usque *pertinet.* Cic. n. d. II. 54. Belgae *pertinent* ad inferiorem partem Rheni. Caes. b. G. I. 1. Dem tropischen Gebrauche gehören nur pertinere und spectare an, beide in der Bedeutung fich irgendworauf beziehen, oder in einer naheliegenden. *Spectare* bezeichnet alsdann mehr eine beabsichtigte, pertinere eine wirkliche Beziehung. Zum Ausdruck eines eigentlichen Besitzes (z. B. das Buch gehört mir, h. l. meus est) kann man *pertinere* nicht anwenden. Quorsum haec omnis *spectat* oratio. Cic. Phil. VII. 9. Ut nihil *pertinuit* ad nos ante ortum, sic nihil post mortem *pertinebit.* Cic. Tusc. I. 38.

158. Ligare, vincire, nectere — binden.

Ligare und seine gebräuchlicheren Komposita bezeichnen das Binden an oder in Beziehung auf etwas anderes; daher religare, anbinden, alligare, obligare, verbinden (im eigentlichen Sinne, durch einen Verband, beide; im tropischen, verpflichten, öfter obligare). *Vincire* ist das Binden als ein Fesseln der Theile unter fich, und daher nur dieser Bedeutung gemäß tropisch gebraucht für fest zusammenhalten u. ä.; während es im eigentlichen Sinne besonders ein Binden zur Beraubung der Freiheit bezeichnet; zu jenem tropischen Gebrauch gehört der Singular *vinculum*, zu diesem eigentlichen der Plural *vincula. Nectere* ist das Zusammenbinden des durch irgend ein Verhältniß Zusammengehörigen, sei es ein Schuldverhältniß, Ursache und Wirkung oder was sonst. Hector ad currum *religatus.* Cic. Tusc. I. 44. Socrates Critonis sui familiaris oculum *alligatum* vidit. Cic. divin. I. 54. Abducit eum Patrocles, ut vulnus *obliget* (und in dem gleich darauf folgenden Verse vulnus *alliga*, woraus man erfieht, daß vulnus obligare der eigentliche Ausdruck ist, vergl. n. d. III. 22. Tusc. II. 16. u. f. w.) Cic. Tusc. II. 17. Cato secundo militiae sacramento *obligari* voluit. Cic. off. I. 11. Catenis *vinctus.* Caes. b. G. I. 53. Omnia, quae fluxerunt, severis legibus *vincienda* sunt. Cic. Marc. 8. Ipsa membra orationis sunt numeris *vincienda.* Cic. or. II. 49. Poëma est nimis *vinctum.* Cic. or. 57. (Aber nicht oratio vincta für poëma). Qui ante *nexi* fuerant, creditoribus tradebantur, et *nectebantur* alii. Liv. II. 27. Rerum causae aliae ex aliis aptae et *nexae* sunt. Cic. Tusc. V. 25. Omnes virtutes inter se *nexae* sunt. Id. ib. III. 8.

159. Iungere, coniungere, copulare — verbinden.

Iungere wird ganz allgemein von dem Zusammenfügen bisher getrennter Dinge gesagt, in eigentlicher, wie in tropischer Bedeutung. Es soll dadurch eine **Vereinigung bewirkt**, während durch ligare und seine Komposita ein **Auseinanderfallen verhütet** werden soll. Durch *coniungere* wird die Vereinigung selbst und die **Übereinstimmung stärker hervorgehoben**; in beiden Fällen aber bleiben die verbundenen Dinge als selbständig unterschieden. *Copulare* dagegen bezeichnet eine **Verschlingung**, eine Verbindung, wodurch mehre bisher selbständige Dinge nur ein **einziges** werden. Daher z. B. die copulatio atomorum (Cic. fin. I. 6) ein Ineinanderfließen, ein **Einswerden** der Atome; daher das Zusammensetzen der Wörter im Allgemeinen verba iungere (Cic. or. 56.), das Zusammensetzen durch Verschlingung wie sis für si vis, verba copulando iungere (Cic. or. 45.). Von einem bloß äußerlichen Zusammenfügen wird copulare nicht gebraucht. Xerxes Hellesponto *iuncto,* Atho perfosso, maria ambulavit, terras navigavit. Cic. fin. II. 34. Perditi civis erat non se ad eos *iungere,* quibus incolumibus et domi dignitas et foris auctoritas retineretur. Cic. Rosc. Am. 47. Aristoteles virtutis usum cum vitae perfectae prosperitate *coniunxit.* Cic. fin. II. 6. Te mea studia mihi *coniunxerunt.* Cic. fam. V. 7. Ille se sic inimico meo *copularat,* ut illum meae proscriptionis tabulam esse, se scriptorem diceret. Cic. Sest. 64.

160. Pendere, haerere — hangen.

Pendere bezeichnet das Hangen von einem festen Punkte

nach unten hin, ohne eine Unterlage, fast im Gegensatz von
stehen; hangen, schweben. Demnach bezeichnet es im tropischen Sinne einerseits ein Schwanken, eine Unsicherheit,
wohin man sich wenden soll, anderseits wovon abhangen,
worauf beruhen. Haerere heißt hangen nur in der Bedeutung
von sitzen bleiben, fast in jedem Sinne; äußerlich z. B. auf
dem Pferde sitzen bleiben, d. h. nicht hinunterfallen; tropisch
z. B. im Gedächtnisse; oder, von einer anderen Seite gefaßt,
nicht vorwärts können, stocken. Sagittae *pendent* ab hu-
mero. Cic. Verr. IV. 34. Videtis *pendere* alios ex arbore,
alios pulsari et verberari. Cic. Verr. III. 36. Exspectando et
desiderando *pendemus* animis. Cic. Tusc. I. 40. Huic miseriae
proximus est is, qui exanimatus *pendet* animi. Cic. Tusc. IV.
16. Qui ex terrore imperitae multitudinis *pendet*, in magnis
viris non est habendus. Cic. off. I. 19. Ex hoc verbo tota
causa *pendebat*. Cic. or. II. 25. Deiotarum quod *haerere* in
equo senex posset, admirari solebamus. Cic. Deiot. 10. Dolor
animo infixus *haeret*. Cic. Phil. II. 26. Memoria periculorum
in hoc populo *haerebit*. Cic. Cat. IV. 10. In ceteris subvenies,
si me *haerentem* videbis. Cic. fin. III. 4. *Haerere* homo, versari, rubere. Cic. Verr. II. 76.

161. Pendere, solvere, — bezahlen.

Pendere heißt auszahlen ohne den besondern Gedanken
an eine Schuld; in *solvere*, bezahlen, ist der Begriff der
Schuld vorwiegend. Durch pendere vermeidet man die
Schuld, durch solvere wird man von derselben befreit. Reliquae
pecuniae usuram Silio *pendimus*. Cic. Att. XII. 25. Sapiens
non *solvet* adulterinos nummos, si cui debeat, pro bonis. Cic.
off. III. 23. Und so sagt man häufig non solvendo esse, seine
Schulden nicht bezahlen können; aber vectigal cet. pendere.

162. Emere, mercari, nundinari — kaufen.

Emere hat den gewöhnlichen Sinn, kaufen, sich für Geld
etwas verschaffen; auch tropisch von Bestechungen gesagt.
Mercari ist das Kaufen des Mannes vom Fache, der Nutzen
machen will, der daher entweder beim Kaufe selbst handelt
oder doch das Gekaufte wieder verhandeln will. Tropisch kommt

I. VERBA. 113

es nur vor für erkaufen, z. B. mit seinem Blute. *Nundinari* ist in seiner eigentlichen Bedeutung, auf dem Wochenmarkte etwas kaufen, nicht gebräuchlich, wohl aber in dem tropischen und immer tadelnden Sinne von erhandeln. Die allgemeinen Angaben des Preises, magni, pluris u. s. w. sind wol nur bei emere üblich. Has aedes M. Marius Gratidianus a C. Sergio Orata paucis ante annis *emerat*. Cic. off. III. 16. O miserum ordinem senatorium! Vicisse Verrem, *emptos* habere iudices! Cic. Verr. III. 62. Sordidi putandi sunt, qui *mercantur* a mercatoribus, quod statim vendant. Cic. off. I. 42. Ego haec officia *mercanda* vita puto. Cic. Att. IX. 5. Ab isto et praeco, qui voluit, senatorium ordinem pretio *mercatus* est, et pueri senatorium nomen *nundinati* sunt. Cic. Verr. II. 49.

163. Vendere, venditare, venumdare — verkaufen.

Die gewöhnliche Bedeutung hat *vendere*, verkaufen, eigentlich, und zuweilen auch tropisch mit *se*, sich verkaufen. Vom Passiv sind nur die beiden Partizipien *vendendus* und *venditus* üblich; alles andere wird durch *veneo* ersetzt, also auch Perf. nur *venii* (nicht venditus sum). *Venditare* heißt verkaufen wollen und daher tropisch oft anpreisen, aber wol nur in der Verbindung mit *se*, nicht etwa falsa pro veris. *Venumdare*, im Ganzen wenig gebräuchlich, ist feil geben oder bieten, zum Verkaufe ausstellen. Sanctum est iure civili, ut in praediis *vendendis* vitia dicerentur, quae nota essent venditori. Cic. off. III. 16. Te trecentis talentis regi Cotto *vendidisti*. Cic. Pis. 34. Tusculanum *venditat*, ut, si possit, emat Pacilianam domum. Cic. Att. I. 14. Iste se existimationi hominum *venditaverat*. Cic. Verr. III. 58. Venumdare mag sich bei Cicero kaum finden; wenigstens lieset Orelli, und wol mit Recht, de off. III. 16. in vendendo statt in venumdando.

164. Minari, imminere, impendere — drohen.

Die Absicht des Subjekts, bange zu machen, liegt nur in *minari*, drohen; frequentativ *minitari*. Beide sind transitiv, die folgenden intransitiv. *Imminere*, von demselben Stamme, heißt heranragen und durch seine Nähe bedrohen; auch drohend und begierig wornach trachten (mit dem Dativ oder in c. acc. z. B. fortunis vestris und in fortunas vestras. Cic. Mil. 35. u. Phil. VII. 8.), in welchem Fall natürlich nur eine Person Subjekt ist. Erscheint die Drohung unter dem Bilde eines Höheren, über einem Schwebenden, so braucht man dafür auch *impendere*, wogegen bei imminere die bloße Nähe im Allgemeinen in Betracht kommt. Lysimachus rex Theodoro philosopho crucem *minabatur.* Cic. Tusc. I. 43. *Minitabitur,* se abiturum esse. Ter. Heaut. III. 1. 80. Mors propter incertos casus quotidie *imminet.* Cic. Tusc. I. 38. Licet omnes in-me terrores *impendeant.* Cic. Rosc. Am. 11.

165. Instare, urgere, premere — drängen.

Instare hebt in dieser Bedeutung besonders die dichte Nähe und Beharrlichkeit des Drängenden hervor, *urgere* mehr das Ungestüm und die Gefährlichkeit; auch weiset das letztere hin auf eine beabsichtigte Verlegenheit und Noth des Objektes. Dabei wird der *instans* als vorwärts drängend, der *urgens* als von den Seiten drängend angeschaut. Bei beiden sucht das Objekt zu weichen, während es bei *premere,* pressen, drücken, durch einen festen Hintergrund zum Aushalten genöthigt ist, sich gleichsam in der Klemme befindet. Quae venientia metuuntur, eadem aegritudine afficiunt *instantia.* Cic. Tusc. IV. 6. Quam ob rem *urge, insta,* perfice. Cic. Att. XIII. 32. Illuc te ire nolo; nihil enim *urget.* Cic. Att. XIII. 27. Illo modo *urgendus* fuit Carneades. Cic. Ac. II. 34. Domitius quum a me *premeretur,* omnia respondit. Cic. Verr. I. 53. Alle drei Verben (instare *alicui,* urgere *aliquem*) werden mit den angegebenen Nebenbeziehungen auch vielfach als Kriegsausdrücke gebraucht; verfolgen, auf der Ferse sein, bedrängen.

166. Fulcire, sustinere, sustentare, (niti) — stützen.

Fulcire, stützen, hat zunächst einen äußeren Sinn, das nicht mehr fest Stehende, das Wankende durch einen Gegenhalt wieder in feste Stellung bringen; ebenso tropisch. *Sustinere,* aufrecht halten, setzt noch keine Schwäche des Objekts voraus; es ist in der noch dauernden hohen oder tropisch guten Stellung erhalten. *Sustentare,* fast nur tropisch gebräuchlich,

I. VERBA.

aus der schon vorhandenen schlimmen Lage wieder in eine bessere bringen, wieder aufhelfen. *Niti*, sich stützen, unterscheidet sich von fulciri dadurch, daß bei jenem das Subjekt durch eigene Kraft auf einem festen Halte ruht, bei diesem aber ganz passiv ist und von einem andern Subjekte den festen Halt empfängt. Vitis natura caduca, nisi *fulta* est, ad terram fertur. Cic. sen. 15. Vos labentem et prope cadentem rem publicam *fulcire* cupiebatis. Cic. Phil. II. 21. Est proprium munus magistratus, civitatis dignitatem et decus *sustinere*. Cic. off. I. 34. Caesar veterem amicum labentem excepit, *fulsit* et *sustinuit*, hodieque *sustinet*. Cic. Rab. Post. 16. Tu istam imbecillitatem valetudinis tuae *sustenta* et tuere. Cic. fam. VII. 1.

167. Domare, subigere, subicere — bezwingen.

Domare ist bändigen, d. h. durch ein wiederholtes Bezwingen die Neigung zum Widerstreben zurückdrängen. *Subigere*, bezwingen, ist fast ein verstärktes vincere; es bezeichnet die Übermacht des Subjekts und die widerstrebende Ohnmacht des Objekts. *Subicere*, unterwerfen, bezeichnet die überwiegende Gewalt des Subjekts und die willige Fügsamkeit des Objekts unter diese Gewalt. Sine hominum opera ne hoc quidem tempore *domare* belluas possemus. Cic. off. II. 4. Docemur auctoritate nutuque legum *domitas* habere libidines. Cic. or. I. 43. Mihi cum his vivendum est, quos vici ac *subegi*. Cic. Cat. III. 12. *Subiciunt* se homines imperio alterius et potestati de causis pluribus. Cic. off. II. 6. cf. Nro. 168.

168. Sedare, pacare, placare — besänftigen.

Sedare, besänftigen, hat immer ein Objekt, das seiner Natur nach eigentlich nie sanft ist, als bellum, pugnam, invidiam u. s. w., wobei also die Besänftigung in einem ganzen oder theilweisen Aufheben besteht. Eben deshalb können nicht wol Personen das Objekt dazu sein. Bei *pacare* dagegen, beruhigen, zum Frieden bringen, schickt sich natürlich besser ein Personalobjekt, ein Ort u. s. w., aber nicht ein Abstraktum. Diese beiden können durch Gewalt zu Stande gebracht werden; doch ist der *pacatus* auch seiner Gesinnung nach mehr gewon-

nen, während der domitus (Nro. 167) die Neigung zum Widerstreben nie ganz verliert. *Placare* aber geschieht immer durch
friedliche Mittel, versöhnen. Populi impetus saepe *seda-
tur.* Cic. leg. III. 10. *Pacavi* Amanum et perpetuum hostem
ex eo monte sustuli. Cic. fam. XV. 4. 8. Nulla gens est,
quae non aut ita *domita* sit, ut quiescat, aut ita *pacata*, ut
victoria nostra laetetur. Cic. prov. cons. 12. In hac causa
benevolos obiurgatores *placare* et invidos vituperatores confutare possumus. Cic. n. d. I. 3.

169. Exterminare, relegare, (in exsilium) eicere,
deportare, exigere, expellere — verbannen.

Exterminare ist jedes Ausschließen ohne Rücksicht auf
irgend eine gesetzliche Förmlichkeit, wodurch dies geschehe. Auch
bei *relegare* wurde in der älteren Zeit daran nicht gedacht;
allein hierbei waltet immer der Gedanke vor, daß der Verwie-
sene auf einen bestimmten Ort hingewiesen ist, wo er bleiben
muß. *In exsilium eicere* oder pellere oder exsilio afficere sind
Ausdrücke für die eigentliche Landesverweisung, welche
nur durch eine *lex* erwirkt werden konnte und den Verlust der
Güter und Rechte nach sich zog. Weil aber niemand gegen
seinen Willen das Bürgerrecht verlieren konnte (Cic. Caecin.
33. dom. 29. 30.), so verwies man keinen geradezu, sondern
durch eine Fiktion, mit der Formel *aqua et igni interdicere*.
Dabei blieb es jedem überlassen, wo er leben wollte, nur mußte
er Italien verlassen. Unter Augustus erst und den folgenden
Kaisern kommt eine doppelte Art eigentlicher Verbannung vor,
die *relegatio* als die gelindeste, wodurch man ohne Verlust
seiner Güter auf eine unbestimmte Zeit nach einem Orte ver-
wiesen wurde (vergl. bef. Ovid. trist. II. 137 u. V. 11.); und
die *deportatio*, wodurch man, aller Rechte und Güter verlustig,
mit einer Wache an den Ort der Verbannung hingebracht und
dort als Gefangener gehalten wurde. Die Verbannung eines
Machthabers oder dessen, der sich als solchen geltend machen
könnte, wird durch *expellere*, vertreiben, und *exigere*, verjagen, bezeichnet, und zwar so, daß bei *regibus expulsis*,
nach Vertreibung der Könige, die Handlung als eine ruhige
und von der begrifflichen Seite, bei *regibus exactis*, nach

I. VERBA.

Verjagung der Könige, als eine stürmische und von der leidenschaftlichen Seite dargestellt wird. Zwischen beiden steht *eicere*, das zwar, wie exigere, einen Akt der Gewalt, aber zugleich, wie expellere, einen Akt der Besonnenheit ausdrückt. Aut tres tibi Ligarii retinendi in civitate sunt, aut tres ex civitate *exterminandi*. Cic. Lig. 11. Roscius alterum filium semper secum volebat esse, hunc in praedia rustica *relegarat*. Cic. Rosc. Am. 15. Plane *relegatus* mihi videor, postquam in Formiano sum. Cic. Att. II. 11. Ipse *relegati*, non *exsulis* utitur in me nomine; und gleich vorher nec vitam, nec opes, nec ius mihi civis ademit. Ov. trist. V. 11. 21. u. 15. Catilina indemnatus, innocens, in *exsilium eiectus* a consule vi et minis esse dicetur. Cic. Cat. II. 7. Thucydides libros suos tum scripsisse dicitur, quum in *exsilium pulsus* esset. Cic. or. II. 13. Vibius in insulam Amorgum *deportatur*. Tac. Ann. IV. 13. Maiores nostri Collatinum innocentem suspitione cognationis *expulerunt*. Cic. rep. II. 31. Vides, Tarquinio *exacto* mira quadam exsultasse populum insolentia libertatis; tum *exacti* in exsilium innocentes, tum bona direpta multorum cet. Cic. rep. I. 40. Ego reges *eieci*, vos tyrannos introducitis; ego libertatem quae non erat peperi, vos partam servare non vultis. Cic. Herenn. IV. 53.

170. Comitari, prosequi, deducere, stipare, — begleiten.

Im Allgemeinen wird der Begriff ausgedrückt durch *comitari*, Begleiter sein, begleiten, einen Gang, eine Fahrt oder Reise mit einem zusammen machen. Am Gebräuchlichsten ist comitatus mit passivem Sinne; tropisch hat es den Dativ bei sich oder steht absolut. *Prosequi* bezeichnet immer nur eine Begleitung auf eine Strecke, um einen zu ehren; ihm das Geleit geben; es wird vielfach tropisch gebraucht. Auch deducere heißt das Ehrengeleit geben, jedoch nur mit dem beschränkenden Nebengedanken von oder nach Hause, zum Forum (bis zum Ziele). *Stipare* wird immer mit Rücksicht auf die gedrängte Umgebung des Begleiteten gesagt. Catilina parum *comitatus* ex urbe exiit. Cic. Cat. II. 2. Tardis mentibus virtus non facile *comitatur*. Cic. Tusc. V. 24. Is me proficiscentem Apameam non *prosecutus* est. Cic. Att. VI. 3. Domus tua me semper omnibus summis beneficiis *prosecuta* est. Cic. fam. XV. 10. Magna multitudo optimorum civium me de domo *deducebat.* Cic. fam. X. 12. Quis Saleium nostrum, egregium poetam, *deducit* aut salutat aut *prosequitur?* Tac. dial. de or. 9. Quid est iucundius senectute *stipata* studiis iuventutis? Cic. sen. 9. Ad forum *stipati* gregibus amicorum descendimus. Cic. Att. I. 18. Doch ist fast nur das Partizip (stipatus, weniger stipans) gebräuchlich.

171. Alere, nutrire — nähren.

Nach der gewöhnlichen Angabe bezieht sich *alere* mehr auf das Ganze des Unterhalts und der Pflege zusammen, *nutrire* dagegen bloß auf die Nahrung durch Essen und Trinken. Dies stellt sich in den abgeleiteten Wörtern namentlich als richtig heraus, indem der Begriff von *alere* mehr auf eine Förderung der Entwickelung, der von *nutrire* auf eine Erhaltung der Existenz hinweiset. Indeß wird zum Ausdruck des Zeitworts in jeder Weise, und von Cicero nur *alere* gebraucht; während nutrire auch oft tropisch zu fassen ist. Multi ex te audierunt, neminem esse divitem, nisi qui exercitum *alere* posset suis fructibus. Cic. par. 6. Multa animalia lacte *aluntur.* Cic. n. d. II. 51. Memoria vestra nostrae res *alentur.* Cic. Cat. III. 11. Paene cum lacte *nutricis* hunc errorem suxisse videmur. Cic. Tusc. III. 1. Educata his *nutrimentis* eloquentia ipsa se postea colorat et roborat. Cic. or. 13.

172. Machinari, moliri — bereiten.

Beide werden von irgendwie großen Unternehmungen gesagt. *Machinari* (machina) hebt mehr die geheimen und künstlichen Mittel, *moliri* (moles) die gewaltige Anstrengung bei denselben hervor; jenes wird am Häufigsten durch einrichten, künstlich ersinnen (schmieden), dieses durch bereiten, drohen, wiedergegeben. Aliae bestiae mares, aliae feminae sunt, quod perpetuitatis causa *machinata* natura est. Cic. n. d. II. 51. Videtis illos alacres laetosque volitare et fortissimis atque optimis civibus periculum *moliri*, de se nihil timere. Cic. Sest. 1. Daher steht in den ersten Catilinarischen Reden mit verschiedener Anschauung pestem oder perniciem *moliri*

II. 1. als die Verschwörung schon entdeckt und die gewaltigen Anstrengungen des Catilina schon bekannt waren; und pestem, quam tu in nos omnes iamdiu *machinaris*. I. 1. als die Verschwörung noch als geheim und durch List und künstliche Mittel betrieben angesehen wurde.

173. Aperire, patefacere, pandere, recludere, reserare — öffnen.

Aperire ist zunächst ein Öffnen für das Auge durch Beseitigung einer Umhüllung oder Bedeckung, so daß die Sache sichtbar wird; Gegensatz tegere und operire (Nro. 73.); dann auch allgemeiner, eröffnen, möglich machen. *Patefacere* ist zunächst ein Öffnen zum Eintritt durch Beseitigung eines Verschlusses, so daß die Sache zugänglich wird; Gegensatz claudere. Auch ist *patefacere* stärker als *aperire;* es ist ganz oder weit öffnen. Statt caput obvolutum aperire (Cic. Phil. II. 31.) oder partes quasdam corporis aperire (Cic. off. I. 35.) wäre patefacere unpassend. Eben so ist viam aperire einen Weg machen (Liv. VI. 2.), viam patefacere den Weg von Hindernissen frei machen (Caes. b. G. VII. 8.). Os aperire ist angemessen, aber os patefacere würde unschön sein; aber oculos sowohl aperire, als auch patefacere. *Pandere* hat die Bedeutung öffnen nur in dem Sinne von ausbreiten. In speziellerem Sinne heißt öffnen auch *recludere* (fast nur poetisch), erschließen, wenn das Öffnen eines Schlosses, und *reserare*, aufriegeln, wenn das Wegschieben eines Riegels gedacht werden soll; doch werden beide Wörter öfter tropisch gebraucht. Quum ea, quae quasi *involuta* fuerunt, *aperta* sunt, tum inventa dicuntur. Cic. Ac. II. 8. cf. fin. I. 9. Dionysius tyrannus quum Syracusis pulsus esset, Corinthi dicitur ludum *aperuisse*. Cic. fam. IX. 18. Virtus et dignitas tua reditum ad tuos tibi *aperuit*. Cic. fam. VI. 11. Indicia communis exitii indagavi, *patefeci*. Cic. Mil. 37. Huic aditum ad tuam cognitionem *patefacio*. Cic. fam. XIII. 78. Immissi cum falcibus multi purgarunt et *aperuerunt* locum. Quo quum *patefactus* esset aditus, ad adversam basim accessimus. Cic. Tusc. V. 23. Quaerebam, utrum *panderem* vela orationis statim, an eam ante paululum dialecticorum remis propellerem.

Cic. Tusc. IV. 5. Non frustra praestantissimus sapientiae firmare solitus est, si *recludantur* tyrannorum mentes, posse adspici laniatus et ictus. Tac. ann. VI. 6. Nec ita claudenda res familiaris est, ut eam benignitas *aperire* non possit, nec ita *reseranda*, ut pateat omnibus. Cic. off. II. 15.

174. Iuvare, auxiliari, opitulari — helfen.

Iuvare hat den allgemeinen Sinn des Förderns, sei es zur Freude oder zum Nutzen des Objekts; an einen Gegner oder eine Bedrängniß des Objekts braucht dabei gar nicht gedacht zu werden. *Auxiliari* und *opitulari* (beide mit dem Dativ) setzen dagegen immer eine Bedrängniß des Objekts voraus, welches nur eine Person, nicht eine Sache sein kann. *Auxiliari* und *auxilium ferre*, helfen und Hülfe bringen, geschieht durch Wirksamkeit und Anstrengung eines Verbündeten, eines Dieners, selbst eines Mittels (bei Krankheiten u. s. w.); *opitulari* und *opem ferre*, beschützen, Rettung bringen, geschieht durch Ansehn, Einsicht, Vermögen eines Wohlthäters. Multum potes nos apud Plancum *iuvare*. Nemo nos in hac causa plus *iuvare* potest, quam tu. Cic. Att. XVI. 16. f. *Mihi* neque magistratum, neque senatum, neque populum *auxiliari* licebit. Cic. fam. V. 4. Roscio hospiti, oppresso iam desperatoque ab omnibus, Caecilia *opitulata* est. Cic. Rosc. Am. 10. Si mihi tua clementia *opem tuleris*, omnibus in rebus me fore in tua potestate tibi confirmo. Cic. fam. V. 4. cf. Arch. 1.

175. Sanare, mederi, curare — heilen.

Sanare bezieht sich immer wesentlich auf das Resultat der Handlung, wieder gut, gesund machen, sowol eigentlich, als auch tropisch. *Mederi*, heilen, hebt das Technische des Verfahrens besonders hervor und ist deshalb auch das eigentliche Wort von der Behandlung des Arztes; auch wird es oft tropisch gebraucht, aber immer mit einer Hindeutung auf die Besonnenheit des Verfahrens und das Allmähliche des Fortschritts, während sanare auch hier gleich das Resultat giebt. *Curare* ist eigentlich nur pflegen, besorgen, was sich freilich der Bedeutung von heilen nähert, wenn das Objekt eine Wunde und

Ähnliches ist. Citius repentinus oculorum tumor *sanatur*, quam diuturna lippitudo depellitur. Cic. Tusc. IV. 37. Quae hic rei publicae vulnera imponebat, eadem ille *sanabat*. Cic. fin. IV. 24. Medico diligenti non solum morbus eius, cui *mederi* volet, sed etiam consuetudo valentis et natura corporis cognoscenda est. Cic. or. II. 44. Dies stultis quoque *mederi* solet. Cic. fam. VII. Huic domestico malo pro se quisque nostrum *mederi* atque hoc omnes *sanare* velle debemus. Cic. leg. agr. I. 9. Mulier exclamat, se ab eo medico nullo modo velle *curari*, quo *curante* suos omnes perdidisset. Cic. Cluent. 14. *Curatis* vulneribus domos profecti sunt. Liv. II. 14.

176. Fungi, administrare — verwalten.

Fungi hat immer die Bedeutung von einem **pflichtmäßigen**, meistens **amtlichen Verrichten**; das Objekt dazu sind immer die **Pflicht** und das **Amt** selbst, daher es oft durch **bekleiden** übersetzt werden kann. Bei *administrare* geht das nicht; denn es bezeichnet mehr das **Führen** und **Ordnen** der verwirrten oder doch leicht in Verwirrung gerathenden Sache selbst. Demnach sagt man sehr gewöhnlich munere fungi, aber selten munus administrare; wol provinciam administrare, aber nicht provincia fungi (cf. Cic. off. II. 16. Verr. 64.). Verbis auget suum munus, si quo forte *fungitur*. Cic. off. II. 20. *Functus* est officio. Cic. fam. III. 8. 3. Plato dicit, similiter facere eos, qui inter se contenderent, uter potius rem publicam *administraret*, ut si nautae certarent, quis eorum potissimum gubernaret. Cic. off. I. 25.

177. Honorare, honestare, colere, venerari, observare — ehren, verehren.

Honorare und *honestare* gehen aus einem **anerkennenden Urtheile** hervor; *colere, venerari* und *observare* aus **Demuth** und **Ehrfurcht**. *Honorare*, **ehren**, bezeichnet an sich die **Erweisung einer einzelnen Auszeichnung**, wogegen *honestare*, wie **verherrlichen**, einen **dauernden Glanz verleiht**. *Colere*, **verehren**, die **Götter**, die **Eltern** und andre, gegen die man die **Gesinnung** der **Pietät** durch **thatsächliche Aufmerksamkeit** offenbaren will. *Venerari* ist das eigentliche Wort für die

I. VERBA.

Gottesverehrung; auf Menschen wird es nicht angewandt. Die Verehrung gegen Menschen, als eine rücksichtsvolle, im Betragen ausgedrückte Achtung, wird durch *observare*, **hochachten, bezeichnet.** *Revereri* heißt nur **scheuen**, und sollte in dem Sinne von verehren nicht gebraucht werden. Nemo tum novitati invidebat. nemo virtutem non *honorabat*. Cic. Phil. IX. 2. Nihil gratius mihi accidit, quam quod Tulliam meam suavissime diligentissimeque *coluisti*. Cic. Att. X. 8. 9. Deos auguste omnes sancteque *veneremur*. Cic. n. d. III. 21. Eum, inventorem et principem cognitionis naturae, *venerantur* ut deum. Cic. Tusc. I. 21. Claros viros tradunt post mortem ad deos pervenisse, eosque esse ipsos, quos nos *colere*, precari *venerarique* soleamus. Cic. n. d. I. 42. Magna me *observantia colit*. Cic. fam. XII. 27. Me ut parentem *observat*. Cic. fam. V. 8.

178. Finire, terminare — endigen.

Finire, **endigen**, geht bloß aus dem Willen, ja der Willkür des Handelnden hervor, ohne Rücksicht darauf, ob das Ende auch durch die Natur der Sache bedingt werde; und hierdurch ist es wesentlich verschieden von den schon behandelten Wörtern absolvere, perficere u. s. w. **vollenden**. Doch sagt man im Aktiv statt finire in der bessern Prosa häufiger *finem facere* und *finem afferre*, jenes von dem Endigen einer Handlung, die man selbst ausübt, dies von der eines andern. Finem imponere ist der guten Sprache in diesem Sinne wol fremd; bei Liv. V. 4. spei nostrae captis Veiis finem imponere oportet, hat es eine andere Bedeutung. *Terminare* geht nicht aus dem bloßen Willen, sondern aus der Erkenntniß des Handelnden hervor; daher es oft die Bedeutung von **ermessen, nach einer festen Rücksicht bestimmen**, erhält. Beide Wörter sind aber im Lateinischen nur transitiv. Ganz demgemäß ist finis das **gewollte Ende**, daher oft die Absicht; terminus das in der Sache, dem Schicksal, gegründete Ende, das rechtliche Ende, die Gränze z. B. eines Grundstücks. Plerique existimant, bellum eo die potuisse *finiri*. Caes. b. c. III. 51. Unde est orsa, in eodem *terminetur* oratio. Cic. Marc. 11. In tertio libro *finem* scribendi *fecit*. Cic. or.

I. VERBA.

II. 54. Ille dies finem vitae mihi *allaturus* est. Cic. Phil. VI. 1. Consilii tui bene fortiterque suscepti eum tibi *finem* statuisti, quem ipsa fortuna *terminum* nostrarum contentionum esse voluit. Cic. fam. VI. 22.

179. Interest, refert — es ist daran gelegen.

Interest, es ist daran gelegen, bezieht sich auf geistige Theilnahme, ein Interesse; *refert*, es kommt darauf an, bezieht sich auf eine faktische Bedeutsamkeit. Gott würde sagen: Multum mea *interest*, ut boni sitis, aber nicht *refert*. Illud mea magni *interest*, ut te videam. Cic. Att. XI. 22. Non adscripsi id, quod tua nihil *referebat*. Cic. fam. V. 20.

180. Pungere, stimulare, tundere, trudere — stechen, stoßen.

Pungere und *stimulare* werden durch ein spitziges Instrument zu Stande gebracht, und zwar *pungere* stechen, bloß insofern dies wehe thut und verwundet; *stimulare*, stacheln insofern es antreibt und aufregt. *Tundere*, stampfen, und *trudere*, stoßen, werden durch das Zusammentreffen von Körperflächen bewirkt, und zwar tundere, insofern das Getroffene Widerstand leistet und das Stoßende zurückprallt; trudere, insofern das Getroffene gewaltsam von seinem Platze verdrängt wird. Vulnus acu *punctum* videbatur. Cic. Mil. 24. Ignominia *pupugit*. Cic. Att. II. 16. *Stimulabat* me, ut caverem. Cic. fam. III. 12. Hic scrupulus eum dies noctesque *stimulat* ac *pungit*. Cic. Rosc. Am. 2. *Tundere* tympana. Ov. Fast. IV. 183. *Tunsae* fruges, gedroschene Früchte. Virg. Georg. III. 133. Ille ad supplicium se *trudi* videbat. Cic. Att. IV. 3.

181. Pugnare, confligere, dimicare, decernere, decertare — kämpfen.

Bei *pugnare*, kämpfen, und *confligere*, schlagen, kommt es mehr auf die Gewalt der Waffen an, bei *dimicare*, fechten, mehr auf die Kunst der Waffen. Pugnare und confligere unterscheiden sich so, daß der *pugnans* siegen, der *confligens* vernichten will. *Decernere* und *decertare* weisen gemeinschaftlich mehr auf die Entscheidung durch den Kampf hin, jenes vom Gerichtswesen, dieses vom Wettkampf auf das Kriegswesen überhaupt übertragen. Ferner ist *decernere* nicht bloß neutral, sondern auch transitiv, *decertare* nur neutral; jenes weiset mehr auf den Plan und die Leitung des Kampfes, dieses mehr auf die Bewährung einer persönlichen Überlegenheit in demselben hin. Castor et Pollux ex equis *pugnare* visi sunt. Cic. n. d. II. 2. Temere in acie versare et manu cum hoste *confligere* immane quiddam et belluarum simile est. Cic. off. I. 23. Convenit *dimicare* pro legibus. Cic. Tusc. IV. 19. Omni ratione *dimicandum* est. Cic. Caecil. 22. Hic video omnia facere omnes, ne armis *decernatur*, quorum exitus semper incerti. Cic. Att. VII. 3. Primus clamor atque impetus rem *decrevit*. Liv. XXV. 41. Libenter invisit eum locum, ubi Demosthenes et Aeschines inter se *decertare* soliti sunt. Cic. fin. V. 2. Expetenda magis est *decernendi ratio*, quam *decertandi fortitudo*. Cic. off. I. 23.

182 a. Suspirare, gemere — seufzen.

Suspirare, seufzen, bezeichnet nur das tiefe Athemholen, das mehr ein Hauch, als ein Laut ist, ohne Hindeutung auf einen beengenden Schmerz. *Gemere*, ächzen, ist ein lautes Seufzen wegen eines Leidens; auch transitiv. Reperire neminem possumus, quocum *familiariter suspirare* possimus. Cic. Att. I. 18. Hic status una voce omnium *gemitur*. Cic. Att. 21. Quum diu occulte *suspirassent*, postea iam *gemere*, ad extremum vero loqui omnes et clamare coeperunt. Cic. Att. II. 21.

182 b. Eiulare, clamare, clamitare, vociferari — heulen, schreien.

Eiulare bezeichnet das Aufschreien in Folge eines Schmerzes, dem man erliegt; es ist, wie heulen, eine Steigerung von *gemere* bis ins Unmäßige. In *clamare* und dem intensiven *clamitare*, rufen, schreien, wird vorzugsweise auf die Kraft der Stimme und eine Absicht des Rufenden hingewiesen, der die Aufmerksamkeit auf sich ziehen, sich beschweren, Muth oder Furcht erregen will. *Vociferari*, schreien und lärmen, hebt den Eifer, die Verwirrung und das Durcheinander der

Stimmen hervor, wie es in der Leidenschaft, namentlich beim Zank und Trunk, Statt zu finden pflegt. Philoctetae concedendum est *gementi;* ipsum enim Herculem viderat in Oeta magnitudine dolorum *eiulantem.* Cic. Tusc. II. 7. Qui quid in dicendo posset, nunquam satis attendi; in *clamando* quidem video eum esse bene robustum et exercitatum. Cic. Caecil. 15. Minitari absenti Diodoro, *vociferari* palam, interdum lacrimas vix tenere. Cic. Verr. IV. 18. Litigantes a sermone incipiunt, ad *vociferationem* transeunt. Sen. ep. 16. 5.

183. Exstare, restare, superesse — übrig sein.

Exstare, vorhanden sein, bezeichnet das Übrigsein eines Ganzen; „von Cicero sind drei Bücher de officiis übrig" heißt nur *exstant.* Bei restare und superesse ist ein Theil verloren gegangen oder schon abgethan, und dabei wird, was *restat,* als etwas Unbedeutendes und Geringes angesehen, was *superest,* als etwas noch immer Tüchtiges und Bedeutsames; in *restat,* ut tibi respondeam, ist die Antwort eine Kleinigkeit; in *superest,* ut tibi respondeam, ist die Antwort noch eine wichtige Aufgabe. Außerdem bezieht sich superesse vorzugsweise auf lebende Wesen. *Exstant* epistolae Philippi. Cic. off. II. 14. Haec tibi reliqua pars est, hic *restat* actus, zum Cäsar gesagt, der nach dem Vorhergehenden schon alles Gedenkbare geleistet hat. Cic. Marc. 9. Quod *superest,* scribe, quid placeat. Cic. Att. IX. 19. Aut nulli *supersunt* de inimicis, aut, qui *superfuerunt,* sunt amicissimi. Cic. Marc. 7.

II. Nomina.

184. Anima, animus, spiritus — der Geift.

Anima bezeichnet den Geift in seiner möglichst großen Annäherung an das Materielle, die Lebensluft, den Athem, die Seele in Rücksicht auf ihre scheinbar materiellen Bestandtheile, und ist daher noch beschränkter, als unser Seele. Viel genauer entspricht dem Worte Seele das Lateinische *animus*, welches den Geift in Rücksicht auf sein Streben und Wollen bezeichnet, jedoch auch für Seele als den Inbegriff aller ihrer Eigenschaften gebraucht wird. *Animus* est, quo *sapimus*; *anima*, qua *vivimus*. Non. 426. 27. *Spiritus* ist zunächst und eigentlich die Handlung des Athemholens, das Einziehen und Ausblasen der anima, das Athmen; dann aber auch der Geift, insofern er sich in einem energischen und trotzigkräftigen Wesen ausdrückt. Daher auch der tropische Gebrauch von animus und noch häufiger animi für Muth, von spiritus für Stolz und für Begeisterung. Illud, si ulla alia de re obscura affirmare possem, sive *anima* sive ignis sit *animus*, iurarem cum esse divinum. Cic. Tusc. I. 25. Difficile est, *animum* perducere ad contemptionem *animae*. Sen. ep. 2. Animam ducere, Athem holen, continere, an sich halten, efflare, auch edere, den Geift aufgeben; und tropisch anima mea, Du mein Leben: alles bei Cicero. Homo e corpore *animaque* constat. Cic. fin. V. 12. *Animi* aegritudo, magnitudo, altitudo; animus aequus, tranquillus, immortalis. Cic. Insolentia dominatus extulerat *animos* eius. Cic. dom. 55. Animi causa des Vergnügens halber, zur Erholung. Cic. Rosc. Am. 46. u. oft. Ea arteria *animam*, quae ducta est *spiritu*, a pulmonibus respirat. Cic. n. d. II. 54. Animantium vita tenetur cibo, potione, *spiritu*. Id. ib. Quae civitas est, quae unius tribuni militum *animos* ac *spiritus* capere possit? Cic. Man. 22. Vgl. Nro. 185.

185. Mens, ratio, ingenium, indoles — Verstand, geistige Anlage.

Mens wird der Geist genannt, insofern er sich äußert als die Kraft des Denkens, Begreifens und Festhaltens, der Verstand im engern Sinne; hac mente ist in diesem Gedanken und in diesem Sinne (oder Verstande nach der ältern Sprache); hoc animo, in dieser Absicht oder mit solcher Gesinnung gegen etwas. *Ratio* ist nicht die Kraft des Auffassens und Festhaltens, sondern die höhere Kraft der Auffindung und Entwicklung des Gedachten, die Urtheilskraft und das moralische Bewußtsein, die Vernunft. Etwas äußerlicher gefaßt ist z. B. hac ratione auf diese Art, in Rücksicht auf eine Begründung, während hoc modo bloß die äußere Beschaffenheit einer Handlung ausdrückt. *Ingenium* bezeichnet die gesammten natürlichen Geistesanlagen mit besonderer Rücksicht auf das Intellektuelle, Geist, Talent (jedoch nur vir *magno ingenio*, nicht absolut, wie im Deutschen „ein Mann von Talent"). *Indoles* bezeichnet ebenfalls die natürlichen Anlagen, jedoch vorwiegend nach der Seite des Gemüths; es ist mehr der angeborne Charakter. Princeps *animi* pars *mens* nominatur. Cic. fin. V. 13. Inest in *mentibus* nostris insatiabilis quaedam cupiditas veri videndi. Cic. Tusc. I. 19. *Menti* regnum totius *animi* tributum est. Id. ib. III. 5. Altera vis animorum in *ratione* posita est, quae docet et explanat, quid faciendum fugiendumve sit. Cic. off. I. 28. A deo tantum *rationem* habemus, si modo habemus; bonam autem *rationem* aut non bonam a nobis. Cic. n. d. III. 28. Prioris generis est docilitas, memoria: quae fere omnia appellantur uno *ingenii* nomine. Cic. fin. V. 13. Tardi *ingenii* est, rivulos consectari, fontes non videre. Cic. or. II. 27. Veteres illi, maius quiddam animo complexi, multo plus etiam vidisse videntur, quam quantum nostrorum *ingeniorum* acies intueri posset. Cic. or. III. 5. Hominis decus est *ingenium*. Cic. Brut. 15. Senatum iam languentem ad pristinam virtutem revocavi magis *animi*, quam *ingenii* viribus. Cic. fam. X. 28. Isocrates maiore mihi *ingenio* videtur esse, quam ut cum orationibus

Lysiae comparetur; praeterea ad virtutem maior *indoles*. Cic. or. 13.; ebenso indoles virtutis. Cic. Coel. 17.

186. Notio, (species); notitia, cognitio — Kenntniß.

Notio, Kenntnißnahme und Kenntniß, nicht in Rücksicht darauf, ob oder daß etwas ist, sondern auf die Art und Weise, wie es ist. Daher einmal notio censoria die urtheilende Untersuchung des Censors; anderseits sehr häufig notio der Begriff von dem Wesen eines Dinges, von Cicero als der Lateinische Ausdruck für das Griechische ἔννοια gebraucht. *Notitia* ist viel äußerlicher, die Kenntniß, Bekanntschaft, daß etwas ist und wie es etwa äußerlich sich darstellt. In *cognitio* hat der verbale Begriff noch das Übergewicht; daher die Untersuchung, die Kenntniß als das Erkennen. Nahe an notio, Begriff, gränzt in der philosophischen Sprache *species*, die Idee, die wirkliche und unveränderliche Wesenheit eines Dinges, das Griechische ἰδέα, während notio die subjektiv aufgefaßte Wesenheit bezeichnet. In omnium animis deorum *notionem* impressit natura. Cic. n. d. I. 16. Nullum est animal, praeter hominem, quod habeat *notitiam* aliquam dei. Cic. leg. I. 8. Haec inter nos nuper *notitia* admodum est. Ter. Heaut. I. 1. 1. Quae corporis sunt, ea nec auctoritatem cum animi partibus comparandam et *cognitionem* habent faciliorem. Cic. fin. V. 12. A pueris multarum rerum insitas et quasi consignatas in animis *notiones*, quas ἐννοίας Graeci vocant, habemus. Plato id solum putat esse, quod semper tale sit, quale sit; quam ἰδέαν appellat ille, nos *speciem*. Ex quo multarum rerum *cognitionis* admiratio tollitur. Cic. Tusc. I. 14. cf. Ac. II. 40. IV. 7. u. s. w.

187. Scientia, doctrina, disciplina, ars, litterae — Wissenschaft.

Scientia heißt die Wissenschaft nur als das subjektive Wissen, da dann das Objekt sowol etwas Äußeres und Gewöhnliches, als auch etwas Gelehrtes sein kann; daher oft gleich Kenntniß (aber niemals im Plur. scientiae). *Doctrina* ist die Lehre, als Unterricht zur Ausbildung und Erweiterung des Erkennens; dann auch das durch diese Lehre Hervorgebrachte, die Gelehrsamkeit und besonders die einzelnen Zweige der-

II. NOMINA.

ſelben; die Gelehrſamkeit in Bezug auf den Inhalt. Auf die Form aber bezieht ſich beſonders *disciplina*, das mehr den ganzen Unterricht, als die bloß theoretiſche Lehre, dann den Unterricht in ſeinem ſyſtematiſchen Zuſammenhange, und als Wirkung deſſelben eine ſchulgerechte Durchbildung bezeichnet. Daher iſt es Unterricht, Zucht, Gelehrſamkeit, Schule (z. B. eine philoſophiſche Schule), inſofern jene Beziehungen irgendwie vorwalten. *Ars* bezeichnet bei den Alten nicht bloß die Fertigkeit, etwas ſchönes hervorzubringen, die Kunſt, ſondern auch die Theorie als die Ordnerin alles richtigen Verfahrens überhaupt, die Wiſſenſchaftlichkeit im Gegenſatze zu jedem populären und ungenauen Verfahren; dann und beſonders im Plural auch die Leiſtungen, inſofern ſich jene Wiſſenſchaftlichkeit darin darſtellt, die Wiſſenſchaften. Die *litterae* ſind Erzeugniſſe der ars und der scientia, das Schriftenthum, die Wiſſenſchaften, inſofern ſie in ſchriftlichen Denkmalen vorliegen, daher auch gleich unſerer Litteratur. Quaero, num possit aut contra imperatorem aut pro imperatore dici sine rei militaris usu, aut saepe etiam sine regionum terrestrium aut maritimarum *scientia*? Cic. or. I. 14. *Ars* constat ex rebus ab opinionis arbitrio seiunctis *scientia*que comprehensis. Cic. or. I. 23. Sit modo is, qui dicet aut scribet, institutus liberaliter educatione *doctrina*que puerili, et flagret studio, et a natura adiuvetur. Cic. or. III. 31. Quidam omnium quasi consensus *doctrinarum* concentusque reperitur. Cic. or. III. 6. Homo disertissimus et omni *doctrina* et virtute ornatissimus. Cic. Verr. III. 88. Senatus decrevit, ut de principum filiis sex singulis Etruriae populis in *disciplinam* traderentur. Cic. divin. I. 41. Quidquid habuit, habuit ex *disciplina*. Cic. Brut. 67. Sunt nonnullae *disciplinae*, quae propositis bonorum et malorum finibus officium omne pervertant. Cic. off. I. 2. Hoc huius imperii *disciplinae*que maiorum proprium est. Cic. Cat. I. 5. Disciplina bellica, navalis, militaris. Cic. Homo summo ingenio et *disciplina*. Cic. Verr. IV. 58. Huius prima aetas dedita *disciplinis* fuit iisque *artibus*, quibus instruimur ad hunc usum forensem. Cic. Coel. 30. *Artium* omnium laudatarum quasi parens est philosophia. Cic. or. I. 3. Graeculum se atque otiosum putari voluit; studio *litterarum* subito se dedidit. Cic.

Sest. 51. Omnis loquendi elegantia expolitur *scientia litterarum.* Cic. or. III. 10.

188. Doctor, magister, praeceptor — der Lehrer.

Doctor ist der Lehrer in Rücksicht auf das Erkennen, als Erwecker und Erweiterer der Kenntnisse eines andern. *Magister* hat keine Beziehung auf das eigentlich Wissenschaftliche; es ist der Lehrer als Lenker, Ordner und Führer. *Praeceptor* ist der Lehrer als Rath- und Vorschriftengeber z. B. fortitudinis. Cic. fam. V. 3. Alle drei haben einen gemeinschaftlichen Gegensatz in *discipulus*, Schüler, der jedoch in seinem Verhältniß zum doctor mehr als *auditor*, Zuhörer, zum magister mehr als *tiro*, Neuling, zum praeceptor mehr als *alumnus*, Zögling erscheint. Illa Graeci dicendi artifices et *doctores* reliquerunt. Cic. or. I. 6. *Doctor* rhetoricus. Cic. or. I. 19. Pueri apud *magistros* exercentur, quum alias scriptum, alias aequitatem defendere docentur. Cic. or. I. 57. Hic quum ante hanc pugnam tiro esset scientia, facile ipsum *magistrum* scelere audaciaque superavit. Cic. Rosc. Am. 6. Vetus quidem illa doctrina eadem videtur et recte faciendi et bene dicendi *magistra*; neque disiuncti *doctores*, sed iidem erant vivendi *praeceptores* atque dicendi. Cic. or. III. 15. Vergl. Nro. 30. und ludus und schola Nro. 401.

189. Prudens, catus, sapiens. — verständig.

Prudens, klug, hat zunächst fast noch den verbalen Begriff (providens), wissend, wissentlich, und bezeichnet dann die Fertigkeit des Verstandes, zu den jedesmaligen Zwecken die fördernden Mittel zu wählen; vorsichtig, einsichtsvoll. *Catus*, im Ganzen ein älteres und etwas selteneres Wort, bezeichnet die Fertigkeit des Geistes, sich in jedem Verhältnisse leicht zurecht zu finden; es steht nur absolut, während prudens meist mit einem Objekte, worin sich die Klugheit zeigt, verbunden wird. *Sapiens*, weise, bezeichnet die Fähigkeit und das Streben des Geistes, das Gute und Rechte zu erkennen und auf die rechte Art auszuführen. Hos *prudentes* possumus dicere, id est *providentes.* Cic. divin. I. 49. *Prudens* et sciens ad pestem ante oculos positam profectus sum. Cic. fam. VI. 6.

II. NOMINA.

A. Torquatus elegans in dicendo, in existimando admodum *prudens*, toto genere perurbanus erat. Cic. Brut. 68. Quis igitur *prudentem* et, ut ita dicam, *catum*, non ex ipsius habitu, sed ex aliqua re externa iudicet? Cic. leg. I. 16. Neque turpis mors forti viro potest accidere nec misera *sapienti*. Cic. Cat. IV. 2.

190. Perspicax, acutus, argutus, sagax, subtilis — scharfsinnig.

Perspicax ist der, welcher rasch und auf den ersten Blick etwas Verborgenes durchschaut, scharfsichtig. *Acutus* bezieht sich mehr auf die Gründlichkeit und Genauigkeit der Bemerkung, scharfsinnig, scharf und, wenn es hiermit synonym ist, witzig. *Argutus* ist eine Eigenschaft, die für einen andern immer etwas drückend ist, scharfsinnig, witzig, insofern dies sich dem Sinne von verrätherisch und bissig nähert. *Sagax* bezeichnet nur die Sicherheit und Geschicklichkeit im Ausfindigmachen, hergenommen und zunächst gebraucht von dem scharfen Geruche der Spürhunde. *Subtilis*, fein, bezeichnet den Scharfsinnigen, insofern er sich selbst an das Kleine und Geringe mit besonderer Schärfe wendet und festhält. Ego me non tam astutum, neque ita *perspicacem* esse scio. Ter. Heaut. V. I. 1. Adest fere nemo, quin *acutius* atque acrius vitia in dicente, quam recta videat. Cic. or. I. 25. Celeres ingenii motus esse debent, *acuti* ad excogitandum. Id. ib. Naturam si sequemur ducem, assequemur id, quod *acutum* et *perspicax* natura est. Cic. off. I. 28. Oculi nimis *arguti*, quemadmodum animo affecti simus, loquuntur. Cic. leg. I. 9. Ex ambiguo dicta vel *argutissima* putantur, sed non semper in ioco, saepe etiam in gravitate versantur. (Die Rede ist von bissigen Scherzen.) Cic. or. II. 61. Canum incredibilis ad investigandum *sagacitas* narium est. Cic. n. d. II. 63. Homines mentem habent, ut ita dicam, *sagacem*, quae et causas rerum et consecutiones videat. Cic. fin. II. 14. Demetrius Phalereus disputator *subtilis*, orator parum vehemens est. Cic. off. I. 1. Quis Catone gravior in vituperando, in sententiis *argutior*, in docendo edisserendoque *subtilior*? Cic. Brut. 17.

II. NOMINA.

191. Callidus, versutus, astutus — liſtig.

Callidus, liſtig, iſt derjenige, welcher ſeinen guten natürlichen Verſtand durch Fleiß und Ausdauer bis zu einer überraſchenden Fertigkeit, Schwierigkeiten zu vermeiden und aufzuheben, ausgebildet hat. *Versutus*, ſchlau, gewandt, bezieht ſich mehr auf die leichte Beweglichkeit des Geiſtes, ſowohl im Auffinden des Verſteckten, als auch darin, ſich ſelbſt zu verſtecken, zu verſtellen. Die *astutia*, Verſchlagenheit, iſt die Liſt, als die Gewandtheit und Neigung, andere durch Verſtecktheit und Verheimlichung deſſen, was geſagt werden mußte, zu hintergehen: Natura nihil est *callidius*. Cic. n. d. II. 57. Is enim, qui occultus et tectus dicitur, tantum abest, ut se indicet; perficiet etiam, ut dolere alterius improbe facto videatur: quid est enim aliud esse *versutum*? Cic. fin. II. 17. Chrysippus tibi acute dicere videbatur, homo sine dubio versutus et callidus: (*versutos* eos appello, quorum celeriter mens versatur; *callidos* autem, quorum tamquam manus opere, sic animus usu concalluit). Cic. n. d. III. 10. Iam intellegis, non placuisse maioribus nostris *astutos*. Sed aliter leges, aliter philosophi tollunt astutias. Cic. off. III. 16. u. 17. Hierzu gehören faſt auch die folgenden Wörter:

192. Dolosus, subdolus, veterator, vafer, fraudulentus, fallax, captiosus — betrügeriſch.

Calliditas, (versutiae) und *astutia* ſind Eigenſchaften, *dolus, fraus* und *fallacia* ſind Handlungen; von dieſen ſind *fraus* und *fallacia* an ſich immer unſittlich, *dolus* nicht immer; *fraus* iſt zunächſt gegen das Eigenthum, *fallacia* gegen die Erkenntniß des andern gerichtet, — wie in Betrug und Täuſchung; *dolus*, die Liſt, weiſet mehr auf die ſubjektive Seite der Handlung hin, die mit kleinlichen Mitteln Unerwartetes erreicht; dolus iſt eine niedrige Stufe der prudentia. — Von den genannten Adjektiven iſt das ziemlich ſeltene *dolosus* das allgemeinſte; es bezeichnet den, der voll *dolus* iſt, bei welchem die Liſt überall obwaltet. *Subdolus* (nicht ſehr gebräuchlich) wird dieſer genannt, wenn die Heimlichkeit und Verſtecktheit ſeiner Ränke beſonders hervorgehoben werden ſoll, arglistig; *veterator*, wenn die dolositas die Wirkung einer langjährigen Durchtriebenheit in einem speziellen Gewerbe ist, wie etwa bei einem geübten Winkelkonsulenten. *Vafer* (gehört fast mehr zu der vorigen Nummer) bezeichnet die natürliche Vielseitigkeit und Schärfe, jedoch meistens in ihrer Entartung und ihrem Mißbrauche; daher verschmitzt. *Fraudulentus* ist der, welcher durch List und Betrug einen andern um das Seinige bringt, überhaupt alles, wobei Betrug mit im Spiele ist; betrügerisch. *Fallax* ist die Eigenschaft, vermöge deren man geneigt und geeignet ist, das Unwahre als wahr erscheinen zu lassen; es' bezieht sich auf das Erkennen; täuschend. *Captiosus* (nicht auf Personen bezogen) ist betrügerisch in dem Sinne von verfänglich, sophistisch; was in Rücksicht auf das Erkennen einem Verlegenheit macht. Ita nihil agi *dolose* aut malitiose potest. Cic. off. III. 15. Nihil *acute* inveniri potuit in eis causis, quas (Lysias) scripsit, nihil, ut ita dicam, *subdole*, nihil versute, quod ille non viderit. Cic. Brut. 9. Cethegus in causis publicis nihil, in privatis satis *veterator* videbatur. Cic. Brut. 48. Stoicorum Chrysippus *vaferrimus* somniorum interpres habetur. Cic. n. d. I. 15. Nihil sane *vafre*, nihil malitiose facere conatus est. Cic. Verr. II. 53. Quid minuta colligimus, hereditates, mercaturas, venditiones *fraudulentas*? Cic. off. III. 21. Carthaginienses *fraudulenti*. Cic. arg. II. 35. Astrologi *fallaces*; spes *fallax*. Cic. divin. I. 19. Phil. XII. 2. Hoc nihil *captiosius* potest dici. Cic. Rosc. Com. 17. Alterum est, quod *fallacibus* et *captiosis* interrogationibus circumscripti atque decepti quidam, quum eas dissolvere non possunt, desciscunt a veritate. Cic. Ac. II. 15. Hoc celandi genus non est aperti, non simplicis, non ingenui, non iusti, non viri boni; *versuti* potius, obscuri, *astuti*, *fallacis*. malitiosi, callidi, *veteratoris*, *vafri*. Cic. off. III. 13.

193. Fides, fidelitas, fiducia, fidentia — das Vertrauen.

Fides hat eine sehr allgemeine Bedeutung; es ist Treue und Glauben, ein gläubiges Vertrauen, in subjektivem und objektivem Sinne. Die fides als solche ist etwas heiliges, ist das Band aller menschlichen Vereinigung. Weit spezieller und unbedeutender sind die übrigen Wörter. *Fidelitas* ist die Treue aus Anhänglichkeit gegen jemanden, *fiducia* das Vertrauen auf jemanden, das Zutrauen, daher auch zuweilen das Selbstvertrauen, die Dreistigkeit; dann ist es als technischer Ausdruck zu bemerken in dem Sinne von gerichtlichem Pfand, Hypothek. *Fidentia* ist das Selbstvertrauen als eine Kraft des Geistes, firma animi confisio nach Cic. Tusc. IV. 37. Das stärkere *confidentia* steigert den Begriff bis ans Fehlerhafte, Vermessenheit. Diesen tadelnden Sinn hat oft auch das Partizip confidens, nicht aber die übrigen Formen von *confidere;* dies bezeichnet vertrauen, namentlich auf die Kraft und das Können; *credere* dagegen vertrauen auf die Redlichkeit und das Wollen. Opprimi me onere officii malo, quam id, quod mihi cum *fide* semel impositum est, abicere. Cic. Rosc. Am. 4. Illae litterae, quam habere auctoritatem aut quam *fidem* possunt? Cic. Flacc. 9. Quia *fit*, quod dictum est, appellata est *fides*. Cic. off. I. 7. cf. fam. XVI. 10. Fidem dare, praestare, habere, laedere, fallere, frangere cet. Cic. In urbe me non solum amicorum *fidelitas*, sed etiam universae civitatis oculi custodiunt. Cic. Phil. XII. 9. Verres saepe dixit, se habere hominem potentem, cuius *fiducia* provinciam spoliaret. Cic. Verr. I. 14. *Fidentia* est, per quam magnis et honestis in rebus multum ipse animus in se *fiduciae* certa cum spe collocavit. Cic. invent. II. 54. Alia causa est hastae Caesaris, alia *confidentiae* et temeritatis tuae. Cic. Phil. II. 40. Qui fortis est, idem est *fidens* — quoniam *confidens* mala consuetudine loquendi in vitio ponitur, ductum verbum *a confidendo*, quod laudis est. Cic. Tusc. III. 7. Consules magis non *confidere*, quam non *credere* suis militibus. Liv. II. 45.

194. Cautus, providus, consideratus — vorsichtig.

Der *cautus*, der Behutsame, sucht Gefahren zu vermeiden und hat nur seine Sicherheit im Auge; er nähert sich dem timidus. Der *providus*, der Vorsichtige, sucht nicht sowohl etwas zu vermeiden, als vielmehr zu erreichen; seine Vorsicht besteht in einer Vorsorge zur Förderung seiner Zwecke; er nähert sich also dem prudens. *Consideratus*, bedachtsam, statt beffen nur minber gute Schriftsteller auch circumspectus mit vorwiegendem Begriffe der Klugheit brauchen, bezeichnet mehr ben Umfichtigen, ben mit Ruhe und Befonnenheit bie Verhältniffe Beachtenden. Omnes, qui se incolumes volent, sequentur auctoritatem consulis, *cauti* in periculis, non timidi in contentionibus. Cic. agr. I. 9. Natura est *provida* utilitatum opportunitatumque omnium. Cic. n. d. II. 22. Illi putantur parum *cauti providique* fuisse. Cic. Rosc. Am. 40. Illud *considerati* hominis esse putavit, qua de re iure decertari oporteret, armis non contendere. Cic. Caec. 1.

195. Stultus, stolidus, stupidus, fatuus — thöricht.

Stultus, Gegenfatz sapiens, bezieht fich auf ein unrichtiges Erkennen und Handeln; wie unfer thöricht. *Stolidus* (bei Cicero felten), Gegenfatz prudens, bezeichnet bie anmaßende Dummheit, infofern fie etwas Rechtes zu fein oder zu können vermeint, geckhaft. *Stupidus* ift ber Mann von schwerem Begriff, welchem bie empfangenen Eindrücke die geiftige Beweglichkeit nehmen, in einem einzelnen Falle ber Verbutzte, und als bauernbe Eigenschaft ber Dumme, Einfältige. *Fatuus* ift, wer lauter unnöthige und unpaffende Dinge treibt, albern. *Stulti* sumus, qui nosmet ipsos cum Clodio conferre videamur. Cic. Mil. 8. Consul armatos paulisper continuit, ut *stolidam* fiduciam hosti augeret. Liv. XXXIV. 46. Echionis tabula te *stupidum* detinet. Cic. par. V. 2. Zopyrus *stupidum* esse Socratem dixit. Cic. fat. 5. Hoc praeceptum non tam acutum est, quam necessarium, magisque monitoris non *fatui*, quam eruditi magistri. Cic. or. II. 24. *Fatuus* es et amens. Cic. Deiot. 7.

196. Amens, demens, furens, vesanus, insanus, vecors, excors, rabidus, delirus — finnlos, rafend.

Amens, finnlos, und *demens*, unfinnig, bezeichnen nicht einen bauernben, fondern einen vorübergehenden Zuftand ber Seele. Die amentia wie die dementia brückt ein Entfernt- ober Unthätigfein der mens aus — affectionem animi lumine men-

II. NOMINA.

tis carentem nominaverunt amentiam eandemque dementiam. Cic. Tusc. III. 5. — unterscheiden sich aber darin, daß die *amentia* sich passiv, durch einen Nichtgebrauch des Verstandes äußert, wie bei dem Verdutzten und Betäubten, die *dementia* aktiv, durch einen widersinnigen Gebrauch des Verstandes, wie etwa bei dem arg Erzürnten. *Furor*, Raserei, bezeichnet den Zustand einer überstarken geistigen Aufregung, daher selbst furor poeticus. *Insanus* und *vesanus* (bei Cicero sehr selten) bezeichnen in Rücksicht auf das Erkennen, was *excors* und *vecors* in Rücksicht auf das Begehren; jedoch haben die beiden ersteren auch eine allgemeinere Bedeutung. Insanus, unsinnig, und excors, albern, sind ferner die schwächeren Wörter, indem sie bloß die Begriffe von sanus und (bene) cordatus aufheben; vesanus, wahnsinnig, und vecors, verrückt, sind stärker, indem sie das Gegentheil von sanus und cordatus behaupten. Der *rabidus* (bei Cicero rabiosus) zeigt seine Verstandesabwesenheit in wiederholten ungegründeten, feindseligen Angriffen gegen andere (wie bei der Hundswuth), wüthend. *Delirus*, irre, wahnwitzig, ist der, dessen Verstandesthätigkeit durch stäts wachsende Schwäche haltlos geworden, wie besonders im Greisenalter (senilis stultitia *deliratio* appellari solet. Cic. sen. 11.). Pater igitur *amens*, qui odisset eum sine causa, quem procrearat. Cic. Rosc. Am. 14. Periculi magnitudine *amens* atque attonitus. Curt. VI. 9. In tranquillo tempestatem adversam optare *dementis* est. Cic. off. I. 24. Negat sine *furore* Democritus quemquam poëtam magnum esse posse; quod item dicit Plato. Cic. divin. I. 37. Hominem *furentem* exsultantemque continui. Cic. harusp. 1. *Furor* in sapientem cadere potest, non potest *insania*. Cic. Tusc. III. 5. Omnia ira militaris prope *vesano* impetu egit. Liv. IX. 13. Quis est tam *excors*, quem ista portenta moveant? Cic. Tusc. I. 6. Ego te non *vecordem*, non *furiosum*, non mente captum (i. e. *amentem*), non tragico illo Oreste *dementiorem* putem!. Cic. Pis. 20. Nihil ne in ipsa quidem pugna iracunde *rabioseve* fecerunt. Cic. Tusc. IV. 22. Hecuba propter animi *rabiem* fingitur in canem esse conversa. Cic. Tusc. III. 26. Hannibal dixisse fertur, multos se *deliros* senes vidisse, sed qui magis, quam Phormio *deliraret*, neminem. Cic. or. II. 18.

197. Nescius, inscius, ignarus, imperitus, rudis — unwiſſend.

Nescius, nicht wiſſend, bezeichnet eine bloße Verneinung des Wiſſens, und zwar nicht als eine dauernde Eigenſchaft, ſondern in Rückſicht auf einen ſpeziellen Fall; *inscius*, unwiſſend, dagegen bezeichnet denjenigen, deſſen Unwiſſenheit als etwas poſitives und dauerndes angeſchaut wird. Daher kann der nescius als ſolcher auch ohne Tadel ſein, der inscius aber iſt immer tadelhaft, indem ſeine Unwiſſenheit ſich auf allgemeine Kenntniſſe bezieht, die des nescius aber auf einzelne Fakta; die inscientia wird bei gehörigem Verſtande durch Forſchen und Nachdenken, der Zuſtand des nescius durch Nachricht und Mittheilung gehoben. Zu bemerken iſt, daß Cicero nescius nicht mit einem Genitiv, aber ſtäts mit der Negation gebraucht. *Ignarus* und *imperitus* beziehen ſich auf Gegenſtände, deren Kenntniß nicht ſowol durch das Denken, als durch äußere Beobachtung gewonnen wird. Das ſtärkere Wort iſt *ignarus*; denn es bezeichnet den, welcher von einer Sache ſelbſt eine einmalige Anſchauung nicht gehabt hat, derſelben ganz unkundig iſt, alſo in Bezug auf ein Kennen (mit nosse zuſammenhängend), während *imperitus* derjenige iſt, der nicht oft genug oder ohne Gewinn für ſeine Handlungsweiſe beobachtet hat, der Unerfahrene. Iratum te regi Deiotaro fuisse, non erant *nescii*. Cic. Deiot. 3. Distinguimus artificem ab *inscio*. Cic. Ac. II. 22. Non sum *inscius*, esse utilitatem in historia. Cic. fin. V. 19. Non sum *nescius*, ista inter eos dici et disceptari solere. Cic. or. I. 11. Quod erat sensu comprehensum, si ita erat comprehensum, ut convelli ratione non posset, *scientiam*; sin aliter, *inscientiam* nominabat. Cic. Ac. I. 11. Non sum tam indoctus *ignarus*que rerum. Cic. Phil. II. 15. Carbo *ignarus* legum fuit. Cic. or. I. 9. Haec res oratorem ab *imperito* dicendi *ignaro*que distinguit. Cic. or. III. 44. Auch ſteht imperitus abſolut, aber nicht ebenſo ignarus; ſo imperitus homo, imperita multitudo. Cic. Flacc. 7. Mur. 29. und öfter. Noch ſtärker, als alle übrigen, iſt *rudis*, indem es die Unwiſſenheit und Unbildung zugleich als eine geiſtige Roheit bezeichnet. Epicurum hebetem et *rudem*

138 II. NOMINA.

dicere solent Stoici. Cic. divin. II. 50. *Rudis* rerum omnium, in iure civili. Cic. Flacc. 7. or. I. 10.

198. Ignoratio, ignorantia, inscitia, inscientia — Unwissenheit.

Die beiden ersten beziehen sich auf Gegenstände der Beobachtung, die beiden letzten mehr auf Gegenstände des Denkens. *Ignoratio* bezeichnet die Unkenntniß als ein einzelnes Vorkommniß, *ignorantia* die Unkunde als einen dauernden Zustand, daher oft mit dem Nebenbegriff der Selbstverschuldung und des Tadels, findet sich jedoch bei Cicero wol nur an einer verdächtigen Stelle. *Inscitia*, die Unwissenheit, ist die dauernde geistige Unbeweglichkeit und Ungeschicklichkeit, das Abstraktum zu inscius; *inscientia*, das Nichtwissen, bezieht sich auf einzelne Fälle, als gerader Gegensatz zu scientia, und bezeichnet oft mehr eine Unvollständigkeit des Wissens, als ein völliges Nichtwissen; es ist also fast das Abstraktum zu nescius, indem nescientia nicht taugt, nescitia gar nicht vorkommt. (Auch imperitia nicht bei Cicero; dafür ignoratio.) Causarum *ignoratio* in re nova mirationem facit. Eadem *ignoratio* si in rebus usitatis est, non miramur. Cic. divin. II. 22. Medebor tum satietati, tum *ignorantiae* lectorum. Nep. Pel. 1. *Ignorantia* litterarum. Cic. Flacc. 20. *Inscitia* temporis est eius, qui non *cogitat*, quid tempus postulet. Cic. off. I. 40. Ego barbarorum *inscitiam* neglegam. Cic. fam. IX. 3. Si quid ita erat comprehensum, ut convelli ratione non posset, *scientiam*; sin aliter, *inscientiam* nominabat. Sed inter *scientiam* et *inscientiam* cognitionem illam (das Erkennen als den Beginn des Wissens) collocabat. Cic. Ac. I. 11. Hoc constat, *inscientium* illius, cui res non suppetat, non esse laudandam. Cic. or. III. 35.

199. Bonus, probus, frugi, honestus — gut.

Bonus bezeichnet wie unser gut allgemein die Vollkommenheit irgend einer Art. Unter Menschen ist der *bonus* von dem *bene moratus* dadurch unterschieden, daß bei jenem die gute Natur, der Charakter und die Entwickelung desselben allgemein und zusammen aufgefaßt wird, während bene moratus sich

II. NOMINA.

mehr auf die angeeignete Güte, als auf das Naturell bezieht: daher auch bonus bedeutender ist. Schwächer ist *probus*, indem sich die probitas vorwiegend negativ äußert, das Unrechte nicht hat oder nicht thut; es ist also rechtbeschaffen oder vielmehr rechtschaffen, von Dingen auch gut. *Frugi* (nur von Menschen gesagt) bezeichnet nur eine besondere Art der Güte, insofern dieselbe nämlich in der Enthaltsamkeit besteht; ordentlich d. i. nicht unmäßig u. ä. Homo frugi wird einer genannt in Rücksicht auf das gewöhnliche, praktische Leben; homo probus in Rücksicht auf seine Sittlichkeit. Die positive Eigenschaft der Sittlichkeit, von Personen und Handlungen gesagt, wird durch *honestus* ausgedrückt, sittlich gut, als das wahre Ehre Bringende und Enthaltende. *Bonum* definivit Diogenes id quod esset absolutum. Cic. fin. III. 10. Non est viri *boni* errare et diligere, quod per se non sit diligendum. Cic. leg. I. 18. Audivi saepe, poëtam *bonum* neminem sine inflammatione animorum exsistere posse. Cic. or. II. 46. Ita efficitur, ut *probi*, ut *bene morati*, ut *boni* viri esse videantur. Cic. or. II. 43. Res *probae*, *probum* navigium. Cic. or. 51. Acad. II. 32. *Frugi* hominem dici non multum laudis habet in rege. Cic. Deiot. 10. Coelius se esse hominem *frugi* vult probare, non quia *abstinens* sit (nam id ne mentiri quidem poterat), sed quia *utilis* multis, i. e. fructuosus, unde sit dicta frugalitas. Quint. inst. or. I. 6. 29. Graeci *frugi* homines χρησίμους appellant, i. e. tantummodo *utiles*; at frugalitas patet latius. Cic. Tusc. III. 8. *Honestum* etiamsi a nullo laudetur, vere dicimus natura esse laudabile. Cic. off. I. 4. Homines *honestissimi*, sehr ehrenhafte Männer. Cic.

200. Malus, pravus, nequam, turpis — schlecht.

Malus ist der gerade Gegensatz zu bonus, und bezeichnet das, was seinem Wesen nach schlecht ist. Der Komparativ *peior* bezeichnet den Begriff als einen seienden, ohne Rücksicht auf die frühere Qualität; *deterior* dagegen als einen gewordenen, mit Rücksicht auf eine frühere, vielleicht erträgliche oder gar gute Qualität; *peior* vergleicht eine Sache mit einer andern schlechten Sache; *deterior* aber mit einer, die auch **gut fein kann**; ein schlechter Mensch wird mit der Zeit oft *peior*, aber leider auch ein guter wol *deterior* (Deteriores fiunt ex bonis, peiores ex malis. Schol. ad Hor. carm. III. 5. 30.). *Pravus* ist der Gegensatz zu *rectus* (recht, der **Form nach gut**), also **verkehrt**, seiner Form nach **schlecht**: daher malus offenbar in sittlicher Beziehung **übler**, aber pravus oft in geselliger Beziehung **anstößiger**. *Nequam*, Gegensatz von frugi und, wie dieses, eigentlich nur auf Menschen bezogen, bezeichnet den Schlechten, insofern er dadurch für den Umgang und Verkehr widerwärtig ist, den **Nichtsnutzigen**, den Nichtswürdigen. *Turpis* ist der Gegensatz zu honestus, und wird in dem Sinne von **schlecht**, wie honestus, vorzugsweise auf **Handlungen** bezogen; es ist also **sittlich schlecht, entehrend**. Sunt philosophi quidam, minime *mali* illi quidem, sed non satis acuti. Cic. off. III. 9. Zeno virtutem non posse constare dixit, si in ceteris rebus esset quidquam, quod aliud alio melius esset aut *peius*. Cic. fin. IV. 19. Quibusdam usu venit, ut abhorreant a Latinis, quod·inciderunt in inculta quaedam et horrida, de *malis* Graecis Latine scripta *deterius*. Cic. fin. I. 3. Ex *bono* in *deteriorem* conversum. Cic. rep. II. 26. Quid in dicendo *rectum* sit aut *pravum*, ego iudicabo. Cic. Brut. 9. Zeno *recte* facta sola in *bonis* actionibus ponebat, *prave*, id est, peccata, in *malis*. Cic. Acad. I. 9. Piso tanta virtute atque integritate fuit, ut etiam illis optimis temporibus, quum hominem invenire *nequam* neminem posses, solus tamen *frugi* nominaretur. Cic. Font. 13. Non eadem omnibus sunt *honesta* atque *turpia*. Nep. praef. Utrum *honestum* sit, an *turpe*, deliberari solet. Cic. off. I. 3.

201. Odium, invidia, simultas, livor — Haß.

Odium ist das allgemeine Wort für Haß als dauernde feindselige Stimmung ohne Rücksicht auf die Gründe derselben. *Invidia* ist der Haß aus **Mißgunst**, daher auch meistens der **Neid**; *simultas* der Haß, besonders insofern er sich als' eine **politische Feindseligkeit** thätig beweist, **Anfeindung**, auch **Nebenbuhlerschaft**; das Heimliche liegt nicht darin, und es ist näher von simul als von simulare herzuleiten.

Livor ist der beneidende Haß, der blasse Neid, in seiner ärgsten, selbst den Körper verzehrenden Leidenschaftlichkeit. Von allen kann nur odium in gewissen Fällen gerecht und ohne Tadel sein. Sic tecum loquar, non ut *odio* permotus esse videar, quo debeo, sed ut misericordia, quae tibi nulla debetur. Cic. Cat. I. 7. *Odium* est ira inveterata. Cic. Tusc. IV. 9. *Invidiae* nomen ductum est a nimis intuendo fortunam alterius. Cic. Tusc. III. 9. Praeclaram populo Romano refers gratiam, si propter *invidiam* aut alicuius periculi metum salutem civium tuorum neglegis. Cic. Cat. I. 11. Von invidia, das subjektiv und objektiv gefaßt werden kann, unterscheidet sich *invidentia* zuerst als bloß subjektive Stimmung, dann dadurch, daß es mehr momentan ist; auch scheint es ein neueres und mehr philosophisches, als gewöhnliches Wort gewesen zu sein. Ab invidendo *invidentia* recte dici potest, ut effugiamus ambiguum nomen *invidiae*. Cic. Tusc. III. 9. cf. ib. IV. 8. Multas *simultates* partim obscuras, partim apertas suscepi. Cic. Man. 24. Certo sensu et vero de nobis ne iudicent, malevolentia et *livore* impediuntur. Cic. fam. XI. 10.

202. Rivalitas, aemulatio, obtrectatio — Nebenbuhlerschaft.

Rivalitas hat nicht den Begriff von unserem Rivalität in seiner Allgemeinheit (was noch eher durch simultas bezeichnet wird), sondern beschränkt sich auf die Nebenbuhlerschaft in Liebesverhältnissen. *Aemulatio* ist die Nacheiferung als das angestrengte Streben, einen andern zu erreichen und zu übertreffen; der aemulus ist der Nebenbuhler, im guten, wie im schlechten Sinne. Die *obtrectatio*, immer aus einer invidia hervorgehend, sucht den andern herunterzuziehen und zu verkleinern, was natürlich immer tadelhaft ist; meistens entspricht es dem Deutschen Eifersucht. *Obtrectare* alteri aut illa vitiosa *aemulatione*, quae *rivalitati* similis est, aemulari, quid habet utilitatis? Cic. Tusc. IV. 26. Amare sine *rivali*. Cic. Qu. fr. III. 8. *Aemulatio* dupliciter illa quidem dicitur, ut et in laude et in vitio nomen hoc sit. Cic. Tusc. IV. 8. *Obtrectatio* est aegritudo ex eo, quod *alter quoque* potiatur eo, quod ipse concupiverit. Id. ib.

II. NOMINA.

203. Amor, caritas, pietas — Liebe.

Amor ist zunächst allgemein die Liebe, dann aber besonders die Liebe aus Zuneigung und Sympathie, selbst insofern sie sich als Leidenschaft äußert. *Caritas* ist eigentlich die Liebe aus dem Gefühl des Werthes, aus Ehrfurcht und Hochschätzung; daher auch oft zärtliche Liebe ohne Antheil der Sinnlichkeit, die bei amor oft Statt findet. Zugleich hat nur caritas neutralen Sinn, das Lieb- oder Beliebtsein, gleichsam als Neutrum von dem transitiven amor, dem Liebhaben; daher die Verbindung von caritas *apud* und amor *erga* aliquem. *Pietas* bezeichnet wesentlich nur die pflichtmäßige Liebe, in einem natürlichen und religiösen Verhältniß. Aut *caritate* moventur homines, ut deorum, ut patriae, ut parentum; aut *amore*, ut fratrum, ut coniugum, ut liberorum, ut familiarium. Cic. part. 46. Pro bonis viris laborare *amorem* magis conciliat, illa virtutis defensio *caritatem*. Cic. or. II. 51. *Pietas* est, per quam sanguine coniunctis patriaeque benevolum officium et diligens tribuitur cultus. Cic. inv. II. 53. *Pietas* est iustitia erga deos. Cic. n. d. I. 41. Iustitia erga deos religio, erga parentes *pietas* dicitur. Cic. part. 23. Ego omni officio ac potius *pietate* erga te ceteris satisfacio omnibus, mihi ipse nunquam satisfacio. Cic. fam. I. 1.

204. Benevolentia, gratia, favor, studium — Wohlwollen.

Benevolentia, Wohlwollen, ist eine Zuneigung, die mehr in der Gesinnung ihren Grund hat, als im Gefühle (wie die Liebe). *Gratia* und *favor* beziehen sich auf das Verhältniß eines Höheren zu einem Geringeren, mit dem Unterschiede, daß *gratia* mehr die Gunst als einen Zustand, das freundschaftliche Verhältniß, die Gewogenheit, *favor* mehr die Gunst in ihrer Wirksamkeit ausdrückt, Begünstigung; daher auch, *favor* oft ein tadelhaftes Thun, *gratia* meist ein schönes Verhältniß bezeichnet. *Studium* ist immer das Streben für etwas, wofür man aus irgend einem Grund eingenommen ist, der Eifer für etwas u. s. w. Nihil est, quod *studio* et *benevolentia* vel amore potius effici non possit. Cic. fam. III. 9. Quod *studium* et quem *favorem* secum attulit in scenam Panurgus? Cic. Rosc. Com. 10. *Studium* est animi assidua et vehemens ad aliquam rem applicata magna cum voluntate occupatio. Cic. inv. I. 25. Primum illud debes putare, in comitiis *studium* esse populi, non iudicium. Cic. Planc. 4. Certiorem te per litteras scribis esse factum, me cum Caesare et cum Appio esse in *gratia*. Cic. fam. I. 9.

205. Pudor, pudicitia, verecundia — Scham.

Pudor, Scham, enthält den weitesten Begriff, indem es sowol die Scham vor, als nach einer That bezeichnet. Es ist der Abscheu gegen eine unangemessene That, bestehe die Unangemessenheit in einer Verletzung der Bescheidenheit, des Ehrgefühls, oder worin immer. *Pudicitia*, Schamhaftigkeit, ist nur die Scham oder Neigung zur Scham vor einer That, und zwar immer in Rücksicht auf Ehrgefühl und Keuschheit. *Verecundia* enthält immer eine Beziehung zu der Heiligkeit oder Würde seiner selbst oder anderer, die zu verletzen man Scheu trägt; eine ehrfurchtsvolle Scham; Ehrfurcht, Sittsamkeit. Huc accedit summus timor, quem mihi natura *pudor*que meus attribuit. Cic. Rosc. Am. 4. Ex hac parte *pudor* pugnat, illinc petulantia; hinc *pudicitia*, illinc stuprum. Cic. Cat. II. 11. Moderator cupiditatis *pudor* est. Cic. fin. II. 34. *Pudorem* rubor, terrorem pallor consequitur. Cic. Tusc. IV. 8. Remedia sunt ad tolerandum dolorem firmitas animi, turpitudinis *verecundia*, duritia virilis. Cic. Tusc. V. 26. *Verecundia* deorum. Liv. XXXIX. 11. Custos omnium virtutum, dedecus fugiens laudemque maxime consequens, *verecundia* est. Cic. part. 23.

206. Modestia, moderatio, temperatio, temperantia — Mäßigkeit; modicus, moderatus, mediocris — mäßig.

Modestia bezeichnet eine Neigung des Gemüths, *moderatio* eine Handlung. Es giebt Leute, die von Natur modestiam, Bescheidenheit, beweisen; dagegen ist die moderatio ein Ergebniß der Selbstbeherrschung, wie die Mäßigung. Die *moderatio* drängt zurück und schränkt ein auf das rechte Maß, wogegen die *temperatio* und *temperantia* durch innere

Umstimmung die rechte Weise und Wesenheit bewirken (Nro. 63.). Wie die moderatio aus Selbstbeherrschung, so geht die temperantia aus einer Seelenruhe hervor. Die *moderatio* ist eine tugendhafte Handlung, die *temperantia* ist eine dauernde Tugend, die nur vernünftigen Wesen zukommt, während die *temperatio* allgemeiner nur eine löbliche Eigenschaft ist, die sich auch bei Dingen findet. *Modicus* und *moderatus* bezeichnen beide mäßig als das rechte Maß haltend, jenes aber immer äußerlich, dieses in sittlicher Hinsicht gefaßt, und zwar oft mit Hinweisung auf den Partizipialbegriff, gemäßigt, wie temperatus, gemildert. *Mediocris* bezeichnet mäßig in seiner Annäherung zu dem zu wenig, mittelmäßig. Meam quum in omni vita, tum in dicendo *moderationem modestiumque* cognostis. Cic. Phil. II. 5. Ut corporis *temperatio* (rechte Verfassung), quum ea congruunt inter se, e quibus constamus, sanitas: sic animi dicitur, quum eius iudicia opinionesque concordant; eaque animi est virtus, quam *temperantiam* dicunt esse. Cic. Tusc. IV. 13. Σωφροσύνην soleo tum *temperantiam*, tum *moderationem* appellare, non nunquam etiam *modestiam*. Cic. fin. III. 8. Animus *temperatis* escis *modicisque* potionibus ita est affectus, ut sopito corpore ipse vigilet. Cic. divin. I. 51. Aufidius ita *temperatis moderatisque* moribus est, ut summa severitas summa cum humanitate iungatur. Cic. fam. XII. 27. Ista *mediocri* eloquentia contenti sumus. Cic. or. II. 27.

207. Superbia, insolentia, fastus, (spiritus) — Stolz.

Superbia ist der Stolz als das Bewußtsein oder die Einbildung seiner Vorzüge vor andern. Sie ist nicht offensiv, wie die *insolentia*, der Übermuth; mancher macht sich daher den superbus leicht zum Freunde, indem er sich selbst demüthig und untergeordnet gegen ihn beweiset. *Insolentia* ist der Stolz, insofern er seine wirkliche oder eingebildete Überlegenheit übermüthig zur Beleidigung und Kränkung anderer mißbraucht. *Fastus*, Hochmuth (der guten Prosa fremd), mit fastidium verwandt, zeigt sich in einem Widerwillen und daraus hervorgehender stolzer Zurückziehung von andern. *Spiritus* (im Plur.) bezeichnet den Stolz als eine momentane

Geisteserhebung, die sich als Kraft und Muth darstellt. In rebus prosperis *superbiam*, *fastidium* arrogantiamque magno opere fugiamus. Cic. off. I. 26. Iam *insolentiam* noratis hominis noratis animos eius ac *spiritus* tribunicios. Cic. Cluent. 39. Supercilia indicant *fastum*. Plin. n. h. XI. 37. Ariovistus tantos sibi *spiritus*, tantam arrogantiam sumpserat, ut ferendus non videretur. Caes. b. G. I. 33.

208. Pertinacia, pervicacia, contumacia, obstinatio, perseverantia, constantia — Beharrlichkeit.

Pertinacia entspricht am Meisten unserer **Hartnäckigkeit** und neigt sich, wie diese, wenn der Zusammenhang nichts näheres angiebt, zum **Fehlerhaften** hin. Sie zeigt sich in dem kräftigen **Festhalten** des eigenen Gedankens, ohne eine Opposition gegen andere. *Pervicacia*, **Störrigkeit**, (der besten Prosa fremd; bei Cicero bloß an einer unsichern Stelle Tusc. IV. 11.) geht mehr auf die **Lebhaftigkeit** bei dem Vertheidigen und **Festhalten** seines Gedankens. Die *contumacia*, **Widerspänstigkeit**, und *obstinatio*, **Starrköpfigkeit**, **Verstocktheit**, enthalten immer den Begriff einer gewissen **feindseligen Stimmung** gegen einen andern, welche sich durch *contumacia* in einem **derbtrotzigen** und **offensiven Abweisen**, durch *obstinatio* in einem **ungerechtstarren Verschließen** gegen Bitten und Einwirkungen aller Art beweiset. *Perseverantia* ist die **Beharrlichkeit** im ernsten und guten Sinne, jedoch meist in Beziehung auf eine bestimmte Handlung; als **dauernder Seelenzustand** und eigentliche **Charakterfestigkeit** wird sie *constantia*, **Beständigkeit**. Libertatem non in *pertinacia*, sed in quadam moderatione positam putabo. Cic. Planc. 39. Unicuique virtuti finitimum vitium reperietur... ut *pertinacia*, quae *perseverantiae* finitima est. Cic. invent. II. 54. Haec tua *pervicacia* et superbia coëgit me lóqui. Liv. IX. 34. Torquatus furebat *contumacia* responsi tui. Cic. Pis. 31. Preces eius taciturna sua *obstinatione* depressit. Nep. Att. 22. Incredibile est, quanto mihi videatur illius voluntas *obstinatior*. Cic. Att. I. 11. Catoni incredibilem tribuit natura gravitatem eamque ipse perpetua *constantia* roboravit semperque in proposito susceptoque consilio permansit. Cic. off. I. 30.

II. NOMINA.

Hoc populo Romano confirmo, vitam mehercule mihi prius, quam vim *perseverantiamque ad illorum improbitatem persequendam* defuturam. Cic. Verr. I. 17.

209. Mitis, lenis, placidus, comis, humanus — sanft, freundlich.

Mitis, milde, bezeichnet die Sanftheit immer von ihrer guten, wohlthuenden Seite, als Gegensatz zu durus und acerbus. *Lenis*, lind, gelind, bezeichnet die Sanftheit in ihrer Ruhe und Passivität, nicht wehethuend, als Gegensatz zu asper und severus; eine fehlerhafte Ausartung der lenitas wird die *mollitia*. Cic. or. part. 23. Die lenitas wird *clementia* genannt, insofern sie sich als Güte und gnädige Schonung eines Mächtigen offenbart; dagegen *mansuetudo*, insofern sie als Charakterzug, der aus eigener oder fremder Disziplinirung hervorgegangen, bezeichnet werden soll. Zu *clemens*, gnädig, bildet *crudelis*, zu *mansuetus*, sanftmüthig, *ferus* den direkten Gegensatz. Vergl. No. 210. 333. Nahe an lenis gränzt *placidus*, ruhig, gefällig, nur daß sich das *placidum* wesentlich im Äußern darstellt. *Comis* bezieht sich ebenfalls wesentlich mit auf das Äußere, aber nicht insofern es als ruhend angeschaut wird, wie *placidus*, sondern in Rücksicht auf das Benehmen gegen andere; die *comitas* ist Humanität als humanes Wesen, im populären Sinne. Humanität, wie es in der Gelehrtensprache gebraucht wird, als eine geistige und sittliche Durchbildung, wird durch *humanitas* bezeichnet. Demgemäß hat der *comis* nur Werth, ja es kann einen comis nur geben im Umgange mit andern; der *humanus* aber kann für sich allein bestehen und hat in sich Werth. Thucydides si posterius fuisset, multo maturior fuisset et *mitior*. Cic. Brut. 83. Nihil tam vidi *mite*, nihil tam placatum, quam tum meus frater erat in sororem tuam. Cic. Att. V. 1. Dolor *mitior*. Cic. Tusc. II. 22. Sensus iudicant dulce amarum, *lene* asperum. Cic. fin. II. 12. Non est iam *lenituti* locus; severitatem res ipsa flagitat. Cic. Cat. II. 4. Quorum impunitas tuae *clementiae* laus est, eorum ipsorum ad crudelitatem te acuet oratio? Cic. Lig. 4. cf. Deiot. 15. Illud quaero, cur tam *mansuetus* in senatu fuerit, quum

II. NOMINA.

in edictis tam ferus fuisset. Cic. Phil. III. 9. Falculam ita *placidum* mollemque reddidi, ut nihil iam auderet dicere. Cic. Caec. 10. Quiete et pure et eleganter actae aetatis *placida* ac *lenis* senectus est. Cic. sen. 5. *Comes*, benigni, faciles, suaves homines esse dicuntur, . . . „qui erranti *comiter* monstrant viam." (Enn.) Cic. Balb. 16. Te ipsum docebo profecto, quid sit *humaniter* vivere. Cic. fam. VII. 1. In Miltiade erat quum summa *humanitas*, tum mira *comitas*, ut nemo tam humilis esset, cui non ad eum aditus pateret. Nep. Milt. 8.

. 210. Atrox, ferox, ferus, trux, saevus, crudelis, dirus — schrecklich, wild.

Atrox (von ater, No. 325), gräßlich, auf Sachen bezogen, ist die Eigenschaft, die bloß in der äußern Gestalt sich ausdrückt, unheilvoll d. h. durch die Art seiner Erscheinung Unglück kündend, nicht selbst bringend. *Ferox*, wild, ist eine sich äußerlich kundgebende Eigenschaft des Innern, und wird daher nur von lebenden Wesen gesagt. Man unterscheidet es ziemlich gut von *ferus*, wild, als Naturzustand (auf Personen und Sachen bezogen), indem man sagt: *Ferus* caret omni cultu, ferox aliquo cultu; indeß ist dieses aliquo weit mehr, als man zu erwarten oder zu wünschen Grund hat. Die *ferocia* bezeichnet mehr den Zustand des Innern selbst, die *ferocitas* die Wildheit insofern sie in Handlungen hervortritt, als eine bis ins Fehlerhafte hinaus gesteigerte *fortitudo*. *Trux* und *truculentus* sind ebenfalls Eigenschaften des Äußern, aber als Ausdruck des Innern, der drohenden Furchtlosigkeit, fürchterlich. Der ferox wird zu einem *saevus*, wenn sich seine ferocia in einer feindseligen Grausamkeit gegen andere, in einem rohen Wehethun äußert; grausam. Von *crudelis* unterscheidet sich saevus dadurch, daß jenes den Grausamen allgemein, auch den kalt Grausamen bezeichnet, *saevus* aber den erzürnt Grausamen in seiner Regsamkeit zum Schmerze anderer; daher saevus auch von Dingen, heftig. *Dirus*, entsetzlich, ist wie atrox eine Eigenschaft des Äußern, als Ausdruck und Verkündung des Schrecklichen, aber immer in religiöser Beziehung, wenigstens in der guten Prosa. Bei Dichtern bezeichnet es auch

eine offenfive Hartherzigkeit, während der *durus* mehr
paffiv hartherzig ift. Num me fefellit, Catilina, res tanta, tam
atrox, tam incredibilis? Cic. Cat. I. 3. Fabius repente percussus est *atrocissimis* litteris, in quibus erat scriptum, fundum Herculanensem proscriptum esse. Cic. fam. IX. 25. Ve-
terani sunt *fortes* illi quidem, sed propter memoriam rerum
nimis *feroces*. Cic. Phil. XII. 12. Circumtulit *truces* minaciter
oculos ad proceres Etruscorum. Liv. II. 10. P. Rullus et
princeps erat agrariae legis, et *truculentius* se gerebat, quam
ceteri. Cic. agr. II. 5. Denfelben nennt Cic. agr. II. 25. hor-
ridum ac *trucem* tribunum. Heris sane adhibenda *saevitia* in
famulos, si aliter teneri non possunt. Cic. off. II. 7. Inde
Gyarum venimus, *saevo* vento, non adverso. Cic. Att. V. 12.
Crudelis mulier, quum iam tortor atque ipsa tormenta defessa
essent, finem facere noluit. Cic. Cluent. 63. Quum tristissima
exta sine capite fuerunt, quibus nihil videtur esse *dirius*:
proxima hostia litatur saepe pulcherrime. Cic. divin. II. 15.

211. Petulans, procax, protervus, lascivus —
muthwillig.

Nur die drei erften Wörter haben einen offenfiven Cha-
rafter, der fich bei dem *petulans*, dem Muthwilligen, in
Neckereien, in wiederholten unnöthigen, böfen oder fcherzhaf-
ten Angriffen auf andere zeigt. Die petulantia beruht mehr
auf einer natürlichen Abneigung gegen Ruhe und Frieden,
dahingegen die *procacitas*, das Ungeftüm, auf dem bewußten
Willen beruht; der procax ift dreift und frech, namentlich
im Fordern. *Protervitas* ift derjenige Muthwille, der fich in
einer leichtfertigen Rückfichtslofigkeit und Verletzung des fitt-
lichen Anftandes beweifet, daher auch Cic. Coel. 12. zu-
fammenfteht de adulteriis, de protervitate. *Lascivus* endlich
gehört wol nicht zunächft zu lacessere; denn etwas feindliches
liegt in dem Worte nicht; fondern eher zu laxus; lascivia ift
nämlich der eigentliche fcherzhafte Muthwille, die Leicht-
fertigkeit als lofes Wefen, dem Spiele nahe liegend. Maledictio si *petulantius* iactatur, convicium, si facetius, urbanitas nominatur. Cic. Coel. 3. Infamiaeue metu non esse *petu-*

II. NOMINA.

lantes, an legum et iudiciorum? Cic. leg. I. 19. Scio, te non esse *procacem* in lacessendo. Cic. fam. VII. 13. Itaque a petendo *petulantia*, a procando, id est poscendo, *procacitas* nominata est. Cic. rep. IV. 6. *Honestas* dictorum atque factorum non audet cuiquam aut dicto *protervo* aut facto nocere. Cic. fin. II. 14. Non hilaritate et *lascivia*, nec risu aut ioco, comite levitatis, sed saepe etiam tristes firmitate et constantia sunt beati. Cic. fin. II. 20.

212. Cupido, cupiditas, libido, voluptas —
Begierde, Lust.

Cupido (fem., bei Horaz masc., bei Cicero nur als Eigenname des Gottes, natürlich masc.) bezeichnet bloß die transitire Begierde, mit stätem Zusatz des Genitivs; dagegen ist *cupiditas* einmal in diesem Sinne gebräuchlicher, dann aber auch als Ausdruck für Begierde als affektvolles Trachten der Seele überhaupt. Wie sich nun die cupiditas in einem stäten und unruhigen Habenwollen äußert, so zeigt sich die *libido* in einem kein moralisches oder natürliches Gesetz achtenden Thunwollen überhaupt, bloß nach eigener Lust und Laune. Die cupiditas bildet den Gegensatz zu einem gemäßigten Wunsche, die libido zu einem vernünftigen Wollen. Die *voluptas*, das Vergnügen, bezeichnet die Lust einfach als einen Genuß. Im Plural enthalten voluptates, Vergnügungen, bloß einen Gegensatz zum Ernst, libidines aber, wie Leidenschaften, eine unmittelbare Beziehung auf die zügellose Herrschaft der Sinnlichkeit. Die Leidenschaft als geistige Stimmung überhaupt heißt *affectio*, und, insofern sie den Geist verwirrt, *perturbatio*. Iuvenis flagrabat *cupidine* regni. Liv. XXI. 10. Ardet ille *cupiditate* iusti et magni triumphi. Cic. Pis. 25. Homines benevolentia coniuncti *cupiditatibus* iis, quibus ceteri serviunt, imperabunt. Cic. am. 22. Pompeium non avaritia ad praedam aliquam devocavit, non *libido* ad *voluptatem*. Cic. Man. 14. Docemur legibus, domitas habere *libidines*, coërcere omnes *cupiditates*. Cic. or. I. 43. Impulsu *libidinum*, *voluptatibus* oboedientium, deorum et hominum iura violaverunt. Cic. rep. VI. 26.

213. Avarus (avidus, cupidus), tenax, sordidus — geizig.

Avarus, habsüchtig, bezeichnet den, der immer nur darauf bedacht ist, seine Geldgier zu befriedigen. Er kann dabei dennoch ein Verschwender sein; er will nur viel haben, vielleicht-eben um vieles zu brauchen. In *tenax* dagegen wird weniger das Habenwollen, als vielmehr das geizige Festhalten hervorgehoben; der *tenax* sträubt sich gegen vernünftige und billige Ausgaben: diese, aber auch nur diese macht der *parcus*, jedoch so, daß er dabei recht bedachtsam zu Werke geht. *Sordidus*, schmutzig, heißt der Geizige, insofern er durch seinen Geiz gegen die Gesetze der Ehre und des Anstandes verstößt. *Avidus* ist nicht, wie avarus, auf Geld und Geldeswerth gerichtet, sondern auf einen geistigeren Genuß; begierig. Es bezeichnet eine tiefere Innerlichkeit und Kraft der Begierde, während *cupidus* mehr die Hast der Begierde hervorhebt. Fehlerhaft werden sie übrigens, namentlich das erstere, nur durch die verschiedene Natur der Objekte. Der avarus ist habsüchtig und geizig, der tenax ist karg und knickerig, der parcus ist knauserig, der sordidus filzig. *Avaritia* est opinatio vehemens de pecunia, quasi valde expetenda sit, inhaerens et penitus insita. Cic. Tusc. IV. 11. Homo *avarissime* et spurcissime, redde bona sodalis filio. Cic. Verr. I. 37. Illum filium familias, patre *parco* ac *tenaci*, habere tuis copiis devinctum non potes. Cic. Coel. 15. Nimis *sordide* Scopam Simonidi dixisse dicunt, se dimidium eius ei, quod pactus esset, pro illo carmine daturum. Cic. or. II. 86. Vos semper appetentes gloriae praeter ceteras gentes atque *avidi* laudis fuistis. Cic. Man. 3. Voluptatis *avidae* libidines temere et effrenate ad potiundum incitantur. Cic. sen. 12. Isti Graeculi homines *cupidiores* contentionis sunt, quam veritatis. Cic. or. I. 11.

214. Serius, severus, austerus, tristis, morosus — ernst.

Serius, ernstlich, hat neutralen Sinn, was kein Scherz ist; *severus*, ernst, ist mehr aktiv, was keinen Scherz macht. Daher wird serius nur von Sachen, severus von Personen

II. NOMINA.

und von Sachen gebraucht, wenn sie personifizirt sind. Beide bezeichnen mehr die innere Seite des Ernstes für Erkenntniß und Urtheil. *Austerus*, strenge (nur auf Personen oder auf Abstrakta zu beziehen), wird der genannt, dessen Ernst sich in einer gemessenen Strenge seines ganzen Wesens ausdrückt. *Tristis* und *morosus* bezeichnen beide den tadelhaft Ernsten, den Finstern und den Mürrischen, und zwar rührt der Fehler bei dem tristis aus einer natürlichen oder wenigstens passiven Verkehrtheit des Gemüths, bei dem morosus aus einem gewollten starren Festhalten an dem Hergebrachten her. Videat imprimis, quibus de rebus loquatur: si *seriis, severitatem* adhibeat; si iocosis, leporem. Cic. off. I. 37. Aelius Tubero fuit illo tempore vita *severus*. Cic. Brut. 51. His non modo *austeri*, sed multitudo ipsa reclamat. Cic. or. III. 25. Ita sit ornatus et suavis orator, ut suavitatem habeat *austeram* et solidam. Id. ib. 26. *Tristitia* et in omni re *severitas* habet illa quidem gravitatem, sed amicitia remissior esse debet. Cic. am. 18. At sunt *morosi* et anxii et iracundi et difficiles senes. Ac *morositas* tamen et ea vitia, quae dixi, habent aliquid excusationis. Cic. sen. 18. In C. Laelio multa hilaritas, in Scipione vita *tristior* erat. Cic. off. I. 30.

215. Gaudium, laetitia, hilaritas — Freude.

Gaudium, die Freude, ist weit innerlicher, als die beiden andern Wörter; es bezieht sich bloß auf den innern Genuß der empfindenden Seele. *Laetitia* und *hilaritas* geben sich immer auch äußerlich kund; und zwar ist die *laetitia* immer die Folge einer besondern Veranlassung, die Fröhlichkeit; die *hilaritas* hingegen, wie Heiterkeit, ist nicht eine momentane Freude, sondern eine dauernde Stimmung und natürliche Neigung zur Freude. Die *hilaritas* ist immer etwas gefälliges, die laetitia wegen ihrer manchmal zu stark hervortretenden Äußerlichkeit von Cicero. Tusc. IV. 31. wenigstens *docendi* causa als etwas fehlerhaftes dem ruhigkräftigen gaudium entgegengesetzt. Man kann daher wol vor gaudium weinen, aber nicht vor laetitia; vor Freude ist überhaupt meistens durch gaudium zu geben. Voluptas etiam dicitur in animo; non dicitur *laetitia* nec *gaudium* in corpore. Cic. fin.

II. 4. Eodem vitio est effusio animi in *laetitia*, quo in dolore contractio. Cic. Tusc. IV. 31. Hic tu qua *laetitia* perfruere? quibus *gaudiis* exsultabis? quanta in voluptate bacchabere, quum in tanto numero tuorum neque audies virum bonum quemquam, neque videbis? Cic. Cat. I. 10. Nunc *hilaritas* illa nostra et suavitas, quae te praeter ceteros delectabat, erepta mihi omnis est. Cic. fam. IX. 11. Die serena frons (von der serenitas coeli hergenommen) geht aus dem Gefühl des schuld‍losen Herzens hervor.

216. Amoenus, iucundus, gratus, acceptus, gratiosus, dulcis, suavis — angenehm.

Amoenus, lieblich, anmuthig, bezieht sich auf die Annehmlichkeit, welche aus der Schönheit, namentlich aus Naturschönheiten hervorgeht. *Iucundus* (iuvicundus i. e. iuvans), angenehm, wird gesagt in Bezug auf die Erfreulichkeit, *gratus* in Bezug auf den wahren Werth, lieb, theuer. (Grata sunt, quae habere nos praestat, quam carere, licet *iucunda* non sint. Forcell.) Dabei ist gratus von allen allein aktiv und passiv zugleich, dankbar und dankenswerth. Wie gratus auf die Gesinnung, so bezieht sich *acceptus* wesentlich auf die Äußerung derselben in Aufnahme und Behandlung, will‍kommen. Stärker ist *gratiosus* (auf Personen bezogen), in Gunst stehend, willkommen als Favorit. *Dulcis* und *suavis* haben nur tropisch die Bedeutung angenehm. Sie bezeichnen zunächst das den Sinnen Wohlthuende (nur in Rücksicht auf den Gesichtssinn pflegt bloß *venustus* gebraucht zu werden), und zwar soll sich *suavis* hauptsächlich auf den Geruch, *dulcis* auf den Geschmack beziehen. Daher ist auch die suavitas immer etwas liebliches für die Wahrnehmung, während die *dulcedo* mehr der innern Sinnlichkeit angehört; das suave ist durch seine Süßigkeit angenehm, das dulce reizt. Hac insula nihil est *amoenius*. Cic. leg. II. 3. Ista veritas etiamsi *iucunda* non est, mihi tamen *grata* est. Cic. Att. III. 24. Amor tuus *gratus* et optatus; dicerem „*iucundus*", nisi hoc verbum in omne tempus perdidissem. Cic. fam. V. 15. Quod approbaris, id *gratum acceptum*que habendum. Cic. Tusc. V. 15. Pythius ut argentarius apud omnes ordines erat *gratiosus* (immer mit

II. NOMINA.

apud aliquem oder in aliquo loco, die andern dagegen mit dem Dativ). Cic. off. III. 14. Oratione Laelii nihil est *dulcius*. Cic. Brut. 21. Saepe ex me audierat, quam *suavis* esset inter nos et quanta coniunctio. Cic. fam. XIII. 26. *Dulcedo* iracundiae, honoris et pecuniae, Cic.; legis agrariae, Liv. *Suavitas* cibi, odorum, coloris, vocis, sermonum, humanitatis, morum. Cic. Als Gegensätze zu suavis und dulcis sind *acerbus* und *amarus* zu betrachten, das eine in Rücksicht auf die Schärfe, das andere in Rücksicht auf die Widrigkeit der Wirkung; ferner jenes weit mehr in dem tropischen Sinne von strenge, dies vorwiegend in Rücksicht auf die Zunge, wie bitter, gebraucht. Conveniet in exigendo non *acerbum* esse. Cic. off. II. 18. Animal sentit et *dulcia* et *amara*. Cic. n. d. III. 13.

217. Gratias agere, gratiam habere, (gratias und) gratiam referre — danken.

Das erste geschieht durch das Benehmen, durch eine Erklärung; das zweite durch die Gesinnung; das dritte durch eine vergeltende That; im Deutschen Dank sagen, Dank wissen, Dank abstatten. Man muß den Singular und Plural nur in der angegebenen Weise mit den einzelnen Verben verbinden; dann sagt man nur gratiam referre *pro;* bei den andern wird das Deutsche für durch einen Satz mit quod oder qui umschrieben. Danksagung *gratiarum actio*. Cic. fam. X. 19. Incredibile est, quas mihi *gratias* omnes *agant*. Cic. fam. XIII. 28. Tu mihi non modo *habuisti gratiam*, verum etiam cumulatissime *rettulisti*. Cic. fam. V. 11. Inops etiamsi *referre gratiam* non potest, *habere* tamen potest. Cic. off. II. 20. cf. Marc. 11. Phil. III. 2.

218. Questus, quiritatio, querela, querimonia — Klage.

Questus und das noch seltenere *quiritatio* sind mehr Ausbrüche, als Ausdrücke des Schmerzes; Klagen, welche sich als solche mehr in den Tönen, als in dem Sinn der Worte darstellen; der Jammer. Questus bezieht sich aber mehr auf den einzelnen Fall, quiritatio auf das fortgesetzte und verworrene Klagen, das Gejammer. Die *querela* und *querimonia* bezeichnen die Klage als verständlichen Ausdruck des Schmerges, und zwar ist *querimonia* die gerechte und ernste Klage, fast als ein Akt des Verstandes; *querela* die mißvergnügte und weichliche Klage, mehr als ein Akt des Gefühls: daher dies auch öfter im tadelnden Sinne. Qui *questus*, qui moeror dignus inveniri in calamitate tanta potest? Cic. Quint. 30. Fuga comitum et *quiritatio* facta est, et tumultus tota urbe discurrentium cum luminibus. Liv. XXXIII. 28. Superiori epistolae quod respondeam nihil est; quae plena stomachi et *querelarum* est. Cic. Qu. fr. III. 8. Hanc prope iustam patriae *querimoniam* detestor a me atque deprecor. Cic. Cat. I. 11.

219. Felix, beatus, fortunatus, prosperus, faustus, secundus — glücklich.

Den allgemeinsten Sinn hat *felix* (mit seinem geraden Gegensatze infelix), glücklich, in transitiver und neutraler Bedeutung, glückbringend und sich glücklich fühlend, auf äußere und innere Verhältnisse bezogen. So heißt auch das Glück als die Eigenschaft eines Menschen, den das Schicksal in den meisten Fällen und besonders begünstigt, *felicitas*. *Beatus* und *fortunatus* haben vorzugsweise passiven oder neutralen Sinn, und zwar ist das Glück des *beatus* ein Resultat innerer Güte und Zufriedenheit, glückselig; das Glück des *fortunatus* eine Gunst des Schicksals, beglückt. Einen Gegensatz hat beatus in miser, elend. Nur transitiven Sinn haben prosperus, faustus und *secundus*, Glück bringend (erfreulich); sie alle werden auch nur von Dingen ausgesagt, nicht von Personen. *Prosperus* bezieht sich wesentlich auf den Erfolg und das Ende einer Sache oder Unternehmung, während *secundus* auf die fördernde Beglückung während derselben geht, günstig. *Faustus* enthält immer eine religiöse Beziehung und bezeichnet, wie segenvoll, das Glück immer als eine Gnade der Götter. Secundus hat seinen bestimmten Gegensatz in adversus, das jedoch auch, nebst asper, dem prosperus gegenübersteht. Nulla potest in scelere esse *felicitas*. Cic. Phil. II. 24. Illum videtur *felicitas*, qua semper usus est, vindicasse. Cic. Brut. 96. Ea res *fauste, feliciter prospereque* evenit. Cic. Mur. 1. Nulla alia huic verbo, quum *beatum* dicimus, subiecta notio est, nisi secretis malis omnibus cumulata bonorum complexio. Cic.

II. NOMINA.

Tusc. V. 10. Asotos bene quidem vivere, at *beate* nunquam dixerim. Cic. fin. II. 8. Nihil insipiente *fortunato* intolerabilius. Cic. am. 15. O *fortunate* adolescens, qui Homerum virtutis tuae praeconem inveneris. Cic. Arch. 1. Omnibus rebus agendis, quod bonum, *faustum*, *felix fortunatum*que sit, praefabantur. Cic. divin. I. 45. Quum *prospero* flatu fortunae utimur, ad *exitus* pervehimur optatos. Cic. off. II. 6. Quis unquam tam *secunda* contione legem agrariam suasit, quam ego dissuasi? Cic. agr. II. 37. Res *secundae* oft. Auspicia *secunda*. Cic. divin. I. 15. Diagoras aliquando dixit, ad *prosperam adversam*ve fortunam qualis sis aut quemadmodum vixeris nihil interesse. Cic. n. d. III. 37. Epicurus docet, nihil esse *prosperum*, nisi voluptatem, nihil *asperum*, nisi dolorem. Cic. fin. I. 21.

220. Casus, fors, fortuna, fatum, sors — Zufall, Schicksal.

Casus bezeichnet den Zufall als ein bloß äußeres, todtes Ereigniß, das nicht zu erwarten stand, und zwar meistens als etwas unglückliches. In *fors* wird das Schicksal schon als ein Wesen angeschaut, das ohne Zweck und Ziel das Nichterwartete heranbringt, das Ungefähr. Noch wesenhafter ist die *fortuna*, das Glück, die nicht sowol zwecklos, als nach persönlicher Gunst oder Ungunst unberechenbare Ereignisse herbeiführt. In der Verbindung forte fortuna wird immer ein glücklicher Zufall bezeichnet. Allen dreien entgegen steht *fatum*, das Geschick, nicht insofern dabei irgend Laune und Willkür, sondern höhere, geheimnißvolle und nothwendige Gesetze walten. *Sors*, wie das Loos, ist das einem zu Theil werdende Schicksal; dann auch die Entscheidung des Zufalls nach einem voraus bestimmten Kennzeichen. Quid est aliud *sors*, quid *fortuna*, quid *casus*, quid eventus, nisi quum sic aliquid cecidit, sic evenit, ut vel non cadere atque evenire, vel aliter cadere atque evenire potuerit? quo modo ergo id, quod temere fit, *caeco casu* et volubilitate *fortunae*, praesentiri et praedici potest? Cic. divin. I. 6. Quid est tandem, quod *casu* fieri aut *forte fortuna* putemus? Cic. divin. II. 7.

Non solum ipsa *fortuna* caeca est, sed etiam plerumque efficit caecos, quos complexa est. Cic. am. 15. Stoici omnia *fato* fieri dicunt. Cic. fat. 15. Quaestorem habes, non tuo iudicio delectum, sed quem *sors* dedit. Cic. Qu. fr. I. 1. 3. Verri *sorte* provincia Sicilia obvenit. Cic. Verr. II. 6. *Fatum* id appello, quod Graeci εἱμαρμένην, id est, ordinem seriemque causarum, quum causa causae nexa rem ex se gignat. Cic. divin. I. 55.

221. Angor, anxietas, cura, sollicitudo, aegrimonia — Angſt, Sorge.

Angor und *anxietas* hat man vor böſen Ereigniſſen, *cura* und *sollicitudo* für oder gegen, *aegrimonia* aus denſelben. Angor Angſt und anxietas Ängſtlichkeit, bezeichnen bloß eine unruhige Furcht; cura Sorge und sollicitudo Beſorgniß, eine hoffende Furcht, daher meiſtens mit Beziehung auf die Mittel gegen das Übel; aegrimonia, Betrübniß, den nach Verwirklichung des Übels eintretenden leidenden Zuſtand des Gemüths. Dann iſt *angor*, wie ira, eine temporäre Aufregung; *anxietas*, wie iracundia, eine dauernde Stimmung, eine Neigung zu dieſer Aufregung. *Cura* iſt eine Thätigkeit des Verſtandes, daher auch die ruhige Sorge; *sollicitudo* faſt mehr eine aufgeregte Theilnahme und eine Thätigkeit des Gemüths, welches die Gründe für Furcht und Hoffnung mehr aufſucht, als thätig dem Übel entgegenwirkt. Der Gegenſatz von cura iſt *incuria*, die Sorgloſigkeit als Mangel an Vorſicht, die Nachläſſigkeit; der Gegenſatz zu sollicitudo iſt *securitas*, die Sorgenloſigkeit als ruhiger Gemüthszuſtand. In aliis *anxietas*, unde anxii, in aliis iracundia dicitur, quae ab ira differt, ut differt *anxietas* ab *angore:* neque enim omnes *anxii*, qui *anguntur* aliquando; nec, qui auxii, semper anguntur. Cic. Tusc. IV. 12. Difficilis est *cura* rerum alienarum. Cic. off. I. 9. Horum res et fortunae *curae* vobis esse debent. Cic. Man. 7. Istud malum ferrem graviter, si novae *aegrimoniae* locus esset. Cic. Att. XII. 38. *Sollicitudo* est aegritudo cum cogitatione. Cic. Tusc. IV. 8. Vituperanda est rei tam necessariae tanta *incuria*. Cic. am. 23. Democriti *securitas*, quae est animi tamquam tranquillitas. Cic. fin. V. 8.

II. NOMINA.

222. Dolor, aerumna, labor, opera — Schmerz, Mühe.

Dolor ist bloß neutral, der Schmerz als Empfindung, die man aber ruhig, selbst gerne tragen kann. Die *aerumna* ist immer mit einer quälenden Anstrengung verbunden, wie Mühseligkeit, und erhält ebenso oft den mehr äußerlichen Begriff von Elend. *Labor* hat selbst wol nicht die Bedeutung von Schmerz; *laborare* aber, leiden, bezeichnet einen dauernden Zustand des Mißbefindens, ein Geplagtsein, wobei ein *dolere* nicht Statt zu finden braucht; denn es schließt dolere keines Weges ein allgemeines Geplagtsein in sich. In der Bedeutung von Arbeit unterscheidet sich *labor* von *opera* dadurch, daß *labor* die Thätigkeit an sich, *opera* die Wirksamkeit derselben, die zum Ziele gelangende Thätigkeit, selbst die Hülfe bezeichnet. Die Arbeit als etwas wirklich oder in der Vorstellung schon fertiges, als Werk, heißt nicht labor, sondern *opus*. Aerumna est aegritudo laboriosa; dolor aegritudo crucians. Cic. Tusc. IV. 8. Interest aliquid inter *laborem* et *dolorem*. Sunt finitima omnino, sed, tamen differunt aliquid. Labor est *functio* quaedam (actio) vel animi vel corporis, gravioris operis·et muneris; dolor autem motus asper in corpore, alienus a sensibus ... Quum varices secabantur C. Mario, *dolebat;* quum aestu magno ducebat agmen, *laborabat*. Consuetudo *laborum* perpessionem *dolorum* efficit faciliorem. Cic. Tusc. II. 15. Res est magni *laboris*. Cic. or. I. 33. Mea *opera* Tarentum recepisti. Cic. sen. 4. In hac arte tu plus *operae laborisque* consumpsisti. Cic. or. I. 55.

223. Aegritudo, aegrotatio, morbus — Krankheit.

Bei der *aegritudo* ist wesentlich immer auch der Geist affizirt, der aeger fühlt sich krank; und da dies Statt finden kann, selbst ohne eine erkennbare körperliche Krankheit, so bezieht es sich oft allein auf einen kranken Gemüthszustand. *Aegrotatio* bezeichnet die Körperkrankheit und zwar subjektiv das Kranksein, als den Krankheitszustand des aegrotus. *Morbus* dagegen bezeichnet die Krankheit als ein Objekt in weit allgemeinerem Sinne. Bei morbus wird mehr Rücksicht auf den etwa erfolgenden Tod, bei aegrotatio auf das gegenwärtige Leiden genommen. Tropisch werden beide auch auf den Geist übertragen, und zwar mit demselben Unterschiede der Einzelheit und Allgemeinheit. Praeclare nostri molestiam, sollicitudinem, angorem propter similitudinem corporum *aegrorum*, *aegritudinem* nominaverunt ... Proprie ut *aegrotatio* in corpore, sic *aegritudo* in animo est ... Causa morbi inventa medici curationem esse inventam putant. Cic. Tusc. III. 10. Nunc novo quodam *morbo* civitas moritur. Cic. Att. II. 20. *Morbum* appellant totius corporis corruptionem (allgemein); *aegrotationem* morbum cum imbecillitate (speziell, als Leiden); vitium, quum partes corporis inter se dissident. Cic. Tusc. IV. 13.

224. Salus, valetudo, sanitas, (saluber, salutaris) — Wohlsein.

Salus hat nicht die besondere Bedeutung von Gesundheit; es ist immer allgemeiner, das Wohl, das Heil, nicht bloß auf das körperliche Befinden, sondern auf die ganze Existenz bezogen. *Valetudo* ist der Gegensatz zu aegrotatio und wie dieses subjektiv mit Rücksicht darauf, wie der Betreffende sich fühlt, wie er sich befindet. Es hat daher auch den allgemeineren Sinn von Befinden und geht, wie dieses, in utramque partem; daher das eigentliche Gesundsein meistens durch die zugesetzten Adjektive firma, bona, optima valetudo, bezeichnet wird. Es ist aber nur die Leibesbeschaffenheit; von der Seele kann es nur mit einer besondern Kühnheit gebraucht werden, wie Iracundi sunt constituti *quasi* mala valetudine animi. Cic. Tusc. IV. 37. (sie haben gleichsam eine schlechte Konstitution des Geistes). *Sanitas*, die Gesundheit, bezeichnet mehr den Zustand, als das Gefühl von demselben, und ist der Gegensatz zu morbus, wiewol nicht ganz so objektiv, als dieses; der *sanus* steht dem aegrotus und aeger gegenüber, zunächst und eigentlich als gesund am Körper, dann aber vorzugsweise an der Seele; sanitas selbst aber wird bei Cicero fast nur von der Seele, bei andern, namentlich bei den technischen Schriftstellern, auch vom Körper gesagt. Ille medicis suis non ad *salutem*, sed ad necem utitur. Cic. harusp. 16. Nulla *salus* maior rei publicae inveniri potest. Cic. Verr. I. 2.

II. NOMINA.

Valetudinem tuam confirmatam esse a vetere morbo gaudeo. Cic. Att. X. 17. *Valetudinem* amiseram. Cic. fam. IX. 18. Ut corporis temperatio, quum ea congruunt inter se, e quibus constamus, *sanitas:* sic animi dicitur, quum eius iudicia opinionesque concordant. Cic. Tusc. IV. 13. Anbere aber interpungiren e quibus constamus: sanitas sic animi dicitur cet. *Sanitate* ossis finitur dolor. Cels. VIII. 8. Pravarum opinionum conturbatio *sanitate* spoliat animum *morbis*que perturbat. Cic. Tusc. IV. 10. *Sana* pars corporis. Cic. Sest. 65. Medicamento *sanum* fieri. Cic. off. III. 24. Als Synonyma zu sanus sind noch zu beachten *saluber* und *salutaris;* sanus ift immer neutral, die beiden andern tranſitiv, und zwar saluber gleich *sanitatem* afferens, salutaris gleich *salutem* afferens; *salvus* ift salutis particeps. Loci alii sunt *salubres*, alii pestilentes. Cic. fat. 4. Haud scio an melius fuerit, rationem, quoniam *pestifera* sit multis, admodum paucis *salutaris*, humano generi non dari omnino, quam tam munifice et tam large dari. Cic. n. d. III. 27. A vobis (iurisconsultis) *salubritas* quaedam, ab iis, qui dicunt, *salus* ipsa petitur. Cic. Mur. 13. Dionysius ea commiserat, ut *salvus* esse non posset, si *sanus* esse coepisset. Cic. Tusc. V. 21. cf. Phil. II. 35.

225. Salvus, incolumis, sospes, integer — unverlețt.

Die drei ersten haben immer eine Beziehung auf eine Gefahr, der man entgeht, was bei integer nicht nothwendig ift; dann beziehen sich nur *integer* und *salvus* auf Sachen und Personen, die übrigen bloß auf Personen. Ferner wird durch salvus, gerettet, erhalten, gesund, wesentlich das Bestehen selbft, durch incolumis, wohlerhalten, unverſehrt, die Verhältniſſe des Bestehenden als unverlețt bezeichnet; jenes hat den Gegensaț vernichtet, dies beschädigt. *Sospes*, wohlbewahrt, bezeichnet den durch eine höhere Macht Wohlerhaltenen und ift wegen dieſer gemüthlichen Beziehung besonders poetifch. *Integer* ift, was in ſeinem ursprünglichen Weſen noch unberührt, daher noch unverändert, unverdorben ift, ſowol äußerlich, als auch moralisch. Omnes socios *salvos* praestare poteramus. Cic. Man. 18. Hoc *salvo* iure nostrae veteris amicitiae facere non potui. Cic. fam. XIII. 77. Ne sim *salvus*, Cic. Att. XVI. 13. faft gleich ne vivam. Cives sint *incolumes*, florentes. Cic. Man. 34. Se et *salvum* et *incolumem* esse vult. Cic. fin. IV. 81. Illos *sospites* ad suos restituit. Liv. II. 13. Natura movet infantem, ut *integrum* se *salvumque* velit. Cic. fin. II. 11. *Integram* famem ad ovum affero. Cic. fam. IX. 20. Tota oratio nostra omnem sibi fidem incorruptis atque *integris* testibus confirmat. Cic. fin. I. 21. Rem *integram* ad reditum suum iussit esse. Cic. off. II. 23. Vita *integerrima*. Cic. Planc. 1.

226. Debilis, imbecillus, infirmus, invalidus — schwach.

Debilis und *imbecillus* (is) find positiv; die beiden andern verneinen bloß die Stärke. Die Grundbedeutung von *debilis* ist ungelenkig, gelähmt (von de st. in und habilis), so daß die dadurch bezeichnete Schwäche zunächst äußerlich als eine Lähmung der Glieder angeschaut wird, und zwar allgemein, während *mancus* speziell auf die Lähmung der Hand, *claudus* auf die Lähmung des Fußes hinweiset. *Imbecillus*, ohnmächtig, bezieht sich auf eine Schwäche durch die innere Beschaffenheit der Theile, daher meistens auf geistige, besonders auf natürliche, selbstgefühlte Schwäche. *Infirmitas* ist nur die Schwäche im Aushalten; der infirmus, der Schwache, unterliegt leicht jedem Angriffe und jeder Versuchung äußerlich und geistig. *Invalidus* dagegen, unkräftig (nicht bei Cicero) bezeichnet den Mangel an genügender Kraft, um etwas auszuführen. Ut ager, quamvis fertilis, sine cultura fructuosus esse non potest, sic sine doctrina animus; ita est utraque res sine altera *debilis*. Cic. Tusc. II. 5. Bonum est integritas corporis, misera *debilitas*. Cic. fin. V. 28. *Manca* ac *debilis* eius praetura erit. Cic. Mil. 9. *Mancus* et omnibus membris captus ac *debilis*. Cic. Rab. perd. 7. Marius et valetudine est et natura *imbecillior*. Cic. Qu. fr. II. 10. Homo *imbecillus* a valentissima bestia laniatur. Cic. fam. VII. 1. Dolores humili animo *imbecilloque* ferre miserum est. Cic. fin. I. 15. Quam multi sunt, qui eam superstitionem (somniorum) *imbecilli* animi atque anilis putent. Cic. divin.

II. 60. Intellegebam, socios *infirme* animatos esse. Cic. fam. XV. 1. Hoc apud omnes leve et *infirmum* est. Cic. Rosc. Com. 2. *Infirma* valetudo. Cic. Brut. 48. Ipse Camillus, iam ad munera corporis *invalidus*, vadit in hostes. Liv. VI. 8.

227. Firmus, robustus, validus, valens — kräftig.

Firmus, feft, und *robustus*, ftarf, find Eigenschaften mehr defenfiver Art und bewähren sich im Aushalten, wogegen *validus* und *valens*, kräftig und ftarf, mehr offensiver Natur find und sich in Leistung und Angriff bewähren. Ferner aber ist das *firmum* stark durch die Art seiner Zusammenfügung und Stellung, das *robustum* durch die Festigkeit des Stoffes; dem firmum steht neben dem infirmum das debile, dem robustum das imbecillum gegenüber. Die ianua *firma* bei Ov. am. II. 12. 3. ist nicht bloß eine feste, sondern auch eine festverschlossene Thür, was in robusta nicht liegen würde. Beide Wörter werden auch tropisch gebraucht; jedoch beruht die animi *firmitas* und der animus *firmus* auf Überzeugungen und Grundsätzen, dagegen das animi *robur* und der animus *robustus* auf einer kernhaften Natur. Auch wird gemäß ihrer Bedeutung nur firme oder firmiter als Adverb gebraucht, während robuste immer unzulässig ist. *Validus* endlich und *valens* unterscheiden sich dadurch, daß die Leistungsfähigkeit des *validus* mehr in seinem gesammten Befinden, die des *valens* in der Luft und Neigung zu energischer und gewaltsamer Thätigkeit sich offenbart; doch ist validus mit seinem Gegensatze invalidus bei Cicero sehr selten, valens dagegen mit seinem Gegensatze imbecillus häufig. Duo corpora sunt rei publicae, unum *debile*, infirmo capite, alterum *firmum* sine capite. Cic. Mur. 25. Sapientis munus est, obsistere visis assensusque suos *firme* sustinere. Cic. fin. III. 9. Num hoc tibi ad *defensionem firmius* fore putasti? Cic. Verr. V. 29. Omne malum nascens facile opprimitur; inveteratum fit plerumque *robustius*. Cic. Phil. V. 11. Res vetustate *robustas* calumniando volunt pervertere. Cic. divin. I. 18. Omnia viceris, si *validum* te videro. Cic. fam. XVI. 4. Qui mallem tantas ei vires non dedisset, quam nunc tam *valenti* resisteret. Cic.

Att. VII. 3. Nihil fieri potest *valentius*. Cic. Brut. 16. Homo imbecillus a *valentissima* bestia laniatur. Cic. fam. VII. 1.

228. Fluxus, fragilis, caducus — vergänglich.

Der Unterschied dieser Wörter liegt bloß in der Verschiedenheit des Bildes; das *fluxum* ist durch sein Vorübergehen, das *fragile* durch seine Zerbrechlichkeit, das *caducum* durch seine Hinfälligkeit vergänglich. Demnach können die res humanae sowol fluxae, als fragiles und caducae genannt werden, wie Cic. Att. IV. 2. amic. 27. Aber gloria wird wohl fluxa und fragilis genannt werden, wie Sall. Cat. 1., indeß nicht caduca; corpus dagegen wohl fragile (und caducum), wie Cic. rep. VI. 24., aber nicht *fluxum*. Daneben hat caducus, wie verfallen, noch den Sinn von anheimfallend in Rücksicht auf Besitzungen. Antonium in via hereditates *caducae* retardant. Cic. Phil. X. 5.

229. Vivus, animans, vivax, vitalis, vividus, vigens, vegetus — lebendig.

Vivus, lebend, im Gegensatze von todt, ist eine lebendige Existenz, *animans*, im Gegensatze von leblos, eine beseelte Existenz habend. Das poetische *vivax* bezeichnet nur den, der ein zähes Leben hat. *Vitalis* ist in der guten Prosa nur Leben gebend oder erhaltend. Vividus, vigens und vegetus unterscheiden sich von vivus dadurch, daß sie immer eine intensive Kräftigkeit des Lebens nach irgend einer Richtung ausdrücken. Unter ihnen bezieht sich *vividus*, lebendig, wesentlich auf das Leben des Gemüthes und Herzens, findet sich aber bei Cicero nicht; *vigens*, frisch, auf körperliche und geistige Vollkräftigkeit, *vegetus* auf intellektuelle Regsamkeit, wie lebhaft. Ille *vivus* mali nihil fecisset, qui mortuus curiam incenderit! Cic. Mil. 33. Multi deos ne *animantes* quidem esse concedunt. Cic. n. d. III. 4. Caloris natura vim habet in se *vitalem*. Cic. n. d. II. 9. (In Camillo) *vegetum ingenium* in *vivido pectore* vigebat. Liv. VI. 22. *Vivida* odia. Tac. ann. XV. 49. Horum igitur aliquid animus est; ne tam *vegeta* mens aut in corde cerebrove aut Empedocleo sanguine demersa iaceat. Cic. Tusc. I. 17. Ab tergo Alpes urgent vix integris

II. NOMINA.

vobis ac *vigentibus* transitae. Liv. XXI. 43. Soli ii, qui memoriā *vigent*, sciunt, quid et quatenus et quo modo dicturi sint. Cic. or. II. 87. Animo *vigemus*. Cic. Att. IV. 3.

230. Acer, alacer, vehemens — lebhaft, heftig.

Acer, scharf, wird äußerlich und geistig, mit Rücksicht auf die eindringende und kräftige Wirksamkeit des so Beschaffenen auf andere Gegenstände gesagt; scharf, scharfsinnig und strenge. Von acutus (Nro. 190.) ist es dadurch unterschieden, daß dieses bloß die Verstandesschärfe, acer dagegen die regsame Kraft des ganzen Geistes bezeichnet; daher acutus die Bedeutung von strenge nicht erhalten kann. Wie acer wesentlich auf die Eindringlichkeit, so gehen *alacer* und *vehemens* vorzugsweise auf die Haltung bei einer Handlung, wie munter, hastig, heftig. Das acre ist an sich nur löblich, denn es geht aus der Kraft hervor; die *vehementia* aber und auch die *alucritas* schließen mehr oder minder eine leidenschaftliche Erregung in sich, und unterliegen deshalb auch an sich zuweilen dem Tadel. Alsdann aber ist die *alacritas* nur eine unschuldige übergroße Munterkeit, die *vehementia* eine feindlich gegen andere gerichtete Heftigkeit, aber mit weit geringerem Tadel, als das Deutsche Wort. Dii non iis escis aut potionibus vescuntur, ut aut nimis *acres* aut nimis concretos humores colligant. Cic. n. d. II. 23. *Acerrimus* ex nostris sensibus est sensus videndi. Cic. or. II. 87. *Acris* memoria im Gegensatz von *hebes*. Id. ib. Ebenso mit ingenium, cura, incusatio, iudicium u. s. w. Cic. An timebant, ne *alacres* perterritum superare non possent? Cic. Coel. 28. Inanis *alacritas*, id est, laetitia gestiens. Cic. Tusc. IV. 16. und V. 16. Vir temperatus sine metu, sine *alacritate* ulla. Poterone in eos esse *vehemens*, qui naves inanes non modo habuerunt, sed etiam apertas? Cic. Verr. V. 40. Num forte quae *vehementer, acriter*, animose fiunt, iracunde fieri suspicamur? Cic. Tusc. IV. 25.

231. Piger, segnis, iners, socors, ignavus, desidiosus — träge.

Piger, faul, ist von allen allein fast eine körperliche

Beschaffenheit; die pigritia ist die Unlust sich zu bewegen, entweder von Natur, oder hervorgehend aus einer momentanen Schlaffheit des Körpers. Als Adverb wird es demgemäß nicht gebraucht. Segnis, träge, bezieht sich immer nur auf die Lässigkeit und Lauheit bei einer Handlung; es ist kein körperlicher, sondern ein moralischer Fehler. Wie nun segnitia wesentlich auf die Dauer einer Handlung, so wird inertia auf das Resultat derselben bezogen; die Trägheit des iners, des täppischen und deshalb nichtsausrichtenden Menschen beruht auf einem natürlichen oder doch eingewurzelten Ungeschick, etwas zu Stande zu bringen. Ob einer piger ist, zeigt sich schon vor dem Beginn einer Handlung; ob segnis, an dem Maße seiner Rührigkeit bei derselben; ob iners, an seiner Geschicklichkeit und dem Ergebnisse seines Thuns. Die socordia ist ein Fehler der Intelligenz; der socors ist verstandesträge, dumm, insofern sich die Dummheit in einer Theilnahmlosigkeit zeigt; der socors versäumt es, zu denken. (Vergl. Nro. 195.) Der socordia nahe liegt die ignavia, doch bezieht sich diese nicht sowohl auf den Verstand, als auf das Gemüth; der ignavus ist träge aus Mangel an Muth, an dem Bewußtsein freier Kraft, wie der navus thätig ist aus innerer Lust am Thun. Desidia, die Lässigkeit, ist das Nichtsthun wegen zu leicht erfolgender Ermüdung, und daher die Neigung zum Nichtsthun; daher desidiosus (bei Livius und in der Poesie deses), wer dieser Neigung voll ist oder sie erregt, wer von der Arbeit gern und lange abläßt. *Pigritiam definiunt metum consequentis laboris.* Cic. Tusc. IV. 8. Interdum *piger*, interdum timidus in re militari videbaris. Cic. fam. VII. 17. Crassus sine arrogantia gravis esse videbatur, et sine *segnitia* verecundus. Cic. Brut. 81. Nec me laudandis maioribus meis corrupisti, nec me *segniorem* ad respondendum reddidisti. Cic. fin. I. 10. Rudem esse omnino in nostris poetis aut *inertissimae segnitiae* est, aut fastidii delicatissimi. Cic. fin. I. 2. Iners steht geradezu dem doctus gegenüber Prop. II. 23. 70. Tendis *iners* docto retia nota mihi. Artibus qui carebant, *inertes* a maioribus nominabantur. Cic. fin. II. 34. Me ipsum *inertiae* nequitiaeque condemno. Cic. Cat. I. 2. Glabrionem *socors* ipsius natura neglegensque tardaverat. Cic. Brut. 68.

Carneades homines non *socordes* ad veri investigandi cupiditatem excitavit. Cic. n. d. I. 2. Fit in proelio, ut *ignavus* miles ac timidus abiecto scuto fugiat, quantum possit. Cic. Tusc. II. 23. In dolore hoc maxime est providendum, ne quid abiecte, ne quid timide, ne quid *ignave*, ne quid serviliter muliebriterve faciamus. Id. ib. Languori se *desidiae*que dedit. Cic off. I. 34. *Desidiosam* artem dicimus, quia *desidiosos* facit. Auct. ad Herenn. IV. 32. *Desidiosa* delectatio. Cic. or. III. 23. Fuga laboris *desidiam* coarguit. Cic. Mur. 4.

232. Industria, sedulitas, diligentia, navitas, assiduitas — Fleiß.

Industria, die **Betriebsamkeit**, ist die **Regsamkeit** im Erfassen und Ausführen zweckmäßiger, besonders **einträglicher Unternehmungen**; sie beruht auf einer **Bereitwilligkeit** und **Geschicklichkeit zur Arbeit**. Die *sedulitas* zeigt sich in einer **äußeren Beweglichkeit** und **Geschäftigkeit bei der Arbeit**; sie ist mehr Sache des Gemüths und eines sorglichen Wesens, mehr Sache des Weibes, wie industria des Mannes. *Diligentia* heißt der **Fleiß als ein vernünftiges Streben nach Pünktlichkeit und Genauigkeit**; es steht sowol der Nachlässigkeit und Trägheit, als der Überstürzung gegenüber. *Navitas* (selten) ist die **Thätigkeit aus innerer Lust am Thun** und angeborner Tüchtigkeit dazu. *Assiduitas* wäre zunächst der **Fleiß als Beharrlichkeit und Ausdauer bei der Arbeit**; jedoch kann es diese Bedeutung nur in Verbindung mit einem andern erklärenden Worte bekommen, wie etwa diligentia et assiduitas oder assiduitas et virtus. Cic. fam. VII. 6. Allein aber kann man assiduitas für Fleiß niemals gebrauchen. Es bezeichnet immer nur die häufige Wiederholung, die **Häufigkeit einer Handlung**, und wird sogar der industria, welche sich auf die Kraft der Handlung bezieht, entgegengesetzt. Non est meum qui in scribendo tantum *industriae* ponam, committere ut neglegens fuisse videar. Cic. fam. III. 9. Nihil huc nisi perfectum ingenio, elaboratum *industria*, afferri oportere putavi. Cic. Man. 1. Fortitudo in periculis, *industria* in agendo. Id. ib. 11. In hoc negotio *industriam* meam celeritas reditionis, *diligentiam* multitudo litterarum et testium declaravit.

Cic. Verr. I. 6. Res familiaris conservatur *diligentia*. Cic. off. II. 24. De *industria*. Cic. off. I. 7. Mit Willen, mit Fleiß. Sulla *sedulitatem* mali poetae aliquo tamen praemio dignam duxit. Cic. Arch. 10. *Diligentia* potius, quam pretio parare, non mediocris est *industriae*. Nep. Att. 13. Me *assiduitate* (Besuch) quotidiana sceleratissime tractavit. Cic. Qu. fr. I. 3. Praetor factus est aut *industria* aut opera probata aut, id quod levissimum est, *assiduitate*. Cic. Verr. I. 39. *Diligentia* comparat divitias, *neglegentia* corrumpit animum. Auct. ad Herenn. IV. 20.

233. Tranquillitas, quies, requies — die Ruhe.

Die *tranquillitas* ist positiv, die Ruhe, welche von dem Gefühle der eigenen Kraft ausgeht; daher auch besonders die Ruhe des Gemüths, der Wellen (nach dichterischer Auffassung) u. s. w. *Quies* ist gewissermaßen negativ, die Ruhe, welche man sucht im Gefühle seiner Schwäche; der tranquillus fühlt sich stark, durch *quies* sucht man Stärkung. Daher ist die tranquillitas immer achtungswerth, die quies nur nach Umständen; Schlaf und Tod können nie tranquillitas genannt werden, wohl aber quies. (Ein gen. obi. kann wohl mit quies, Rast, nicht mit tranquillitas verbunden werden, welches niemals Rast bedeutet. *Requies* hebt die Rücksicht auf Erholung stärker hervor, als quies; der Tod kann demnach nicht leicht requies heißen. *Tranquillus* ad *quietem* hic locus est. Cic. rep. I. 4. *Tranquillitas* est placida *quietaque* constantia. Cic. Tusc. IV. 5. Appetitus sint *tranquilli* atque omni perturbatione animi careant ... Ludo et loco uti quidem licet, sed sicut somno et *quietibus* ceteris. Cic. off. I. 29. Mors laborum ac miseriarum *quies* est. Cic. Cat. III. 4. Natura *requietem* quaerit. Cic. fin. V. 19. Ad *requiem* animi et corporis. Cic. Arch. 6.

234. Eximius, egregius, praeclarus — vorzüglich.

Alle drei sind lobenswerthe Eigenschaften; die beiden ersten aber enthalten eine verständige Anerkennung der Vorzüglichkeit, *praeclarus* dagegen ist ein Ausdruck der Bewunderung. *Eximius*, ausnehmenswerth, ausnehmend, ungemein,

II. NOMINA.

kann nur von Dingen ausgesagt werden, die an sich und immer gut sind; nur was unter lauter guten Dingen sich auszeichnet, ist eximium. *Egregius*, vorzüglich, ausgezeichnet, bezeichnet das Vorzügliche unter Dingen, die an sich indifferent sind, bald gut, bald schlecht sein können. So sagt man eximiae virtutes, eximium ingenium, eximia spes (Cic. fin. I. 13. fam. VI. 5. I. 7.); denn Tugenden, Talent und Hoffnung sind immer etwas Gutes. Man sagt aber nicht *eximius* poëta, sondern *egregius* (Cic. or. I. 3.), denn leider giebt es viele schlechte Dichter. *Praeclarus*, wie herrlich, vortrefflich, bezieht sich auf den Eindruck und die Bewunderung, welche die Vorzüglichkeit bei anderen erregt; zuweilen mit Ironie. Das Verhältniß der übrigen Synonyma eminens, excellens, praestans, ergiebt sich aus der Bedeutung der entsprechenden Zeitwörter. Eximium est ingenium tuum summaque virtus. Cic. fam. VI. 5. Ego in vobis *egregiam* quandam ac *praeclaram* indolem ad dicendum esse cognovi. Cic. or. I. 29. Ea quae *eximia* plerisque ac *praeclara* videntur, parva ducere fortis animi magnique ducendum est. Cic. off. I. 20. Negotium tibi datum esse a Caesare, non iudicium, *praeclare* intellego. Cic. fam. XIII. 7. *Eximie diligere.* Cic. Arch. 9. *Egregie* Graece loqui. Cic. fin. II. 6.

235. Celeber, clarus, nobilis, illustris, inclitus, insignis — berühmt.

Celeber heißt eigentlich vielbesucht und bezeichnet dann auch nur eine aus solchem Verhältnisse entspringende Berühmtheit. Bei Cicero ist es demgemäß fast nur ein Beiwort zu Örtern, nicht zu Personen. *Clarus*, zunächst klar, hell, wird in der tropischen Bedeutung berühmt von Personen und Sachen gebraucht, deren Ruhm wesentlich als Licht und Glanz aufgefaßt wird; die *claritas* ist für das Auge, was die *gloria* für das Ohr (vergl. Nro. 281.); der Gegensatz zu clarus ist obscurus. Die *nobilitas*, der Adel (eigentl. u. trop.), ist oft eine Folge der *claritas*; der *nobilis* ist leicht gekannt und kennenswerth; doch ist seine Auszeichnung immer mehr passiver Natur, als die des clarus; weshalb nobilis selbst den durch seine äußere Stellung Berühmten, den Vornehmen, bezeichnet.

Illustris enthält den Begriff der **Lichtfülle**, wie clarus, ist aber von der andern Seite mit nobilis mehr passiver Natur; *illustre* ist dasjenige, welchem das **Licht, der Glanz, von außen zufließt**; *clarum* ist, was in sich selbst lichtvoll ist; dem entsprechend ist illustris, **berühmt**, derjenige, der von **Ruhm umgeben** ist, dessen Ruhm mehr in die **Augen fällt**, als erkannt wird; der Ruhm des illustris ist daher ein **Objekt der Bewunderung** und deshalb in den Augen der Welt größer, als die claritas. In **politischer Beziehung** wird man *clarus* durch **eigene Verdienste**, *nobilis* durch eigene oder der Vorfahren **hohe Staatsämter**, *illustris* durch **hervorragenden Glanz und Namen**. Das seltene und fast nur dichterische *inclitus* bezieht sich ebenfalls auf einen **äußeren durch die Fama verbreiteten Ruhm**. *Insignis*, zunächst **gekennzeichnet** und dadurch in die Augen fallend, ist mehr **auffallend**, als ausgezeichnet, im guten, wie im bösen Sinne. Es bezeichnet daher nie eine Auszeichnung oder Berühmtheit an sich, sondern enthält nur eine **Steigerung** des dabei angegebenen Begriffs. Man kann demnach nie allein sagen homo insignis, ein ausgezeichneter Mann; wohl aber insignis ad deformitatem, ad laudem (Cic. leg. III. 8. fam. III. 11.), wegen der gedachten Steigerung von deformitas und laus. Antiochia *celebris* quondam urbs et copiosa fuit. Cic. Arch. 3. Oraculum *celebre* et *clarum*. Cic. divin. I. 19. Certe non tulit haec civitas viros aut gloria *clariores* aut auctoritate graviores aut humanitate politiores Africano, Laelio, Furio. Cic. or. II. 37. Sub terra habitant bonis et *illustribus* (erleuchtet) domiciliis. Cic. n. d. II. 37. Haec vides, quanto *illustriora* futura sint, quum aliquantum ex provincia atque ex imperio laudis accesserit. Cic. fam. I. 7. Quamvis sit Themistoclis nomen quam Solonis *illustrius* .... non minus hoc *praeclarum* iudicandum est, quam illud. Cic. off. I. 22. Ubi erant illi Pythodori, Actidemi, ceteri homines apud nos noti, inter suos *nobiles?* Cic. Flacc. 22. Hi nunquam sunt tam genere *insignes*, quam vitiis *nobiles*. Cic. pet. cons. 10. *Inclita* per gentes Lycurgi disciplina sublata est. Liv. XXXIX. 36. Virtus illius viri etiam posteris erit *clara* et *insignis*. Cic. am. 27. Neque *insignis* improbitas, nec rursus miseria *insignis* agitata videtur. Cic. or. II. 58. Multi aut ea, quae facilia sunt, aut etiam illa, quae *insignia* ac paene vitiosa, consectantur imitando. Cic. or. II. 22.

236. Clarus, illustris, dilucidus, perspicuus, evidens, manifestus, apertus — klar, offenbar.

Nach der vorigen Nummer ist *clarus* aktiv oder mindestens neutral, und weiset mehr auf das Licht, *illustris* passiv und weiset mehr auf den Glanz hin; *dilucidus* dagegen hat mit illustris die passive Natur gemein und weiset, wie clarus, mehr auf das Licht und die Helligkeit hin. Das dilucidum ist lichtvoll und dadurch unzweideutig, das illustre ist glanzvoll und dadurch zugleich schön. Dem dilucidus zunächst steht *perspicuus*, durchsichtig, klar, das sich ebenfalls nur auf eine Deutlichkeit für das Auge (clarus auch für das Ohr, clara vox), und zwar in der Prosa nur für das geistige Auge bezieht, während dasselbe äußerlich durch *perlucidus* (verschieden von *pellucidus*, durchscheinend) bezeichnet wird. Allein das *dilucidum* ist (wie das illustre) ein stilistischer Vorzug und muß nothwendig verstanden, das *perspicuum* ist ein logischer Vorzug und muß nothwendig geglaubt werden; jenes hat mit clarus seinen Gegensatz in *obscurus*, dieses dagegen in *dubius*. Sehr nahe dem perspicuum ist das *evidens*, augenfällig; nur daß das evidens eine Gewißheit für das unmittelbare Bewußtsein giebt, nicht ergründet und bewiesen zu werden braucht noch kann, wie dies bei dem perspicuum der Fall ist. *Manifestus* und *apertus*, offenbar, bezeichnen zunächst die Klarheit nicht für das Erkennen, sondern für das Kennen und Wissen; sie enthalten beide die Klarheit nicht in sich, sondern ihrer leichten Kenntniß steht nur kein äußeres Hemmniß im Wege. Der Unterschied aber liegt darin, daß dieses Hemmniß bei *manifestus*, handgreiflich, als ein Entfernt=, Entlegensein, bei *apertus*, offen, offenbar, als ein Bedeckt=, Verhülltsein angeschaut wird. Gegensatz zu dem ersteren ist *secretus*, zu dem andern *occultus*. Luce sunt *clariora* nobis tua consilia omnia. Cic. Cat. I. 3. *Dilucidum* fit usitatis verbis, propriis, dispositis . . . . . *Illustris* autem oratio est, si et verba gravitate delecta ponuntur et translata et superlata ... Sed quae dicta sunt de oratione *dilucida*, cadunt in hanc *illustrem* omnia. Est enim *plus aliquanto illustre, quam dilucidum;* altero (dilucido) fit, ut intellegamus, altero (illustri), ut videre videamur. Cic. or. part. 6. Nihil est *clarius* ἐναργείᾳ, ut Graeci (*perspicuitatem* aut *evidentiam* nos, si placet, nominemus). Cic. Ac. II. 6. In causis, si quid est *evidens*, de quo inter omnes conveniat, argumentari non soleo. *Perspicuitas* enim argumentatione elevatur .... Quia non confidebas, tam esse id *perspicuum*, quam tu velis, propterea multis argumentis deos esse docere voluisti. Cic. n. d. III. 4. Quod qui dubitet, haud sane intellego, cur non idem, sol sit an nullus sit, dubitare possit. Quid enim est hoc illo *evidentius?* Cic. n. d. II. 2. Res ita notas, ita testatas, ita *manifestas* proferam, ut nemo a vobis, ut istum absolvatis, conetur contendere. Cic. Verr. I. 16. Ebenso *manifestum* scelus, peccatum (Cic. Cat. III. 5. Verr. II. 78.), aber nicht perspicuum oder evidens. Oportet narrationem tres habere res, ut brevis, ut *uperta*, ut probabilis sit. Cic. inv. I. 20. Ille semper fuit *apertissimus* (sehr offenherzig). Cic. Mur. 25. Naves *apertae* (ohne Verdeck), coelum *apertum* (frei). Cic. Verr. V. 40. divin. I. 1. Vergl. aperio.

237 a. Dubius, ambiguus, anceps, incertus — zweifelhaft.

Dubius, zweifelhaft, von Personen, wie von Sachen, bezeichnet die im Geiste oder in der Sache vorhandene Unsicherheit zu irgendwelcher Entscheidung. In Bezug auf Sachen beruht die durch dubius ausgedrückte Zweifelhaftigkeit auf einer allgemeinen Unklarheit ihres Wesens. Dieser Sinn liegt in *ambiguus* nicht; die res ambigua bietet vielmehr so viele Entscheidungsgründe dar, daß sie nur eine doppelte Deutung zuläßt, zweideutig, doppelsinnig. So bildet oder braucht Cicero Tusc. III. 9. das bloß transitive Wort invidentia, um das transitive und zugleich passivische invidia zu vermeiden „ut effugiamus *ambiguum* nomen invidiae." Die *ambigua* sind doppeldeutig, die *dubia* vieldeutig, die *incerta* undeutbar. Anceps ist ebenfalls nur Beiwort von Sachen, die zwei Entscheidungen zulassen; es hat aber immer Bezug auf eine gewisse Gefahr der Entscheidung; be-

II. NOMINA.

denklich, mißlich; zuweilen hat es geradezu noch die Bedeutung doppelt, aber immer einiger Maßen mit jenen Nebenbeziehungen. Ganz verschieden davon wird *duplus* auf die Quantität bezogen, doppelt so groß, geminus aber auf die Zahl, auf ein paarweises Vorhandensein, meistens durch seine Natur und Entstehung. Ein bloß multiplikatives doppelt, ohne diese Nebenbeziehungen, d. i. zweimal vorhanden, wird durch *duplex* ausgedrückt. *Incertus*, ungewiß, unterscheidet sich von dubius dadurch, daß in diesem wenigstens unklare Momente zur Bildung einer Gewißheit liegen, während in *incertus* ein völliger Mangel aller Gründe zur Bildung der Gewißheit bezeichnet wird. Der *incertus* hat keine Meinung, der *dubius* schwankt zwischen verschiedenen Meinungen. *Dubia* kann man sich durch Scharfsinn und Nachdenken perspicua machen; incerta werden nur durch Nachrichten und äußere Data zu certis. Quae res est, quae cuiusquam animum in hac causa *dubium* facere possit? Cic. Man. 10. Fides tua mihi venit in *dubium*. Cic. Quint. 2. *Dubia* victoria, *dubiae* res. Caes. b. g. VII. 80. Liv. II. 50. Affers haec omnia argumenta, cur dii sint; remque mea sententia minime *dubiam* argumentando *dubium* facis. Cic. n. d. III. 4. Quum scriptum a sententia discrepat, genus quoddam est *ambigui* . . . . *Ambiguorum* complura genera sunt. Cic. or. II. 26. Quum aggredior *ancipitem* causam et gravem, omni mente in ea cogitatione versor, ut odorer, quid iudices sentiant. Cic. or. II. 44. *Ancipites* sunt viae Academicorum et pro omnibus et contra omnia disputandi. Cic. or. III. 36. Bestiae quasi *ancipites* heißen die Amphibien. Cic. n. d. I. 37. *Anceps* contentio, periculum. Cic. Man. 4. Nep. Them. 3. *Incertus* eram, ubi esses. Cic. Att. I. 9. Orator non extimescet *ancipites* dicendi *incertosque* casus. Cic. or. 28. Nihil *incertius* vulgo. Cic. Mur. 17. Ad oder in incertum revocare. Cic. Caecin. 13. und 27.

237 [b.] Dubitatio, dubium — der Zweifel.

Dubitatio ist subjektiv, der Zweifel als ein Schwanken des Geistes, das Bedenken, die Unschlüssigkeit; *dubium* ist objektiv, der Zweifel als die Ungewißheit einer

Thatsache. Bei *dubitatio* handelt es sich um die Stimmung mit welcher etwas gethan wird; bei *dubium* um die Frage ob es gethan wird oder Statt findet. Dem Satze Hoc *sine dubitatione* facies entspricht Hoc *non dubitabis facere;* dem Satze Hoc *sine dubio* facies entspricht Hoc *non dubium est quin* facturus sis. Übrigens bleibt *dubium* eigentlich immer Adjektiv und darf nie mit einem andern Adjektiv oder Pronomen verbunden werden; also niemals magnum dubium, omne dubium, minimum dubium, tuum dubium u. s. w., sondern dafür dubitatio. Verstärkt heißt es oft *sine ulla* dubitatione, nie sine ullo dubio. Überhaupt ist der substantivische Gebrauch von dubium beschränkt auf die Redensarten *in dubium venire*, zweifelhaft werden, *in dubium vocare*, in Zweifel ziehen, und *sine dubio* (nicht gut in dubio und procul dubio). Antonius municipiorum *sine ulla dubitatione* hostis est, d. h. er hat gar kein Bedenken dabei, ihr Feind zu sein. Cic. Phil. XIV. 4. *Sine dubio* hostis est würde heißen: Unstreitig war er ihr Feind.

238. Vitium, mendum, error, erratum, peccatum, delictum — Fehler.

Vitium bezeichnet jede Eigenschaft eines Dinges, wie einer Handlung, die einen Tadel verdient; es ist bei Weitem das allgemeinste Wort für Fehler. *Mendum*, ein Versehen, ist nur ein Fehler, der aus Mangel an Vorsicht begangen wird und bezieht sich in der guten Prosa bloß auf derartige Fehler in Schriften. *Errores* und *errata* gehen aus Unsicherheit und Mangel an Klarheit des Erkennens hervor, wie die Irrthümer; bei der größten Vorsicht kann man wohl errores und errata begehen, aber keine menda. Ferner ist aber *erratum*, so wie mendum, immer etwas Konkretes, Äußeres und Einzelnes, dagegen *error* auch als Abstraktum das Irren, die Thätigkeit oder den Zustand des Geistes, bezeichnet. Ein erratum aber kann man ohne eigentliche Schuld begehen, dagegen das *peccatum* immer ein schuldvolles Vergehen ist, namentlich in Rücksicht auf das Gewissen, die Sünde, das *delictum*, das Vergehen, in Rücksicht auf die aus der Natur der Sache oder besonders bei Neueren durch gerichtliches

II. NOMINA. 173

Erkenntniß erfolgende Strafe; dabei ist das peccatum ein Vergehen als verkehrte That, das delictum mehr als verkehrte Unterlassung; bei jenem kommt die eigentlich schlechte Gesinnung, bei diesem Nachlässigkeit, Dummheit u. s. w. in Betracht; insofern aber diese Dinge nur Modifikationen des Schlechten sind, gelten die delicta immer als eine Spezies der peccata, aber nicht umgekehrt. Praemia proposita sunt virtutibus et supplicia vitiis. Cic. or. I. 58. Vitio creati consules sunt. Cic. n. d. II. 4. Nihil est in parietibus aut in tecto vitii. Cic. fam. IX. 15. Aemulatio dupliciter dicitur, ut et in laude et in vitio hoc nomen sit. Cic. Tusc. IV. 8. Ille hoc mendum ista litura correxit. Cic. Verr. II. 42. Libri ad Varronem non morabuntur; sunt enim effecti (fertig); tantum librariorum menda tolluntur. Cic. Att. XIII. 23. Ferendus tibi in hoc meus error, est. Cic. Att. XII. 43. Lapsus est per errorem. Cic. Qu. fr. III. 9. In summo errore necesse est homines versari. Cic. n. d. I. 1. Errato nulla venia, recte facto exigua laus proponitur. Cic. agr. II. 2. In Avitum animadverterunt nullam ob turpitudinem, nullum ob totius vitae, non dicam vitium, sed erratum. Cic. Cluent. 48. Illud de Flavio et fastis si secus est, commune erratum est. Cic. Att. VI. 1. 18. Ut peccatum est patriam prodere, parentes violare, fana depeculari, quae sunt in effectu: sic timere, sic maerere, sic in libidine esse peccatum est, etiam sine effectu. Cic. fin. III. 9. Dii poenas a populo Romano ob aliquod delictum expetiverunt. Cic. Marc. 6. Necesse est, eum, qui velit peccare, aliquando primum delinquere. Cic. inv. II. 10. Fatetur aliquis se peccasse et eius delicti veniam petit; „nefarium est facinus ignoscere." At leve delictum est. „Omnia peccata sunt paria." Cic. Mur. 30.

239. Contumelia, iniuria, ignominia, infamia, probrum, dedecus — Schmach.

Die contumelia, die Schmähung, ist die Verletzung fremder Ehre, die iniuria, das Unrecht, die Verletzung fremden Rechtes. Die contumelia ist die Schmach als schmachvolles Ereigniß oder Kränkung durch Worte, die iniuria als Kränkung durch That und Angriff. Die contumelia ist immer etwas ungerechtes (Cic. Phil. III. 9.) und unedles, und dadurch wesentlich verschieden von reprehensio und vituperatio. Contumelia ist meistens aktiv, iniuria aktiv und passiv, die vier andern Synonyma sind nur passiv oder neutral. *Ignominia* und *infamia* bezeichnen beide die öffentliche Verachtung, unterscheiden sich aber dadurch, daß die *ignominia* mehr gegen geheime, sich verbergende, die *infamia* gegen kräftige und trotzige Frevel gerichtet ist; jene bezieht sich auf niedrige Gemeinheiten, diese auf Verbrechen. Den gemeinen Betrüger trifft ignominia, den Räuber und Verräther infamia; jenes ist Schmach, dieses Berüchtigtheit. *Probrum*, Schimpf, und *dedecus*, Schande, Unehre, beziehen sich auf eine Schande in Privatverhältnissen, und zwar wird probrum von entehrenden Handlungen, besonders der Unkeuschheit, dedecus mehr von der äußeren Beschaffenheit der Verhältnisse gebraucht. Außerdem aber bekommt probrum auch die aktive Bedeutung, Vorwurf, unterscheidet sich alsdann aber von contumelia so, daß dieses mehr ein Schmähen über die Verkehrtheiten, probrum aber ein namentliches Vorrücken der Verkehrtheiten selbst ist. Dividamus *iniuriam a contumelia;* haec levior et tantum delicatis gravis, qua non *laeduntur*, sed *offenduntur.* Sen. const. 4. *Contumeliae* acerbiores principibus solent esse, quam *iniuriae.* Id. clem. I. 10. Beides ist ganz den angegebenen Bedeutungen gemäß. Antonius verborum *contumeliis* optimum virum incesto ore laceravit. Cic. Phil. XI. 2. Quam *contumeliosus* Antonius in edictis? Cic. Phil. III. 6. „Nulla *contumelia* est, quam facit dignus." Quid est, *facere contumeliam?* quis sic loquitur? Cic. Phil. III. 9. Reditum mihi gloriosum *iniuria* tua dedit, non exitum calamitosum. Cic. par. 4. Actio *iniuriarum* non ius possessionis assequitur, sed dolorem imminutae libertatis iudicio poenaque mitigat. Cic. Caecin. 12. Certe in multorum peccato carpi paucos ad *ignominiam* et turpitudinem non oportet. Cic. Cluent. 46. Hominibus *ignominia* notatis neque ad honorem aditus, neque in curiam reditus sit. Cic. Cluent. 42. Quod privatarum rerum *dedecus* non inhaeret famae (tuae)? Cic. Cat. I. 6. Consules flagrant *infamia.* Cic. Att. IV. 18. Illa iudicia senatoria operta erant *dedecore* et *infamia*. Cic. Cluent. 22. Crasso cum *ignominia* atque *dedecore* erat pereundum. Cic. divin. II. 9. *Probri* insimulasti feminam pudicissimam. Cic. Phil. II. 38. Bonos *probris* omnibus maledictisque vexavit. Cic. Flacc. 20.

240. Opprobrium, exprobratio, maledictum, convicium, obiurgatio, crimen — der Vorwurf.

Von den beiden erften (wol nicht bei Cicero, aber doch sonst in der guten Sprache vorkommend) ist jenes objektiv und konkret, dies subjektiv und abstrakt. *Probrum* ist mehr ein Vorwurf, der gemacht werden kann; *opprobrium* der gemachte Vorwurf; *exprobratio* die Handlung selbst: alle drei beziehen sich auf ein namentliches Vorrücken und Vorhalten irgend einer That oder Eigenschaft als einer Verkehrtheit. *Maledictum*, von allen das allgemeinste Wort, indem es jede feindliche Äußerung bezeichnet, besteht in einem bloßen Aussprechen, während exprobratio sich mehr auf eine Entwickelung bezieht. Noch einzelner ist *convicium*; es ist oft in einem Worte enthalten, Scheltwort, Schimpfwort; jedoch nicht immer mit dem Nebenbegriff einer Ungezogenheit des Tadelnden. Ausführlicher und mehr belehrender Art, aber minder verletzend, ist *obiurgatio*, der Verweis, die Zurechtweifung. *Crimen* ist der Vorwurf als eine Anklage, worauf eine Vertheidigung und nach Umständen ein Straferkenntniß zu erwarten ist, während die übrigen nur mit einem Tadel oder Schimpfe verbunden find. Epaminondas illa duo *opprobria* (Argivos fuisse Orestem et Alcmaeonem, matricidas; Thebis natum Oedipum, qui cet.) refutavit. Nep. Ep. 6. Istaec commemoratio quasi *exprobratio* est immemoris benefici. Ter. Andr. I. 1. 17. *Maledictio* nihil habet propositi praeter *contumeliam*; quae si petulantius iactata, *convicium*, si facetius, urbanitas vocatur. Cic. Coel. 3. Saltatorem appellat Murenam Cato. *Maledictum* est; si vere obicitur, vehementis accusatoris, sin falso, *maledici conviciatoris*. Cic. Mur. 6. *Maledicta*, contumeliae . . . indigna philosophia mihi videri solent. Cic. fin. I. 8. De quo vos homine ne ab inimicis quidem ullum fictum *probrosum*, non modo *crimen*, sed ne *maledictum* quidem audistis. Cic. Font. 12. cf. Cic. Flacc. 3.

Possessione deturbatus est meo iustissimo honestissimoque *convicio.* Cic. fam. XII. 25. Qua hunc *obiurgatione* aut quo potius *convicio* a tanto errore coner avellere? Cic. off. III. 21.

241. Corruptio, corruptela — Verderbniß.

Corruptio ist die Verderbniß als bloße Verdorbenheit, als Zustand; *corruptela* in Rücksicht auf die in der Verderbniß liegende Verführung und den Reiz derselben. Morbum appellant totius corporis *corruptionem.* Corruptio opinionum. Cic. Tusc. IV. 13. Multos tu adolescentulos *corruptelarum* illecebris irretisti. Cic. Cat. I. 6. Largitionem *corruptelam* esse dixit. Cic. off. II. 15.

242. Ius, fas, (licitum) — das Recht, recht.

Das *ius* ist durch positive Gesetze bestimmt; seine Verletzung zieht eine richterliche Strafe nach sich. *Fas* est beruht auf göttlichen Satzungen, seien sie durch die Vorschriften der Religion, oder durch das sittliche Gefühl offenbart. *Licitum* est bezieht sich auf menschliche Satzungen, seien es Gesetze oder Sitte und Herkommen; vergl. Nro. 126. Galba multa pro aequitate contra *ius* dicebat. Cic. or. I. 56. Negat *ius* esse, qui miles non sit, cum hoste pugnare. Cic. off. I. 11. Clodius ita iudicia contempserat, ut eum nihil delectaret, quod aut *per naturam fas* esset aut *per leges liceret.* Cic. Mil. 16. Id *licere* dicimus, quod legibus, quod more maiorum institutisque conceditur. Cic. Phil. XIII. 6.

243. Nefas, flagitium, scelus, facinus, crimen — die Schandthat.

Der Unterschied dieser Wörter besteht hauptsächlich in der Verletzung verschiedenartiger Pflichten, während *maleficium* die Bösthat ganz allgemein bezeichnet. *Nefas,* Unrecht, Frevel, als gerader Gegensatz zu *fas,* ist ein Verbrechen gegen Gott und die Natur. *Flagitium* Schandthat, ist ein Verbrechen gegen sich selbst, eine Entehrung seiner selbst, nicht durch thatkräftiges Unrecht, sondern durch eine schändliche moralische Schwäche. *Scelus,* das Verbrechen, ist gerichtet gegen das Recht und den Frieden anderer. Es ist eine Folge

II. NOMINA. 177

der Bosheit; daher es sich auch, wie Laster, auf die Gesinnung, auf die Neigung, scelera zu begehen, bezieht. Hierdurch unterscheidet es sich wesentlich von *facinus*, das, als Synonymum von scelus, immer nur die einzele That bezeichnet; es ist aber bekanntlich in seiner Grundbedeutung indifferent, jede auffallende That, gut oder böse. *Crimen* ist, wie nach Nro. 240. der Vorwurf, so hier die That, als Gegenstand einer Anklage. Quidquid non oportet, *scelus* esse, quidquid non licet, *nefas* putare debemus. Cic. par. 3. Quod *facinus* a manibus unquam tuis, quod *flagitium* a toto corpore afuit? Cic. Cat. I. 6. Quartus Mercurius est Nilo patre, quem Aegyptii *nefas* habent nominare. Cic. n. d. III. 22. Ubi multa avare, multa audacter, multa improbe, multa perfidiose facta videbitis, ibi *scelus* quoque latere inter illa tot *flagitia* putatote. Cic. Rosc. Am. 40. Primum insimulatio est repentina capitalis atque invidiosi *criminis*. Cic. Verr. V. 9. Te hoc *crimine* non arguo. Id. ib. 18. *Facinus* est vinciri civem Romanum, *scelus* verberari, prope parricidium necari. Cic. Verr. V. 66. Germani proditores et transfugas arboribus suspendunt, ignavos et imbelles et corpore infames coeno ac palude mergunt . . . . tamquam *scelera* ostendi oporteat, dum puniuntur, *flagitia* abscondi. Tac. Germ. 12. Vergl. die Beispiele der folgenden Nummer.

244. Nefarius, (nefastus) nefandus; scelestus, sceleratus, scelerosus — schändlich).

Zunächst verhalten sich die drei ersten Wörter in aller Weise zu den drei letzten, wie nefas zu scelus; ebenso sind flagitiosus und facinorosus von ihnen zu trennen. *Nefarius*, frevelhaft, und *scelestus*, lasterhaft, werden wesentlich auf die Gesinnung, die Bosheit des Verbrechers bezogen; deshalb werden sie in der guten Sprache besonders von Personen ausgesagt, und von Sachen immer nur in Rücksicht auf die Gesinnung der betheiligten Personen. So wie nun nefarius auf die Gottlosigkeit des Thäters, so geht *nefandus* (nicht von Personen) auf die Abscheulichkeit und Entsetzlichkeit der That selbst in den Augen anderer. *Nefastus*, unheilig (nicht von Personen), ist eigentlich kein Synonymum zu jenen; es hat gar keine moralische, sondern nur eine religiös-politische Bedeutung. *Sceleratus*, verbrecherisch, von Verbrechen bedeckt, wird auf Personen und Sachen bezogen, aber nur in Rücksicht auf wirklich von oder an denselben begangene Verbrechen ausgesagt. Beide, scelestus wie sceleratus, sind scelerum plenus, das erstere aber in dem Sinne von ad scelera *promptus*, das andere von sceleribus *pollutus*. Auch das seltene *scelerosus* ist scelerum plenus, aber ohne daß jene Divergenz in der Bedeutung dieses Ausdrucks irgendwodurch angedeutet wäre; es möchte jedoch mehr mit scelestus, als mit sceleratus übereinstimmen. Non semper fugiendum est, religioni nocentem aliquando, modo ne *nefarium* impiumque, defendere. Cic. off. II. 14. Catilina pestem patriae *nefarie* molitus est. Cic. Cat. II. 1. Iste exercitu Luculli sollicitato per *nefandum* scelus illinc fugit. Cic. har. 20. Das Adverb nefande kann schon seiner Bedeutung nach nicht gebraucht werden, aber auch mit dem Eigenschaftsworte muß man jedenfalls sparsam sein. *Nefarium* scelus steht or. I. 51. vergl. Cic. Cat. IV. 6. extr. Occidisse patrem Roscius arguitur. *Scelestum*, dii immortales, ac *nefarium* facinus, atque eiusmodi, quo uno *maleficio* scelera omnia complexa esse videantur! Cic. Rosc. Am. 13. Ego illum male sanum semper putavi; nunc etiam impurum et *sceleratum* puto. Cic. Att. IX. 15. Perspeximus, quanta in iis, qui contra patriam *scelerata* arma ceperunt, inesset immanitas. Cic. Phil. XI. 1. Vicus *sceleratus*, campus *sceleratus* (Liv. I. 48. VIII. 15.) konnten nicht füglich scelesti heißen. Ubi ego illum *scelerosum* misera atque impium inveniam. Ter. Eun. IV. 3. 1.

245. Res, causa, lis — Prozeß.

Das allgemeinste Wort ist *res;* es bezeichnet den Prozeß bloß als eine Angelegenheit gerichtlicher Verhandlung. *Causa* hat immer Bezug auf die Vertheidigung, *lis* auf den eigentlichen Streit und die Anklagen; daher kann man in den Ausdrücken causam dicere und litem inferre keines Weges das eine Wort für das andere substituiren. Iam de *rebus* ab ipso cognitis iudicatisque dicere desistamus. Cic. Verr. II. 48. Quibus *res* erat in controversia, ea vocabatur *lis*. Varr. L. L. VI. 5. Statuere non potuerunt, *rem* an *litem* dici oporteret. Cic. Mur. 12. Ego in hoc iudicio mihi Siculorum *causam* receptam, populi Romani susceptam esse arbitror. Cic. Caecil. 8. Dividunt totam *rem* in duas partes, in *causae* controversiam et in quaestionis. *Causam* appellant *rem* positam in disceptatione rerum et controversia cet. Cic. or. II. 19.

246. Controversia, altercatio, rixa, iurgium, contentio — Streit.

Controversia, die Streitigkeit, ist der streitige Punkt, als Gegenstand des Zweifels und der Besprechung pro und contra, so wie diese Besprechung selbst, in Rücksicht auf das Erkennen. *Altercatio,* Wortwechsel, der Streit, als ein unnützes Hin- und Hersprechen mit einer gewissen Heftigkeit. *Rixa,* der Streit als eine Spaltung wegen Verschiedenheit der Absichten und Ansichten. *Iurgium,* der Zank, als Folge der leidenschaftlichen Aufregung gegen einen andern. *Contentio* ist der Streit in Rücksicht auf die beiderseitige Anstrengung, etwas zu erlangen oder zu behaupten. Nihil ambigi potest, in quo non aut res *controversiam* faciat, aut verba. Cic. or. 34. Faciam, ne diutius de *controversia* nostra dubitetis. Cic. Caecin. 3. *Altercationes* in senatu factas esse audio. Cic. Att. IV. 13. Academiae cum Zenone magna *rixa* est. Cic. fam. IX. 22. Cavendum est, ne etiam in graves inimicitias convertant se amicitiae, ex quibus *iurgia,* maledicta, contumeliae gignuntur. Cic. am. 21. Est inter eos de possessione *contentio.* Cic. Ac. II. 43.

247. Discrimen, differentia, diversitas, varietas — Verschiedenheit.

Discrimen und *differentia* bedeuten zunächst den Unterschied, jenes aber als Gegenstand der Entscheidung, daher oft in Bezug auf eine Gefahr; *differentia* bloß als eine abweichende Beschaffenheit. *Diversitas* und *varietas,* Verschiedenheit, unterscheiden sich dadurch, daß jenes auf entgegengesetzte, dies auf mannigfaltige Eigenschaften bezogen wird; doch ist das Substantiv *diversitas* in der guten Sprache vermieden worden. Die *diversa* haben nichts mit einander gemein; sie gehen ober sind auseinander; die varia laufen **durcheinander**; die contraria sind einander gerade und feindlich **entgegengekehrt**. Sit hoc *discrimen* inter gratiosos cives atque fortes, ut illi vivi fruantur opibus suis, horum etiam mortuorum vivat auctoritas immortalis. Cic. Balb. 21. Est *differentia* honesti atque decori. Cic. off. I. 27. Die Ausdrücke sine discrimine und sine differentia muß man vermeiden; jedoch würde jenes heißen ohne einen Unterschied zu machen, dies ohne daß ein Unterschied Statt findet. Haec videntur a proposita ratione esse *diversa*. Cic. Brut. 90. Numidae *diversi* dissipatique fugerunt. Caes. b. G. II. 24. Corinthus duo maria navigationi *diversa* coniungit. Cic. agr. II. 32. *Varietas* proprie dicitur in disparibus coloribus; sed transfertur in multa disparia; *varium* poëma, *varia* oratio, *varii* mores, *varia* fortuna. Cic. fin. II. 3. Timaeus rerum copia et sententiarum *varietate* abundantissimus est. Cic. or. II. 14.

248. Orator, rhetor — der Redner.

Orator, der Redner, wird gesagt bloß in Bezug auf ein **wirkliches Redehalten**, als eine Praxis; *rhetor* in Bezug auf die **Theorie des Redens**, als eine Doktrin. Ferner liegt in orator immer eine gewisse **ehrende Anerkennung** des Talents und der Kunst, während rhetor zu dem Nebenbegriffe eines Worte- und Phrasenmachers hinneigt. In Prozessen führt der Redner als **Vertheidiger** den ehrenden Namen *patronus*; als **Ankläger** heißt er *accusator*, als **gewerbsmäßiger Prozeßführer** *causidicus*, und noch verächtlicher als **Marktschreier** *proclamator*, als streitsüchtiger Lärmer *rabula*. Im silbernen Zeitalter nannte man den **Rechtsanwalt** *advocatus*, was früher jeden Unterstützer der Prozeßsache, auch die Zeugen u. s. w. bezeichnete. Fabricius ad Pyrrhum de captivis missus est *orator*. Cic. Brut. 14. *Rhetores* dicendi praecepta tradunt. Cic. or. I. 18. Non enim *causidicum* nescio quem neque *proclamatorem* aut *rabulam* hoc sermone nostro conquirimus, sed eum virum, qui . . . possit non tam caduceo, quam nomine *oratoris* ornatus incolumis vel inter hostium tela versari. Cic. or. I. 46.

II. NOMINA.

249. Lingua, oratio, sermo; dictio, stilus —
Sprache, Rede.

Lingua, die Sprache, bezieht sich auf die Verschiedenheit des ganzen Sprachmaterials nach Verschiedenheit der Nationen, wie auch bei uns zuweilen die Zunge. *Oratio*, die Rede, als Fähigkeit der Gedankendarstellung durch Worte, um auf andere zu wirken, und eine solche Darstellung selbst. *Sermo* die Sprache, als Mittel des Verkehrs im Leben; daher auch in Rücksicht auf ihre Angemessenheit und Richtigkeit, insofern diese aus dem Gebrauche und Leben zu erkennen ist. *Dictio* die Sprache, ist der mündliche Vortrag und wird daher auch von Redeübungen gebraucht, wie scriptio von Schriften als Übungen. *Stilus*, zunächst der Griffel, dann in übertragener Anwendung, wie bei uns zuweilen Feder, das fleißige Schreiben, die (schriftliche) Abfassung, die (künstlerische) Darstellung, in Beziehung auf ihren Ausdruck und Charakter, namentlich in Rücksicht auf Schriften. Ita sentio, Latinam *linguam* non modo non inopem, sed locupletiorem esse, quam Graecam. Cic. fin. I. 3. *Sermo Latinus* ist dagegen ächtes Latein: Fuit in Catulo sermo Latinus. Cic. Brut. 35. Universi generis humani vinculum est ratio et *oratio*; ... ferae sunt rationis et *orationis* expertes. Cic. off. I. 16. Mollis est *oratio* philosophorum; nihil iratum habet, nihil invidum, nihil atrox, nihil mirabile, nihil astutum. Itaque sermo potius, quam *oratio* dicitur. Quamquam enim omnis locutio oratio est, tamen *unius oratoris* locutio hoc proprio signata nomine est. Cic. or. 19. Mihi cum Crasso de te *sermo* erat. Cic. or. II. 73. Hoc ipse in Sicilia saepe et *palam de loco superiore* dixit (d. h. als Redner in einer oratio) et in sermone multis demonstravit. Cic. Verr. II. 42. Ebenso als Gegensätze in sermone und in iudicio, Verr. IV. 25. Neque ea quisquam, nisi qui diu multumque scriptitarit, etiamsi se vehementissime in subitis *dictionibus* exercuerit, consequetur. Cic. or. I. 33. *Dictioni* operam dedimus. Cic. Tusc. II. 3. Hoc genus *orationis* est perelegans, quumque oratoriis *dictionibus*, tum urbanis *sermonibus* accommodatum. Cic. or. II. 67. *Stilus* est optimus dicendi effector atque magister. Cic. or. I. 33.

Unus sonus totius *orationis* est et idem *stilus.* Cic. Brut. 26.
Titii *orationes* tantum urbanitatis habent, ut paene Attico
stilo scriptae esse videantur (mit Attischem Griffel). Cic. Brut.
45. *Stilus* exercitatus, eine geübte Feder, Cic. or. 44.

250. Fabula, apologus, narratio; historia, annales,
fasti, res gestae — Erzählung, Geschichte.

Fabula ist alles, was oft erzählt und gesagt wird, namentlich
in Rücksicht auf die gemüthliche Seite der Erzählung, Sage,
Fabel, Mährchen, Schauspiel. *Apologus* ist nach Plaut.
Stich. IV. 1. 32. immer nur eine allegorische Erzählung,
als Gegenstück und zur Erläuterung eines vorliegenden wirklichen Verhältnisses. *Narratio* ist als näheres Verbale bei weitem mehr Abstraktum, die Erzählung, insofern dabei die
Thätigkeit des Erzählers als solche in Betracht kommt; auch
bezieht es sich meistens auf kleinere, abgeschlossene Ganze.
Durch beides ist es von *historia* unterschieden; denn dieses ist
weder so abstrakt, als narratio; indem es nie eine Handlung
bezeichnet, noch so einzeln und populär, indem es mehr
die wissenschaftlich und in ihrem Zusammenhange dargelegten Ereignisse umfaßt. *Annales* (sc. libri), die Jahrbücher, sind wesentlich chronologische, weniger eigentlich
geschichtliche Bücher, in denen die bedeutenderen Begebenheiten
Jahr um Jahr verzeichnet waren. Sie haben mehr einen weltlichen Charakter und gehören zunächst mehr den weltlichen
Obrigkeiten und Privatpersonen an, als die *fasti*, die mehr
eine religiöse Beziehung haben, sonst aber in einer ganz dem
Kalender folgenden kurzen Aufzeichnung der Konsuln, ihrer
Hauptthaten u. s. w. bestanden, wie auch die annales. *Res gestae*, auch res allein, sind die Thatsachen, als das Material
der Geschichte. Num igitur me cogis etiam *fabulis* credere?
quae delectationis habeant, quantum volent, verbis, sententiis,
numeris, cantibus adiuventur: auctoritatem quidem nullam
debemus nec fidem commenticiis rebus adiungere. Cic. divin.
II. 55. Euripides Orestem *fabulam* docuit. Cic. Tusc. IV. 29.
Livius *fabulam* dedit. Cic. Tusc. I. 1. *Narratio* rei sit verisimilis, aperta, brevis. Cic. or. II. 19. Praesente te huic
apologum agere unum volo. Fuit olim, *quasi ego sum*, senex:

ei filiae duae erant, *quasi nunc meae sunt* cet. Plaut. Stich. IV. 1. 32. Ad hoc genus adscribamus etiam *narrationes apologorum*. Cic. or. II. 66. *Narrationes* credibiles sint, nec *historico*, sed prope quotidiano sermone explicatae dilucide. Cic. or. 36. *Historia* vero, testis temporum, lux veritatis, vita memoriae, magistra vitae, nuntia vetustatis, qua voce alia, nisi oratoris, immortalitati commendatur? Cic. or. II. 9. Tum *historia* nihil aliud erat, nisi *annalium* confectio . . . hi libri etiam nunc *annales* maximi nominantur. Hanc similitudinem scribendi secuti multi sunt, qui sine ullis ornamentis monumenta solum temporum, hominum, locorum *gestarum*que *rerum* reliquerunt. Cic. or. II. 12. Hos consules non modo ex memoria, sed etiam ex *fastis* evellendos putat. Cic. Sest. 14.

251. Lepos, festivitas, facetiae, sal, urbanitas, dicacitas, cavillatio — Witz.

Lepos, facetiae und *sal* sind zunächst mehr konkret, die vier andern mehr abstrakt; jene bezeichnen mehr den witzigen Ausspruch als ein Ding, diese mehr als eine Eigenschaft oder Handlung. Dann sind *lepos, festivitas* und *facetiae* solche Witze, die aus einem leichten, harmlosen Gemüth entspringen, während die vier andern dem scharfen Verstande und der Verstandesbildung angehören. Jene weichen in der angegebenen Folge mehr vom Ernste ab, und zwar so, daß *lepos*, den anmuthigen, *festivitas* den überraschenden, *facetiae* den lustigen Witz am Bestimmtesten bezeichnet. Unter den letzteren bezeichnet *sal* den Witz als etwas Pikantes, das ebensogut angenehm, als schmerzlich berühren kann; sales, Scherzreden. *Dicacitas* ist der satirische Witz, wobei jedoch der Scherz Hauptsache, der Spott Nebensache bleibt; *cavillatio* dagegen der spottende, kränkende Witz, bei welchem mehr der Spott, als der Scherz beabsichtigt wird. *Urbanitas* endlich ist der Witz, der neben der Verstandesschärfe zugleich die feine Lebensart bezeugt, ohne Rücksicht darauf, ob er wohlthuend oder beißend; wiewohl jenes natürlich vorherrschen muß. Nach Cic. or. II. 54 sq. stellen sich noch als besondere Unterschiede heraus, daß lepos als ein allgemeineres Wort unter sich befaßt die facetiae und die dicacitas, von denen jene in fortgesetzter Unterhaltung sich zeigt, fast dem iocus gleich, diese in der überraschenden Schnelligkeit des Wortes. Doch setzt er an derselben Stelle auch facetiae als Gattungsbegriff über cavillatio und dicacitas, was minder richtig ist. Der festivus ist brollig, der facetus ist launig, der dicax ist bissig, der urbanus ist fein. Suavis* autem et vehementer saepe utilis *iocus* et *facetiae* ... Aut nulla est ars *salis*, aut si qua est, eam tu, Caesar, potissimum nos docebis ... Inveni ridicula et *salsa* (einander entgegengesetzt) multa Graecorum ... Quum duo genera sint *facetiarum*, alterum aequabiliter in omni sermone fusum, alterum peracutum et breve: illa a veteribus superior *cavillatio*, haec altera *dicacitas* nominata est. (Der Begriff von cavillatio ist hier offenbar nur ungenau bezeichnet, bei Cicero findet es sich sonst nicht, aber Liv. XL. 32. Inter consules magis *cavillatio*, quam magna contentio de provincia fuit.) ... Multum in causis persaepe *lepore* et *facetiis* profici vidi. Sed in illo genere perpetuae *festivitatis* ars non desideratur; natura enim fingit homines et creat imitatores et narratores *facetos*, et vultu adiuvante et voce et ipso genere sermonis. Tum vero in hoc altero, *dicacitatis*, quid habet ars loci, quum ante illud *facetum* dictum haerere debeat, quam cogitari potuisse videatur?) ... Crassus autem est in utroque genere *leporis* excellens, et illo, quod in perpetuitate sermonis, et hoc, quod in celeritate atque dicto est. Cett. Cic. or. II. 54. Maledictio si petulantius iactatur, convicium, si *facetius*, *urbanitas* nominatur. Cic. Coel. 3. *Dicacitas* proprie significat sermonem cum risu aliquos incessentem. Quint. VI. 3. 21.

252. Ineptiae, nugae (gerrae, quisquiliae) — Possen.

Die *ineptiae* sind etwas wirklich unverständiges, die *nugae* etwas unbedeutendes; jenes sind Albernheiten und zu jeder Zeit unangemessen; die nugae, Possen, sind leichte, zwar auch eitele und nichtige Scherze, die indeß nicht bitter zu tadeln sein mögen; es wird auch auf derartige Personen bezogen. Gerrae ist bloß ein komisches und gemeineres Wort für nugae. *Quisquiliae* wird bei Cicero nur von einfältigen und

II. NOMINA.

schlechten Menschen ausgesagt. Iisdem *ineptiis* fucata sunt illa omnia. Cic. Mur. 12. Cicero's eigene Erläuterung von ineptus und ineptiae siehe Or. II. 4. Pellantur istae *ineptiae* paene aniles, ante tempus mori miserum esse. Cic. Tusc. I. 39. Democritus non inscite *nugatur*, ut physicus, quo genere nihil arrogantius . . . Hunccine hominem tantis delectatum esse *nugis!* Cic. divin. II. 13. Amicos habet meras *nugas*, Matinium, Scaptium, alios. Cic. Att. VI. 3. Id Talna et Plautus et Spongia et ceterae huiusmodi *quisquiliae* statuerunt. nunquam factum esse. Cic. Att. I. 16.

253. Vox, vocabulum, verbum, nomen, dictum — Wort.

Vox ist jeder Laut und Ausruf; die wirklichen Interjektionen sind eigentlich nur voces: dann ist vox das Wort, insofern dabei auf den Laut besondere Rücksicht zu nehmen ist. *Vocabulum* ist das Wort als materieller Theil der Sprache (obschon sowohl vocabularium, als dictionarium von keinem Lateiner gebraucht worden ist und man hierfür als technischen Ausdruck besser das Griechische lexicon beibehält), als Bezeichnung eines einzelen Begriffs; *verbum* dagegen steht als ein Glied der Rede, mit näherer Beziehung auf einen Gedanken und Gedankenzusammenhang; daher auch nur verbum die Bedeutung von Spruch, fast gleich proverbium, Sprüchwort, bekommen kann. *Nomen* ist das Wort als hörbares Kennzeichen eines Dinges (nota, sichtbares Kennzeichen; beide zu nosco gehörig); es ist spezieller, als vocabulum, fast gleich einem proprium alicuius rei vocabulum. *Dictum*, im Deutschen ebenfalls oft durch Wort wiederzugeben, bezeichnet immer einen kernhaften Ausspruch, ein Witzwort. Daß verba Worte, vocabula Wörter sind; daß man wohl *verba* facere und dare sagen, aber in demselben Sinne dafür keins der andern Synonymen setzen kann: das ergiebt sich aus ihrer Bedeutung von selbst. Außerdem haben einige derselben einen technischen Gebrauch in der Grammatik. Collocabuntur igitur *verba*, ut inter se quam aptissime cohaereant extrema cum primis, eaque sint quam suavissimis *vocibus*. Cic. or. 44. Hic status una *voce* omnium gemitur, neque *verbo* cuiusquam sublevatur. Cic. Att. II. 18. Constitue nihil esse opis in hac *voce:* Civis

Romanus sum. Cic. Verr. V. 65. *Tò ὄν* dico *quod est;* cogor *verbum* pro. *vocabulo* ponere. Sen. ep. 58. 6. Interdum res quaedam suum *nomen* et *vocabulum* proprium non habet, ut pes in navi. Cic. or. III. 40. In *vocabulis* duae partes sunt, *vocabulum* et *nomen* .. quum Oppidum sit *vocabulum*, Roma *nomen*. Varr. L. L. IX. 1. Rebus non immutatis immutaverunt *vocabula*. Cic. leg. I. 13. Vetus *verbum* est, communia esse amicorum inter se omnia. Ter. Ad. V. 3. 17. Materia facilis est, in te et in tuos *dicta* dicere. Cic. Phil. II. 17. *Dictum* Catonis. Cic. Flacc. 29. cf. Cic. frgm. Orell. p. 462.

254. Disertus, facundus, eloquens — beredt.

Disertus, beredt, bezieht sich auf die Klarheit und Bestimmtheit der Gedankenentwickelung, *facundus*, redefertig, auf die Gefälligkeit und Geläufigkeit des mündlichen Vortrags; der *eloquens*, der Redner, vereinigt beides in sich. *Disertus* zu sein ist das wesentlichste Erforderniß eines Lehrers für den Verstand; die *facundia* macht den angenehmen Gesellschafter; die *eloquentia* gehört dem durch Talent und Bildung vollendeten Redner an. Facundus und facundia findet sich aber bei Cicero, Caesar und Nepos wol nicht. Eum statuebam *disertum*, qui posset satis *acute* atque *dilucide* dicere; *eloquentem* vero, qui mirabilius atque magnificentius augere posset, quae vellet cet. Cic. or. I. 21. Antonius *disertos* ait se vidisse multos, *eloquentem* omnino neminem. Cic. or. 5. Placuit oratorem ad plebem mitti Menenium Agrippam, *facundum* virum et plebi carum. Liv. II. 32.

255. Loquax, garrulus, verbosus — geschwätzig.

Loquax, gesprächig, bezieht sich auf die Gewohnheit und Neigung zu übergroßer Ausführlichkeit und Weitläufigkeit; der loquax spricht alles, was er denkt, und denkt sehr viel Unnöthiges und Ungehöriges. Der *garrulus* aber, der Geschwätzige (nicht bei Cicero), denkt sehr wenig, und am Wenigsten gerade dann, wenn ihm das Mäulchen geht; er plappert nur. Beide werden nur von Menschen oder durch eine Figur von Sachen ausgesagt; *verbosus* dagegen wird in der guten Prosa nur als Eigenschaft eines Dinges (Briefes ꝛc.)

gebraucht, wortreich. Der loquax ist ein Redseliger, der garrulus ein Schwätzer; dieser immer tabelnswerth, jener, wenn auch meistens tabelhaft, doch mit einer gewissen gemüthlichen Seite. Senectus est natura *loquacior*. Cic. sen. 16. Non *loquacitus* mea, sed benevolentia epistolas longiores facit. Cic. fam. VI. 4. Huius infantiae *garrulam* disciplinam contemnimus. Auct. ad Her. II. 11. Me reprehendi, ne quid de fratre *garrulae* illi dicerem. Ter. Ad. IV. 4. 16. Habes epistolam *verbosiorem* fortasse, quam velles. Cic. fam. VII. 3.

256. Liber, volumen, codex; adversaria, tabulae — Buch.

Liber heißt das Buch mit Rücksicht auf den Inhalt als ein in gewisser Art abgeschlossenes Ganze; *volumen* mit Rücksicht auf die äußere Form als ein Ganzes, als ein Band. In weiterem Sinne ist dann liber und libellus jede dem Inhalte nach ganze Schrift, sei es ein Brief, eine Abhandlung oder was sonst; dasselbe kann nur dann auch volumen genannt werden, wenn es auch äußerlich eine Rolle, einen Band ausmacht. *Codex* wird ein Buch oder eine Schrift gemeiniglich in Rücksicht auf das praktische und Geschäftsleben genannt, das Hauptbuch. *Adversaria* sc. scripta sind die Konzeptbücher hierzu, namentlich von Rechnungen. *Tabulae* sind ebenfalls Hauptbücher, aber eigentlich nur öffentliche Amtsbücher, jedoch immer in der Form von Verzeichnissen, ohne entwickelnde Darstellung. Hac de re dixi in eo *libro*, quem de rebus rusticis scripsi. Cic. sen. 15. In M. T. Ciceronis de officiis *libri* tres sind die Abtheilungen natürlich als kleinere Ganze anzusehn. Explicet suum *volumen* illud, quod ei planum facere possum Erucium conscripsisse. Cic. Rosc. Am. 35. Evolvi *volumen* epistolarum tuarum, quod ego sub signo habeo servoque diligentissime. Cic. Att. IX. 10. Dicebas, ignosci tibi oportere, quod falsum *codicem* protuleris. Cic. Verr. I. 61. L. Piso (eius collega) multos *codices* implevit earum rerum, in quibus ita intercessit, quod iste aliter atque ut edixerat decrevisset. Id. ib. 46. Nimium cito, ait, me indignari de *tabulis*: non habere se hoc nomen in *codice* accepti et expensi relatum confitetur; sed in *adversariis* patere contendit ... Quid est, quod neglegenter scribamus *adversaria*?

quid est, quod diligenter conficiamus *tabulas?* qua de causa? Quia haec sunt *menstrua*, illae sunt *aeternae* . . . Itaque *adversaria* in iudicium protulit nemo: *codicem* protulit, *tabulas* recitavit. Cic. Rosc. Com. 2.

257. Litterae, epistola, codicilli — der Brief.

Litterae ist der allgemeinste Ausdruck und bezeichnet, wie das Schriftenthum überhaupt, so namentlich die Zuschrift, das Schreiben, wobei mehr auf den Inhalt, auf die briefliche Form nicht gesehen wird. *Epistola* dagegen bezeichnet den Brief als eine besondere Schriftgattung, wobei es sowohl auf die innere, als auch auf die äußere briefliche Form ankommt. Demnach kann man unter *litterae* nur dann einen Brief verstehen, wenn das an wen oder von wem in den beigegebenen Aussagen hervortritt; aber nicht etwa allgemein einen Brief schreiben durch litteras scribere, versiegeln durch *obsignare* ausdrücken, sondern hier muß man *epistola* brauchen. *Codicilli*, zunächst Deminutiv von dem vorherbehandelten codex, bezeichnet dann auch einen kleineren Brief an jemanden in der Nähe, in derselben Stadt; ein Handschreiben, ein Billet, wahrscheinlich bloß zusammengefaltet, nicht versiegelt. Venio nunc ad *tuas litteras*, quas tribus *epistolis* (in drei Couverts) accepi, dum sum in Arpinati. Cic. Qu. fr. III. 1. Statueram nullas ad te *litteras* mittere, nisi commendaticias. Cic. fam. V. 5. Has *litteras* velim existimes foederis habituras esse vim,'non *epistolae*. Cic. fam. V. 8. Quum *complicarem* hanc *epistolam*, noctuabundus ad me venit cum *epistola* tua tabellarius. Cic. Att. XII. 1. Simul accepi a Seleuco tuo *litteras*, statim quaesivi e Balbo per *codicillos*, quid esset in lege. Cic. fam. VI. 18. Homerus Bellerophonti *codicillos* datos, non *epistolas* prodidit. Plin. n. h. XIII. 13.

258. Titulus, index, inscriptio — der Titel.

Titulus bezeichnet in der guten Prosa den Titel nur als eine ehrende Benennung, nicht von Büchern; es wird auch, wiewohl nur von Livius, nicht von Cicero, zuweilen gebraucht

II. NOMINA.

für einen schön lautenden Vorwand. Der Titel eines Buches, gewöhnlich aber nur als Anzeiger des Inhalts, ist in der guten Sprache *index*. Als bloße Aufschrift, sei es auf einem Buche oder sonst wo, sagt man *inscriptio*, wonach auch einem Buche einen Titel geben nur *librum inscribere* heißt. Illos *titulus* hic (beati) insignis et pulcher delectat. Cic. Tusc. V. 10. *Titulus* consulatus. Cic. Pis. 9. Sub *titulo* aequandarum legum nostra iura oppressa sunt. Liv. III. 67. In philosophos vestros si quando incidi, deceptus *indicibus* librorum, quod sunt fere *inscripti* de rebus notis atque illustribus, de virtute, de iustitia cet.: verbum prorsus nullum intellego. Cic. or. II. 14. Parantur orationibus *indices* gloriosi. Cic. Att. IV. 15. Quod de *inscriptione* (libri) quaeris, non dubito, quin καθῆκον officium sit; sed *inscriptio* plenior *de officiis* est. Cic. Att. XVI. 11.

259. Librarius, scriba, scriptor, auctor — Schreiber, Schriftsteller.

Librarius, eigentlich der Büchermann, ist derjenige, der sich mit der äußeren Behandlung der Bücher abgiebt; bei den Römern gewöhnlich ein Sklave zum Abschreiben, dann aber auch derjenige, der Bücher abschreiben läßt und verkauft, der Buchhändler. *Scriba* ist der Schreiber als ein niederer Beamter; er schreibt gleichfalls nur nach eines andern Angabe und Verordnung. *Scriptor*, der Schriftsteller, ist der Schreiber als Verfasser einer Schrift, namentlich in stilistischer Rücksicht; *auctor* ist der Schriftsteller, insofern er als Lehrer, Vorbild oder Gewährsmann angeführt wird. Lex in publicum proponitur, concurrunt *librarii*, descriptam legem ad me afferunt. Cic. agr. II. 5. Decemviros ornat apparitoribus, *scribis*, *librariis* (öffentliche und Privat-Schreiber). Id. ib. 13. Saepe imperatores nostri *scribas* suos annulis aureis in contione donarunt. Cic. Verr. III. 80. *Scriba* aedilicius. Cic. Cluent. 45. Omnium bonarum artium *scriptores* ac doctores legendi ac pervolutandi sunt. Cic. or. I. 34. Isocrates orationis ornandae *auctor* locupletissimus est. Cic. or. 51.

260. Cantus, canticum, cantilena; carmen, poëma — Lied, Gedicht.

In den drei ersten ist eine vorwiegende Rücksicht auf den Gesang, die Melodie; die beiden letzteren haben besonders als sprachliche Kunstwerke Werth, wie Gedicht. *Cantus*, der Gesang (auch von Thieren, Instrumenten ꝛc.) bezieht sich nur auf die Töne; es ist auch geradezu die Melodie. Die Gesänge der Aeneis aber sind keine cantus, sondern *libri*. *Canticum* ist im goldenen Zeitalter nur Kunstausdruck für einen Theil im Drama, den Monolog; später ist es auch ein Volkslied, aber immer, insofern es noch irgendwie einen Reiz hat. Ein allbekanntes, abgedroschenes Lied der Art heißt *cantilena*; aber in der guten Sprache wird auch dies nur von Dingen, die hundertmal gesagt (nicht gesungen) sind, gebraucht. *Carmen* und *poëma* (wovon jenes als Achtlateinisch mehr populär, dieses als Griechisch mehr Kunstausdruck) unterscheiden sich so, daß *carmen* wenigstens gesungen werden kann und für den Gesang eingerichtet ist, wie das Lied, *poëma* aber eigentlich nur für den Vortrag und die Darstellung, wie das Gedicht. Demnach sind carmina die kleineren, besonders die lyrischen Gedichte, auch Gedächtnißverse, poëmata die größeren epischen oder dramatischen Gedichte, selbst wenn sie in ungebundener Rede geschrieben sind. Ex quo perspicuum est, et *cantus* tum fuisse rescriptos vocum sonis et *carmina*. Cic. Tusc. IV. 2. Itaque non modo in comoediis res ipsa narratur, — ut ille in Demiurgo: „Modo forte" — nosti *canticum*, meministi Roscium cet. Cic. fam. IX. 22. Crebro mihi vafer ille Siculus Epicharmus insusurrat *cantilenam* illam suam. Cic. Att. I. 19. *Cantilenam* ex scholis non requirunt. Cic. or. I. 23. Pythagorei *carminibus* soliti esse dicuntur et praecepta quaedam occultius tradere, et mentes suas a cogitationum intentione *cantu* fidibusque ad tranquillitatem traducere. Cic. Tusc. IV. 2. Ego ne poëtam quidem grave plenumque *carmen* sine coelesti aliquo mentis instinctu puto fundere. Cic. Tusc. I. 26. *Carmina* cruciatus (Formel, womit die Peinigung anbefohlen ward). Cic. Rab. perd. 4. Empedocles physicus egregium *poëma* fecit. Cic. or.

II. NOMINA.

I. 50. *Poëma* loquens pictura est, pictura tacitum *poëma*. Auct. ad Her. IV. 28. Non esse illud *carmen* furentis ipsum *poëma* declarat; est enim magis artis et diligentiae, quam incitationis et motus. Cic. divin. II. 54.

261. Poëta, vates — Dichter.

Poeta bezeichnet den Dichter in Rücksicht auf seinen künstlerischen Werth und Charakter, *vates* weiset auf das Religiöse, die unmittelbare Begeisterung durch einen Gott hin: Sänger; indeß ist auch so der Gebrauch des letztern Wortes für Dichter in der Prosa selten, und bekommt hier als gewählter und kühner Ausdruck leicht die Nebenbeziehung einer pomphaften Erhabensprecherei. *Poeta* natura ipsa valet et mentis viribus excitatur et quasi divino quodam spiritu inflatur. Cic. Arch. 8. Debita sparges lacrima favillam *Vatis* amici (i. e. meam). Hor. II. 6. 23. Quis Saleium nostrum, egregium *poetam* vel, si hoc honorificentius est, praeclarissimum *vatem*, deducit aut salutat aut prosequitur? Tac. dial. de or. 9.

262. Domus, aedes, aedificium, tectum, domicilium — Haus.

Domus bezeichnet das Haus mit allem Zubehör an Sachen und Leuten als ein Ganzes; es ist gleichsam die nähere Heimat einer Familie. *Aedes* bezieht sich bloß auf das Gebäude; es ist im Singular ein Gebäude mit einem innern Raume (vergl. templum); im Plural das Haus bloß als ein Komplexus von mehren Gemächern. *Aedificium* ist ebenfalls bloß ein Gebäude, doch mit Rücksicht auf seine Entstehung und bauliche Einrichtung. Demgemäß haben die domus ihre lares und penates, nicht aber die aedes und aedificia; demgemäß ferner heißt domesticus was zu dem Hause als kleinerem Staate gehört; aedilis was zum Gebäude gehört, als Aufseher u. s. w.; demgemäß endlich nur von aedes das verb. comp. aedificare, bauen, ganz allgemein, selbst von Schiffen. *Tectum* ist das Haus, insofern der Gedanke an das Dach, den Schutz, dabei wesentlich ist; *domicilium* insofern der feste Ort der Wohnung besonders in Betracht kommt,

II. NOMINA.

der feste Wohnsitz. Vos me *domo* mea expulistis. Cic. Pis. 7. Ille in suam *domum* consulatum primus attulit. Cic. off. I. 39. *Domus* te nostra tota salutat. Cic. Att. IV. 12. Romam quum venissem, absolutum offendi in *aedibus* tuis tectum. Cic. Qu. fr. III. 1. 4. Quid? si caementum bonum non habeam, deturbem *aedificium*? quod quidem mihi quotidie magis placet, imprimisque inferior porticus et eius conclavia fiunt recte. Cic. Qu. fr. III. 9. *Tectis* et frigorum vis pellitur et calorum molestiae sedantur. Cic. off. II. 4. Haec provincia eos retinet, ut libeat sedes ac *domicilium* collocare. Cic. Verr. II. 3. Verbo „fideliter" *domicilium* proprium est in officio. Cic. fam. XVI. 17.

263. Templum, aedes, fanum, delubrum — der Tempel.

Templum ist der Ort, an dem man in äußerlicher oder innerer Betrachtung den göttlichen Einfluß auf sich wirken läßt; daher sowohl der vom Augur bezeichnete Ort zur Befragung der Götter, als auch das Gotteshaus, mit besonderer Rücksicht auf die feierliche Würde des Ganzen und der Theile. *Aedes* (sing.) ist zunächst nur das Gebäude mit einem innern Raume; die Bedeutung von Tempel erhält es durch ein beigesetztes bezeichnendes Abjektiv (sacra cet.) oder einen Genitiv (Iovis). *Fanum* heißt der Tempel mit Rücksicht auf den daran geknüpften religiösen Kult, sei er ein begeisterter oder mysteriöser. Vergl. fanaticus und profanus. *Delubrum* ist nicht ganz klar; nach der gewöhnlichen von alten Grammatikern überkommenen Angabe ist es ein locus ante templum ubi aqua currit, a deluendo. Das ist aber nach den vorliegenden Stellen der guten Klassiker ganz falsch; darnach ist es vielmehr der Tempel als Aufenthalts- oder Standort der *simulacra*, auf die man, wo delubrum gebraucht ist, fast immer hingewiesen wird. Auch heißt gewöhnlich der Tempel delubrum, der einem Menschen zu Ehren gebaut worden ist. Deus, cuius *templum* est omne hoc quod conspicis, istis te corporis custodiis liberabit. Cic. rep. VI. 15. *Templum* (i. e. rostra) a collega occupatum est. Cic. Sest. 29. Einen Tempel bauen würde man gutlateinisch schwerlich durch templum ausdrücken können. Pecuniam in *aedem* sacram se perscripsisse

dicunt. Cic. Flacc. 19. Sophocles, quum ex *aede* Herculis
patera aurea gravis surrepta esset, in somnis vidit ipsum
deum dicentem, qui id fecisset. Is comprehensus quaestione
adhibita confessus est pateramque rettulit. Quo facto *fanum*
illud Indicis Herculis nominatum est. Cic. divin. I. 25. Eumenidum et Athenis *fanum* est et apud nos ... *Fana* circuimus in agro Ardeati. Cic. n. d. III. 18. Lege tribunicia
fanum sanctissimarum et antiquissimarum religionum venditum est impuro homini. Cic. Sest. 26. Erechthei ... itemque Leontidum *delubrum* Athenis est. Cic. u. d. III. 19.
Delubra omnia depeculatus est. Cic. Verr. I. 5. Smyrnaei
delubrum Homeri (nach Strabo im 14. Buche K. 37. νεὼν
'Ομήρου καὶ ξόανον) in oppido dedicaverunt. Cic. Arch. 8.
Deorum *templis* atque *delubris* sunt funestos ac nefarios ignes
inferre conati. Cic. Cat. III. 9.

264. Ara, altare — Altar.

Gewöhnlich giebt man an, daß *ara* der Altar allgemein
als eine Erhöhung sei, *altare* der obere Aufsatz auf der
ara. Nach dem Grammatiker Servius war altare für die
Himmelsgötter, ara für die Erdengötter bestimmt, worauf allerdings die Stelle des Virgil Ecl. V. 65. En quattuor *aras;*
Ecce duas tibi, Daphni, duoque *altaria* Phoebo hindeutet.
Jedenfalls ist *altaria* (nur plur. in der guten Prosa) prächtiger und feierlicher. Der Altar als Zufluchtsort, namentlich im tropischen Sinne, ferner der Hausaltar ist regelmäßig
ara. Is si *aram* tenens iuraret, nemo crederet. Cic. Flacc. 36.
Ab huius (aquilae argenteae) *altaribus* tu saepe istam impiam
dexteram ad necem civium transtulisti. Cic. Cat. I. 9. Religiosissima *altaria*. Cic. har. 5. Nunquam ante hoc tempus
ad *aram* legum confugerunt. Cic. Verr. II. 3. Pro *aris* et
focis, oft. Arae focique Deiotari. Cic. Deiot. 3.

265. Victima, hostia — Opferthier.

Ovid sagt darüber Fast. I. 335. *Victima* quae dextra
cecidit *victrice* vocatur; *Hostibus* amotis *hostia* nomen habet:
wornach victima das Dankopfer des Siegers, hostia des glücklich vom Feinde Befreiten sein würde. Alte Grammatiker

finden den Unterschied in der Art der Thiere, und sagen, *hostia* sei ein kleineres Opferthier (hostia maxima Cic. leg. II. 21. ist nach Festus ein Schaf), victima ein größeres (maxima taurus victimä Virg. Georg. II. 147.). Der eigentliche Unterschied ist wol nur dieser: *hostia* ist das Opferthier bei einer bloß gottesdienstlichen Handlung, kann demnach auch nicht tropisch gebraucht werden; *victima* ist das Opferthier bei einer speziellen Veranlassung, daher sowohl Sühn- als auch Dankopfer; auch tropisch gebraucht. Etrusci religione imbuti studiosius et crebrius *hostias* immolabant. Cic. divin. I. 42. Iam illud ex institutis pontificum et haruspicum non mutandum est, quibus *hostiis* cuique deo immolandum sit. Cic. leg. II. 12. Galli pro *victimis* homines immolant, quod, pro vita hominis nisi hominis vita reddatur, non posse aliter deorum numen placari arbitrantur. Caes. b. G. VI. 16. Quam potestis Lentulo mactare *victimam* gratiorem, quam si Flacci sanguine illius nefarium in nos omnes odium saturaveritis? Cic. Flacc. 38. Decius se *victimam* rei publicae praebuit. Cic. fin. II. 19.

266. Ostium, ianua, foris, valvae, porta, — Thüre, Thor.

Ostium ist zunächst jede Öffnung, jeder Aus- und Eingang; dann war es im gemeinen Leben ein sehr gewöhnliches Wort für Hausthüre d. i. nur für die, welche ins Freie führt. Das specielle Wort für die Thüren des Hauses ist *ianua*, das auch die Stubenthüre bezeichnet. *Foris* ist im Singular der eigentliche Ausdruck für Stubenthüre; im Plural wird es mit Rücksicht auf die zwei Tafeln der Thüre für Thürflügel an gewöhnlichen Gebäuden gebraucht, während *valvae* in demselben Sinne, aber mit Rücksicht auf das Prachtvolle gesagt wird. *Porta*, das Thor, unterscheidet sich von *ianua*, die Thüre, dadurch, daß die Thüre einen verschließbaren Eingang bildet für Menschen oder Thiere, das Thor aber zugleich eine Einfahrt für Fuhrwerk ɪc.; daher denn überhaupt das Thor größer und selbst großartig, sogar ein Bauwerk sein kann. Quid? Solane beata vita relinquitur extra *ostium* limenque carceris? Cic. Tusc. V. 5. Ostium pultare, operire, aperire. Ter. Ad. IV. 5. 3. Phorm. V. 3. 33. Heaut. II. 3. 35. *Fores* in liminibus profanarum aedium *ianuae* nominantur. Cic. n. d. II. 27. Dionysius *forem* cubiculi clausit. Cic. Tusc. V. 20. Nasicae ab *ostio* quaerenti Ennium *ancilla* dixit, domi non esse... Post quum ad Nasicam Ennius venisset et eum a *ianua* quaereret, exclamat *Nasica* (er hörte es also selbst; daher hier wol Stubenthüre), se domi non esse. Cic. or. II. 68. In templo Herculis *valvae* clausae repagulis subito se ipsae aperuerunt. Cic. divin. I. 34. Vergl. Cic. Verr. IV. 43. und bes. 56. Ego a *porta* Esquilina video villam tuam. Cic. or. II. 68. Positi erant, qui *fores portae* (urbis Orei) obicerent. Liv. XXVIII. 6. Argenti *bifores* radiabant lumine *valvae*. Ovid. Met. II. 4.

267. Victus, cibus, esca; cibaria, alimentum, penus — Lebensmittel, Speise.

Victus ist allgemein und bezeichnet alles, was zum Lebensunterhalt gehört. *Cibus* ist die Speise als natürliches Nahrungsmittel, *esca* mehr als zubereitetes Nahrungsmittel; daher jenes auch von der Speise der Thiere gesagt, dies dagegen in der besondern tropischen Bedeutung von Lockspeise. Beide aber stehen im Gegensatze von Trank. *Cibaria* sind die angewiesenen Speisen, wie Futter für die Thiere und Proviant für Menschen. *Alimentum*, Nahrungsmittel, wird eine Speise genannt mit Rücksicht auf das Nährende derselben. *Penus* ist allgemein der Mundvorrath, besonders aber als Haushaltungsartikel; weshalb es auch weniger in der Prosa, als bei den Komikern häufig ist. Socrates sese meruisse dixit, ut ei (sibi) *victus* quotidianus in Prytaneo publice praeberetur. Cic. or. I. 54. *Cibo* et potione famem sitimque depellimus. Cic. fin. I. 11. Animus temperatis *escis* modicisque potionibus ita est affectus, ut sopito corpore ipse vigilet. Cic. divin. I. 51. Animalia *cibum* partim dentibus capessunt, partim unguium tenacitate arripiunt. Cic. n. d. II. 47. Dii nec *escis* nec potionibus vescuntur. Id. ib. 23. Divine Plato *escam* malorum appellat voluptatem. Cic. sen. 13. Anseribus *cibaria* publice locantur. Cic. Rosc. Am. 20. Milites plus dimidiati mensis *cibaria* secum ferunt. Cic. Tusc. II. 16. Non desiderabat *alimenta* corporis. Cic. Tim. 6. Omne, quo vescuntur homines, *penus* est. Cic. n. d. II. 27. Omnem *penum* patris in cellulam ad te congerebam. Ter. Eun. II. 3. 19.

268. Cena, epulae, epulum, convivium, dapes, comissatio — das Mahl.

Cena ist das gewöhnliche gemeinschaftliche Hauptessen der Familie (gegen Abend; das prandium, gegen Mittag, wurde nicht immer von allen gemeinschaftlich genossen). Alle übrigen Wörter bezeichnen besonders veranstaltete Mahlzeiten. Unter ihnen ist *epulae* das allgemeinste, die Mahlzeit, das Essen, wo es auch gehalten werde, doch immer mit besonderer Rücksicht auf die Speisen und ihre Vortrefflichkeit; ein Schmaus, Schmauserei. *Epulum* ist immer ein feierliches, besonders ein politisches, Festmahl oder Ehrenmahl. *Convivium* ist das gesellige Mahl, das Gastmahl; *dapes* (selten im Sing.) das religiöse Mahl, ein Opfermahl; bei Cicero kommt es nicht vor. *Comissatio* bezeichnet ein schwelgerisches Mahl, ein Gelage, wobei besonders für die Trinker gesorgt ist, wie bei *epulae* für die Feinschmecker. Venit ad nos Cicero tuus ad *cenam*, quum Pomponia foris *cenaret*. Cic. Qu. fr. III. 1. 6. Haec inter *cenam* Tironi dictavi, ne mirere alia manu esse. Id. ib. Mensae conquisitissimis *epulis* exstruebantur. Cic. Tusc. V. 21. Prodigi *epulis* et viscerationibus pecunias profundunt. Cic. off. II. 16. Q. Maximus *epulum* populo Romano dabat. Cic. Mur. 36. Bene maiores nostri accubitionem *epularem* amicorum, quia vitae coniunctionem haberet, *convivium* nominarunt, melius quam Graeci, qui hoc idem tum compotationem (συμπόσιον), tum concenationem (σύνδειπνον) vocant. Cic. sen. 13. Ita illud *epulum* est funebre, ut munus sit funeris, *epulae* quidem ipsae dignitatis. Cic. Vatin. 12. Violasti nomen *epuli*. Id. ib. 13. Bove sacrum Herculi, adhibitis ad ministerium *dapem*que Potitiis et Pinariis, factum. Liv. I. 7. Damit stimmt Serv. ad Virg. Aen. III. 224. *Dapes* deorum sunt, *epulae* hominum genügend überein. Inter pocula et *epulas* libare diis *dapes* mos erat. Liv. XXXIX. 43. In vino et alea *comissationes* solum et scorta quaerunt. Cic. Cat. II. 5. *Convivia, comissationes*, cantus, symphonias. Cic.

Coel. 15. *Convivam* me tibi committere ausus non sum; *comissatorem* te cum armatis venientem recipiam? Liv. XI. 9.

269. Ebrietas, ebriositas, crapula, vinolentia, temulentia — die Betrunkenheit.

Die *ebrietas* ist die Trunkenheit als eine übergroße Aufregung durch geistige Getränke. *Ebriositas* ist die Neigung zum Trunke, die Trunksucht. *Crapula* ist der Rausch, wobei nicht auf die Aufregung, sondern auf die durch das Zuvieltrinken hervorgebrachte körperliche Beschwerlichkeit hingewiesen wird. *Vinolentia* und *temulentia* (nicht bei Cicero) bezeichnen beide die eigentliche Weinbetrunkenheit, verschieden vielleicht nur nach der Verschiedenheit des vinum und temetum. Der *ebrius* ist trunken (aber nur dichterisch mit den schönen Nebenbeziehungen, wie in unserem freudetrunken, wonnetrunken); der *vinolentus* ist vollgesoffen, worin mehr das Derbe und Plumpe der Betrunkenheit; der *temulentus* betrunken, worin mehr das Unsichere und Wankende des ganzen Wesens hervorgehoben wird. Plurimum interesse concedes inter *ebrium* et *ebriosum*. Potest et qui *ebrius* est, tunc primum esse nec habere hoc vitium, et qui *ebriosus* est, saepe extra ebrietatem esse. Sen. ep. 83. 9. Personabant omnia vocibus *ebriorum*. Cic. Phil. II. 41. Aliud est iracundum esse, aliud iratum ... ut inter *ebrietatem* (der ira entsprechend) et *ebriositatem* (der iracundia entsprechend) interest. Cic. Tusc. IV. 12. Edormi *crapulam* et exhala. Cic. Phil. II. 12. Aproniani convivii *crapulam* nondum exhalaverunt. Cic. Verr. III. 11. Antonius omnem suum *vinolentum* furorem in me unum effudit. Cic. fam. XII. 25. Haec utrum esse vobis consilia siccorum an *vinolentorum* somnia, et utrum cogitata sapientum an optata furiosorum videntur? Cic. agr. I. 1. Is non modo tempestatem impendentem intueri *temulentus*, sed ne lucem quidem insolitam aspicere poterat. Cic. Sest. 9. Processit composito capillo, gravibus oculis, fluentibus buccis, pressa voce et *temulenta*. Cic. red. in sen. 6.

II. NOMINA.

270. Lapis,- calculus, scrupulus; saxum, rupes, cautes, scopulus — Stein, Felsen.

Lapis, Stein, hat den allgemeinsten Begriff; es wird dabei wesentlich an die Materie gedacht im Gegensatze von Metall, Holz u. s. w., doch wird es auch als einzeler, kleinerer Stein im Gegensatz zu saxum gebraucht. *Calculus* und *scrupulus* sind zunächst Deminutive von calx und scrupus; aber der Gedanke an die Materie, etwa Kalkstein, ist selbst bei dem ersteren ganz verschwunden. *Calculus* ist ein glattes, festes, meist rundes Steinchen, wie man es zu verschiedenen Zwecken gern hatte, beim Spiele, beim Rechnen ꝛc. und demgemäß auch tropisch. *Scrupulus* (und in demselben Sinne das bloß Cic. rep. III. 16. sich findende *scrupus*) ist bei den Klassikern nur in der tropischen Bedeutung von Skrupel gebraucht, wird aber mit Recht für ein rauhes, eckiges, unangenehmes Steinchen gehalten. Die übrigen Wörter bezeichnen nicht einzele Steine, sondern größere Steinmassen. Saxum, Fels, entspricht hier dem lapis; es ist eine Steinmasse dem Stoffe nach, ganz allgemein, ohne Rücksicht auf die Form; darum heißt eine felsige Gegend *saxetum* (Cic. agr. II. 25.), weil es da nur auf den Fels als Stoff ankommt im Gegensatze von Erde, Sand u. s. w. *Rupes*, *cautes* und *scopulus* (in der Prosa alle fast nur plur.) unterscheiden sich, ohne Rücksicht auf den Stoff, nur durch ihre Form, vielleicht auch durch den Ort, wo sie sich befinden. *Rupes* sind rauhe, unzugängliche und schroffe Felsen, und zwar meistens auf dem Lande. *Cautes* und *scopuli* sind gefährliche und scharfe Felsen, und zwar meistens im Wasser, Klippen; den tropischen Gebrauch, wie unser Klippe, läßt aber nur scopuli zu. Außerdem können die cautes auch ganz in dem Wasser, wenig sichtbar, daher tückisch sein, während die scopuli scharf hervorragen und drohend sind. Tu si causam ageres militis, patrem eius a mortuis excitasses; statuisses ante oculos; complexus esset filium; *lapides* mehercule omnes flere ac lamentari coegisses. Cic. or. I. 57. Pisonem iste collegam nisi habuisset, *lapidibus* coopertus esset in foro. Cic. Verr. I. 46. Demosthenes *calculis* in os coniectis summa voce multos versus uno spiritu pronuntiabat.

Cic. or. I. 61. Domesticarum sollicitudinum aculeos omnes et *scrupulos* occultabo. Cic. Att. I. 18. *Scrupulum* inicere, evellere. Cic. Cluent. 28. Rosc. Am. 2. *Calculum* subducere, berechnen. Cic. fin. II. 19. Ad illos *calculos* revertamur (Maßregeln), quos tum abiecimus. Cic. Att. VIII. 12. Ex spelunca *saxum* in crura eius incidit. Cic. fat. 3. Vinces profecto, non esse armatos, qui *saxa* iacerent, quae de terra ipsi tollerent; non esse arma caespites neque glebas. Cic. Caecin. 21. Oppidum ex omnibus in circuitu partibus altissimas *rupes* habebat. Caes. b. G. II. 29. Naves ab aestu derelictae nihil *saxa* et *cautes* timebant. Caes. b. G. III. 13. Ex magno remigum numero pars ad *scopulos* allisa est. Caes. b. G. III. 27. Mare *scopulosum*. Cic. or. III. 49. Rationes ad *scopulos* appellere. Cic. Rab. perd. 9. Ex logicis illis tamquam a *scrupulosis cotibus* enavigavit oratio. Cic. Tusc. IV. 14.

271. Lignum, materies — Holz.

Das erstere ist das generellere Wort und bezeichnet das Holz als Stoff, im Gegensatze von Stein, Eisen u. s. w. Daher nur *ligneus*. Materies ist das Holz insofern es irgendwozu dient, sei es Bauholz, Brennholz, oder auch noch kräftiges, wachsendes Holz, insofern es für den Handel oder das Handwerk in Aussicht genommen wird. Caedere ianuam saxis, instare ferro, *ligna* et sarmenta circumdare ignemque subicere coeperunt. Cic. Verr. I. 27. Omni *materia* culta et silvestri partim ad calefaciendum igni adhibito et ad mitigandum cibum utimur, partim ad aedificandum. Cic. n. d. II. 60. Difficile in vitibus, si nihil valet *materies*, nova sarmenta cultura excitantur. Cic. or. II. 21. Uri posse flamma *ligneam materiam* necesse est. Cic. inv. II. 57. *Ligni* appellatio nomen generale est. *Materia* est, quae ad aedificandum, faciendum (fulciendum) necessaria est; *lignum*, quidquid comburendi causa paratum est. Ulp. in Pandect. XXXII. 1. 55.

272. Murus, moenia, maceria, paries — die Mauer.

Murus ist das allgemeinste Wort, die Mauer, als eine besondere Art von Bauwerk, im Gegensatze zu Häusern, Tempeln und andern Bauwerken. *Moenia* sind die Mauern als Befeſtigungsmittel, daher beſonders die feſten Stadtmauern. *Maceria* (nicht bei Cicero) ſchließt den Begriff einer gewiſſen Unbedeutſamkeit in ſich; daher oft eine Gartenmauer, auch eine eiligſt hingeworfene Mauer. *Paries* iſt eigentlich nur die Mauerfläche, die Wand; für die ganze Mauer wird es auch mit dem Nebenbegriffe einer gewiſſen Verächtlichkeit geſagt, wie bei uns die Wände. Die tropiſche Bedeutung von Schutz hat unter allen nur *murus*. Est mihi tecum pro aris et focis certamen et pro deorum templis atque delubris proque urbis *muris*, quos vos sanctos esse dicitis, diligentiusque urbem religione, quam ipsis *moenibus* cingitis. Cic. n. d. III. 40. A P. Clodio lex Aelia et Fufia eversa est, propugnacula *murique* tranquillitatis et otii. Cic. Pis. 4. His tabulis interiores templi *parietes* vestiebantur. Cic. Verr. IV. 55. *Parietes* modo urbis stant et manent: rem vero publicam penitus amisimus. Cic. off. II. 8. Negavi me ullo modo posse iisdem *parietibus* esse tecum, qui magno in periculo essem, quod iisdem *moenibus* contineremur. Cic. Cat. I. 8. Gladium in publicum trans *maceriam* horti abiecit. Liv. XXIII. 9. Galli sub *muro* fossam et *maceriam* sex in altitudinem pedum praeduxerant. Caes. b. G. VII. 69.

273. Villa, fundus, praedium — Landgut.

Villae ſind weſentlich die Landhäuſer, als Gebäude, wozu natürlich meiſtens auch Grundſtücke gehören; *fundi* ſind die Landgüter mit vorwiegender Rückſicht auf die Grundſtücke; *praedia* ſind die eigentlichen Landgüter, worin der Begriff beider ſich vereinigt, ländliche Beſitzungen mit den dazu gehörigen Gebäuden, beſonders in Rückſicht auf die Landwirthſchaft; daher auch landwirthſchaftliche Gebäude in der Stadt bei den Juriſten praedia heißen, wobei der Zuſatz urbana nur auf das praedium als Gebäude, nicht auf die Lage in der Stadt zu beziehen iſt. Accepit agrum temporibus iis, quum iacerent pretia *praediorum;* qui ager neque *villam* habuit neque ex ulla parte fuit cultus.... Nunc est cultissimus cum optima *villa*. Cic. Rosc. Com. 12. Constat hunc non modo *praediis* colendis praefuisse, sed certis *fundis* patre vivo frui solitum esse. Cic. Rosc. Am. 15. Habet idem in nummis; habet idem in urbanis *praediis*. Cic. Verr. III. 86. Urbana *praedia* omnia aedificia accipimus, non solum ea, quae in oppidis sunt, sed etiam in villis et vicis; quia urbanum praedium non locus facit, sed materia. Ulp. in Pand. L. 16. 198.

274. Urbs, oppidum, municipium, colonia; civitas, res publica — Stadt, Staat.

Das allgemeinere Wort für die Stadt ist *urbs;* doch liegt darin auch eine Beziehung zu den Vorzügen der Stadt als solcher, der daran sich knüpfenden Herrschaft über die Umgegend, der Pracht, der Bildung; daher *urbs* oft gleich Roma. *Oppidum* ist die Stadt als ein fester Ort, im Gegensatz zu den Dörfern und dem platten Lande. Es liegt darin nur die Vorstellung des städtischen Zusammenwohnens in einer festen Umschließung, ohne Rücksicht auf die innern Vorzüge des städtischen Lebens; daher *oppidanus* kleinstädtisch oder der Städter im Gegensatz zu dem Landmanne, *urbanus* gebildet, fein. *Municipium* hieß bei den Römern die Stadt, deren Bürger das Römische Bürgerrecht genossen, obwohl sie unter eigenen Gesetzen lebten. *Colonia* eine, unter gewissen Feierlichkeiten hingeführten, Römischen Bürgern zum Besitz angewiesene Stadt, auch wol ein Dorf, unter Gesetzen, die das Römische Volk bestimmte, Kolonie. *Civitas* ist der Staat, als Komplexus der Bürger und deren Rechte, die Bürgerschaft; *res publica* heißt der Staat in Rücksicht auf seine Verfassung und Verwaltung. Valde me Athenae delectarunt, *urbs* dumtaxat et *urbis* ornamenta et hominum amores in te et in nos quaedam benevolentia. Cic. Att. V. 10. *Urbem* philosophiae (trop. die Hauptsache) proditis, dum castella defenditis. Cic. divin. II. 16. Antiochia heißt urbs bei Cic. Arch. 3., wo es auf ihren Ruhm, oppidum (vielleicht auch bloß ein Theil der Stadt) Antiochiae bei Cic. Att. V. 18., wo es mehr auf die Festigkeit ankommt. In urbe *oppidove*, von Rom gesagt bei Liv. XXXIV. 1., soll sich auf die Neustadt und die Altstadt beziehen. Quoniam tu teneri posse putas Tarracinam et oram maritimam, in ea manebo; etsi praesidia in *oppidis* nulla sunt. Cic. Att. VIII. 11. B. 5. Roscius, *municeps* Amerinus, non modo sui *municipii*, verum etiam eius vicinitatis facile primus fuit. Cic. Rosc. Am. 6. Quaeri hoc solere me non praeterit, quemadmodum, si *civitas* adimi non possit, in *colonias* Latinas saepe nostri cives profecti sint. Cic. Caecin. 33. *Civitates* omnes, cuncta Asia atque Graecia, vestrum auxilium exspectare coguntur. Cic. Man. 5. *Civitatem* alicui dare, adimere. Cic. Arch. 4. Caecin. 34. Ita ad *rem publicam* accessit. Cic. Phil. V. 18. *Rem publicam* bene gerere, administrare. Cic. fin. III. 20. Sic census habitus est te praetore, ut eo censu nullius *civitatis res publica* possit administrari. Cic. Verr. II. 55. Tum res ad communem utilitatem constitutas, quas *publicas* appellamus, tum conventicula hominum, quae postea *civitates* nominatae sunt, tum domicilia coniuncta, quas *urbes* dicimus, invento et divino et humano iure moenibus saepserunt. Cic. Sest. 42.

275. Pagus, vicus — Dorf.

Pagus ist eine Landgemeinde, ein Gau, Dorf, mit besonderer Rücksicht auf die dazu gehörigen Grundstücke; *vicus* ist das Dorf als ein Komplexus von Häusern; daher selbst ein Stadttheil, eine Straße mit den Häusern vicus heißt, nicht via oder platea. Suevi centum *pagos* habere dicuntur. Caes. b. G. IV. 1. Nocte adorti *vicum* maritimum improviso occupavere. Liv. XXXVIII. 30. *Vicus* Tuscus, Sceleratus cet. Liv. II. 14. I. 48. Man wohnt wohl in einem vicus, aber nicht in einer via; ein vicus kann wohl abbrennen, aber nicht so leicht eine via.

276. Gens, natio, populus, plebs, vulgus — das Volk.

Gens, der Völkerstamm, und *natio*, die Nation bezeichnen das Volk als eine auf Verwandtschaft und gemeinschaftliche Abstammung begründete Gesellschaft; der *populus*, das Volk, hingegen ist durch ein politisches Band zu einem Ganzen vereint. Daher sind gens und natio besonders zu gebrauchen, wenn von den angestammten, populus wenn von den politischen Eigenschaften desselben vorzugsweise die Rede ist. Ferner aber ist *gens* weit allgemeiner als natio, indem jenes, wie unser Geschlecht, bloß die Gemeinsamkeit der Abstammung hervorhebt, da dann sowohl von einer gens humana, wofür freilich in der Prosa genus humanum steht, als von einer gens Cornelia die Rede sein kann; *natio* aber hat einen beschränkteren Begriff, indem es immer nur ein Volk nach seiner gemeinsamen Abstammung bezeichnet; daher sowohl Graeca gens, als Graeca natio; aber nicht natio humana, Claudia u. s. w. *Plebs*, der Pöbel, oder vielmehr der gemeine Mann, ist ein Theil des populus, das Volk im politischen Gegensatz zum Adel in Rom (patres); *vulgus* ebenfalls nur ein Theil des Volkes, und zwar der verbreitetste, unwissende, der gemeine Haufe, der ungebildete Mann. Gradus plures sunt societatis hominum. Ut enim ab illa infinita discedatur, propior est eiusdem *gentis, nationis*, linguae, qua maxime homines coniunguntur; interius etiam est eiusdem esse *civitatis*. Cic. off. I. 17. Non curat deus singulos homines. Non mirum; ne civitates quidem. Non eas? Ne *nationes* quidem et *gentes*. Cic. n. d. III. 39. Ita *nationis* nomen, non *gentis* evaluit. Tac. Germ. 2. Est *populus* non omnis hominum coetus quoquo modo congregatus, sed coetus multitudinis iuris consensu et utilitatis communione sociatus. Cic. rep. I. 25. Aequi prohibiti sunt, Bolanis, suae *gentis populo*, praesidium ferre. Liv. IV. 49. Valerius *plebem* in patres incitatam mitigavit. Cic. Brut. 14. Precatus sum a diis immortalibus, ut haec res *populo plebique* Romanae bene atque feliciter eveniret. Cic. Mur. 1. Saepe sapientis iudicium a iudicio *vulgi* discrepat. Cic. Brut. 53. *Vulgo* hominum opinio socium me adscribit tuis laudibus. Cic. fam. IX. 14. Te, Brute, non decet, numerari in *vulgo* patronorum. Cic. Brut. 97.

277. Proprius, privatus, peculiaris, singularis, — eigen, besonder.

Proprius, eigenthümlich, bezeichnet ein ausschließendes Eigenthum und bildet den Gegensatz zu communis. Wo bei dem Deutschen eigen ein solcher Gegensatz nicht gedacht werden kann, wie mit eigener Hand, da gebraucht man nicht *proprius*, sondern bloß die Possessiva, mea, tua etc. manu. *Privatus*, privat, bildet den Gegensatz zu *publicus*; eine domus kann privata sein und dennoch zu gleicher Zeit eine communis possessio complurium, jedoch nicht *omnium*. *Pecu-*

liaris heißt eigen in seiner Art, und bezieht sich auf eine spezielle Eigenthümlichkeit mehr, als auf ein Eigenthum. Bekommt das Deutsche eigen den Begriff von einzel und besonder, namentlich im guten Sinne, im Gegensatze des Allgemeinen oder Zusammenhangenden, so wird es durch *singularis* ausgedrückt. Tria praedia Capitoni *propria* traduntur. Cic. Rosc. Am. 8. At id quidem non *proprium* senectutis est vitium, sed *commune* valetudinis. Cic. sen. 11. P. Scipio Ti. Gracchum *privatus* interfecit. Cic. Cat. I. 1. Boni *privato* consensu et senatus *publico* consilio vestem mutaverunt. Cic. Sest. 12. Non cum universo testium genere confligo; venio ad *peculiarem* tuum testem. Cic. Flacc. 21. Exoritur *peculiare* edictum, ne quis frumentum de area tolleret. Cic. Verr. III. 14. *Singularem* deus hunc mundum atque unigenam procreavit. Cic. Tim. 4. Aristoteles in philosophia prope *singularis* est. Cic. Ac. II. 43.

278. Domus, familia, gens, genus, stirps, progenies, proles, suboles — die Familie, das Geschlecht.

Domus bezeichnet der obigen Angabe gemäß (Nro. 262.) die Familie als einen kleineren Staat (und das Haus als eine kleinere Heimat). *Familia* umfaßt alle dazu gehörigen Personen in Rücksicht auf ihren täglichen Verkehr und Umgang mit einander. Man vergleiche damit domesticus und familiaris. *Gens* und *genus* bezeichnen beide das natürliche Geschlecht; *genus* aber hat diesen Begriff rein behalten, während *gens* auch eine politische Bedeutung bekam, einmal als Völkerstamm (*natio* Völkerschaft), und dann als eine durch ein gemeinschaftliches nomen (gentile) und gewisse Institute vereinigte Gesammtheit von Verwandten (gens Cornelia, Tullia cet.). *Stirps* ist wie unser Stamm zunächst eine Übertragung von den Pflanzen (alsdann masc.) auf die Menschen (alsdann fem.), bezeichnet aber auch hier nur das Geschlecht, das sich an einen bestimmten und benannten Einzelnen als seinen Stammvater anschließt; es bezeichnet demgemäß eine speziellere und direktere Abstammung, während in der gens nur die Verwandtschaft liegt; wie die gens durch das nomen, so wird die

II. NOMINA.

stirps burch bas cognomen bezeichnet. Die Claudii Marcelli gehörten zur stirps Marcellorum und zur gens Claudia; aber die Claudii dieser gens gehörten nicht alle zur stirps Marcellorum. Genus, gens und stirps bezeichnen ferner das Geschlecht zunächst **allgemein**, dann aber vorzugsweise in Rücksicht auf seinen Ursprung, die **Ascendenz**; progenies, proles und suboles dagegen nur in Rücksicht auf die Fortpflanzung, die **Descendenz**; jene fast als Abstrakta oder Kollektiva zu maiores, diese ebenso zu posteri gehörig. Der **allgemeine** und **gewöhnliche** Ausdruck für **Nachkommen** desselben **Geschlechts** ist ferner nur *progenies*, während in den beiden mehr **poetischen** Wörtern *proles* und *suboles* eine besondere Beziehung hinzu kommt, indem jenes auf die **Verbreitung** des **Geschlechts**, dieses auf die **Erhaltung** desselben hinweiset. Maiores und posteritas aber bezeichnen die **Vorfahren** und **Nachkommen**, auch **ohne Rücksicht auf persönliche Verwandtschaft**. *Sexus* das **natürliche Leibesgeschlecht**, männlich oder weiblich. Octavius primus in suam *familiam* attulit consulatum. Cic. Phil. IX. 2. Ebenso in suam *domum*, off. I. 39. *Paterfamilias*. Cic. Rosc. Am. 15. Aristoteles, Xenocrates, tota illa *familia* (Schule, Sekte) hoc non dabit. Cic. divin. II. 1. Emit eam *familiam* (Sklaven) a Catone. Cic. Qu. fr. II. 6. Primum illud vide, gravissimam illam sententiam, quae *familiam* (viel Zugehöriges und Bedeutendes) ducit, honestum quod sit, id esse solum utile. Cic. fin. IV. 16. Hominum *genus* et in *sexu* consideratur, virile an muliebre sit: et in *natione* etc. Cic. inv. I. 24. Qua de re inter Marcellos et Claudios patricios centumviri iudicarunt, quum Marcelli ab liberti filio *stirpe*, Claudii patricii eiusdem hominis hereditatem *gente* ad se redisse dicerent: nonne in ea causa fuit oratoribus de toto *stirpis* ac *gentilitatis* iure dicendum? Cic. or. I. 39. Veteres se *progeniem* deorum esse dicebant. Cic. Tim. 11. Proletarios eos nominavit, ut ex iis quasi *proles*, id est, quasi *progenies* civitatis exspectari videretur. Cic. rep. II. 22. Raro habet etiam in oratione poeticum aliquod verbum dignitatem; neque enim illud fugerim dicere . . . *prolem*, aut *subolem*, aut effari, aut nuncupare . . . quibus, loco positis, grandior atque antiquior oratio saepe videri solet. Cic. or. III. 38.

279. Praefectus, legatus, dux, imperator, (rex) — Feldherr.

Praefectus hat den allgemeinen Sinn von Vorgesetzter, Vorsteher; der den Begriff ergänzende Genitiv oder Dativ giebt ihm erst die Bedeutung eines Generals, Admirals, Stadtkommandanten oder was sonst. Der *legatus* ist ein Unterfeldherr, von einem Höheren delegirt, wie Labienus beim Cäsar war. Der *dux* und *imperator* sind beide Feldherrn, jener in Bezug auf seine Handlung als solche, dieser in Bezug auf die Würde und Ehre; der dux als wirklicher Führer, der imperator als Gebieter: daher oft *belli* dux, aber *imperator ad id bellum.* Cic. or. I. 2. Man. 10. Bald wurde *imperator* ein besonderer Ehrentitel der duces (consules oder practores), der ihnen nach erfochtenem Siege durch den Siegeszuruf und Gruß der Soldaten und demnächst auch von andern zugetheilt wurde, daher in Ciceros Briefen so oft Cicero N. N. Imperatori. cf. Ep. ad. fam. V. 5. V. 7. etc. Weil nun das Kaiserthum aus einer Soldatenherrschaft hervorging, so wurde *Imperator* bald auch der eigentliche Titel der Kaiser, während *reges* nur die alten Römischen Könige oder solche fremde Herrscher genannt wurden, denen das Römische Volk oder ein Feldherr oder Konsul diesen Titel verliehen oder belassen hatte. Tu es *praefectus* moribus und noster *praefectus* moribus. Cic. Cluent. 46. fam. IX. 15. *Praefectus* classis, fabrum. Cic. Verr. V. 34. Balb. 28. Ille postulat *legatum* ad tantum bellum. Cic. Man. 19. Omnia summa consecutus es virtute *duce*, comite fortuna. Cic. fam. X. 3. Earum rerum, quae sunt propriae belli *administrandi* (gerendi wol absichtlich nicht gesetzt), qui sunt animo et scientia compotes, eos esse *imperatores* dico. Cic. or. I. 48. Regulus a Karthaginiensibus captus est *duce* Xantippo, *imperatore* autem Hamilcare. Cic. off. III. 26. Cäsars Legat Labienus sagt beim Beginn der Schlacht zu seinen Soldaten: Praestate eandem nobis *ducibus* virtutem, quam saepenumero *imperatori* praestitistis, atque illum adesse et haec coram cernere existimate. Caes. b. G. VI. 8. *A regibus* ultimis mihi allatae sunt lit-

terae, quibus mihi gratias agunt, quod se mea sententia *reges*
appellaverim. Cic. fam. IX. 15.

280. Munus, officium, honos — Amt.

Munus und im Plural das selten gewordene *munia*, bezeichnen eine Verbindlichkeit rücksichtlich ihrer Ausübung, als eine öffentliche und politische, wie das Amt; *officium* dagegen, die Pflicht, rücksichtlich der inneren Stimmung, woraus sie entspringt, als eine private und moralische, wie die Verpflichtung. Ein munus erfüllt man aus Beruf, ein officium durch Antrieb des Gewissens. Beide beziehen sich auf die Pflicht als ein Thun, ein Geschäft; *honos* dagegen bezieht sich auf die mit dem Amte verbundene Würde und Ehre, Ehrenstelle, Ehrenamt. Masinissa omnia exsequitur regis *officia* et *munera*. Cic. sen. 10. Haec sunt *officia* necessariorum, commoda tenuiorum, *munia* candidatorum. Cic. Mur. 35. Senectus adolescentes doceat, instituat, ad omne *officii munus* instruat. Cic. sen. 9. *Honoribus* amplissimis et laboribus maximis perfuncti sumus. Cic. fam. I. 8.

281. Rumor, fama; laus, gloria, honos, claritas — Ruf, Ruhm.

Rumor ist wie Gerücht, eine Nachricht, die sich allgemein, aber dennoch geheim und man weiß nicht wie und durch wen verbreitet; es bezieht sich bloß auf Ereignisse der Gegenwart. *Fama* dagegen ist, wie Sage, die laute Mittheilung und Fortpflanzung einer Erzählung, auch auf die künftige Zeit. Dem rumor ist der nuntius entgegengesetzt, der fama die persönliche Anwesenheit, die Autopsie. Der Ruf eines Mannes ist demnach nur fama, und zwar bald der gute, bald der böse. Die bestimmte Anerkenntniß einer Auszeichnung liegt in laus und gloria, mit dem Unterschiede, daß *laus*, Lob, die auszeichnende Anerkenntniß sittlicher Vorzüge, auch Seltens eines Einzelnen; *gloria*, Ruhm, dagegen die auszeichnende Anerkenntniß hervorragender Leistungen, und zwar Seitens vieler und in weiter Verbreitung bezeichnet. *Claritas* bezeichnet den Ruhm unter dem Bilde der eigenen Lichtfülle, wie Ruhmesglanz, während *laus* und *gloria*

fich in den Worten und Reden anderer kund geben. Von
honos sind sie alle dadurch geschieden, daß sich dieses, wie Ehre,
in den Handlungen und dem Benehmen anderer kund giebt.
Calamitas tanta fuit, ut cam ad aures Luculli non ex proelio
nuntius,. sed ex sermone *rumor* afferret. Cic. Man. 9. Nihil
perfertur ad nos praeter *rumores* de oppresso Dolabella, satis
illos quidem constantes, sed adhuc sine auctore. Cic. fam.
XII. 9. Tum tristis a Mutina *fama* manabat. Cic. Phil. XIV.
6. Ego de tua *fama* detrahere nunquam cogitavi. Cic. fam.
III. 8. *Gloria* est frequens de aliquo *fama* cum *laude*. Cic.
inv. II. 55. cf. Tusc. III. 2. Phil. I. 12. Marc. 8. Nemo,
qui fortitudinis *gloriam* consecutus est insidiis et malitia,
laudem est adeptus. Cic. off. I. 19. ˙ (Apud maiores nostros)
honos poetis non fuit. Cic. Tusc. I. 2. Nomen Hannibalis
magna erat apud omnes *gloria*. Cic. or. II. 18. *Honos* alit
artes omnesque incenduntur ad studia *gloria*. Cic. Tusc.
I. 2. Miror, deos immortales histrioni futuro *claritatem*
ostendisse, nullam ostendisse Africano. Cic. divin. II. 31.
cf. Sen. ep. 102.

282. Dominus, herus — Herr.

Dominus hat einen weit allgemeineren Sinn; es bezeichnet
jeden Herrn und Herrscher in Bezug auf jedes Besitzthum;
herus aber bloß in Rücksicht auf den Sklaven. Liberatos se
per eum dicunt gravissimis *dominis*. Cic. Tusc. I. 21. Roscius
amplissimae pecuniae fit *dominus*. Cic. Rosc. Am. 8. Iis, qui
vi oppressos imperio coërcent, sit sane abhibenda saevitia, ut
heris in famulos, si aliter teneri non possunt. Cic. off. II. 7.

283. Servus, ancilla, famulus, mancipium, verna,
minister — der Diener.

Servus bezeichnet den Sklaven in rechtlicher Beziehung
als einen unumschränkt Untergebenen. Das Femininum dazu
ist *ancilla:* denn *serva* ist in der guten Sprache durchaus vermieden, mit Ausnahme einzeler Stellen, wo die rechtliche Beziehung gerade besonders hervorgehoben werden sollte. (Liv. I.
47. III. 44.) *Famulus* ist der Diener in patriarchalischem
Sinne, als ein Angehöriger und Theil der Familie. *Man-*

II. NOMINA.

cipium der **Sklave in ökonomischer Beziehung, als ein Besitz und eine käufliche Waare.** *Verna* (selten; bei Cicero, Cäsar und Nepos ꝛc. wol gar nicht) bezeichnet den Sklaven, **der nicht erst erworben, sondern im Hause als solcher geboren ist.** Den Gegensatz zu servus macht dominus; beide Wörter sind mehr für das **öffentliche Leben** und daher in den erhaltenen Schriften mit Ausnahme der Komödien weit häufiger, als famulus mit seinem Gegensatze herus, die mehr für das **Familienleben** sind. Alle jene Wörter bezeichnen den Diener in seinem **Verhältnisse als einen unfreien Menschen**; *minister* allein bezeichnet ihn bloß in Rücksicht auf seine **Leistung**, ohne sein Verhältniß als frei oder unfrei hervorzuheben; minister ist der Diener als ein **Gehülfe**; doch ist der minister in **untergeordnetem**, der adiutor in **gleichgestelltem** Verhältniß der Dienstleistung gedacht. Gracchus Licinium, litteratum hominem, *servum* habuit ad manum (i. e. amanuensem, welches Wort aber die gute Sprache vermieden hat). Cic. or. III. 60. Ulixes domi contumelias *servorum ancillarum*que pertulit. Cic. off. I. 31. Nasica sensit id *ancillam domini* iussu dixisse. Cic. or. II. 68. Neque tam *servi* illi *dominorum*, quam tu libidinum, neque tam fugitivi illi a dominis, quam tu a iure et a legibus. Cic. Verr. IV. 50. De *servis* nulla lege quaestio est in *dominos*, nisi de incestu. Cic. Mil. 22. Interdum adhibenda saevitia est *heris* in *famulos*. Cic. off. II. 7. Possidet ea *mancipia* Amyntas. Cic. Flacc. 32. Cogita, filiorum nos modestia delectari, *vernularum* licentia. Sen. prov. 1. extr. Bellienus, *verna* Demetrii. Coel. in Cic. ep. fam. VIII. 15. Legum *ministri* magistratus sunt. Cic. Cluent. 53. Multarum artium *ministras* manus natura homini dedit. Cic. n. d. II. 60.

284. **Libertus, libertinus — der Freigelassene.**

Libertus ist der Freigelassene nur in **Rücksicht auf seinen früheren Herrn**, als demselben noch einigermaßen **angehörig**, im Gegensatze zu servus; daher stäts mit einem pron. oder gen. poss. verbunden. *Libertinus* heißt der Freigelassene in Rücksicht auf seinen **Stand** in der bürgerlichen Gesellschaft, daher öfter mit einer gewissen **Verächtlichkeit**, als Gegensatz von ingenuus. Trebonius viros bonos et honestos com-

plures fecit heredes; in his fecit *libertum* suum . . . . Tum
de sella vir optimus (Verres praetor) dixit: „Equiti Romano,
tam locupleti, *libertinus* sit homo heres!" Cic. Verr. I. 47.
Vergl. Nro. 286.

285. Servitus, servitium — die Sklaverei.

Servitus bezeichnet die Knechtschaft indifferent als einen
Zustand; in *servitium* wird besonders auf die Schmach und
das Unglück dieses Zustandes hingewiesen; doch ist das Wort
in dieser Bedeutung der guten Prosa fast ganz fremd (bei
Cicero, Cäsar, Nepos wol gar nicht); dagegen kommt es öfter,
namentlich im Plural oder in kollektivem Sinne, als Konkretum vor, die Sklaven, mit dem Nebenbegriff einer besondern
Verächtlichkeit. Mulierem in *servitutem* adiudicat; deinde
bona vendit. Cic. Caecil. 17. Esse in *servitute*, *servitutem*
pati. Cic. Cluent. 7. Phil. VI. 7. *Servitia* ad caedem incitavit.
Cic. Coel. 32. Coeptum est in Sicilia moveri aliquot locis
servitium. Cic. Verr. V. 4.

286. Liber, liberalis, ingenuus — frei.

Liber ist das allgemeinste Wort und bezeichnet zunächst den
Freien in rechtlicher Beziehung, als Gegensatz zu servus;
dann ist es ungezwungen, ungebunden, jedoch im guten
Sinne, als Gegensatz zu *licenter* (Adv.), zügellos. *Liberalis*
ist der, der seiner Freiheit würdig und angemessen sich
beträgt; ebenso von Dingen, des freien Mannes würdig.
Der *liber* ist frei von jeder äußern Beeinflussung, der
liberalis frei von jeder persönlichen Engherzigkeit, vergl.
Nro. 407. *Ingenuus* hat immer Beziehung auf eine Auszeichnung durch die Geburt; es bezeichnet zunächst den, dessen
Voreltern nur freie Leute waren, im Gegensatze von *libertinus*;
dann aber meistens den, dessen geistiges Wesen durch edle
Freiheit und Offenheit sich auszeichnet. Iure civili, qui est
matre *libera*, *liber* est. Cic. n. d. III. 18. In oratione solutum quiddam sit nec vagum tamen, ut ingredi *libere*, non
ut *licenter* videatur errare. Cic. or. 23. Mens, artes, doctrinae *liberales*, studia *liberalissima*. Cic. Coel. 21. inv. I. 25.
or. III. 32. Arch. 3. Omnis *ingenuorum* adest multitudo, etiam

tenuissimorum ... Operae pretium est, *libertinorum* hominum studia cognoscere. Cic. Cat. IV. 7. u. 8.

287. Nobiles, principes, primores, proceres, patres, optimates — die Vornehmen.

Nobiles, in politischer Rücksicht, wurden diejenigen genannt, deren Vorfahren schon die kurulische Ädilität oder höhere Würden verwaltet hatten, im Gegensatze zu homines *novi*, die selbst zuerst zu solchen Würden gelangten. Die *principes* und *primores* sind durch persönliche innere Vorzüge ausgezeichnet, jene wegen ihrer Tugend und ihres Talentes ein Vorbild für die Übrigen, diese wegen ihres Einflusses die bedeutendsten Männer des Staates: wobei noch zu bemerken, daß die principes mehr den friedlichen Geschäften und Verhandlungen, die primores wie die Homerischen πρόμαχοι den kriegerischen Unternehmungen angehören. Doch findet sich primores in diesem Sinne fast nur bei Livius; bei Cicero ist bloß *primoribus labris* gustare oder attingere Coel. 12. or. I. 19. als sprüchwörtliche Redensart für leichthin. *Patres* sind die Vornehmen als die Ehrwürdigeren, in patriarchalischem Sinne, die Ältesten des Volks, die Senatoren. *Proceres* bezieht sich fast nur auf die Kraft, daher besonders für Kriegesverhältnisse, während patres nur auf die Verhältnisse des Friedens bezogen wird; beide schließen aber, namentlich bei den Römern selbst, immer auch eine Auszeichnung durch Geburt, Vermögen u. s. w. in sich; die proceres sind die Matadors. *Optimates* sind die Vornehmen als eine politische Partei; sie unterscheiden sich von Andersgesinnten, und zwar durch ihre politischen Grundsätze. Videmus quanta sit in invidia quantoque in odio apud quosdam homines *nobiles novorum* hominum virtus et industria. Cic. Verr. V. 71. Studiose plerique facta *principum* imitantur. Cic. off. I. 39. Auctoritatis exquirendae causa ceteri tribuni plebis *principes* civitatis in Rostra producere consuerunt. Cic. Vat. 10. Ubi anteire *primores* civitatis vident, quidquid sit, haud temere esse rentur. Liv. I. 59. Tarquinius *primores patrum*, quos Servii rebus favisse credebat, interfecit. Liv. I. 49. cf. III. 18. Me non tecum, quum abs te honorificentissime invitarer, coniunxi. Audiebam enim nostros *proceres* clamitantes ἄλκιμος ἴσσ᾽, ἵνα τίς σε καὶ ὀψιγόνων εὖ εἴπῃ. Cic. fam. XIII. 15. Decius orat *proceres* iuventutis, in hostem ut secum impetum faciant. Liv. X. 28. Ad *patres* censeo revertare: plebeii quam fuerint importuni vides. Cic. fam. IX. 21. Duo genera semper in hac civitate fuerunt eorum, qui versari in re publica atque in ea se excellentius gerere studuerunt: quibus ex generibus alteri se *populares*, alteri *optimates* et haberi et esse voluerunt . . . (Optimates) sunt *principes* consilii publici . . . sunt etiam libertini *optimates*. Cic. Sest. 45.

288. Puer, adolescens, iuvenis, adultus, puber, pusio, ephebus — Jüngling.

Puer ist ursprünglich Kind, in Beziehung auf das Lebensalter, während *liberi* die Kinder als Theil der Familie bezeichnet. Indeß reicht die *pueritia* weiter, als unser Kindheit; die *infantia*, die Unmündigkeit, oder die prima pueritia mag etwa bis zum siebenten, von dort bis zum achtzehnten die eigentliche pueritia gerechnet werden. Bis zum dreißigsten Jahre ist die Benennung *adolescens* ganz gewöhnlich, und bis zum fünfundvierzigsten *iuvenis*; jener ist der Jüngling, dieser immer nur der junge Mann. Die iuventus hat indeß einen weiteren Umfang, als die adolescentia, die etwa als die erste Hälfte von jener angesehen werden mag. Außerdem ist iuventus auch kollektiv, für die Jünglinge; adolescentia niemals. Neben iuventus brauchen die Dichter auch *iuventa*, wie neben *senectus* auch *senecta*, jedoch mit dem Unterschiede, daß *iuventus* und *senectus* auf die Vorzüge des betreffenden Alters, *iuventa* und *senecta* dagegen auf die Mängel desselben hinweisen. *Adultus* hat weniger Beziehung auf das Alter, als auf die schon gewonnene Kraft, herangewachsen; woher es im Lateinischen trotz der Perfektform oft jünger an Jahren ist, als adolescens (die Präsensform). *Puber* und *pusio* beziehen sich spezieller als adolescens auf den Austritt aus dem Knabenalter als die beginnende Reife und stäts mit Rücksicht auf dieselbe; doch wird bei *pusio* mehr an die Reife zu Liebeleien, bei *puber* mehr an die Reife zu ernsten Dingen, zur Heirat, oder zu den Waffen u. dgl. gedacht. Der puber ist

ſchon, der iuvenis iſt noch ein junger Mann: das Kollektiv
zu puber iſt *pubes*. *Ephebus* wird ein Jüngling nur mit Rückſicht auf die Griechiſche Sitte, daher nur, wenn er ein Grieche
iſt, genannt. (Octavianus) Romam veniet cum manu magna;
sed est plane *puer* . . . Atticae, quoniam, quod optimum est
in *pueris*, hilarula est, meis verbis suavium des. Cic. Att.
XVI. 11. *Pueri* appellatio tres significationes habet: Unam
quum omnes *servos* pueros appellamus; alteram quum puerum
contrario nomine *puellae* dicimus; tertiam quum *aetatem* puerilem demonstramus. Paul. in pand. L. 16. 204. C. Caesar
adolescens, paene potius *puer*, firmissimum exercitum com-
paravit. Cic. Phil. III. 2. Qui citius *adolescentiae* senectus,
quam *pueritiae adolescentia* obrepit? Cic. sen. 2. Infirmitas
puerorum est, et ferocitas *iuvenum*, et gravitas iam constan-
tis aetatis. Cic. sen. 10. Pericles et Thucydides non nascen-
tibus Athenis, sed iam *adultis* fuerunt. Cic. Brut. 7. Omnes
puberes armati convenire coguntur. Caes. b. G. V. 54. Pompeio senatus totam rem publicam, omnem Italiae *pubem*,
cuncta populi Romani arma commiserat. Cic. Mil. 23. Athenis
quum essem, e gregibus *epheborum* vix singuli reperiebantur
formosi. Cic. n. d. I. 28.

289. Mas, maritus, homo, vir — der Mann.

Mas iſt der Mann in Rückſicht auf das Leibesgeſchlecht,
der Gegenſatz von *femina* — beide daher von Menſchen, wie
von Thieren geſagt; die Deutſchen Wörter, Männchen und
Weibchen, beziehen ſich durchweg nur auf Thiere. *Maritus* iſt
der Ehemann; ihm gegenüber ſteht *uxor*, die Eheſrau; daher
nur uxorem ducere und nicht feminam, coniugem u. ſ. w. *Homo*
begreift zunächſt im Gegenſatze zu Gott und Thier den Mann
und das Weib als Menſchen in ſich; bezeichnet dann aber auch
beſonders den Mann, inſofern er von der Natur oder vom
Glücke bedeutend ausgezeichnet iſt, nach der guten ſowohl, wie
nach der ſchlechten Seite. *Vir* dagegen bezeichnet den Mann im
Gegenſatze von *mulier*, Weib, in Rückſicht auf ſeine Seelen-
ſtärke und ſeinen moraliſchen, namentlich politiſchen Werth,
an ſich ſchon ein Lob einſchließend. Deshalb kommen die Attri-
bute bonus und fortis bei Cicero namentlich faſt nur dem vir

zu, während der durch Geburt, Intelligenz und Glück ausgezeichnete, so wie der schlechte und zweideutige Mann meist durch homo bezeichnet wird. Et *mares* deos et *feminas* esse dicitis. Cic. n. d. I. 34. Bestiarum aliae *mares*, aliae *feminae* sunt. Cic. n. d. II. 51. Requires tu, ut *maritus* sis quam optimae, haec, ut quam optimo *viro* nupta sit. Cic. inv. I. 31. Marius tulit dolorem ut *vir*; et ut *homo* maiorem ferre sine causa necessaria noluit. Cic. Tusc. II. 22. Rogavi te, ut et *hominem* te et *virum* esse meminisses, id est, ut et communem incertumque casum *sapienter* ferres, et dolori *fortiter* ac fortunae resisteres. Cic. fam. V. 17. *Vir* clarissimus ab *homine* taeterrimo acerbissima morte est affectus. Cic. fam. IV. 12. Catilina utebatur *hominibus* improbis multis; et quidem optimis se *viris* deditum esse simulabat. Cic. Coel. 5. Clodius quamquam paratus in imparatos, tamen *mulier* inciderat in *viros*. Cic. Mil. 21.

290. Femina, uxor, coniux, mulier, matrona — die Frau.

Femina bezieht sich auf das Leibesgeschlecht, im Gegensatze von *mas*; daher von Göttern, Menschen und Thieren gebraucht, während die übrigen Synonyma von Thieren nicht ausgesagt werden; wir sagen dafür bei Göttern und Menschen die Frau, bei Thieren das Weibchen. *Uxor* und *coniux* (in der guten Prosa nicht von Männern) bezeichnen die einzele Ehefrau, aber immer in Beziehung auf ihren Gatten; daher fast nur diese und diese fast nur in Verbindung mit Possessiven, während etwa mulier mea schwerlich Gutlateinisch ist. Zwischen beiden selbst ist nur ein geringer Unterschied, indem *uxor*, wie unser Gattin, mehr auf das Natürliche, *coniux*, wie unser Gemahlin, mehr auf das Förmliche des Eheverhältnisses hinweiset; doch ist der Unterschied noch keines Weges so bestimmt, wie im Deutschen. Auch ist uxor durchaus das Wort des gewöhnlichen Lebens, und in gewissen Verbindungen, wie uxorem ducere ausschließlich gebraucht, während coniux bei den Komikern z. B. gar nicht vorkommt. *Mulier* bezeichnet zunächst das Weib als die Trägerin des weiblichen Charakters, im Gegensatze zu *vir*; dann aber wird durch mulieres der Stand der Weiber, namentlich als Ehefrauen, im Allgemeinen ausgedrückt, sowie der der Männer durch *viri*. *Matronae* werden die Frauen genannt mit Rücksicht auf ihre Ehrwürdigkeit als Familienmütter, mehr im Gegensatze zu virgines, als zu Männern. Aliae bestiae mares sunt, aliae *feminae*. Cic. n. d. II. 59. Poterat Regulus manere in patria, esse domi suae cum *uxore*, cum liberis. Cic. off. III. 26. De *coniugum* vestrarum ac liberorum anima hodie vobis iudicandum est. Cic. Cat. IV. 19. Res nobis est cum Clodia, *muliere* non solum nobili, sed etiam nota ... Petulanter facimus, si matremfamilias, secus quam *matronarum* sanctitas postulat, nominamus. Cic. Coel. 13. Negavit moris esse Graecorum, ut in convivio *virorum* accumberent *mulieres*. Cic. Verr. I. 26.

291. Coniugium, connubium, matrimonium, contubernium — die Ehe.

Coniugium heißt die Ehe als die innigste Verbindung in der menschlichen Gesellschaft; *connubium* in Rücksicht auf ihre rechtliche Gültigkeit: weshalb auch nur von einem *ius connubii* die Rede sein kann, als dem Recht zu einer Heirat, während ius matrimonii (Cic. Cluent. 62.) die Berechtigung der Frau im Ehestande bedeutet. *Matrimonium* ist die Ehe nur als eheliches Verhältniß der Familienmutter, der Frau: daher nothwendig in den Redensarten ducere in matrimonium (immer mit einem Objekt verbunden, wie im Deutschen zur Frau nehmen, und dadurch dem Gebrauche nach von uxorem ducere, eine Frau nehmen, verschieden), habere in matrimonio, collocare oder locare in matrimonio u. s. w., wenn das Objekt eben eine Frau ist. *Contubernium* ist als Synonymum hierzu das eheliche Zusammenleben der Sklaven, daher überhaupt mit einem verächtlichen Nebensinne; es bezeichnet aber meistens und fast nur die Zeitgenossenschaft der Soldaten. Artior colligatio est societatis propinquorum ... prima societas in ipso *coniugio* est, proxima in liberis. Cic. off. I. 17. Mulier nupta erat cum eo, quicum *connubium* non erat. Cic. top. 4. Romulus Sabinorum *connubia* coniunxit. Cic. or. I. 9. Oppianicus eius uxorem, quem occiderat, in *matrimonium* duxit. Cic. Cluent. 44. Mulier, quid tibi cum Coelio? Non te Q.

Metelli *matrimonium* tenuisse sciebas? Cic. Coel. 14. *Connubium* est *matrimonium* inter cives; inter servos autem, aut inter civem et peregrinae condicionis hominem aut servilis, non est connubium, sed *contubernium*. Boeth. in Cic. top. 4. Ubi fides, ubi dextrae complexusque, ubi illud *contubernium* muliebris militiae in illo delicatissimo litore? Cic. Verr. V. 40.

292. Ritus, modus, caerimonia, mos, consuetudo, usus — die Art und Weise, die Sitte.

Ritus ist die von Natur einem innwohnende Handlungsweise, daher auch vielfach das von selbst entstandene Verfahren bei heiligen Dingen. *Modus* ist die Art und Weise, insofern dieselbe durch das Maß der Fähigkeiten bestimmt wird; so könnte Cic. Verr. II. 3. statt humano *modo* peccare schwerlich eins der andern Wörter stehen; oft bezieht es sich auch besonders auf die äußere Art der Handlung. *Caerimonia* hat nur eine religiöse Bedeutung, und ist theils die Heiligkeit, theils der Inbegriff der angeordneten religiösen Gebräuche. *Mos* ist die Sitte, d. h. ein gleichförmiges Verfahren, das sich auf das Bewußtsein der Handelnden gründet; *consuetudo* dagegen, die Gewohnheit, ein solches Verfahren, das aus der Neigung und Bequemlichkeit hervorgeht. Daher hat mos auch eine Beziehung auf Sittlichkeit und Anstand, was bei consuetudo nicht der Fall ist. *Consuetudo* ist demnächst in Rücksicht auf Personen auch der Umgang, jedoch nur, insofern er auf einer gegenseitigen Gewöhnung an einander; usus aber, insofern er auf einem thätlicheren Verkehr, auf einem Genuß des andern beruht. Das Verb *consuesse*, gewohnt sein, unterscheidet sich von *solere*, pflegen, ebenfalls dadurch, daß bei jenem auf die Entstehung und Ursache des Ofttthuns, Neigung und Bequemlichkeit, hingewiesen wird, während solere ein bloßes Ofttthun bezeichnet ohne Rücksicht auf irgend eine Neigung. Illi pecudum *ritu* ad voluptatem omnia referunt. Cic. am. 9. Latronum *ritu* Cic. Phil. II. 25. *Ritus* familiae patrumque servare, id est (quoniam antiquitas proxime accedit ad deos) *a diis* quasi traditam religionem tueri. Cic. leg. II. 11. Omni *modo* egi cum rege et ago quotidie. Cic. Att. VI. 2. Servilem in *modum*. Verr. act. I. 5. Sacra Cereris summa

II. NOMINA.

religione confici *caerimoniaque* voluerunt. Cic. Balb. 24. Huius de morte, tamquam de *caerimoniis* violatis, quaeritur. Cic. Mil. 22. Negavit *moris* esse Graecorum, ut in convivio virorum accumberent mulieres. Cic. Verr. I. 26. Hic *mos* erat patrius Academiae, adversari semper omnibus in disputando. Cic. or. I. 18. Multa sunt a nobis Carneadis *more* et *modo* disputata. Cic. Tim. 1. Hoc vobis versutius, quam mea *consuetudo* defendendi fert, videbitur. Cic. Caec. 29. Plerumque parentum praeceptis imbuti ad eorum *consuetudinem* *morem*que deducimur. Cic. off. II. 32. Magnum erat, de summa re publica dissentientes in eadem *consuetudine* amicitiae permanere. Cic. Phil. II. 15. Inter nosmet vetus *usus* intercedit. Cic. fam. XIII. 23.

293. Haruspex, augur, auspex, hariolus, vates, saga — der Seher.

Die drei ersten Wörter bezeichnen den Seher als den Interpreten und Deuter von äußeren Erscheinungen; daher auch nur sie, namentlich die beiden ersteren, den Begriff des Priesterlichen in sich schließen. *Hariolus* und *vates* sind die Seher, als erfüllt von innerer Begeisterung, *saga* die Seherin durch Klugheit und Scharfblick. *Haruspex* ist alsdann der priesterliche Seher in Bezug auf die Theorie seiner Kunst, *haruspicina*, daher allgemein; *augur* in Bezug auf seinen öffentlichen amtlichen Charakter, als zum collegium augurum gehörig, besonders als Interpret des Vogelflugs und der Sibyllinischen Bücher; *auspex* als der mit selbsteingeholter göttlicher Bestätigung eine Handlung Beginnende und ihr Vorstehende, daher hauptsächlich von Magistratspersonen, selten von Priestern gebraucht; ganz umgekehrt, wie bei haruspex und augur, die sich überhaupt näher stehen und oft mit einander vertauscht werden. *Hariolus* unterscheidet sich von *vates* dadurch, daß jenes den professionirten Wahrsager mit verächtlichem Nebensinne, als einen, der seine Ekstase zum Gelderwerb benutzt, bezeichnet; *vates* dagegen den Weissager, den von Gott erfüllten, heiligen Seher. Quum magna vis in monstris interpretandis et procurandis videretur esse in *haruspicum* disciplina, omnem hanc ex Etruria *scientiam* adhibebant ... Duobus modis animi, sine ratione et scientia, motu ipsi suo soluto et libero incitantur, uno furente, altero somniante ... Ex quo genere saepe *hariolorum* et *vatum* furibundas (begeiſtert) praedictiones audiendas putaverunt. Nec vero somnia cet. Cic. divin. I. 2. *Augur auguri*, consul consuli obnuntiasti ... Hoc quid sit, *augur* a collega requiro. Cic. Phil. II. 33. Bilem id commovet et latoribus et *auspicibus* legis curiatae. Cic. Att. II. 7. Nihil fere quondam maioris rei, nisi auspicato, ne privatim quidem gerebatur; quod etiam nunc nuptiarum *auspices* declarant. Cic. divin. I. 16. Nunc illa testabor, non me eos agnoscere, qui quaestus causa *hariolentur*. Cic. divin. I. 58. Hac *vate* (Sibylla) suadente maiores nostri haec sacra Romae collocarunt. Cic. har. 13. Verum *vatem* fuisse sensistis. Cic. divin. I. 32. Sagire enim sentire acute est; ex-quo *sagae* anus, quia multa scire volunt. Cic. divin. I. 31.

294. Signum, omen, ostentum, monstrum, prodigium, portentum — Zeichen, Vorbedeutung.

Signum iſt ganz allgemein ein Zeichen, woraus man etwas ſchließen kann oder ſoll, und faßt als Gattungsbegriff auch die ſämmtlichen Arten von Wahrzeichen unter ſich. *Omen* iſt das Wahrzeichen, welches jeder ſich ſelbſt macht, oder, wie es ihm begegnet, ſich ſelbſt deutet, und daher die gute oder böſe Vorbedeutung ſelbſt. Die vier andern Wörter bezeichnen Erſcheinungen, die an ſich unbegreiflich und daher meiſtens ängſtigend ſind und zwar wird in *ostentum* und *monstrum* mehr das Wunderbare der Erſcheinung ſelbſt, in *prodigium* und *portentum* mehr die Bedeutung dieſer Erſcheinung aufgefaßt. *Ostentum* bezieht ſich alsdann weſentlich auf das Außerordentliche der Erſcheinung (z. B. ein Komet, ein unmündiges Kind ſprechend, brennendes Waſſer), *monstrum* auf eine häßliche Naturwidrigkeit, wie der Minotaurus; jenes nur durch die ſich etwa herausſtellende Bedeutung, dieſes an ſich ſchon widerlich. Ferner wird in *prodigium* weſentlich das Bedeutungsvolle, ſelten als etwas Gutes, meiſt als ein Unheilbringendes, in *portentum* nur das Entſetzliche und Vernichtende der Erſcheinung hervorgehoben. Flaminius eam rem

II. NOMINA.

non habuit religioni, obiecto *signo*, ut peritis videbatur, ne proelium committeret. Cic. divin. I. 35. Atque his superstitionibus non dubitasti etiam *omina* adiungere. Aemilia Paullo „Persam perisse"; quod pater *omen* accepit. Cic. divin. II. 40. So wird ebendaselbst der Ruf eines Handelsmanns (caricas Cauno advectas vendentis) *Couneas* für den eben aus dem Hafen abfahrenden Crassus als ein omen ausgelegt, daß er nicht hätte gehen sollen (*cave ne eas*). Non solum deorum voces Pythagorei observitaverunt, sed etiam hominum, quae vocant *omina*. Cic. divin. I. 45. Croesi filium, quum esset infans, locutum esse dicunt; quo *ostento* regnum patris et domum funditus concidisse. Cic. divin. I. 53. Tune etiam, *immanissimum* ac *foedissimum monstrum*, ausus es meum discessum illum maledicti et contumeliae loco ponere? Cic. Pis. 14. Multa saepe *prodigia* vim Cereris Ennensis numenque declarant. Cic. Verr. IV. 49. Nulla iam pernicies a *monstro* illo atque *prodigio* moenibus ipsis intra moenia comparabitur. Cic. Cat. II. 1. Gabinium et Pisonem, duo rei publicae *portenta* ac paene funera, gravissime esse notandos putavit. Cic. prov. cons. 1. A P. Clodio, fatali *portento prodigio*que rei publicae, lex Aelia et Fufia eversa est. Cic. Pis. 4. Quia ostendunt, portendunt, monstrant, praedicunt: *ostenta, portenta, monstra, prodigia* dicuntur. Cic. divin. I. 42. cf. n. d. II. 3. divin. II. 28.

295. Sacerdos, pontifex, (augur), flamen — der Priester.

Sacerdos ist allgemein und als Gattungsname der Priester in Rücksicht auf seine Amtsgeschäfte. *Pontifices* heißen die Priester als Oberaufseher und Ordner der religiösen Gebräuche im Allgemeinen, daher meist mit Rücksicht auf ihre Macht und ihr Ansehen. *Flamines* sind immer nur die Priester besonderer Gottheiten. Duo sunto genera *sacerdotum*, unum, quod praesit caerimoniis et sacris (die Pontifices); alterum, quod interpretetur fatidicorum et vatum effata incognita (die Augurn). Cic. leg. II. 8. e leg. *Sacerdotes* Cereris, Fonteia *sacerdos*. Cic. Verr. V. 54. Font. 16. *Pontifices* veteres propter sacrificiorum multitudinem tres viros epulones esse voluerunt. Cic. or. III. 19. Divis aliis alii *sacerdotes*, omnibus *pontifices*, singulis *flamines* sunto. Cic. leg. II. 8. e leg. Est ergo *flumen*, ut Iovi, ut Marti, ut Quirino, sic divo Iulio (Caesari). Cic. Phil. II. 43.

296. Socius, sodalis, consors, collega — der Genoffe.

Socius ist der Genoffe und Verbündete zu gemeinsamem Handeln in freiwillig eingegangener Verbindung; *sodalis*, der Kamerad in Friedensverhältniffen (wie *commilito* nur in Kriegsverhältniffen) ist der Genoffe in gemeinschaftlichen Freuden und Genüssen; *consors*, der Gefährte, in gemeinsamem Schicksal; *collega*, der Amtsgenosse, Kollege, in gemeinsamer Amtspflicht. Oder nach einem vers. mem.

Consortes fortuna eadem, *socios* labor idem,
 Collegas unum efficit officium;
 Sed faciunt caros schola, ludus, mensa *sodales*.

Huius viri, rem publicam recuperantis, *socius* videor esse debere. Cic. Att. VIII. 14. Habui semper *sodales* ... epulabar igitur cum *sodalibus*. Cic. sen. 13. Quid tibi respondebo, Quinte frater, *consorti* mecum temporum illorum? Cic. Mil. 37. *Socium* et *consortem* gloriosi laboris amiseram. Cic. Brut. 1. Pericles *collegam* habebat in praetura Sophoclem poetam. Cic. off. I. 40.

297. Comes, satelles, stipator, sectator, assecla — der Gefährte.

Comes, der Begleiter, ganz allgemein der Gefährte auf einem Wege, sei es durch Zufall oder durch Freundschaft, oder sonst irgendwie veranlaßt. *Satelles* bezeichnet den Begleiter als einen Helfer und untergeordneten Theilnehmer (daher oft mit einem Genitiv der zu fördernden Sache), meistens mit dem Nebensinne der Rohheit, wie bei uns Trabant. *Stipator* ist der Begleiter als Beschützer, namentlich als Leibwächter, und steht daher mit dem Genitiv eines solchen Konkretums. Wie diese mehr ein äußerliches Anschließen ausdrücken, so bezeichnen *sectator* und *assecla* zugleich wesentlich eine innere Abhängigkeit; und zwar ist *sectator* der Anhänger und Begleiter eines angesehenen Mannes, um ihn zu ehren bei seinen Ausgängen, als amtlicher Ausdruck, wenig unterschieden von *assectator*, was jedoch mehr der bürgerliche Ausdruck zu sein scheint.

Assecla bezeichnet jeden, der zur Vergrößerung des Pompes oder Dienstes halber sich in der Suite eines Großen auf Reisen befindet; er ist ein dazu Gehöriges ohne Selbstbestimmung und daher meist noch verächtlicher, als der sectator und assectator. Me movet unus vir, cuius fugientis *comes*, rem publicam recuperantis socius videor esse debere. Cic. Att. VIII. 14. Dixi in senatu, fore in armis certo die C. Mallium, audaciae *satellitem* atque administrum tuae. Cic. Cat. I. 3. Alexander Pheraeus antequam in cubiculum intraret, praemittebat de *stipatoribus* suis, qui scrutarentur omnia, ne quod telum occultaretur. Cic. off. II. 7. Ducentos in annos singulos *stipatores* corporis constituit, eosdem ministros et *satellites* potestatis. Cic. agr. II. 13. Ipsi legi Fabiae, quae est de numero *sectatorum*, restiterunt. Cic. Mur. 35. Ab Africano vetus *assectator* non impetravit, uti se praefectum in Africam duceret. Cic. Verr. II. 11. cf. Qu. Cic. pet. cons. 9. Philodamus ostendit, se ipsos quidem praetores et consules, non legatorum *asseclas*, recipere solere. Cic. Verr. I. 25.

298. Fruges, fructus, fetus — die Frucht.

Gewöhnlich bezeichnet *fruges* die Früchte der eigentlichen Saaten, namentlich die Feldfrüchte, sowohl die Hülsenfrüchte, legumina, als auch die Ährenfrüchte, frumentum; *fructus* dagegen ist meistens der Ertrag der Pflanzungen, namentlich der Bäume, Weinstöcke u. s. w.; jedoch hat es auch einen allgemeineren Sinn, und faßt als Gattungsname fruges als eine Spezies unter sich. Im tropischen Sinne heißt die Frucht nur *fructus*, nicht fruges; bloß die Formen frugi und frugem kommen von dem sonst ungebräuchlichen Singular auch und zwar nur tropisch vor, in Verbindungen wie homo frugi, ad frugem; jedoch findet sich frugem als Kollektiv auch im eigentlichen Sinne. Den umfassendsten Sinne aber hat *fetus*, indem es jede Frucht, sowohl der Thier- als auch der Pflanzenwelt, jedoch immer mit Rücksicht auf die Bildung und Erzeugung derselben bezeichnet. Non omnem *frugem* neque arborem in omni agro reperire potes. Cic. Rosc. Am. 27. *Fruges* atque *fructus* terra gignit animantium causa. Cic. n. d. II. 14. Illis absentibus nunquam fere ulla in agro maiora fiunt, non serendis, non percipiendis, non condendis *fructibus.* Cic. sen. 7. *Frugum fructuum*que *reliquorum* perceptio. Cic. off. II. 3. Omnem *fructum* vitae superioris perdiderunt. Cic. divin. II. 9. Gloria est *fructus* verae virtutis. Cic. Pis. 24. Antonius *frugi* factus est. Cic. Phil. II. 28. Equidem multos et vidi et audivi, qui totam adolescentiam voluptatibus dedissent, emersisse aliquando et se ad bonam *frugem*, ut dicitur, recepisse. Cic. Coel. 12. Ager saepius aratur, quo meliores *fetus* et grandiores possit edere. Cic. or. II. 30. Sues et canes multiplices *fetus* procreant. Cic. n. d. II. 51.

299. Frugifer, ferax, fertilis, uber, fecundus, fructuosus — fruchtbar.

Frugifer, fruchttragend, ist wirklich Frucht hervorbringend; *ferax* und *fertilis* dagegen zum Fruchtbringen geeignet, wie fruchtbar. *Ferax* bezieht sich alsdann mehr auf eine thätige Kraft des Hervorbringens ohne andere Hülfe, daher auch tropisch vom Geiste, produktiv; *fertilis* mehr auf eine ruhende Beschaffenheit, wobei erst durch die Hülfe des Pflegers und Bauers die Früchte gefördert werden; tropisch wird es nicht gebraucht. *Uber,* reichhaltig, ergiebig, bezieht sich immer auf einen wohlthätigen Reichthum und eine Fülle des frucht- und lebengebenden Saftes, fast mehr auf die Vollendung und innere Kraft, als auf die Menge der Früchte. *Fecunditas* bezeichnet die Fruchtbarkeit zunächst als die Kraft der Fortpflanzung; der *fecundus* ist Leben hervorbringend und entwickelnd, mehr mit Rücksicht auf die Bildung und das Leben des neuen Geschöpfes, als die Frucht an sich. *Fructuosus,* einträglich, ist reich an *fructus,* als Ertrag, Gewinn. Ut agri non omnes *frugiferi* sunt, qui coluntur: sic animi non omnes culti fructum ferunt; atque ut ager, quamvis *fertilis,* sine cultura *fructuosus* esse non potest: sic sine doctrina animus ... Cultura extrahit vitia radicitus eaque serit, quae adulta fructus *uberrimos* ferant. Cic. Tusc. II. 5. Remi dicebant Suessiones suos esse finitimos, latissimos *feracissimos*que agros possidere. Caes. b. G. II. 4 Nihil est *feracius* ingeniis. Cic. or. 15. Asia *ubertate* agrorum facile omnibus terris antecellit. Cic. Man. 6. Quum tota philosophia, mi Cicero, *frugifera* et *fructuosa* sit, tum nullus *feracior* in ea locus est nec *uberior*, quam de officiis. Cic. off. III. 2. Hac pecude nihil genuit natura *fecundius*. Cic. n. d. II. 64. *Fecunditas* agrorum. Cic. divin. I. 42.

300. Lucus, nemus, saltus, silva — der Wald.

Die beiden erſteren Wörter haben, wie im Deutſchen der Hain, offenbar eine nähere Beziehung zum Gemüthe, während in den beiden letzteren der Wald bloß als ein Äußeres gefaßt iſt. *Lucus* iſt ein religiöſes Wort, und bezeichnet den Hain als einen heiligen Ort, der nach der Meinung des Horaz ebenſo wenig in dem Holzwerk, wie die Tugend in Worten beſteht: Virtutem verba putas ut lucum ligna? Hor. ep. I. 6. 32. *Nemus* iſt zunächſt der Weideplatz mit ſeinen ſchattigen Bäumen im Gegenſatz zu dem Ackerland, und hat auch in der Bedeutung von Hain immer eine beſondere Beziehung auf das Schattige (daher ſelbſt platanus *nemorosa* vertice; taxus *nemorosa* brachia fundit — laubreich; Plin. n. h. XII. 1. Sil. Ital. XIII. 595.) und daher Angenehme des Platzes. In *saltus* tritt beſonders die Formation des Bodens hervor, Bergwald, Forſt; in *silva* vorzugsweiſe der eigentliche Waldcharakter, die Rückſicht auf den Holzwuchs: daher natürlich die *saltus silvosi* bei Liv. IX. 2., daher der lucus frequenti silva saeptus bei ebendemſelben XXIV. 3., daher endlich der tropiſche Gebrauch von silva für eine Menge namentlich untergeordneter Dinge u. ſ. w. Exaudita vox est a *luco* Vestae. Cic. divin. I. 45. Multos *nemora silvaeque*, multos amnes aut maria commovent (nämlich zur ſeheriſchen Begeiſterung). Cic. divin. I. 50. Hanc matrem magnam accepimus agros et *nemora* cum quodam strepitu fremituque peragrare. Cic. har. 11. Quum mane me in *silvam* abstrusi densam et asperam, non exeo inde ante vesperum. Cic. Att. XII. 15. Hannibal *saltum* Pyrenaeum transit . . . *saltus* Graius (die Grajiſchen Alpen) Nep. Hann. 3. Quintius contra ius de *saltu* agroque communi a servis communibus vi detruditur. Cic. Quint. 6. Huic loco omnis virtutum et vitiorum est *silva* subiecta. Cic. or. III. 30.

301. Collis, clivus, tumulus (mons, iugum) — Hügel, Berg.

Collis und *clivus* unterscheiden sich von einander wesentlich dadurch, daß bei dem *collis* die Höhe und der Gipfel, bei dem *clivus* die Senkung und die Seitenflächen besonders ins Auge gefaßt werden; Häuser liegen auf einem collis, aber an einem clivus. Beide sind natürliche Erhöhungen des Erdbodens, und zwar nach Art der Gebirge, von weiterer oder minder weiter Ausdehnung. Durch beides sind sie von *tumulus* unterschieden, welches erstens sowohl den natürlichen, als den von Menschenhänden aufgeworfenen Hügel, und zweitens nur den mit andern unverbundenen, kuppenförmig in der Ebene stehenden Hügel bezeichnet. *Mons* ist der Berg, freilich nur durch die Auffassung von collis unterschieden; montes das Gebirge; *iugum* die Höhenverbindung, der Bergrücken, die Berghöhe als Ausdehnung nach der Länge gedacht. Monte minor *collis*. Ov. art. II. 71. Quos ego campos antea collesque nitidissimos viridissimosque vidissem, hos vastatos nunc ac desertos videbam. Cic. Verr. III. 18. Quidquid circuitus ad molliendum *clivum* accesserat, id spatium itineris augebat. Caes. b. G. VII. 46. Equitatum illum in *clivo* Capitolino te signifero ac principe collocaram. Cic. Att. II. 1. post. med. Me ipsum nescire arbitraris, utrum magis *tumulis* prospectuque, an ambulatione ἀλιτριί delecter. Cic. Att. XIV. 13. Alexander in Sigeo ad Achillis *tumulum* adstitit. Cic. Arch. 10.

302. Quercus, robur, ilex — die Eiche.

Quercus ist der gemeine Name für die Eiche als eine Baumart; *robur* ist wesentlich nur der Eichenstamm, daher besonders die Eiche als Holzart; *ilex* ist eigentlich ein botanischer terminus technicus und daher fast nur bei derartigen Schriftstellern und Dichtern gebräuchlich; jene unterscheiden sie auch von quercus, robur, esculus cet. als besondere Eichenarten, unter denen *esculus* eine dem Juppiter heilige Eiche mit eßbarer Frucht sein soll. Lucus quidem ille et haec Arpinatium *quercus* agnoscitur, saepe a me lectus in Mario seqq. Cic. leg. I. 1. Sapiens non est e saxo sculptus aut e *robore* dolatus. Cic.

Ac. II. 31. Sonat icta securibus *ilex.* Virg. Aen. 6. 280. Glans optima in *quercu* atque grandissima; mox *esculo;* nam *roboris* parva. Plin. n. h. XVI. 8. Iovi dicata est *esculus.* Id. XII. 2.

303. Ramus, surculus, sarmentum, frutex, virga, vimen — Zweig, Reis.

Ramus ift ber Aft, als Theil des Baumes in nächster Rücksicht auf den Stamm. *Surculus* ift ein kleinerer Schößling, ein lebendiges Reis am Baume, eine Pfropfreis; *sarmentum* ber unnütze Auswuchs am Baume, daher, wenn getrennt vom Baume, das Reifig. Der *frutex* wird nie, die *virga* nicht nothwendig als Theil eines Baumes angesehen; *frutex* bezeichnet das niedere Holz oder holzartige Gewächs; *virga* die einzele schwanke Gerte, welche, wenn sie bei größerer Biegsamkeit zum Binden brauchbar und gebraucht wird, auch *vimen* heißt; im Plural ift *virgae* für Ruthe gebräuchlich, während es Im Sing. faſt nur poetisch ift. In arboribus truncus, *rami*, folia sunt. Cic. or. III. 46. Da mihi ex ista arbore, quos seram, *surculos.* Cic. or. II. 69. Vitem serpentem erratico ferro amputans coercet ars agricolarum, ne silvescat *sarmentis* et in omnes partes nimie effundatur. Cic. sen. 15. Caedere ianuam saxis, instare ferro, ligna et *sarmenta* circumdare igneaque subicere coeperunt. Cic. Verr. I. 27. Ex *surculo* vel arbor procedit, ut olea, vel *frutex,* ut palma campestris, vel tertium, ut vitis. Colum. III. 1. Non alta fronde virentem Ilice detraxit *virgam.* Ov. Met. XI. 108. *Virgis* te ad necem caedi necesse erit. Cic. Verr. III. 29. Corpus navium *viminibus* contextum erat. Caes. b. c. I. 54.

304. Culmen, cacumen, fastigium, apex, vertex — der Gipfel.

Culmen bezeichnet den höchsten Theil eines jeden Gegenstandes als eine Fläche; *cacumen* den äußersten Theil eines Gegenstandes als eine Spitze; daher haben zwar die montes culmina und selbst cacumina; aber die rami haben nur cacumina. Von Cicero sind indeß beide Wörter vermieden. *Fastigium* bezeichnet den Gipfel und Giebel als den Schluß, die Vollendung des Ganzen, als den vornehmsten und impo-

fantesten Standpunkt; auch mit Rücksicht auf die Seitenflächen als Zwischenstufen. Aus letzterem Grunde findet es
sich bei Cäsar und Livius auch gebraucht für die Senkung von
Anhöhen, während Cicero es von natürlichen Höhen nicht
braucht. Tropisch für die Höhe, der Gipfel, ist es nicht so
ganz gebräuchlich, weit gewöhnlicher sind Umschreibungen mit
summus. Apex soll eigentlich die Spitze der kegelförmig zu-
laufenden Mütze der Römischen Priester bezeichnen; dann aber
ist es jeder Hut als Schmuck und im tropischen Sinne eine
besonderer Schmuck, wie bei uns etwa die Krone. Vertex
heißt der Gipfel in Rücksicht auf die von allen Seiten her dort
zusammentreffenden Erhebungs- oder die von dort ausgehen-
den Senkungslinien. Romani non solum itinerum causa,
sed etiam perpetuae possessionis *culmina* Alpium occupabant.
Caes. b. G. III. 2. Delibratis ac praeacutis ramorum *cacu-
minibus* perpetuae fossae ducebantur. Caes. b. G. VII. 73.
Capitolii *fastigium* illud non venustas, sed necessitas ipsa fa-
bricata est. Nam quum esset habita ratio, quemadmodum
ex utraque tecti parte aqua delaberetur, utilitatem templi
fastigii dignitas consecuta est ... Sed coelum ipsum nullam
sine *fastigio* dignitatem habiturum fuisse videtur. Cic. or. III. 46.
Modo hi, modo illi in summo erant *fastigio*. Nep. Att. 10.
Ab aquila Tarquinio *apicem* impositum putant. Cic. leg. I. 1.
Apex autem est senectutis auctoritas. Cic. sen. 17. Ceres dicitur taedas inflammasse iis ignibus, qui ex Aetnae *vertice*
erumpunt. Cic. Verr. IV. 48. Ab imis unguibus usque ad
verticem summum. Cic. Rosc. Com. 7. cf. Quint. VIII. 2. 7.

305. Altus, editus, celsus, excelsus, sublimis, procerus,
arduus — hoch.

Altus bezeichnet jede bedeutende Abweichung von der hori-
zontalen Fläche, sei sie nach der Höhe oder nach der Tiefe,
namentlich aber, wenn das Maß dieser Abweichung in Betracht
kommt; denn in diesem Falle kann für hoch keines der andern
Synonyma, und für tief auch nur *altus*, nicht *profundus* gebraucht werden, indem dieses Wort nur auf eine absolute
Tiefe sich bezieht. *Editus*, sich erhebend, bezieht sich auf die
Höhe als eine Erhebung aus der Ebene, und giebt das Bild

eines allmählichen Ansteigens. *Celsus* dagegen giebt die Anschauung einer überraschenden, hervorspringenden Höhe, fast mehr aufrecht, als hoch; dabei ist der Begriff von *celsus* absolut, im Gegensatz theils zu dem Liegenden, theils zu dem Tiefen (profundum). *Excelsus*, erhaben, bezeichnet das Hohe, welches vor andern Höhen, und nicht zunächst aus der Ebene, hervorragt, namentlich auch im tropischen Sinne; während *praecelsus* mehr eine bloße Steigerung von celsus und im Ganzen selten ist. Wie bei *altus* das Maß der Höhe von unten bis oben, bei celsus das Unten und, mit Überspringung der Verbindung, plötzlich das Oben, so wird bei *sublimis* nur das Oben ohne Rücksicht auf das Unten und den Zusammenhang mit unten angeschaut; bei dem sublime wird kein eigentlicher Zusammenhang mit der Erde, höchstens eine äußere Stütze gedacht; daher das in der Luft Schwebende ganz eigentlich sublime ist. *Procerus* bezieht sich nur auf eine solche Höhe, die durch Wachsthum entstanden ist; man denkt sich dabei die Ausdehnung nach der Länge als überwiegend, namentlich vor der Dicke; es entspricht mehr unserm schlank, als hoch; ja bei Cicero ist es meistens bloß dünn. *Arduus*, steil, heißt hoch in Rücksicht auf die Beschwerlichkeit der Ersteigung und der Erreichung der Höhe, des Zieles; der am Fuße des Berges Stehende nennt ihn montem arduum; der oben Stehende wird praeceps sagen, wenn er ihn bloß als jäh, praeruptus, wenn er ihn als schroff, etwa mit Rücksicht auf die Felsen ansieht. In tropischer Bedeutung bezieht sich *altus* wesentlich auf die ruhige Kraft des Gemüthes, stark und edel; celsus auf das Selbstvertrauen, zuweilen fast stolz; *excelsus* auf die Pracht und die glänzende Erhabenheit; sublimis auf die Höhe für die Einsicht (doch in der guten Prosa selten tropisch); *arduus* auf die Schwierigkeit der Erreichung. Augures iusserunt Ti. Claudium, qui aedes in Caelio monte habebat, demoliri ea, quorum *altitudo* officeret auspiciis. Cic. off. III. 16.. Neque enim et haec loqui, quae sunt magni cuiusdam et *alti* viri, et eadem, quae vulgus, in malis et bonis numerare, concedi ullo modo potest. Cic. Tusc. V. 10. *Alta mens.* Cic. Mil. 8. Enna est loco *praecelso* atque *edito.* Cic. Verr. IV. 48. Collis erat paululum ex planitie *editus.* Caes. b. G. II. 56.

Deus homines *celsos* et erectos constituit. Cic. n. d. II. 56. *Celsi* et spe haud dubia *feroces* in proelium vadunt. Liv. VII. 16. Quis poterit esse *celsus* et erectus, nisi omnia sibi in sc posita censebit. Cic. Tusc. V. 14. Tecta cingemus *excelsa* porticu. Cic. Att. IV. 16. 14. *Excelso* et illustri loco sita est laus tua. Cic. fam. II. 5. Te natura *excelsum* quendam et *altum* et humana despicientem genuit. Cic. Tusc. II. 4. Scuta illa, quae fuerant *sublime* (adv. in der Luft) fixa, sunt humi inventa. Cic. divin. II. 31. Romulus *sublimis* abiit (nach der Angabe des Proculus Julius). Liv. I. 16. Erat eo tempore in nobis summa gracilitas et infirmitas corporis; *procerum* et tenue collum cet. Cic. Brut. 91. Nos inter has *procerissimas* populos in viridi opacaque ripa ambulemus. Cic. leg. I. 5. Ipse in oppidum accedere noluit, quod erat difficili adscensu atque *arduo*. Cic. Verr. IV. 23. Patientia est honestatis aut utilitatis causa rerum *arduarum* ac difficilium voluntaria ac diuturna perpessio. Cic. inv. II. 54.

306. Planus, aequus, aequalis, aequabilis, par — eben, gleich.

Planum ist das Flache, das durch keine Unebenheiten dem freien Blicke hinderlich wird, daher tropisch klar; *aequum* ist das Gleiche, das durch keine Unebenheiten dem sich darüber Bewegenden Anstoß giebt, daher tropisch billig, gleichmüthig; *planus* hebt zunächst fast nur die mathematische Seite, dagegen *aequus* fast ganz die gemüthliche Seite des Ebenen hervor. Das *aequum* ist ferner in sich selbst gleich und eben, das *aequale* aber im Vergleich mit einem andern. Die *aequales* sind durch eine gemeinsame Eigenschaft mit einander verbunden, als Altersgenossen, Zeitgenossen, Leute von gleicher Gesinnung; die *pares* dagegen sind durch gleiches Maß der Kraft in jedem Einzelnen dasselbe zu leisten im Stande; die *aequalia* vereinigen sich als solche gern mit einander, die *paria* messen sich mit einander. *Aequabilis* bezieht sich, wie gleichmäßig, zunächst auf den certus modus der Bewegung und dann besonders auf einen aequus modus des Handelns. Assyrii propter *planitiem* magnitudinemque regionum, quas incolebant, motus stellarum observitaverunt. Cic. divin. I. 1. Quum haec omnia *plana* fo-

II. NOMINA.

cero, tum istuc ipsum tenebo, quod abs te mihi datur. Cic. Verr. V. 64. Ex superiore et ex *aequo* loco sermones habiti sunt. Cic. fam. III. 8. *Aequum* est, eum et officio consulere et tempori. Cic. Att. I. 1. *Aequus* animus. Cic. Cat. I. 8. Brut. 6. u. f. w. Quod si virtutes *pares* sunt inter se, *paria* esse etiam vitia necesse est . . . Quae ex eodem (vitio) peccata nascuntur, *aequalia* sint oportet . . . itemque peccata sint *aequalia* necesse est. Cic. par. III. 1. Pars pedis est *aequalis* alteri parti. Cic. or. 56. Livius Ennio *aequalis* fuit. Cic. Brut. 18. Quod alitur et crescit, motu quodam utitur certo et *aequabili*. Cic. n. d. II. 9. Explicandum est, quid ille cum *aequabilitate* fecerit. Cic. or. II. 85. Valeat *aequitas*, quae *paribus* in causis *paria* iura desiderat. Cic. top. 4.

307. Pronus, proclivis, propensus, (supinus, praeceps, praeruptus, cet.) — hingeneigt.

Pronus bezieht sich auf eine Neigung nach der Gesichtsseite und nach dem Boden; in ersterer Rücksicht vorwärts im Gegensatz zu *supinus*, rückwärts, das eine Neigung nach der Rückseite und hinunter bezeichnet; in letzterer Rücksicht, hinunter, im Gegensatz zu supera petens. In der guten Prosa ist es selten tropisch gebraucht. Das *proclive* ist die wesentliche Eigenschaft der vorwärts gehenden Senkung, das *declive* der abwärts gehenden, das *acclive* der anwärts gehenden d. i. der Steigung. Tropisch ist *proclivis* sehr gebräuchlich zur Bezeichnung der Neigung zum Schlechten; und daher ist es auch zuweilen das Leichte. *Propensus* ist in der guten Sprache nur tropisch gebräuchlich, und zwar ganz gleichmäßig für die Neigung zum Guten sowohl, als zum Schlechten; es drückt mehr die aktive Neigung aus, während *proclivis* eher neutral ist; der propensus hat leicht den Willen, etwas zu thun, der proclivis thut es leicht, aber ohne bewußten Willen. *Praeceps,* jäh, bezieht sich zunächst auf eine derartige Bewegung, dann auch auf die Beschaffenheit des Ortes, wo eine derartige Bewegung leicht möglich ist; tropisch übereilig, hastig; doch nur, wenn das Bild die Vorstellung einer Bewegung zuläßt. *Praeruptus* wird bloß von der Beschaffenheit eines Ortes, und zwar besonders von abgerissenen, schroffen Felsen gesagt, stärker als *praeceps;* tropisch wol zuerst bei Tacitus. Animal omne, ut vult, ita utitur motu sui corporis, *prono*, obliquo, *supino* cet. Cic. divin. I. 53. Nihil habent haec duo genera *proni,* et supera semper petunt. Cic. Tusc. I. 18. Vitia sunt in lubrico, incitataque semel *proclive* labuntur sustinerique nullo modo possunt. Cic. Tusc. IV. 18. Sunt alii ad alios motus perturbationesque *procliviores.* Cic. Tusc. IV. 37. Ingenium est omnium hominum a labore *proclive* ad libidinem. Ter. Andr. I. 1. 51. Anteponuntur iucunda minus iucundis, *proclivia* laboriosis, necessaria non necessariis. Cic. top. 18. *Proclive* dictu. Cic. off. II. 20. Ad discendum non solum *propensi* sumus, verum etiam ad docendum. Cic. fin. III. 20. Animus *propensus* ad salutem alicuius. Cic. fam. IV. 13.; animus ad vitia *propensior.* Cic. Tusc. IV. 37. Agunt eum *praecipitem* poenae civium Romanorum. Cic. Verr. I. 3. Etiam in declivi ac *praecipiti* loco equos incitatos sustinere consuerunt. Caes. b. G. IV. 33. Caecum me et *praecipitem* ferri in causa (contendis). Cic. Planc. 3. Illi *praerupta* saxa tenuisse dicuntur. Cic. Verr. V. 56. Non *pronum* est iter tantum ad vitia, sed *praeceps.* Sen. ep. 97. 9.

308. Terra, tellus, solum, humus — die Erde.

Terra ist das populäre Wort für die Erde als einen Theil der Welt, und bezeichnet dann 1) die Erde als Element im Gegensatze zu Wasser, Feuer, Luft; daher terrenus fast ein Oppositum zu igneus und saxosus, terrestris zu marinus und maritimus; 2) die Erde in Rücksicht auf ihre Ausdehnung und ihre Theile, das Land, namentlich im Plural; 3) auch die Erde als Weltkörper, als Planet, jedoch dies, wie es scheint, mehr nach gelehrtem, als nach populärem Sprachgebrauch. *Tellus* scheint in der populären Sprache nur die Erde als Göttin zu sein; in jedem anderen Sinne gehört es jener erhabenen Auffassung gemäß auch nur der erhabenen Sprache an, d. h. den Dichtern und denjenigen Stellen der Prosa, die wegen ihres ganzen Charakters dichterische Ausdrücke wohl zulassen. *Solum* heißt die Erde, der Boden, als das Trockne und Feste, im Gegensatze zu dem Flüssigen, wie solidus — fluidus; dann wie auch bei uns guter Boden u. s. w. in Rücksicht auf seine

Beschaffenheit für die **Produktion**. *Humus* bezeichnet die Erde mit Rücksicht auf das **Niedrige** an derselben, auf alles eigentliche **Liegen** auf oder in derselben, auf das **Feuchte** des Bodens; daher *humare, humilis, humere, humidus*. Auf dem *solum* steht man, daher es selbst auch die **Fußsohle** bedeutet; auf und in der *humus* **liegt** man. **Irden** wird gewöhnlich durch *fictilis*, **irdisch** im Gegensatz zu **göttlich** durch *humanus*, in der Bedeutung von **sinnlich** durch Umschreibungen (terrena spectare u. s. w.) ausgedrückt. Maiores nostri parricidae coelum, solem, aquam *terram*que adimebant. Cic. Tim. 5. *Terra* marique. Cic. Man. 19. Orbis *terrae*. Cic. fam. V. 7. Orbis *terrarum*. Cic. Verr. IV. 48. Quid ageres, ubi *terrarum* esses, ne suspicabar quidem. Cic. Att. V. 10. *Terra* universa locata est in media mundi sede. Cic. n. d. II. 39. cf. Tusc. I. 17. *Terra* ipsa dea est et ita habetur; quae est enim alia *Tellus*? Cic. n. d. III. 20. *Tellurem* porco piabant. Hor. ep. II. 1. 143. Supra lunam sunt aeterna omnia;. nam ea, quae est media et nona (globorum illorum), *Tellus*, neque movetur, et infima est, et in eam feruntur omnia nutu suo pondera. Cic. rep. VI. 17. (als **Weltkörper**; aber die Stelle selbst [Somn. Scip.] hat durchaus poetischen Charakter). Ille aurata tecta in villis et *sola* marmorea facit. Cic. par. VI. 3. Hoc quasi *solum* quoddam atque fundamentum est verborum usus et copia rerum. Cic. or. III. 37. Calceamentum mihi est *solorum* callum. Cic. Tusc. V. 32. Quod *solum* tam exile et macrum est, quod aratro perstringi non possit? Cic. agr. II. 25. Allobroges demonstrant, sibi praeter *agri solum* nihil esse reliqui. Caes. b. G. I. 11. *Humus* iniecta nos contegebat. Cic. leg. II. 22. Hoc videtur esse altius, quam ut id nos *humi* strati suspicere possimus. Cic. or. III. 6.

309ᵃ· Rus, ager, arvum, campus — das **Feld**.

Rus bezeichnet das **Land**, im Gegensatze zur Stadt, namentlich mit Rücksicht auf die **natürlichen Annehmlichkeiten und Vorzüge**. *Ager*, **Acker**, heißt das Land bloß als ein freier Bezirk in Rücksicht auf **Beackerung und Wachsthum**. Daher ist *rusticus*, **ländlich**, fast bloß der überfeinen städtischen Bildung entgegengesetzt; *agrestis* aber, **bäurisch** und von Pflanzen wild, selbst der natürlichen Bildung entgegengesetzt. Noch milder, als rusticus, ist *rusticanus*, was seiner Form nach eine Ähnlichkeit mit dem rusticus, und demnächst ein bewußtes schlichtes Wesen bezeichnet. Wie nun **agri** die Ländereien überhaupt (Wiese, Weide, Acker ꝛc.) bezeichnet, so ist *arvum* wesentlich nur das Saatfeld. *Campus* dagegen ist das Feld ohne Rücksicht auf allen Anbau desselben, bloß in Betracht der offenen Fläche, im Gegensatze gegen colles, montes, silvas, die Ebene. Laelius et Scipio saepe *rus* ex urbe tamquam e vinculis evolaverunt. Cic. or. II. 6. Tum erat *ager* incultus sine tecto, nunc cultissimus cum optima villa. Cic. Rosc. Com. 12. Non solum ex urbe, verum etiam ex *agris* ingentem numerum perditorum hominum collegerat. Cic. Cat. II. 4. Vastati *agri*. Liv. III. 32. Vita haec *rustica*, quam tu *agrestem* vocas, parsimoniae, diligentiae, iustitiae magistra est. Cic. Rosc. Am. 27. C. Marius, *rusticanus* vir, sed plane vir, quum secaretur, vetuit se alligari. Cic. Tusc. II. 22. Prata et *arva* diliguntur isto modo, quod fructus ex eis capiuntur. Cic. n. d. I. 44. Adde huc montium altitudines immensitatesque *camporum*. Cic. n. d. II. 39.

309b. Seges, sementis — die Saat.

Seges ist in der landwirthschaftlichen Sprache zunächst das Saatfeld, dann auch sehr gewöhnlich die Saat, jedoch auf dem Halme. *Sementis* ist die Saat als Aussaat, in und bei der Bestellung, daher auch die Saatzeit. Statt segetes sagen die Dichter auch *sata*. Non solum *segetibus* et pratis et vineis laetae sunt res rusticae. Cic. sen. 15. *Seges* prope iam matura erat. Caec. b. c. III. 81. Ut *sementem* feceris, ita metes. Cic. or. II. 65.

310. Locus, spatium, intervallum, regio, tractus, plaga — der Raum.

Locus bezeichnet den Raum, als einen einzelen fixirten Punkt gedacht, wie Ort, Platz, Stelle; *spatium* den Raum im eigentlichen Sinne, als Ausdehnung, räumliche Dimension. *Intervallum*, wie Zwischenraum, bezeichnet den Raum in Rücksicht auf eine dadurch bewirkte Trennung. *Regio* bezeichnet den Raum als eine einen festen Punkt, locus, umgebende Fläche, jedoch immer mit Rücksicht auf die Gränzen derselben, die Umgegend, die Gegend. In *tractus* wird der Raum in der Gestalt einer Linie (doch nicht ohne Breite) mit dem Begriff der Ausdehnung in die Ferne gedacht, wie Strich, Landstrich; in *plaga* mit dem Begriff der Ausdehnung ins Weite, Unendliche; daher von den Weltgegenden gesagt; der guten Prosa aber ist plaga in diesem Sinne ganz fremd. Non Homero soli *locus* est in poetis. Cic. or. 1. Tua dignitas suum *locum* obtinebit. Cic. fam. III. 9. Certi sunt *loci*, quibus in iudiciis utimur. Cic. or. I. 31. Hi ea *loca* incolunt. Caes. b. G. II. 4. *Loca*, possessiones. Cic. agr. III. 2. Nec vero velim decurso *spatio* ad carceres a calce revocari. Cic. sen. 23. *Locorum* et temporum *intervallo* disiuncti sumus. Cic. fam. I. 7. In eiusmodi *regione* atque provincia. Cic. Flacc. 12. Non habet aliquam definitam *regionem*, cuius terminis saepta teneatur. Cic. or. II. 2.

311. Caverna, spelunca, antrum — die Höhle.

Caverna, Höhle, ist ein allgemeiner Name; es bezeichnet einen hohlen Raum, der aber ringsum eingeschlossen ist, oder bei dem doch der Eingang als unbedeutend verschwindet; daher die großen natürlichen Höhlen in der Erde cavernae sind. *Spelunca* ist das gewöhnliche Wort für Höhle als einen dunkeln, daher selbst unheimlichen Aufenthaltsort, für Menschen, Thiere ꝛc. *Antrum* dagegen hebt wesentlich das Romantische, Kühle ꝛc. hervor, wie unser Grotte, zuweilen auch wie Schlucht, ohne nothwendige Überwölbung; es ist aber bloß poetisch; ebenso *specus*, das indeß in der Prosa auch für einen bedeckten Wassergang gebraucht ist. Magna vis caloris terrae *cavernis* continetur. Cic. n. d. II. 9. Prope est *speluncu* quaedam, qua Ditem patrem ferunt repente cum curru exstitisse. Cic. Verr. IV. 48. Non ego vos posthac viridi proiectus in *antro* . . videbo. Virg. ecl. I. 76.

312. Figura, species, forma — die Gestalt.

Figura, Figur, heißt die Gestalt in mathematischer, *species*, Anblick, in physischer, *forma*, Form, in ästhetischer Beziehung. Die *figura* ist, indifferent für das Gefühl, bloß Objekt der erkennenden, *species* der beschauenden, *forma* der künstlerischen Betrachtung. Bei der species kommt wesentlich die äußere Schönheit mit Einschluß der Farben, selbst im Gegensatze zu dem inneren Wesen in Rücksicht; daher es auch oft den Schein, im Gegensatze zu der Wirklichkeit bezeichnet; in *forma* dagegen wird die äußere Gestaltung als ein Ausdruck des Innern, gleichsam als die Verkörperung desselben gedacht, und deshalb ist es am menschlichen Körper vorzugsweise der Kopf und das Gesicht. Auch ist demgemäß als Unterabtheilung zu genus, die Gattung, das eigentliche Wort species, die Art, wofür Cicero nur in den ungeläufigen Kasus (specierum und speciebus) forma zu substituiren wünscht. cf. top. 7. Non solum numerum signorum, sed etiam uniuscuiusque magnitudinem, *figuram*, statum litteris definiri vides. Cic. Verr. I. 21. Agro bene culto nihil potest esse nec usu uberius nec *specie* ornatius. Cic. sen. 18. Quae est ista securitas? *Specie* quidem blanda, sed reapse multis locis repudianda. Cic. am. 13. Hoc dico, non ab hominibus *formae figuram* venisse ad deos: dii enim semper fuerunt . . . Non ergo illorum humana *forma*, sed nostra divina dicenda est. Cic. n. d. I. 32. Principio corporis nostri magnam natura ipsa videtur habuisse rationem, quae *formam* nostram reliquamque *figuram*, in qua esset *species* honesta, eam posuit in promptu. Cic. off. I. 35.

313. Facies, os, vultus — das Gesicht.

Facies bezeichnet das Gesicht als die Vorderfläche des menschlichen Hauptes; es ist demnach, wie unser Antlitz, ein edleres Wort, als os. Os ist nämlich das Gesicht als Körpertheil und daher selbst mehr körperhaft. Dann bezeichnet es aber auch mit *vultus* gemeinschaftlich die Miene, das Gesicht als Ausdruck des Innern, so aber, daß os zunächst nur die Mienen an und um den Mund, *vultus* die Mienen an und um die Augen, und demnächst os mehr die natürlichen und dauernden, vultus mehr die aufgeregten und wechselnden Zustände des Innern ausdrückt. Jenes ist herber, deutet auf Frechheit und dergleichen, dieses ist milder. *Facies* homini tantum; ceteris *os* aut rostra. Plin. n. h. XI. 37. 57. Recordamini *faciem* atque illos eius fictos simulatosque *vultus*. Cic. Cluent. 26. In *ore* sunt omnia; imago animi *vultus* est. Cic. or. III. 59. Quod habent *os!* quam audaciam! Cic. Rab. Post. 12. Natura speciem ita formavit *oris*, ut in ea penitus reconditos mores effingeret ... *Vultus* in nullo animante praeter hominem esse potest. Cic. leg. I. 9.

314. Bellus, pulcher, formosus, speciosus, venustus — schön.

Bellus und *pulcher* beziehen sich mehr auf den innern Werth, *formosus* und *speciosus* mehr auf die äußere Gestalt, *venustus* auf den eigentlichen Reiz des Schönen. *Bellus* aber bezeichnet jene Schönheit in gemüthlich leichter Auffassung, wie unser artig, hübsch und nett, dahingegen *pulcher*, schön, die Bezeichnung aus einer tiefen, ernsten Auffassung ist; daher das bellum allerdings wol auf einen niederen Grad von Schönheit, das *pulchrum* auf das Vollkommene bezogen wird. Hierdurch unterscheidet sich auch pulcher von formosus; in *pulcher* wird jede Vollendung des Innern und der Form, daher auch die moralische und geistige Schönheit bezeichnet für das Urtheil und den Kunstsinn; in *formosus* dagegen nur die Wohlgestalt der Form für das Auge und den Schönheitssinn. *Speciosus* bezieht sich, wie species selbst, auf ein Überwiegen des äußeren Erscheinens, und bekommt demgemäß sowohl die Bedeutung von prächtig, als von scheinbar; es ist indeß bei Cicero verhältnißmäßig selten. Die *venustas* bezeichnet die Schönheit als etwas Mildes, Liebenswürdiges, Reizendes, und wird als solche zuweilen der *dignitas*, der kräftigen, imposanten Schönheit entgegengesetzt. Durius accipere hoc mihi visus est, quam homines *belli* solent. Cic. Att. I. 1. Recordor, quam *bella* paulisper, nobis gubernantibus, civitas fuerit. Cic. Att. IV. 16. Quid ais, Eruci? tot praedia, tam *pulchra*, tam fructuosa S. Roscius filio suo relegationis ac supplicii gratia tradiderat? Cic. Rosc. Am. 15. Uva quid potest esse quum fructu laetius, tum aspectu *pulchrius*? Cic. sen. 15. Quum casu *formosus* puer praeteriret, dixissetque Sophocles: O puerum *pulchrum*, Pericle! hic respondit cet. Cic. off. I. 40. Rotunda forma ullam negat esse *pulchriorem* Plato; at mihi vel cylindri, vel quadrati videtur esse *formosior*. Cic. n. d. I. 10. Quum *pulchritudinis* duo genera sint, quorum in altero *venustas* sit, in altero *dignitas; venustatem muliebrem* ducere debemus, *dignitatem virilem*. Cic. off. I. 36.

315. Taeter, foedus, turpis, deformis, informis — häßlich.

Durch *taetrum*, das Gräßliche, und *foedum*, das Abscheuliche, wird die sinnliche Natur selbst bedeutend unangenehm aufgeregt, so, daß jenes mehr den Schrecken vor der Gräßlichkeit, dieses mehr den Abscheu vor der Häßlichkeit hervorhebt. Demnach wirkt das *taetrum* auf die Sinnlichkeit an sich, das *foedum* mehr auf das natürliche ästhetische Gefühl. Das *deforme* aber verletzt das gebildete ästhetische Gefühl; es bezeichnet eine häßliche Unangemessenheit der Form und des Ausdrucks und erweckt Mißfallen; mißgestaltet, als Gegensatz zu *formosus*, wohlgestaltet. Das *informe* aber ist das Formlose, und macht keinen Eindruck; Gegensatz zu *formatus*. Das *turpe* beleidigt die vernünftige Reflexion, und bezieht sich daher, wie auch die andern im tropischen Sinne, oft auf das moralisch Häßliche, im Gegensatze von honestum; es erweckt Mißbilligung. Das weit speziellere *obscoenus*, ekelig, schmutzig, bezeichnet das Häßliche immer als Gegensatz von leiblicher Züchtigkeit und Schamhaftigkeit. Aegritudinem ut *taetram* et immanem belluam fugiamus. Cic. Tusc. IV. 20. Tyranno neque *taetrius* neque *foedius* animal ullum cogitari potest. Cic. rep. II. 26. Luxuria quum omni aetati *turpis*, tum senectuti *foedissima* est. Cic. off. I. 34. Longus an brevis, formosus an *deformis*, velox an tardus est? Cic. inv. I. 24. Quae partes corporis, ad naturae necessitatem datae, adspectum essent *deformem* habiturae atque *turpem*, eas contexit natura atque abdidit. Cic. off. I. 35. Conformatio est, quum aliqua, quae non adest, persona confingitur, quasi adsit; aut quum res muta aut *informis* fit loquens et *formata*. Auct. ad Her. IV. 53. Latrocinari ... re *turpe* est, sed dicitur non *obscoene*. Cic. off. I. 35.

II. NOMINA.

316. Simulacrum, imago, effigies, statua, signum, tabula, pictura — das Bild.

Simulacrum, imago und *effigies* heben wesentlich das Bild als Abbild, als die Darstellung in einem Bilde, der Wirklichkeit gegenüber hervor; es wird bei ihnen immer an eine entsprechende Wirklichkeit erinnert (was bei den andern nicht der Fall ist), und diese wird deshalb durch ein Adjektiv oder einen Genitiv nothwendig beigefügt, es sei denn, daß sie sich aus dem Zusammenhange von selbst ergänzt. Ferner aber beziehen sich *simulacrum* und *imago* als allgemeinere Ausdrücke auf jedes Abbild, es sei ein Werk der Plastik oder der Malerei, der Wirklichkeit oder auch der bloßen Phantasie; *effigies* aber wird mit *statua* und *signum* bloß von plastischen Arbeiten, *tabula* und *pictura* bloß von Gemälden gesagt. Endlich denkt man *imago* mehr als ein natürliches Bild, bloß in Rücksicht auf die Ähnlichkeit; *simulacrum* als ein künstliches Bild mit Rücksicht auf die Täuschung; *effigies* mit Rücksicht auf die künstlerische Durcharbeitung. Die imagines und effigies können auch bloße Brustbilder sein; die *simulacra* sind meistens, die *statuae* immer, Bilder der ganzen Gestalt. *Signum* ist der allgemeine Ausdruck für jedes plastische Bild, sei es Brust- oder Standbild; jedoch wird *signum*, sowie auch *simulacrum*, in der guten Sprache vorzugsweise von Götterbildern, *statua* fast ausschließlich von Statuen der Menschen gesagt. *Tabula* ist das Gemälde mit Inbegriff des Materials, worauf es gemalt ist; *pictura* als bloße Malerei, ohne Rücksicht auf die Leinwand, das Brett u. s. w. Helenae *simulacrum* pingebat. Cic. inv. II. 1. Demosthenis nuper inter *imagines* tuas *imaginem* ex aere vidi. Cic. or. 31. Non deerat praeceptor, qui *faciem* eloquentiae, non *imaginem* praestaret (ihr Antlitz, nicht ein Scheinbild). Tac. dial. de or. 34. Haec conficta arbitror a poetis esse, ut *effictos* nostros mores in alienis personis expressamque *imaginem* nostrae vitae videremus. Cic. Rosc. Am. 16. Optimus quisque consectatur nullam *eminentem effigiem* (virtutis), sed adumbratam *imaginem* gloriae. Cic. Tusc. III. 2. Quum *statuas* et *imagines*, non animorum *simulacra*, sed corporum, studiose multi reliquerint: virtutum [nostrarum relinquere *effigiem* (burd) bie Dichtkunst) nonne multo malle debemus, summis ingeniis expressam et politam? Cic. Arch. 12. *Simulacra deorum* immortalium depulsa sunt et *statuae* veterum *hominum* deiectae et legum aera liquefacta. Cic. Cat. III. 8. Pictores et ii, qui *signa* fabricantur. Cic. off. I. 41. Equus ante *signum* Iovis Statoris concidit. Cic. divin. I. 35. Nego ullam *picturam* neque in *tabula* neque textilem fuisse, quin conquisierit. Cic. Verr. IV. 1. Pugna erat equestris, in *tabulis* picta praeclare; his autem *tabulis* interiores templi parietes vestiebantur. Nihil erat ea *pictura* nobilius. Cic. Verr. IV. 55. Ratio *picturae* (aber gewiß niemals tabulae). Cic. or. III. 7.

317. Exemplar, exemplum, specimen, documentum, argumentum — Beispiel, Probe.

Exemplar ist das Beispiel in Rücksicht auf seine innere Vortrefflichkeit, daher auch das Urbild, das Original. *Exemplum* ist das zu einem besondern Zwecke gemachte Beispiel, daher auch die Abschrift. Demgemäß Cato *exemplar* ad imitandum propositum. Cic. Mur. 31. Testis hic *exemplar* antiquae religionis. Cic. Caecin. 10; aber *exempli* causa. Cic. Mur. 12. *Exemplum* capere de ober sumere ab aliis. Ter. Andr. IV. 1. 27. Ad. III. 3. 52. Quod *exemplo* fit, id iure fieri putant. Cic. fam. IV. 3. *Exemplum* severitatis edere. Cic. Qu. fr. I. 2. 2. *Exemplum* litterarum, epistolae. Cic. Att. V. 23. VIII. 6. Aber in Ex litteris, quas Pansae misi, cognosces omnia; nam tibi earum *exemplar* misi. Cic. fam. X. 31. ist entweder die erste (nicht abgeschickte) Ausfertigung (das Konzept) gemeint, ober mit anderen Handschriften exemplum zu lesen; ferner in Amicum qui intuetur, tamquam *exemplar* aliquod intuetur sui. Cic. am. 7. gilt der Freund als das Muster und man selbst als das nachgeahmte Bild. Specimen ist ein Beweis, nicht um zu überzeugen, sondern als Schau- und Probestück einer Tüchtigkeit; im Plural scheint es nicht gebraucht worden zu sein; *documentum* dagegen ist ein Zeugniß; ein Beweis, um den Unkundigen zu belehren; *argumentum* ein nöthigender Beweis, um den Zweifelnden und

Widersprechenden zu überzeugen und zu überführen. Tu, Caecili, quid potes? quo tempore aut qua in re *specimen* ceteris aliquod dedisti? Cic. Caecil. 8. In Caesare mihi videtur *specimen* fuisse humanitatis, salis cet. Cic. Tusc. V. 19. Ex quo *documentum* nos capere fortuna voluit, quid esset victis extimescendum. Cic. Phil. XI. 2. Dederas *documenta* maxima, quam contemneres populares insanias. Cic. Mil. 8. Massiliensium factum est mihi *argumento*, recte factum esse in Hispaniis. Cic. Att. X. 12. Tabulae novae quid habent *argumenti*? Cic. off. II. 23.

318. Crinis, capillus, coma, caesaries; cincinnus, cirrus, villus; pilus, seta — das Haar:

Der generelle Ausdruck ist *crinis;* es bezeichnet ganz allgemein das Haar als Auswuchs und Theil an einem Körper, im Gegensatz zu andern Theilen. Das Haupthaar im Gegensatz zu andern Haaren wird ohne Nebenbegriff ausgedrückt durch *capillus.* Denn daß bei Cic. off. II. 7. Dionysius ardenti carbone sibi adurebat *capillum* wesentlich das Haupthaar gemeint ist, geht bestimmt hervor aus der Stelle über denselben Mann Tusc. V. 20. Ita regiae virgines, ut tonstriculae, tondebant *barbam* et *capillum* patris. Das Barthaar wird eben nur durch barba selbst ausgedrückt. Coma und caesaries bezeichnen beide das Haupthaar als einen Schmuck, und zwar coma von seiner lieblichen und weichlichen, *caesaries* von seiner kraftausdrückenden Seite; daher jenes namentlich bei Weibern und Kindern, dies bei Männern (Serv. ad Virg. I. 590. Virorum tantum *caesaries* est, non mulierum; doch findet sich *caesaries* auch von Weibern, aber immer mit dieser Beziehung auf den Kraftausdruck, z. B. von den Erinnyen cf. Ov. Met. IV. 491. Am. III. 1. 32.) Indeß ist *caesaries* bis auf eine prosaische Stelle durchaus poetisch. *Cincinnus* ist die einzele künstliche Locke, daher auch tropisch von einer Künstelei in der Rede. *Cirrus* ist die natürliche Locke, daher auch ein einzeles Haarbüschel bei Thieren; es ist der guten Prosa fremd. *Villus* ist die Zottel, das wollige Haar bei Thieren, als deren Bekleidung. *Pilus* und *seta* bezeichnen das einzele Haar, und zwar *pilus* mit Rücksicht auf die Gestalt,

II. NOMINA.

als ſtehend; *seta* dagegen mit Rückſicht auf die größere oder minder große Stärke deſſelben. Haec civitas mulieri redimiculum praebeat, haec. in collum, haec in *crines.* Cic. Verr. III. 33. Alter unguentis affluens, calamistrata *coma* ... in tribunatus portum perfugerat. Cic. Sest. 8. Processit madenti *coma* compositoque *capillo.* Cic. red. in sen. 6. Praeterquam quod suapte natura multa maiestas inerat (in Scipione), adornabat promissa *caesaries*, habitusque corporis non cultus munditiis, sed virilis vere ac militaris. Liv. XXVIII. 35. Erant illi compti *capilli* et madentes *cincinnorum* fimbriae. Cic. Pis. 11. Eo citius in oratoris aut in poetae *cincinnis* ac fuco offenditur, quod sensus in nimia voluptate natura, non mente satiantur. Cic. or. III. 25. Animantium aliae *villis* vestitae sunt. Cic. n. d. II. 47. Munitae sunt palpebrae tamquam vallo *pilorum.* Cic. n. d. II. 57. Dionysius fulgentem gladium, e lacunari *seta* equina aptum, in caput Damoclis demitti iussit. Cic. Tusc. V. 21.

319. Cutis, pellis, corium, tergus, vellus, membrana — die Haut, das Fell.

Cutis iſt immer die glatte Haut als Körperbedeckung, beſonders am Menſchen; das Wort ſelbſt wird ſich bei Cicero kaum finden, wohl aber die aqua *intercus* off. III. 24. *Pellis* iſt die abgezogene Haut mit der ihr eigenen Bedeckung, wie Fell. *Corium* iſt das dicke, haarloſe Fell der Thiere, wie der Elephanten, Löwen ꝛc.; dann auch das enthaarte Fell, das Leder. Daſſelbe bezeichnet das in der guten Proſa vermiedene *tergus*, jedoch zunächſt mit dem Gedanken an den Rücken; auch iſt tergus noch wol als Theil des lebendigen Thieres angeſehen. *Vellus*, ebenfalls der guten Proſa fremd, iſt das Fell mit der wolligen Haarbedeckung, zugleich aber auch ein gewähltes Wort, wie das Vließ. *Membrana* iſt nicht die Körperhaut, ſondern die mehr innere, feine Umfaſſung eines Körpertheiles oder Gliedes, das Häutchen. Cutis in facie erugatur lacte asinino. Plin. n. h. XVIII. 12. 50. Sospitam illam vestram tu ne in somnis quidem vides, nisi cum *pelle* caprina. Cic. n. d. I. 29. Animantium aliae *coriis* tectae sunt. Cic. n. d. II. 47. Natura oculos *membranis tenuissimis* vestivit. Cic. n. d. II. 57.

320. Partes corporis.

In Betreff der übrigen Körpertheile ist Folgendes zu merken: Labrum heißt in der Prosa die Lippe, nicht *labium*. *Faux* ist der Schlund als Eingang in die Kehle; daher tropisch Engpaß; *gula* ist die Speiseröhre, *guttur* der Gaumen, und daher bei Cicero ein Bild der Freßlust; *collum* der Hals, allgemein als Körpertheil; *iugulum* die Kehle, wenn von einem Abschneiden, Durchstechen oder Erdrosseln, *cervices*, der Nacken (nur Plur.), wenn von einem Zerbrechen desselben die Rede ist. *Manus* ist die Hand, allgemein als Körpertheil; *palma* die innere Handfläche, wie planta die Fußsohle; *pugnus* die geballte, derbe Hand, die Faust. *Nasus* ist die Nase in Bezug auf ihre äußere Erscheinung, Form u. s. w.; *nares* ist die Nase in Bezug auf ihre inneren Dienstleistungen, das Riechen, die Absonderung der Feuchtigkeit u. s. w. *Tergum* ist allgemein der Rücken als die hintere, der Brust gegenüberliegende Körperfläche, und bei Cicero nur so gebräuchlich; *dorsum* ist der Rücken als Erhöhung, daher in der Prosa besonders von Bergen. *Humerus* ist das prosaische und allgemeine Wort für Schulter; *armus*, der Bug, poetisch und zunächst von Thieren; *brachium* der Arm allgemein; *lacerti*, die Arme in Rücksicht auf die Muskelkraft und daher wesentlich der Oberarm; *ulna* ist der fleischige Arm, daher auch mit Rücksicht auf seine Weichheit und seine schönen Formen; *cubitus* und *cubitum* ist der knochige Arm; beide indeß bei Dichtern; cubitus und cubitum auch in der Prosa, als Maß, Ellenbogen, Elle. *Maxilla* und das elegantere *mala* (Cic. or. 45.) ist die Backe mit besonderer Hervorhebung der Kinnlade, *bucca* die fleischige Backe, die geschminkt und aufgeblasen wird (Cic. Pis. 11. Hor. sat. I. 1. 20.); *gena* ein milderes Wort, die Wange, jedoch zunächst die Fleischtheile am unteren Auge (Cic. n. d. II. 57.), dichterisch selbst die Augenlider und die Augen. *Unguis* ist der einzele Nagel am thierischen Leibe, *ungula* der Huf. *Venter* ist der allgemeine

Name für Bauch; *abdomen* verächtlich, wie der Wanst; *alvus* der Unterleib; *stomachus* der Magen als Fortsetzung und Erweiterung der Speiseröhre. Die *viscera* bezeichnen das Innere eines Leibes, auch vielfach tropisch gebraucht; *intestina* ist das prosaische, *ilia* das poetische Wort für die eigentlichen Gedärme; *exta* sind die edleren Eingeweide, Herz, Lunge u. s. w. in Rücksicht auf Opferschau. *Vena* und *arteria* — Sanguis per *venas* per omne corpus diffunditur, spiritus per *arterias*. Cic. n. d. II. 55. *Sanguis* heißt das Blut als der lebenerhaltende sucus corporis; *cruor*, insofern es einer Wunde oder doch auf eine gewaltsame Art entfließt; daher ist der *sanguinarius* nach Blut begierig (sanguineus blutig, blutfarbig; sanguinolentus, blutbefleckt — aber selten), der *cruentus* mit dem von ihm vergossenen Blute bedeckt, und somit sind beide nach verschiedener Anschauung grausam. *Membrum* ist das Glied als Körpertheil (Mitglied heißt *socius*, nicht membrum); die *artus* sind die Fugen der membra, die Gliedmaßen; *articulus*, als Deminutiv, das Gelenk.

321. Purus, mundus, merus, meracus — rein.

Das allgemeine Wort ist *purus* und wird, wie unser rein, sowohl von flüssigen, als von festen Körpern gesagt. Insbesondere bildet es dann den Gegensatz zu contaminatus, wie mundus (in der Prosa selten), sauber, bloß von festen Körpern, zu *sordidus*, *merus*, lauter, bloß von Flüssigkeiten, zu *mixtus*. Öfter als merus bezeichnet *meracus* das Ungemischte, und zwar namentlich wenn darin eine gewisse tadelnde Beziehung des zu Starken liegt, dagegen merus in dem Sinne von ungemischt bei Cicero sich nicht findet und fast nur in einer gewissen Übertragung für bloß, nur, der Prosa angehört. Die Reinheit als Tugend wird tropisch nur durch *purus* ausgedrückt. Quidquid inde hauseris, *purum* liquidumque te haurire senties. Cic. Caecin. 27. Terra *pura*. Cic. sen. 17. Nihil est in historia *pura* et illustri brevitate dulcius. Cic. Brut. 75. Caesar rationem adhibens consuetudinem vitiosam et corruptam *pura* et incorrupta consuetudine emendat. Id. ib. *Purum* quasi quoddam et candidum dicendi genus. Cic. or. 16. Minucia Vestalis suspecta fuit propter *mundiorem* justo cultum. Liv. VIII. 15. *Munda* supellex, cena. Hor. ep. I. 5. 7. Carm. III. 29. 14. Vinum *merum*, oder *merum* allein. Ov. Met. XV. 331. Fast. II. 539. Dolabella *merum* bellum loquitur. Cic. Att. XI. 13. Illa vero omnes (sc. nuntiabant): sermones minaces, inimicos optimatium, municipiorum hostes, *meras* proscriptiones, *meros* Sullas. Cic. Att. IX. 11. Si medicus sciat, eum aegrotum, qui iussus sit vinum sumere, *meracius* sumpturum statimque periturum, magna sit in culpa. Cic. n. d. III. 31. Populus nimis *meracam* libertatem sitiens hausit. Cic. rep. I. 43. In der Profa muß man demnach vinum *meracum* fagen, und nicht merum.⁻

322. Lues, contagio, pestilentia, pestis, pernicies, exitium — die Seuche, das Verderben.

Lues, *contagio* (poetisch contagium) und *pestilentia* beziehen sich zunächst auf eine **um sich greifende, zerstörende Krankheit**; *pestis, pernicies* und *exitium* haben nur den allgemeineren Sinn des **Verderbens und der Vernichtung**. Ferner aber bezieht sich *lues* (der guten Prosa fremd) wesentlich auf den **auflösenden Krankheitsstoff, die verdorbenen Säfte**; *contagio* zunächst auf die **Berührung zweier Dinge** an sich, dann, und bei Cicero fast nur tropisch, auf die **Mittheilung der Krankheit durch Ansteckung**; *pestilentia* dagegen auf die dadurch angerichtete **Verwüstung und Vernichtung**. *Pestis* bezeichnet **nicht** die Krankheit, die Pest (das ist *pestilentia*), sondern in allgemeinerem und tropischem Sinne das Verderben, aktiv, als die Verderben bringende Sache. Auch *pernicies* hat an sich die aktive Bedeutung, ist aber spezieller als *pestis*, indem es das Verderben unter dem Bilde des Ermordens ausdrückt. *Exitium* dagegen ist **neutral, das Verderben als der Untergang**. Indeß ist es klar, wie leicht diese Begriffe in einander übergehen und für einander substituirt werden können, nie jedoch ohne eine gewisse Modifikation der Anschauung. Tabida membris Corrupto coeli tractu miserandaque venit Arboribusque satisque *lues* et letifer annus. Virg. Aen. III. 139. Hos ludos haec *lues* impura (d. i. Clodius, als Schimpfname) polluit. Cic. har. 12. Animus somno (interdum) revocatur a societate et a *contagione* corporis.

Cic. divin. I. 30. Quis non *contagionem* adspectus illius fugit? Cic. Cluent. 28. *Contagio* malorum, turpitudinis. Cic. off. II. 23. Att. I. 6. Hostiarum exta inspiciuntur, ut ex habitu atque ex colore eorum tum salubritatis, tum *pestilentiae* signa percipiantur. Cic. divin. I. 57. Massilienses gravi *pestilentia* conflictabantur. Caes. b. c. II. 22. Nulla tam detestabilis *pestis* est, quae non homini ab homine nascatur. Cic. off. II. 5. Sunt quaedam *pestes* hominum (Schurken von Leuten, Schurken). Cic. fam. V. 8. Lentulus de *pernicie* populi Romani et *exitio* huius urbis acerbe atque crudeliter cogitavit. Cic. Cat. IV. 5. Omnes intellegunt, nisi Caesar exercitum paravisset, non sine *exitio* nostro futurum Antonii reditum fuisse . . . Nihil enim, nisi de rei publicae *pernicie*, cogitabat. Cic. Phil. IV. 2.

323. Labes, macula, nota — der Fleck.

Labes bezeichnet zunächst äußerlich den fortschreitenden Fall oder Einsturz, dann tropisch den Untergang, das Verderben. Von hier aus erhält *labes* die Bedeutung Fleck oder Schandfleck (in der guten Prosa nur tropisch); aber immer mit der Nebenbeziehung, daß er verderbenbringend ist. Als solches ist es fast mehr synonym mit den vorigen Wörtern, und wird auch, wie diese, zur Bezeichnung eines schlechten Menschen gebraucht. Wie *labes* den zerstörenden, so bezeichnet *macula* den häßlichmachenden Flecken (anders, buntmachend, vielleicht nur bei Virgil), und zwar entweder einen natürlichen Fleck, oder sonst tropisch, jedoch nur zur Benennung von Personen. *Nota* ist der kenntlichmachende Fleck, ein Fleck, den man sich merkt oder selbst macht, um daran zu kennen; durch eine politische Beziehung (nota censoria) bekommt es vorwiegend die böse Nebenbedeutung als Strafe wegen Verkehrtheiten, Brandmal. An der nota will man erkennen, was etwas ist, an dem *signum*, Zeichen, was es bedeutet. *Labes* factae sunt terraeque desederunt. Cic. divin. I. 35. Adduxi hominem, in quo satisfacere exteris nationibus possetis, ... *labem* atque perniciem provinciae Siciliae. Cic. Verr. I. 1. Hic P. Sulla, ne exstinctor patriae, ne proditor, ne hostis appelletur, ne hanc *labem* tanti generis in familia relinquat, id laborat, id metuit. Cic. Sull. 31. Est corporis *macula* naevus. Cic. n. d. I. 28. Delenda vobis est illa *macula*, Mithridatico bello suscepta. Cic. Man. 3. Adolescentiae *maculas* ignominiasque praeteream. Cic. Verr. I. 4. *Notam* apponas ad malum versum. Cic. Pis. 30. Quae *nota* domesticae turpitudinis non inusta vitae tuae est? Cic. Cat. I. 6.

324. Caligo, tenebrae, obscuritas — die Finſterniß.

Die *caligo* bezeichnet die Finſterniß als etwas Materielles, etwas mehr oder minder Dichtes, von welchem Grade der Dichtigkeit auch die Größe der Finſterniß abhängt; das Dunkel, der Nebel. *Tenebrae*, die Finſterniß, iſt der abſolute Lichtmangel, der *lux* entgegengeſetzt, wie caligo dem serenum in äußerlicher Bedeutung. Die *obscuritas*, Dunkelheit, bezeichnet den Mangel an genügendem, erfreulichem Lichte; ſie iſt der claritas und dem illustre entgegengeſetzt. Nebula matutina *caliginem* dedit. Liv. XXXVII. 41. Densa *caligo* occoecaverat diem. Id. XXXIII. 7. Hoc videbam equidem, sed quasi per *caliginem*. Cic. Phil. XII. 2. Luce redii, non *tenebris*. Cic. Phil. II. 30. Tamquam sempiterna nox esset, ita ruebant in *tenebris* omniaque miscebant. Cic. Rosc. Am. 32. Latet fortasse (causa) *obscuritate* naturae. Cic. divin. I. 18. Nec nimis *illustres*, nec vehementer *obscuros* locos haberi oportet. Auct. ad Her. III. 19.

325. Ater, niger, pullus — ſchwarz.

Ater und *niger* machen beide bei Cicero einen Gegenſatz zu *albus* und ſcheinen in der Bezeichnung der Farbe an ſich wol kaum von einander abzuweichen, wenn nicht etwa *atrum* ein minder tiefes Schwarz, das Dunkle und Düſtere, *nigrum* dagegen ein tiefes, kräftiges Schwarz ausdrückt; daher iſt auch jenes zuweilen mehr das Trübe und Häßliche, dies ſelbſt das Glänzende. Im tropiſchen Sinne bezieht ſich *ater* auf ein Unheil, *niger* auf moraliſche Schlechtigkeit. Weit ſpezieller iſt *pullus*, welches das erdfarbige Schwarz bezeichnet, aber in der guten Sprache bloß von den Trauerkleidern ausgeſagt wird. Democritus luminibus amissis *alba* et *atra* discernere non poterat. Cic. Tusc. V. 39. cf. divin. II. 3. Phil.

II. 16. Qui ille, qui oculis captus est, ut Tiresias fuit, poterit quae *alba* sint, quae *nigra* dicere? Cic. divin. II. 3. cf. Ac. II. 11. u. 31. Vide, quam te amarit is, qui *albus aterne* fueris ignorans fratris filium praeteriit (et te heredem fecit). Cic. Phil. II. 16. Dies *ater* als althergebrachter Ausdruck für dies nefastus, cf. Liv. XXII. 10. Gell. V. 17. Clodius, cui nomen est Phormio, nec minus *niger*, nec minus confidens, quam ille Terentianus est Phormio. Cic. Caecin. 10. *Ater* piscis (häßlich); *nigri* oculi, capilli (schön); Hic *niger* est (der taugt nicht): hunc tu, Romane, caveto. Hor. art. poet. 337. sat. I. 4. 85. Putre solum Campani *pullum* vocant. Col. II. 10. 18. (vergl. pulvis.) Quem accumbere *atratum* videras dominum cum toga *pulla?* . . . Cui de balneis exeunti toga *pulla* unquam data est? Cic. Vatin. 12.

326. Albus, candidus, canus — weiß.

Albus bezeichnet die weiße Farbe allgemein; *candidus* in Rücksicht auf ihren Glanz, so daß selbst Mond und Sterne bei Dichtern candida heißen; tropisch ist candidus ungekünstelt, unverstellt. *Canus* ist weiß, insofern hie und da andere Farben zwischenspielen, grau; daher vom Schaume, in der Prosa aber namentlich von grauen Haaren gebraucht. *Albus* color. Cic. leg. II. 18. Quasi avem *albam* (sprichwörtlich, wie bei uns seltene Vögel, jedoch mehr ernst) videntur bene sentientem civem videre. Cic. fam. VII. 28. *Candida* avis i. e. cycnus. Virg. Georg. II. 320. Elaborant alii in lenitate et aequabilitate et puro quasi quodam et *candido* genere dicendi. Cic. Brut. 16. Non *cani* (cani capilli Hor. Carm. II. 11. 15.), non rugae repente auctoritatem arripere possunt. Cic. sen. 18. *Cani* fluctus. Cic. in Arat. 71.

327. Umbrosus, opacus, umbratilis — schattig.

Umbrosus und *opacus* können nur wenig von einander geschieden werden; jenes scheint sich indeß mehr auf das Feuchte und Kühle des Schattens, dieses mehr auf das gemäßigte Dunkel desselben zu beziehen. Daher heißt selbst der Mond bei Stat. Theb. VI. 686. eine soror solis *opaca;* während es bei Sen. nat. quaest. III. 11. heißt Aquosissima sunt quaeque *um-*

brosissima, wie ähnlicher Weise Stat. Theb. VIII. 18. unda *umbrifera* (poet.) sagt. *Umbratilis* ist im Kühlen bleibend d. i. ohne Anstrengung, bequem. Ego locum aestate *umbrosiorem* vidi nunquam; permultis locis aquam profluentem et eam uberem (nunquam, per aquam multis locis cet.?) Cic. Qu. fr. III. 1. 2. Inter has procerissimas populos in viridi opacaque (wegen der Bäume?) ripa inambulantes iisdem de rebus quaeramus. Cic. leg. I. 5. Mollis est oratio philosophorum et *umbratilis*. Cic. or. 19. Educenda deinde dictio est ex hac domestica exercitatione et *umbratili* .... in aciem forensem (umbratilis wol mehr als Gegensatz zu acies, domesticus zu forensis.) Cic. or. I. 34. Vita *umbratilis* et delicata. Cic. Tusc. II. 11. Bei loci opaci an aprici (Cic. or. part. 10.) muß man im Auge halten, daß apricus nicht bloß die Sonnenwärme, sondern auch das Sonnenlicht (in apricum proferet aetas. Hor. ep. I. 6. 24.) bezeichnet, und daher seinen vollen Gegensatz eben in opacus findet.

328. Fax, taeda, funale, cereus, candela, lucerna, laterna, candelabrum, lampas, lychnus — die Fackel, die Leuchte.

Das allgemeine Wort ist *fax*, die Fackel, zum Leuchten wie zum Anzünden; daher auch sehr häufig der Brand, in eigentlicher, wie in tropischer Bedeutung. *Taeda* bezeichnet zunächst nur die Fackel aus Kienholz, hat aber immer eine religiöse Beziehung, indem sie entweder zu gottesdienstlichen Feiern, Hochzeiten u. s. w. bestimmt, oder selbst geheiligt und in der Hand eines göttlichen Wesens ist. Taeda ist demgemäß größten Theils nicht zum Brennen, sondern zum Leuchten; die übrigen Synonyma sind ausschließlich zum Leuchten bestimmt. *Cereus* ist wol bloß die Wachsfackel oder Kerze, während sie in dem etwas allgemeineren *funale* von dem durchflochtenen Flachse oder Stricke benannt ist. *Candela* ist allgemein die Kerze (doch nicht bei Cicero); *lucerna* allgemein und gewöhnlich die Leuchte, das Licht (Kerze mit Gestell); während *laterna* sich bei Cicero nur an einer sehr unsichern Stelle findet (Att. IV. 8.). *Candelabrum* ist der Lichthalter, der Leuchter, besonders mit Rücksicht auf die Pracht desselben. Von den beiden Griechischen Wörtern bezeichnet das poetische *lampas* sowohl die Leuchte und den Leuchter, als auch das Licht, selbst der Sonne; *lychnus* dagegen ist nur ein künstliches Licht als ein Helligkeit verbreitendes Ding. Cui tu adolescentulo non ad libidinem *facem* praetulisti? Cic. Cat. I. 6. Ego *faces* accensas ad huius urbis incendium comprehendi, protuli, exstinxi. Cic. Pis. 2. Corporis *facibus* inflammantur ad cupiditates. Cic. Tusc. I. 19. Adhibendae sunt dicendi *faces*. Cic. or. II. 51. Ceres dicitur inflammasse *taedas* iis ignibus, qui ex Aetnae vertice erumpunt. Cic. Verr. IV. 48. Illic accendit geminas pro *lampade pinus*: Hinc Cereris sacris nunc quoque *taeda* datur. Ov. fast. IV. 492. *Taeda* iugalis. Ov. Her. IV. 121. Qui aliquid impie scelerateque commiserunt, agitantur et perterrentur Furiarum *taedis* ardentibus. Cic. Rosc. Am. 24. Duillius delectabatur crebro *funali* ac tibicine. Cic. sen. 13. Omnibus vicis statuae; ad eas thus, *cerei*. Cic. off. III. 20. In sole *lucernam* adhibere nihil interest. Cic. fin. IV. 12. Iam vero lectos aeratos et *candelabra* ahenea num cui, praeter istum, Syracusis per triennium facta esse existimatis? Cic. Verr. IV. 26. Lux longe alia est solis ac *lychnorum*. Cic. Coel. 28.

329. Lux, lumen, iubar — das Licht.

Lux heißt das Licht als die verbreitete Helligkeit und Klarheit, als Gegensatz von *tenebrae*, wobei der Ausgangspunkt des Lichtes nicht in Betracht kommt; *lumen* dagegen ist das Licht in Rücksicht auf seinen Glanz und Schein, dann natürlich auch der leuchtende Körper, weil der Glanz immer nur daran haftet. Wenn man am hellen Tage der Sonne den Rücken zuwendet, so sieht man doch immer *lucem* solis; wendet man aber das Gesicht der Sonne gerade zu, so sieht man *lumen* solis. Daher kann auch, ohne poetische Auffassung, nur *lumen* ein Konkretum sein und einen Plural bilden, in zwar verschiedenen, aber natürlich abgeleiteten Bedeutungen, als Lichter (Kerzen, Fackeln ⁊c.), Fenster, Augen u. s. w., wogegen *lux* als Abstraktum oder als Stoffname einen Plural nicht zuläßt. Daher ganz natürlich ad *lucem* bei Suet. Caes. 31.

gegen Morgen, und ad *lumina* (id. ib. 37.) bei Fackeln, bei Nacht. Auch tropisch bezieht sich lux nur auf Klarheit, lumen auf Glanz. *Iubar*, der Lichtstrahl, ist bloß poetisch. Luce sunt clariora nobis tua consilia omnia. Cic. Cat. I. 3. *Luce redii, non tenebris.* Cic. Phil. II. 30. Luna solis *lumine* collustrari putatur. Cic. divin. II. 43. Non corpori soli subveniendum est, sed menti atque animo multo magis; nam haec quoque, nisi tamquam *lumini* oleum instilles, exstinguuntur senectute. Cic. sen. 11. Democritus *lumina* (die Augen) amisit. Cic. Tusc. V. 39. Obscuratur et offunditur *luce* solis *lumen* lucernae. Cic. fin. III. 14. Corinthum patres vestri, totius Graeciae *lumen* exstinctum esse voluerunt. Cic. Man. 5. b. h. die glänzendste Stadt, den Lichtpunkt von ganz Griechenland, wie auch Rom *lumen* gentium genannt wird. Cic. Sull. 11. Aber Videor mihi videre hanc urbem, *lucem* orbis terrarum atque arcem omnium gentium, subito uno incendio concidentem bei Cic. Cat. IV. 6. — enthält eine andere Anschauung; es ist die Freude und der Schutz aller Völker, nach einem leichten Übergange von Klarheit zu Hoffnung, Hülfe und Freude. In eben diesem Sinne ist *mea lux* (Cic. fam. XIV. 2.) meine Freude, mein Leben; und die *lumina* civitatis die Zierden des Staates — beide in Beziehung auf Personen. Nitidum *iubar* extulit undis Lucifer. Ov. fast. II. 149.

330. Cinis, favilla — die Asche.

Cinis ist der allgemeine Name für Asche, als Rest des Verbrannten; *favilla* dagegen bezeichnet die noch glühende; selbst noch einigermaßen fortbrennende Asche; es ist aber außerdem poetisch. Cur hunc dolorem *cineri* eius inussisti? Cic. Verr. I. 44. Obsecravit per fratris mortui *cinerem*. Cic. Quint. 31. Parva sub inducta latuit scintilla *favilla*. Ov. Met. VII. 80. Adhuc vivente *favilla*. Stat. Silv. II. 1. 2.

331. Animal, animans, bestia, bellua, (fera) — das Thier.

Animal, das Thier, ist der allgemeinste Ausdruck für jedes beseelte Wesen. Besonders wird es gebraucht, wenn die Thiere unter sich, sowie *animans*, das athmende Wesen, wenn sie mit andern Dingen verglichen werden. Doch wurde in der populären Sprache fast nur animal gebraucht, während der mehr den Philosophen gehörige Ausdruck *animans* erst später aufkam. Die übrigen Wörter bezeichnen das Thier als vernunftloses Wesen, mithin in seinem vollsten Gegensatze zum Menschen, während animal und animans als allgemeine Namen selbst den Menschen mitbezeichnen können. Unter diesen ist *bestia* zunächst der Gattungsname; dann aber vorzugsweise das grausame, reißende Thier, besonders insofern es mit den Zähnen und Krallen angreift; *bellua* dagegen wird mit besonderer Hervorhebung der furchtbaren Plumpheit in der Thiergestalt gesagt; daher jenes am häufigsten von Löwen, Tigern, auch wol von Füchsen, Hunden und Affen; dieses von Elephanten, Wallfischen u. s. w.; daher ferner die Thiere in den Römischen ludis nur bestiae, nicht belluae genannt sind; beide im Deutschen auch das Unthier. Aber sowohl die bestia, als die bellua, kann fera genannt werden (Cic. n. d. II. 39. u. 64.); denn *ferae* heißen die wilden Thiere, selbst die Pferde mitgerechnet, zunächst nur in Rücksicht auf die ihnen fehlende Bildung, dann aber besonders als Gegenstand der Jagd, wie das Wild. Alia *animalia* gradiendo, alia serpendo ad pastum accedunt. Cic. n. d. II. 47. *Animal* hoc providum ... acutum ... plenum consilii et rationis, hominem vocamus. Cic. leg. I. 7. Trunci obducuntur libro aut cortice, quo sint a frigoribus et a caloribus tutiores ... *Animantium* vero quanta varietas est! Quarum aliae coriis tectae sunt, aliae villis cet. Cic. n. d. II. 47. Natura alias *bestias* nantes esse voluit, alias volucres; alias cicures, alias *feras*. Cic. Tusc. V. 13. Homo imbecillus a valentissima *bestia* laniatur. Cic. fam. VII. 1. Sexcentos ad *bestias* misisti (in Rücksicht auf die Thiere bei den ludis). Cic. Pis. 36. In homine mens est, in *bellua* quiddam simile mentis. Cic. n. d. II. Visa est *bellua* vasta et immanis. Cic. divin. I. 24. Homines non patiuntur terram immanitate *belluarum* vastari. Cic. n. d. II. 39. Verres immanis *bellua*. Cic. Verr. V. 42. Ratio et oratio ... coniungit homines naturali quadam societate; neque ulla re longius absumus a natura *ferarum*, in quibus inesse fortitudinem saepe dicimus, ut in equis, ut in leonibus cet. Cic.

off. I. 16. *Ferae saepe, nullo insequente, in plagas incidunt* (Jagdneße). Cic. off. III. 17.

332. Pecus, iumentum, armentum, grex — das Bieh, die Herde.

Zunächst bezeichnet *pecus* im Allgemeinen das Vieh, insofern es zum Gebrauche für den Menschen bestimmt ist; dann aber in engerem Sinne das Kleinvieh, welches der Mensch bloß zu seiner Nahrung hält, namentlich Schafe, Ziegen und Schweine, im Gegensatze zu *iumentum* und *armentum*, dem großen Vieh, das der Mensch auch der Arbeit wegen hält. Ferner bezieht sich das fem. *pecus* nur auf ein einzeles Stück Vieh, während das neutr. *pecus* als Kollektivbegriff das Kleinvieh überhaupt bezeichnet; ebenso ist *iumentum* das einzele Stück, *armentum* das Großvieh als Herde. Wie endlich *pecus* (udis) nur ein Stück Vieh, und vorzugsweise ein Schaf bezeichnet, so ist auch nur dieses Wort mit Beziehung auf die Vernunft- und Willenlosigkeit des Thieres zu gebrauchen; wogegen *pecoris* mehr auf das Körperliche hinweiset. *Iumentum* ist ferner nur das Vieh, insofern es wirklich im Dienste begriffen ist, und vorzugsweise der Zugochs (nicht die Kuh, daher selbst verbunden *iumenta bovesque* Colum. VI. 19.); *armentum*, der Ableitung nach das Vieh, insofern es pflügen hilft (daher nicht der Esel), dann aber allgemeiner bloß als Besitz, da es mehr im Stall oder auf der Weide, nicht vor dem Pfluge ꝛc. gedacht wird. Wie nun pecus, als Neutrum, und armentum die Herde in Rücksicht auf die Bestandtheile, so bezeichnet *grex* die Herde in Rücksicht auf die Form, als eine ungeregelte Menge lebender Wesen. *Videmus multitudinem pecudum; partim ad vescendum, partim ad cultus agrorum, partim ad corpora vestienda.* Cic. Tusc. I. 28. *Ista non modo homines, sed ne pecudes quidem videntur passurae esse.* Cic. Cat. II. 9. *Hac pecude* (sc. sue) *nihil genuit natura fecundius.* Cic. n. d. II. 64. *Istius pecudis* (sc. Pisonis) Cic. Pis. 9. (Wir dürften hier in derber Sprache vielleicht jenes Rindvieh sagen, aber Lat. nur pecus, ja nicht armentum.) *Antonius caedit greges armentorum reliquique pecoris, quodcunque nactus est.* Cic.

Phil. III. 12. Quum curru vehi ius esset, morabantur *iumenta.* Cic. Tusc. I. 47. *Iumento* (i. e. equo) nihil opus est. Cic. Att. XII. 32. Bos *armentu* sequitur. Cic. Att. VII. 7.

333. Cicur, mansuetus — zahm.

Cicur, zahm, bezieht sich auf die von Natur inwohnende Zahmheit; *mansuetus*, eigentlich an die Hand gewöhnt, auf die angelernte Zahmheit, so daß es zuweilen eine moralische Beziehung erhält. Natura alias bestias *cicures*, alias feras esse voluit. Cic. Tusc. V. 13. Cur ille tam subito *mansuetus* fuit, quum fuisset ferus? Cic. Phil. III. 9.

334. Lorum, habena, frenum; amentum, corrigia — der Riemen, Zügel.

Lorum ist allgemein ein lederner Riemen, daher sowohl Zügel, als auch Peitsche. *Habena* wird mit Rücksicht auf das Anhalten, *frenum* mit Rücksicht auf das Gebiß, das Knirschen des Thieres gesagt; daher eigentlich und tropisch, jenes von einem Lenken, *frenum* von einem Bändigen gebraucht. *Amentum* ist der Riemen am Wurfspieße, um ihn kräftiger zu schwingen; *corrigia* am Schuh. Iussu Antonii servi publici *loris* eum ceciderunt. Cic. Phil. VIII. 8. Quibusdam placuit, quam laxissimas *habenas* habere amicitiae, quas vel adducas, quum velis, vel remittas. Cic. am. 13. Exsultanti tamquam *frenos* furoris iniecit. Cic. Phil. XIII. 9. *Frenum* mordere. Cic. fam. XI. 24. Iaculorum *amenta.* Liv. XXXVII. 41. Abruptio *corrigiae* (calcei). Cic. divin. II. 40.

335. Sus, porcus, verres, scrofa, (aper) — das Schwein.

Sus, Schwein, ist der allgemeine und naturgeschichtliche Name; *porcus, verres* und *scrofa* sind mehr ökonomische Namen, und daher mit Ausnahme von porcus selten. *Porcus* ist das junge Schwein, besonders wie es zum Essen sich eignet; *verres*, der Eber, ist das männliche, *scrofa*, die Sau, das weibliche Zuchtschwein; der geschnittene Eber wurde in der landwirthschaftlichen Sprache *maialis*, der Borg, genannt. *Aper*, der wilde Eber. *Sus* quid habet praeter escam? Cic.

n. d. II. 64. Sus Minervam docet (sprichwörtlich, der Dumme den Klugen). Cic. Ac. I. 4. Bonus dominus abundat *porco*, haedo cet. Cic. sen. 16. Mit dem Worte verres treibt Cicero ein witziges Spiel in Caecil. 17. Repente e vestigio ex homine, tamquam aliquo Circaeo poculo, factus est *Verres*.

336. Caper, hircus, haedus — der Bock.

Caper und *capella* sind die gewöhnlichen und naturgeschichtlichen Namen für Ziegenbock und Mutterziege. *Hircus* ist ein alter Bock mit Bezug auf seine übeln Eigenschaften; haedus ein Böcklein, besonders als eßbar.

337. Catulus, pullus — das Junge.

Catulus bezeichnet nur das lebendig zur Welt gebrachte, *pullus* (bei Cicero wenigstens) nur das ausgebrütete Junge. Bei den naturhistorischen Schriftstellern (Plinius, Varro c.) wird es auch von den Jungen der Pferde und Esel gebraucht.

338. Serpens, anguis, coluber, draco, hydrus, vipera aspis — die Schlange.

Serpens ist der allgemeine naturgeschichtliche Name für alles, was nach Schlangenart kriecht. *Anguis* ist der spezielle und geschlechtliche Name für die Schlange, namentlich in Rücksicht auf die Biegsamkeit ihres Leibes zum Winden und Umschlingen. *Coluber* (poetisch) ist eine kleinere, vielleicht besonders eine Hausschlange. (Virg. Georg. III. 48. vergl. jedoch II. 320.) *Draco*, Drache, heißt die Schlange mit Rücksicht auf das Wunderbare und Zauberhafte ihrer Erscheinung und ihres Wesens. *Hydrus* ist der technische Name für Wasserschlange; hydra fast bloßer Eigenname der Schlange, die Herkules tödtete. *Vipera*, die Natter, Viper, ist nach Plin. n. h. X. 62. 82. eine besondere Art von Schlangen, die lebendige Junge gebären; im gewöhnlichen Leben aber gebraucht, um besonders die Giftigkeit und Bosheit derselben hervorzuheben. *Aspis* heißt die Schlange ebenfalls besonders in Rücksicht auf das Gift und die Gefährlichkeit, also ebenfalls Natter, wahrscheinlich namentlich eine ägyptische und in Ägypten verehrte (cf. Cic. n. d. III. 10.) Schlange. Repente te, tamquam *serpens* e latibulis, oculis eminentibus, inflato collo, tumidis cervicibus intulisti. Cic. Vatin. 2. Coniector quidam et interpres portentorum, quum quidam ad eum rettulisset quasi ostentum, quod *anguis* domi vectem circumiectus fuisset: tum esset, inquit, ostentum, si *anguem vectis* circumplicavisset. Cic. divin. II. 28. Femina *anguis* und mas *anguis*. Id. ib. 29. Domini patrimonium circumplexus est, quasi thesaurum *draco*. Cic. Phil. XIII. 5. Pulcherrimum *anguium* genus, quod et in aqua vivit, *hydri* vocantur. Plin. n. h. XXIX. 4. 22. *Hydra* est tibi et pellis; sed Hercules et alia maiora opera relinquuntur. Cic. or. II. 17. In sinu atque in deliciis venenatam illam *viperam* habent. Cic. har. 24. Demetrius Phalereus in Aegypto, *aspide* ad corpus admota, vita est privatus. Cic. Rab. Post. 9.

339. Volucer, avis, ales, oscen — der Vogel.

Volucer bezeichnet zunächst alles Geflügelte und Fliegende; dann aber sind *volucres* als das Wesentlichste und Bemerkenswertheste unter den Thieren dieser Art die Vögel, aber immer mit Rücksicht auf ihre Fähigkeit zu fliegen, im Gegensatze der kriechenden und schreitenden Thiere. *Avis* ist der gewöhnliche naturgeschichtliche Gattungsname für Vogel; *ales* zunächst in der Sprache der Dichter und Augurn ein gewählter Ausdruck für jeden größeren Vogel, besonders den Adler, dann aber vorzugsweise ein Kunstausdruck in der Auguralsprache für die Vögel, deren Flug, wie *oscines* für die Vögel, deren Geschrei beobachtet wurde. Natura alias bestias ... *volucres* esse voluit, serpentes quasdam, quasdam gradientes. Cic. Tusc. V. 13. *Volucres* videmus fingere et construere nidos, easdem autem, quum aliquid effecerint, passim ac libere solutas opere volitare. Cic. or. II. 6. Quid multitudinem suavitatemque piscium dicam, quid *avium*? ... quamquam *aves* quasdam, et *alites* et *oscines*, *ut nostri augures appellant*, rerum augurandarum causa esse natas putamus. Cic. n. d. II. 64. Eadem efficit in *avibus* divina m.ens, ut tum huc, tum illuc *volent alites;* tum a dextra, tum a sinistra parte *canant oscines*. Cic. divin. I. 53.

340. Penna, pinna, pluma — die Feder.

Penna ist nur die stärkere **Flügelfeder**, und steht daher im Plural für **Flügel** selbst, insofern dabei wesentlich die Federn in Betracht kommen; sonst *ala* (mit dem Fleisch, den Muskeln ꝛc.). *Pinna* ist nur eine seltene Nebenform von penna, welche von Geflügeln zu brauchen Quintilian I. 4. 12. tadelt; von Fischen die **Floßfeder**; auch die **Mauerzinne**. *Pluma* heißt die Feder als **Leibesbedeckung**, daher wesentlich die weiche, die **Flaumfeder**. Aves pullos *pennis* fovent. Cic. n. d. II. 52. *Pennas* mihi inciderunt (sie haben mir die Flügel beschnitten, sprichwörtlich). Cic. Att. IV. 2. Animantium ... alias *pluma*, alias squama videmus obductas. Cic. n. d. II. 47.

341. Vinculum, manica, pedica, compes, catena, torques — die Fessel, die Kette.

Vinculum bezeichnet allgemein jedes **Band**, woraus und wozu es auch gemacht sei, sowohl zum **Fesseln**, wie zum **Vereinigen** (jenes besonders im Plural). *Manica* dagegen ist besonders eine **Handfessel**, wie *pedica* und *compes* eine **Fußfessel**; letzteres jedoch auch allgemeiner. Doch bezeichnet *manica* eigentlich (und bei Cicero nur) eine Art Handschuh oder Muff, als Tracht der Weichlinge. *Pedica* aber ist eine Fußfessel zum **Fangen**, *compes* zum **Festhalten**. *Catena* ist der allgemeine Name für Kette in Rücksicht auf den Stoff, woraus sie gemacht ist (Metall), und auf die einzelen Theile derselben (Maschen); was beides bei vinculum, mit dem es auch nur die Bestimmung als Fessel gemein hat, nicht berücksichtigt wird. *Torques* ist in der Prosa nur eine **Schmuckkette**. Virtus semper et sola libera est, etiamsi corpora constricta sint *vinculis*. Cic. or. I. 52. Tollitur beneficium, tollitur gratia; quae sunt *vincula* concordiae. Cic. fin. II. 35. Miror tamdiu morari Antonium; solet enim ipse accipere *manicas*, nec diutius obsidionis metum sustinere. Cic. Phil. VI. 11. Tunica *manicata*. Cic. Cat. II. 10. Pleraque iumenta, velut *pedica* capta, haerebant in durata glacie. Liv. XXI. 36. Spes etiam valida solatur *compede* vinctum. Tib. II. 7. 7. Age iam, has *compedes*, fasces, inquam, hos laureatos, efferre ex Italia quam molestum est! Cic. Att. VIII. 3. Iste hominibus miseris innocentibusque inici *catenas* imperat. Cic. Verr. V. 41. Haec bellua (i. e. Clodius) constricta est legum *catenis*. Cic. Sest. 7. Q. Rubrium corona et phaleris et *torque* donasti. Cic. Verr. III. 80. T. Manlius Galli, quem ab eo provocatus occiderat, *torque* detracto cognomen (Torquati) invenit. Cic. off. III. 31.

342. Custodia, vincula, carcer, ergastulum — Gefängniß.

Custodia, der Gewahrſam, die Haft, bezeichnet das Gefängniß mit Rückſicht auf die wirklich Statt findende Bewachung; daher ſelbſt von einer libera oder liberalis custodia (freilich nicht von einer honesta) bei den Alten die Rede iſt, d. h. von dem Gewahrſam in dem Hauſe eines angeſehenen Bürgers. *Vigilare* dagegen bezieht ſich auf ein bloßes Wachen ohne Rückſicht auf ein Objekt; der vigilans iſt wach, der vigil wachſam; der custos aber hat etwas zu bewachen und zu bewahren. *Vincula* hat einen ganz allgemeinen Sinn, wie unſer Bande; daher es in der Bedeutung von Gefängniß zunächſt mit Rückſicht auf die Bande, dann ſowohl für ein Privat- als ein öffentliches Gefängniß gebraucht wird. Von den *catenis*, den Ketten, iſt es aber dadurch verſchieden, daß dieſes immer auf die ſpeziellere Bedeutung einer harten oder grauſamen Gefangenſchaft hinweiſet. *Carcer* hat immer Beziehung auf das Gefängnißlokal; es iſt allgemein die ein- oder abſperrende Vorrichtung, wobei aber an eigentliche Bande gar nicht gedacht zu werden braucht; alſo der Kerker; (plur.) die Schranken. *Ergastula* ſind die (unterirdiſchen?) Arbeits- und Zuchthäuſer für die Sklaven, dann auch für die gemeinſten Verbrecher. Pausanias simulabat, propinquos regis ex *vinculis publicis* effugisse. Nep. Paus. 2. Esse in *vinculis* et *catenis* (wir umgekehrt, in Ketten und Banden) Liv. VI. 16. Hominem comprehendit et in *custodiam* Ephesi tradidit. Cic. Qu. fr. I. 2. 4. Isti neque divelli a Catilina possunt et sunt ita multi, ut eos capere *carcer* non possit. Cic. Cat. II. 10. Quam longe videtur a *carcere* atque a *vinculis* (von Kerker und Banden) abesse debere, qui se ipse iam dignum *custodia* iudicaverit? Cic. Cat. I. 8. *Carcerem* aedificare. Cic. Verr.

V. 9. E *carceribus* emissus ad calcem, ut dicitur, pervenit. Cic. am. 27. Quacunque iit Antonius, *ergastula* solvit, homines arripuit. Brut. in Cic. fam. XI. 13.

343. Emptor, manceps, negotiator, mercator, institor — der Käufer, Kaufmann.

Emptor und *manceps* sind die Käufer in einem einzelen Falle, ohne gerade aus dem Handel ein Geschäft zu machen; und zwar ist *emptor* ohne alle Nebenbeziehung, *manceps* mit einem juristischen Nebenbegriffe in Bezug auf die rechtliche Form des Kaufes, daher besonders bei öffentlichen Verkäufen, gesagt. Die drei andern Wörter bezeichnen Kaufleute von Profession; und zwar ist *negotiator* allgemein jeder, der Handelsgeschäfte im Großen treibt, sei es mit Geld (als Banquier, dessen spezieller Name *argentarius*) oder mit Waaren, durch Verkauf oder Darlehn. *Mercator* ist spezieller der größere Handelsherr in Rücksicht auf den Einkauf von Waaren und deren Wiederverkauf an einen Ausverkäufer oder Krämer, *caupo*. *Institor* bezeichnet denjenigen, der im Dienste und Auftrage eines andern Geschäfte macht, einen Kommis, auch einen Geschäftsführer, meistens mit der Nebenbeziehung eines geringern Ansehns; Cicero braucht dieses Wort für unser Colporteur, Phil. II. 37. Ne quid omnino, quod venditor norit, *emptor* ignoret. Cic. off. III. 12. Nomen S. Roscii refertur in tabulas (proscriptorum). *Manceps* fit Chrysogonus. Cic. Rosc. Am. 8. *Negotiatores* putant esse turpe, id forum sibi iniquum eiurare, ubi negotientur: praetor (sc. tu) provinciam suam totam sibi iniquam eiurat! Cic. Verr. III. 60. Sordidi putandi sunt, qui *mercantur* a *mercatoribus*, quod statim vendant. Cic. off. I. 42. *Negotiatoribus* comis, *mercatoribus* iustus visus sum. Cic. Planc. 26. Multitudo incolarum libertinorumque et *institorum* opificumque retenta est. Liv. XXVI. 16. *Institor* appellatus est ex eo, quod negotio gerendo *instat*: nec multum facit, tabernae sit praepositus, an cuilibet alii negotiationi. Ulp. in Pand. XIV. 3. 3. An die von jenen Wörtern abgeleiteten Abstrakta schließt sich noch *commercium*, das nicht das Geschäft des Einzelen bezeichnet, wie jene, sondern den geschäftlichen

258 ‖II. NOMINA.

Verkehr, eigentlich und tropisch. Voluptas nullum habet cum virtute *commercium*. Cic. sen. 12.

344. Pecunia, argentum, aes, nummus, moneta
— das Geld, die Münze.

Pecunia bezeichnet das Geld als Kollektivbegriff, als größere oder kleinere Summe; daher auch viel und wenig Geld in diesem Sinne Lateinisch nur durch *magna* und *parva pecunia* oder *multum pecuniae*, nicht durch multa pecunia gegeben wird. In Bezug auf einen Besitzer bekommt *pecunia* demnach die allgemeine Bedeutung von Vermögen, als Geld und Geldeswerth. *Pecuniae,* Summen, gewöhnlich große. *Argentum* ist ebenfalls kollektiv, hat aber ferner die spezielle Beziehung auf den Stoff, Silber, und ist in der Prosa geradezu für Geld nur selten gebraucht. Auch sagt man nur quantum und multum argenti, während sowohl quantum und multum pecuniae, als auch quanta und magna pecunia gebräuchlich ist. Ebenso als kollektiv und mit Rücksicht auf den ursprünglich gewöhnlichsten Stoff des Geldes wird *aes*, Erz, für Geld gebraucht, namentlich immer zur Benennung bestimmter Summen, wie *decem millia aeris*. *Nummus* ist das einzele geprägte Geldstück und die Münze als solche; *moneta* aber ist in der guten Sprache durchaus nur die Münze als der Ort, wo Geld geprägt, gemünzt wird. Von aes benannt ist das *aerarium*, die Schatzkammer, namentlich die öffentliche, die Staatskasse; wogegen *fiscus* zunächst nur einen Geldkorb, Geldsack, dann eine Kasse im Allgemeinen, besonders eine Privatkasse, und in der ersten Kaiserzeit die Privatkasse oder Schatulle des Kaisers im Gegensatz zu aerarium bezeichnet. Geringer, als selbst der *fiscus*, ist die *cista*, ein Geldkasten zum gewöhnlichen Gebrauch, auch Säckel, Börse, Geldbeutel. *Pecunia* fortunisque nostris contentus esto. Cic. Rosc. Am. 2. *Pecunias* magnas in provincia collocatas habent. Cic. Man. 7. *Pecuniam* dare mutuam, *pecunias* sumere mutuas. Cic. Att. XI. 3. Verr. I. 10. Erat ea navis plena *argenti* facti atque signati. Cic. Verr. V. 25. Quantum opus est tibi *argenti?* Ter. Phorm. III. 3. 24. Adulterinos *nummos* accepit imprudens pro bonis. Cic. off. III. 23. Bona S.

II. NOMINA.

Roscii duobus millibus *nummum* (in biefer Verbindung nie *nummorum*) emisse se dicit Chrysogonus. Cic. Rosc. Am. 2. Ad *nummum* convenit (es ftimmte auf ben Heller). Cic. Att. V. 21. De Appia via et de *moneta* consul refert. Cic. Phil. V. 1. Ad Philotimum scripsi de viatico, sive a *moneta* (aus ber Münze) — nemo enim solvit — sive ab Opiis (Banquiers). Cic. Att. VIII. 7. (Doch ift bas Wort an beiben Stellen von Orelli *Moneta* gefchrieben. Die Juno Moneta, bie mahnenbe Juno, cf. Cic. divin. I. 45. unb II. 32. Ov. fast. VI. 183). Quaternos HS, quos senatus mihi decrevit et ex *aerario* dedit, ego habebo et in *cistam* transferam de *fisco*. Cic. Verr. III. 85. Bona Seiani ablata *aerario*, ut in *fiscum* cogerentur. Tac. ann. VI. 2.

345ª. Fenus, usura — bie Zinfen.

Fenus ift ein Kollektivbegriff (baher nur Singular) unb bezeichnet bie Zinfen als ben Ertrag bes ausgeliehenen Kapitals; es ift faft ein *terminus technicus* ber eigentlichen Gelbleute; bafer wo von ftrengen Zinsforberungen, bem Drucke ber Zinfen, bem Wucher bie Rebe ift, nur *fenus* gebraucht wirb. *Usura* heißt zunächft allgemein bie Benutzung bes Dargeliehenen; bann bie Leiftung bes Schulbners für biefe Benutzung, als Vergütung, felten in Rückficht auf Banquiers von Profeffion. Das Kapital felbft heißt in ber Sprache bes Gelbmarktes *sors*, fonft auch *caput;* bie Aufnahme eines verzinslichen Kapitals *versura* (mit facere), als Darlehn (ohne Zinfen) mutuatio. Iniquissimo *fenore versuram* facere coactus est. Cic. Att. XVI. 15. *Fenore* trucidari, pecuniam alicui dare *fenori*. Cic. Coel. 18. Verr. II. 70. Natura dedit *usuram* vitae tamquam pecuniae, nulla, praestituta die. Cic. Tusc. I. 93. *Usuram* ei pendam, a quo emero. Cic. Att. XII. 22. Atticus *usuram* nunquam accepit. Nep. Att. 2. Terra nunquam sine *usura* reddit, quod accepit, sed alias minore, plerumque maiore cum *fenore*. Cic. sen. 15.

345ᵇ. Vectigal, tributum — bie Abgabe.

Vectigalia finb, in Beziehung auf ben Zahlenben, Abgaben, namentlich an ben Staat, Zölle unb Gefälle, zu denen der Zahlende wegen Benutzung einer Sache verpflichtet ist, wie Hafengeld, Zehnten, auch Pacht oder Miethzins; in Beziehung auf den Empfänger sind es Einkünfte aus solchen Quellen, namentlich in Privatverhältnissen. *Tributum* ist die direkte Steuer, Kopf- oder Einkommensteuer, die periodisch nach gesetzlichen Normen vom Staate oder gewaltsam vom Sieger als Kontribution aufgelegt wird. Neque ex portu, neque ex decumis, neque ex scriptura (Weidegeld) *vectigal* conservari potest. Cic. Man. 6. *Vectigalia* urbana rusticis anteponuntur. Cic. off. II. 25. Omnes Siculi ex censu quotannis *tributa* conferunt. Cic. Verr. II. 53. *Tributum* imponere. Caes. b. c. III. 32. Acerbissimis *tributis* liberare. Cic. fam. XV. 4. 2.

346. Lucrum, emolumentum, quaestus, compendium, commodum — der Gewinn, der Vortheil.

Lucrum und emolumentum sind mehr allgemeine Ausdrücke, während *quaestus* und *compendium* immer an den Gewinn durch Handel erinnern. *Lucrum* bezeichnet ferner den Gewinn wesentlich als Bereicherung, *emolumentum* dagegen allgemeiner als Förderung; demgemäß sind die *lucra* meistens der nächste Zweck von Handlungen, die *emolumenta* Vortheile, die nebenbei, neben einem Hauptzwecke einem zufallen. Man macht lucra, man bekommt emolumenta. *Quaestus*, der Verdienst, der Erwerb, ist der Gewinn als das Resultat einer als Geschäft betriebenen kaufmännischen Thätigkeit; *compendium*, mehr in der Kürze abgemacht, als das Resultat eines einzelen glücklichen Handels, wie der Profit. Wessen Beruf aber nicht der Erwerb ist, dem gereichen quaestus und compendium zur Unehre. *Commodum* hat den allgemeinsten Sinn; es ist der Vortheil, der in irgend einer guten Einrichtung oder Verbesserung der Verhältnisse besteht. Est quoddam genus hominum, idque vel maxime ingenuum, qui nec plausum nec *lucrum* quaerunt. Cic. Tusc. V. 3. Ex vectigalibus tanta *lucra* facit. Cic. Verr. III. 38. Boni nullo *emolumento* impelluntur in fraudem, improbi saepe parvo. Cic. Mil. 12. Facilius possim pati, te esse sine nobis, si tibi esse id *emolumento* sciam. Cic. fam. VII. 10.

Illud *lucro* nobis futurum scribit steht Cic. Phil. XIII. 19., aber wörtlich nach einer Behauptung des Antonius. Improbantur ii *quaestus*, qui in odia hominum incurrunt, ut portitorum, feneratorum. Cic. off. I. 42. Semper ita vixit, ut *quaestum* norit nullum, fructum autem cum solum, quem labore peperit. Cic. Rosc. Am. 31.; womit zusammen zu stellen *Quaestuosa* mercatura, *fructuosa* aratio dicitur. Cic. Tusc. V. 34. Sicilia multos cives Romanos partim mercibus suppeditandis cum *quaestu* compendioque dimittit, partim retinet, ut sedes ac domicilium collocare libeat. Quod *commodum* non mediocre populi Romani est. Cic. Verr. II. 3. Qui omnino tantum se negat facturum *compendii* sui causa, quod non liceat, huic non magna laus tribuenda est. Cic. off. III. 15. Vergleiche die folgende Nummer.

347. Damnum, detrimentum, iactura; calamitas, infortunium, res adversae — der Schaden, das Unglück.

Damnum, Verlust, ist der durch eigenes Thun herbeigeführte Schaden, daher auch die Einbuße, und zwar wesentlich an Geld oder Geldeswerth; als gerader Gegensatz zu *lucrum*. *Detrimentum*, gleichsam der Abbruch, daher der Nachtheil, ist der irgendwie durch Handlungen und Verhältnisse einem zugefügte Schaden, als Gegensatz von *emolumentum;* und wie man nur lucra macht, und emolumenta bekommt, so sagt man auch nur damnum *facere*, aber detrimentum *accipere* (oder capere, besonders in der bekannten Formel, Videant consules, ne quid res publica etc.; beides jedoch neben detrimentum facere). Spielschulden aber sind nur damna aleatoria (Cic. Phil. II. 27.), denn es sind Verluste und nicht Nachtheile. *Iactura* ist, wie *damnum*, ein Verlust, den man sich selbst zusteht, daher auch nur iacturam facere; allein dieses Zuziehen geschieht bei damnum durch eine Schuld, bei *iactura* mit Absicht, um einem größeren Übel zu entgehen oder einen größeren Vortheil zu erreichen; was wir zuweilen tropisch ein Opfer nennen. *Calamitas* bezeichnet den Schaden als ein Unglück, das in größerem und drückendem, nicht sowohl durch unsere Handlungen und die Verhältnisse, als durch das Schicksal über uns verhängtem Verluste besteht. *Infortunium* (nicht bei Cicero?) ist, wie *calamitas*, ein einzeler Schicksalsschlag, doch weniger in Rücksicht auf den dadurch entstehenden Verlust, als im Allgemeinen auf den Schmerz und Schrecken, welcher Art er auch sei. *Res adversae* ist das Unglück nicht als Ereigniß, sondern als eine ungünstige Verkettung der Verhältnisse wie *infelicitas* es als Zustand des Leidenden an sich, *miseria*, Elend, als mitleiberregenden Zustand bezeichnet. Mercatura quaestuosa (interdum) in maximis *lucris* aliquid *damni* contrahit. Cic. fin. V. 30. Civium coniunctionem qui dirimunt, morte, exsilio, vinclis, *damno* coërcentur. Cic. off. III. 5. Multa eius in stipendiis *damna* (Defekte durch Geldverschleuderung) proferuntur. Cic. Verr. V. 13. Plus in ipsa iniuria *detrimenti* est, quam in iis rebus *emolumenti*, quae pariuntur iniuria. Cic. fin. I. 16. cf. Id. ib. III. 29. Quaeritur, si in mari *iactura* facienda sit, equine pretiosi potius *iacturam* facias, an servuli vilis? Cic. off. III. 23. Ariovistum magnis *iacturis* (Opfer) et pollicitationibus perduxerunt. Caes. b. G. VI. 12. Quocunque Verres iter fecit, eiusmodi fuit, non ut legatus populi Romani, sed ut quaedam *calamitas* pervadere videretur. Cic. Verr. I. 16. Singulari *calamitate* afflictus est. Cic. Att. III. 8. Sa. Tetigin' tui quicquam? · Ae. Si attigisses, ferres *infortunium*. Ter. Ad. H. 1. 24. Ut *adversas res*, sic secundas immoderate ferre levitatis est. Cic. off. I. 26.

348. Sumptus, impensa, impendium, dispendium — die Kosten.

Sumptus heißen die Kosten, insofern sie den Bestand des Vermögens verringern, der Aufwand, im Gegensatz von *quaestus*, der Verdienst. *Impensa* und *impendium* sind die Kosten, insofern sie zur Erreichung eines Zweckes oder Vortheils verwendet werden; jenes als Haupt-, dieses als Nebenausgaben. *Dispendium* heißen die Kosten als Verlust bei einer einzelen Handlung, im Gegensatze zu *compendium*, dem Profit. Hi magnum *sumptum* in Timarchidis prandium saepe fecerunt. Cic. Verr. IV. 10. *Sumptum* nusquam melius pones. Cic. Qu. fr. III. 1. 2. Arationes magnas habebat, easque magna *impensa*, magno instrumento tuebatur.

II. NOMINA.

Cic. Verr. III. 21. Quintius ab adolescentulo quaestum sibi instituebat sine *impendio* (b. h. er bereicherte sich durch Sparsamkeit). Cic. Quint. 3. Ita gratiam ineam sine meo *dispendio* et mihi prosim. Ter. Hec. V. 2. 29.

349. Paupertas, egestas, inopia, penuria — die Armuth, der Mangel.

Paupertas (poet. pauperies) ist der allgemeine Name für Armuth im Gegensatze von Reichthum; wer wenig hat, ist pauper, wobei er dennoch wohl von dem Seinigen leben und zufrieden und glücklich sein kann. Muß er, um leben zu können, öfter die Mildthätigkeit anderer anrufen, so ist er ein Bettler, *mendicus*. Die *egestas* hebt das drückende Gefühl der Mittellosigkeit hervor, wie die Dürftigkeit, und unterscheidet sich von der *indigentia* dadurch, daß jenes mehr den Zustand der Dürftigkeit, indigentia mehr das drückende Verlangen nach dem Nothwendigen bezeichnet. *Inopia* bezeichnet allgemein den Mangel, als die Mittel- und Hülflosigkeit zur Erreichung seiner Zwecke, nicht sowohl zur Bestreitung der Bedürfnisse. Penuria bezeichnet den Mangel, als das Nichtvorhandensein der Sache, woran man Mangel hat, daher diese immer als Genitiv dazu gesetzt wird, penuria amicorum, die Seltenheit, der Mangel an Freunden, penuria frumenti, die Seltenheit des Getreides, Theurung, ein stärkeres caritas. Istam *paupertatem* vel potius *egestatem* et *mendicitatem* tuam nunquam obscure tulisti. Cic. par. 6. Non est, quod *paupertas* nos a philosophia revocet, ne *egestas* quidem. Sen. ep. 17. 5. Quum dicebas: Si *indigetis* pecuniae, pecuniam non habetis; non intellegebam: Si propter *inopiam* in *egestate* estis, pecuniam non habetis; et idcirco concedebam: unum autem hoc sumebas: *Indigetis* autem pecuniae; illud accipiebam: *Vultis* autem pecuniae plus habere. Cic. inv. I. 47. Improbi atque avari non modo non copiosi ac divites, sed etiam *inopes* ac *pauperes* existimandi sunt. Cic. par. 6. extr. Augebat molestiam, quod magna sapientium civium bonorumque *penuria* vir egregius auctoritatis et prudentiae suae triste nobis desiderium reliquerat. Cic. Brut. 1.

350. Vacuus, inanis, vastus, vanus — leer.

Vacuum bezeichnet das Leere in indifferentem Sinne, das Unausgefüllte, Unbesetzte; mit *inanis* und *vastus* aber verbindet sich immer ein böser Nebenbegriff, indem inanis die Leerheit als Gehalt- und werthlos, vastus dieselbe als widerlich und wüst darstellt. Das Herrenlose ist vacuum; das inane scheint etwas zu sein und ist nichts; das *vastum* ist ein großes Nichts. Vanus stimmt zunächst mit inanis überein, unterscheidet sich aber von demselben dadurch, daß es immer eine Beziehung zu der Gesinnung enthält, täuschend, betrügerisch. Nihil est, quod *vacet* corpore; corporibus omnis obsidetur locus. Cic. n. d. I. 24. Morte prioris uxoris novis nuptiis domum *vacuam* fecisti. Cic. Cat. I. 6. Hunc sermonem, quoniam *vacui* sumus, suscipiam. Cic. leg. I. 4. Omnia (apud maiores nostros) nonne plena consiliorum, *inania* verborum videmus? Cic. or. I. 9. Aures ipsae quid plenum, quid *inane* sit iudicant. Cic. Brut. 8. Genus illud agrorum propter sterilitatem incultum, propter pestilentiam *vastum* atque desertum est. Cic. agr. II. 26. Tibi *vana* quaedam miser pollicebar. Cic. Planc. 42. *Vani* haruspices. Cic. divin. I. 19.

351. Macies, exilitas, gracilitas, tenuitas — die Magerkeit.

Die *macies* und *exilitas*, die Magerkeit und die Dürre, sind an dem Stoffe als solchem; die *gracilitas* und *tenuitas*, die Schlankheit und Dünnigkeit, sind an der Form des Stoffes. Die *macies* besteht in dem Mangel an Fleisch oder dem Fleische vergleichbarer Masse; die *exilitas* in dem Mangel an nährendem und lebengebendem Safte; beides immer als Fehler. *Gracilitas* ist die vorwiegende Ausdehnung nach der Länge, wie Schmächtigkeit und Schlankheit; *tenuitas* die vorwiegende Ausdehnung nach der Fläche, ohne viele Dicke, wie die Dünnheit, Feinheit: jenes wie dieses nach Umständen als etwas Gutes oder Schlechtes aufzufassen. Hirtius qua imbecillitate, qua *macie* erat? Sed animi vires corporis infirmitas non retardavit. Cic. Phil. VII. 4. Qui discernes eorum, quos nominavi, *ubertatem* in dicendo et copiam ab eorum *exilitate*, qui hac dicendi varietate et elegantia non utuntur? Cic. or. I. 12. Nullum solum tam *exile* et *macrum* est, quod aratro perstringi non possit. Cic. agr. II. 25. Habet enim Lysias certos sui studiosos, qui non tam habitus corporis opimos, quam *gracilitates* consectentur; quos, valetudo modo bona sit, *tenuitas* ipsa delectat. Cic. Brut. 16. Rerum vel ubertas vel *tenuitas*. Cic. divin. II. 13.

352. Divitiae, opes, facultates; copia — der Reichthum, das Vermögen.

Divitiae bezeichnet den Reichthum ohne Nebenbegriff als großen Besitz, im Gegensatze zu *paupertas*, einem kleinen Besitz. Der *dives* hat viel, bestehe es in Geld (*pecuniosus*), oder in Grundstücken (*locuples*; wiewohl dieses Wort eigentlich den Wohlhabenden überhaupt bezeichnet; cui loculi pleni sunt, daher *locuples* ac *referta* domus bei Cic. or. I. 35. cf. Hor. sat. I. 3. 17.). Noch allgemeiner in Bezug auf die Materie ist *opes*, Vermögen (im Singular Hülfeleistung), indem es nicht bloß den Reichthum an äußeren Dingen, sondern auch an wirksamen Eigenschaften überhaupt bezeichnet, oft wie das Deutsche Einfluß; der opulentus ist vielvermögend. Spezieller aber ist die Bestimmung der opes; die divitiae sind für jeden Gebrauch; die *opes* nur zu einem wohlthuenden, irgendwie Hülfe, Freude oder Glanz verbreitenden; daher man nicht unpassend divitiae einen Privat-, opes einen politischen Ausdruck nennen mag. Der dives kann auch schmutzig sein; der *opulentus* aber ist immer prachtvoll und erfreulich. *Facultates* heißt das Vermögen, insofern für gewisse Leistungen auf das Maß desselben etwas ankommt, ob es hinreicht oder nicht u. s. w. *Copia* bezeichnet das im Gebrauche begriffene Vermögen, wovon man nimmt und wo man hinzufügt, den Vorrath, und im Plural bald Vorräthe, bald Truppen. Endlich heißt das Vermögen *res familiaris*, insofern es der Bestreitung des Haushalts gewidmet ist, *fortunae* insofern es als Gabe des Schicksals, *bona* insofern die einzelen Besitzungen als etwas Gutes angesehen, *possessiones* insofern auf den faktischen Besitz besonders Rücksicht genommen wird. Vos Sullanos possessores *divitiis* augetis, periculo liberatis. Cic. agr. II. 26. *Divitiae* sunt, ut utare; *opes*, ut colare; honores, ut laudere. Cic. am. 6. *Divitiae*, nomen, *opes*, vacuae consilio vivendi, dedecoris plenae sunt. Cic. rep. I. 34. Syracusae erant *opulentissima* civitas. Cic. n. d. III. 34. Sunt illi *copiis rei familiaris locupletes* et *pecuniosi*. Cic. Rosc. Com. 15. In beneficiis conferendis modus adhibeatur isque referatur ad *facultates*. Cic. off. II. 15.

353. Potestas, potentia, facultas, vis; robur — die Macht, die Gewalt, die Kraft.

Potestas ist die rechtliche, daher auch die übertragene, die amtliche Gewalt, die als königliche oder unumschränkte Alleinherrschaft *regnum*, als militärische Obergewalt *imperium* heißt. *Potentia* dagegen ist die faktische, die durch was immer für Eigenschaften wirklich vorhandene Macht; auch wird, wiewohl selten, *potentatus* gebraucht, welches den Begriff des wirklichen Mehrkönnens mit dem des principatus oder dominatus (vergl. Nro. 37.) vereint. *Facultas* heißt die Kraft als Fähigkeit etwas zu thun. Alle diese Wörter können nur eine Eigenschaft von Personen sein, indem alle eine Beziehung zum Willen, zu dem Bewußtsein der Kraft enthalten. *Vis* und *robur* dagegen bezeichnen die physische Kraft, wie unsere Stärke, und können daher sowohl von Dingen, als von Personen ausgesagt werden. *Vis* aber ist diese Kraft, insofern sie als sich bewegend, als einwirkend (daher auch übertragen der Einfluß, die Wirkung oder Wirksamkeit), *robur* insofern sie als Widerstandleistend und ausdauernd gedacht wird; demnach ist *vis* mehr die Gewalt, die Kraft, *robur* (auch in Beziehung auf den Geist) die Stärke, die Festigkeit; vergl. Nro. 227. Tribunus plebis pro *potestate* iudicium dimitti iussit. Cic. Cluent. 27. Assensio est in nostra sita *potestate* (in unserer Macht, in unserem freien Willen). Cic. Ac. II. 12. Tum primum *potestas* data est augendae dignitatis tuae. Cic. fam. X. 13. *Potentia* est ad sua conservanda et alterius obtinenda idonearum rerum *facultas*. Cic. inv. II. 56. Contra periculosissimas hominum *potentias* condicioni omnium civium providisse videmini. Cic. Coel. 9. Erant in magna *potentia*, qui consulebantur. Cic. Mur. 11.

Non *viribus* aut velocitatibus aut celeritate corporum res magnae geruntur, sed consilio cet. Cic. sen. 6. Magna *vis* est conscientiae. Cic. Mil. 23. Harum trium partium prima lenitatem orationis, secunda acumen, tertia *vim* desiderat. Cic. or. II. 29. Milo est incredibili *robore* animi. Cic. Mil. 37. In virtute plus tenemus firmitatis et *roboris*. Cic. fin. V. 5.

354. Fortis, strenuus, animosus — tapfer.

Die *fortitudo* besteht wesentlich in der Kraft zu ertragen und auszuhalten, sie ist die geistige Stärke, und zeigt sich daher besonders in der Kraft und Festigkeit bei Gefahren und Leiden. Sie ist von der *virtus* dadurch verschieden, daß diese einmal nicht das technische Kriegswort ist, wie wenigstens das Abjektiv fortis, sondern allgemeiner; zweitens, daß die *virtus* wesentlich als thätig und wirkend; nicht sowohl als aushaltend, angesehen wird. Die zur Tapferkeit im Handeln geeignete Stimmung des Gemüthes hat der *animosus*, der Muthige, Herzhafte; die erforderliche Raschheit, Rüstigkeit und Strenge in der Zucht der strenuus. *Fortitudo* est considerata periculorum susceptio et laborum *perpessio*. Cic. inv. II. 54. *Fortitudo* est dolorum laborumque contemptio. Cic. off. III. 33. Quidquid acciderit, *fortiter* et sapienter feramus. Cic. Att. XIV. 13. Pater eius et manu *fortis* et bello *strenuus* erat. Nep. Dat. I. Celeriter isti, redisti: ut cognosceret te Caesar, si minus *fortem*, attamen *strenuum*. Cic. Phil. II. 32. Huius temeritati ego *virtute* et animo restiti. Cic. fam. V. 2. 22. In hoc bello Asiatico et regio non solum militaris illa *virtus*, quae est in Pompeio singularis, sed aliae quoque *virtutes* animi multae et magnae requiruntur. Cic. Manil. 22. Ebenso bellandi *virtus*. Ib. 13. Auch in der gewöhnlichen Bedeutung ist *virtus* immer die Tugend, insofern sie in einer edlen Tüchtigkeit und verdienstvollen Handlungen; *innocentia*, Unschuld, insofern sie sich in der Enthaltung von allem, das Vorwurf verdient, in tabellosem Wandel beweiset (in Geldangelegenheiten Uneigennützigkeit, als Gegensatz zu avaritia, Caes. b. G. I. 40); *honestas*, Ehrenhaftigkeit, insofern sie sich in edler Gesinnung; *probitas*, insofern sie sich als Redlichkeit in Gesinnung und

Handlung beweiſet. Vergleiche beſonders Cic. top. 22., woraus namentlich hieher gehört: Est igitur vis *virtutis* duplex: aut enim *scientia* cernitur virtus, aut *actione* . . . . In rebus incommodis est itidem duplex (virtus); nam quae venientibus malis obstat, *fortitudo;* quae quod iam adest tolerat et perfert, *patientia* nominatur.

355. Magnus, ingens, grandis, amplus, vastus, immanis — groß.

Der allgemeine und zunächſt bloß mathematiſche Ausdruck für groß iſt *magnus*. Es bezieht ſich auf eine Auszeichnung unter allen Dingen derſelben Art, während *ingens* eine Auszeichnung unter den großen Dingen derſelben Art ausdrückt; daher das ingens Verwunderung erregt. *Grandis* und *amplus* ſtellen die Größe von ihrer achtungswerthen Seite dar, und zwar jenes mit beſonderer Hinweiſung auf die innere Fülle und Bedeutſamkeit, *amplus* mit Hinweiſung auf den Umfang und die, zunächſt äußere, Anſehnlichkeit des Gegenſtandes. *Vastus* und *immanis* ſtellen die Größe von ihrer nachtheiligen Seite dar; *vastus*, inſofern das Große als ohne Form, ohne Inhalt und Bedeutung erſcheint (wüſt, Nro. 350.), *immanis* inſofern es, wie das Ungeheure, mehr erſchreckt, als imponirt. Th. *Magnas* agere gratias Thais mihi? Gn. *Ingentes*. Ter. Eun. III. 1. 1. Dazu Cic. am. 26. Satis erat respondere *magnas; ingentes* inquit. Semper *auget* assentator cet. Fabius bella gerebat, ut adolescens, quum iam plane *grandis* esset. Cic. sen. 4. Subsellia *grandiorem* et pleniorem vocem desiderant. Cic. Brut. 84. *Grandiora* exempla, *grandiores* res. Cic. divin. I. 20. fin. III. 5. *Ampla* domus dedecori saepe fit domino, si in ea est solitudo. Cic. off. I. 39. Oratorem sequuntur non illum quidem *amplum* atque *grandem*, subtilem tamen et elegantem. Cic. or. 9. Elephanto nulla bestiarum prudentior; at figura quae *vastior?* Cic. n. d. I. 35. Aegritudo ut taetra et *immanis* bellua fugienda est. Cic. Tusc. IV. 20. Vergl. Cic. Cat. IV. 6. extr.

356. Parvus, minutus, exiguus, pusillus — klein.

Der allgemeine und zunächſt bloß mathematiſche Ausdruck

II. NOMINA.

für klein ist *parvus*, als gerader Gegensatz zu *magnus;* es bezeichnet alles, was unter Seinesgleichen die arithmetische Mittelgröße nicht erreicht. *Minutus* bezeichnet dasjenige, was durch seine Kleinheit bedeutungslos unter Seinesgleichen ist, als gerader Gegensatz von *grandis*. *Exiguus* als Gegensatz von *amplus*, bezeichnet äußerlich zunächst die geringe Ausdehnung nach der Weite (wie *parvus* und *minutus* nach der Höhe); dann tropisch das Unansehnliche, das Geringe. *Pusillus*, gewisser Maßen ein Gegensatz von ingens, bezeichnet das, was auch unter den kleinen Dingen derselben Art noch klein ist, winzig. In dem minutum wird das Unvollkommene, in dem exiguum das Bedauerliche, in dem pusillum das Lächerliche der Kleinheit hervorgehoben. Sulla maximis opibus, cognatis, affinibus . . .; haec autem apud Iunium *parva*. Cic. Cluent. 34. Consequatur summas voluptates non modo *parvo*, sed per me nihilo. Cic. fin. II. 28. Myrmēcides opusculorum *minutorum* fabricator fuit. Cic. Ac. II. 38. Abutimur saepe etiam verbo non tam eleganter quam in transforendo; sed etiamsi licentius, tamen interdum non impudenter; ut quum *grandem* orationem pro longa, *minutum* animum pro *parvo* dicimus. Cic. or. III. 43. Res *minutae* Kleinigkeiten. Cic. Cluent. 64. Philosophus *minutus*. Cic. divin. I. 30. Errato nulla venia, recte facto *exigua* laus et ab invitis expressa proponitur. Cic. agr. II. 2. Quis non iure miretur, tam *exiguum* numerum oratorum inveniri? Cic. or. I. 4. *Pusillus* testis processit; . . . sed sedebat iudex L. Aurifex, brevior ipse, quam testis. Cic. or. II. 60.

357. Pondus, gravitas, momentum, onus, moles — das Gewicht, die Last.

Pondus und *gravitas* bezeichnen die Schwere theils als eine indifferente, theils und besonders tropisch als eine gute Eigenschaft, insofern in der Schwere selbst eine Kraft liegt; *onus* und *moles* dagegen heben die nachtheilige Seite derselben hervor, insofern es Mühe macht, damit fertig zu werden. *Gravitas* ist immer nur ein Abstraktum, und bezeichnet ganz allgemein die Schwere, als die Eigenschaft eines Körpers, vermöge deren er nach der Tiefe strebt und gegen jede andere Bewegung sich sträubt; daher tropisch der Ernst, die Wichtigkeit. *Pondus* ist die meßbare Schwere, das Gewicht, sowie die das Gewicht enthaltende Masse; tropisch die Wirkung. Dem nahe liegt *momentum*, welches die Schwere als bewegende Masse und tropisch als das Bedeutsame, Entscheidende, Ausschlag gebende bezeichnet. *Onus* heißt die Last in Rücksicht auf ihre unangenehm drückende Wirkung, *moles* in Rücksicht auf ihre Massenhaftigkeit und Formlosigkeit, jedoch meistens tropisch; onera sind beschwerlich, moles schwerbeweglich. Necesse est, lancem in libra *ponderibus* impositis deprimi. Cic. Ac. II. 12. Tuae litterae maximi apud me sunt *ponderis*. Cic. fam. II. 19. Terrena et humida in medium locum mundi *gravitate* feruntur et *pondere*. Cic. Tusc. I. 17. Omnium sententiarum *gravitate*, omnium verborum *ponderibus* est utendum. Cic. or. II. 17. Astra se et nixu suo conglobata continent et forma ipsa figuraque sua *momenta* sustentant. Cic. n. d. II. 46. Id est maximi *momenti* ac ponderis. Cic. Vat. 4. Plus *oneris* sustuli, quam ferre me posse intellego. Hoc *onus* si vos aliqua ex parte allevabitis, sustineam cet. Cic. Rosc. Am. 4. Vix *molem* istius invidiae, si in exsilium ieris iussu consulis, sustinebo. Cic. Cat. I. 9.

358. Fatigatus, fessus, lassus, languidus — müde, matt.

Der *fatigatus* ist durch Anstrengung, Arbeit und kräftiges Ertragen, der *fessus* durch Leiden und Unglück geschwächt; jenes ist ermüdet durch, dieses ist müde von. Bei der *lassitudo* kommt weniger die Abnahme der Kräfte, als die aus Unlust entstehende Müdigkeit in Betracht; sie deutet, wie auch der *languor*, gar nicht darauf hin, ob früher Kräfte dagewesen sind oder nicht. In dem *languor* aber denkt man sich die Müdigkeit als eine körperliche Aufgelöstheit, worin die Schlaffheit des Geistes selbst sich darstellt. Verberibus, tormentis, igni *fatigati* quae dicunt, ea videtur veritas ipsa dicere. Cic. top. 20. Cupio omnia rei publicae causa, in qua conservanda iam *defatigatus* sum. Cic. fam. X. 19. Minturnenses C. Marium, *fessum* inedia fluctibusque, recrearunt. Cic. Planc. 10. *Fessus* plorando. Cic. Att. XV. 19. Admodum iam sumus *fatigati;* sed nulla *lassitudo* impedire officium et fidem debet. Cic. fam. XII. 25. Cyrenaici hominem ut tardam aliquam et *languidam* pecudem ad pastum ortum esse voluerunt. Cic. fin. II. 13. Isti accumbentes in conviviis, vino *languidi,* confecti cibo, eructant sermonibus suis caedem bonorum atque urbis incendia. Cic. Cat. II. 5.

359. Initium, principium, exordium, primordium — der Anfang.

Initium ist der Anfang als das Erste der Zeit nach; *principium* ist der Anfang als das Erste der Bedeutung nach; *initia* mathematicorum (Cic. Ac. II. 36.) sind die Anfangsgründe, die man zuerst lernt; aber rerum *principia* (id. ib.) und *principium* philosophiae (Cic. n. d. I. 1.) bezieht sich auf den Anfang als die Grundlage des Folgenden. *Exordium,* der Eingang, ist der Anfang als Einführung oder Einleitung in das Folgende; *primordium,* der Uranfang, als erste Entstehung aus den vorbereitenden Ursachen; jenes weiset auf den Fortgang der Handlung, dieses auf das der Handlung Vorhergehende hin. Der Anfang eines Buches, einer Rede ꝛc. als einleitendes Vorwort heißt *prooemium,* Vorrede, wofür zuweilen auch principium und exordium passen können. Praefatio, in diesem Sinne, und praefamen sind nachklassisch. Ab *initio* rerum Romanarum usque ad Mucium pontificem res omnes singulorum annorum litteris pontifex maximus mandabat. Cic. or. II. 12. Quomodo *initium* omnium rerum ortus noster affert, sic exitum mors. Cic. Tusc. I. 38. *Principiis* cognitis multo facilius extrema intellegetis. Cic. Cluent. 4. Criminis neque *principium* invenire neque evolvere exitum possum. Cic. Coel. 23. Postremum soleo cogitare, quo utar (orationis) *exordio.* Cic. or. II. 77. A love et a ceteris diis sunt nobis agendi capienda *primordia.* Cic. leg. II. 3. *Primordia* rerum et quasi praecurrentia. Cic. part. II. In singulis libris utor *prooemiis.* Cic. Att. IV. 16.

360. Ortus, origo — die Entstehung.

Ortus ist der erste Eintritt ins Dasein, die Geburt, der Aufgang; *origo* umfaßt zugleich die Ursachen, die Beſchaffenheit und die Geſchichte des Daſeins, der Urſprung; jener iſt vorübergehend, dieſe dauernd. Solis et lunae reliquorumque siderum *ortus* cognoscunt. Cic. divin. I. 56. Initium omnium rerum *ortus* noster affert. Cic. Tusc. I. 38. Ab his initiis profecti omnium virtutum et *originem* et progressionem persecuti sunt. Cic. fin. IV. 7.

361. Extremus, ultimus, postremus, supremus, summus
 — der Letzte.

Von dem **Mittelpunkt** eines Ganzen ausgehend, heißen nach **jeder Richtung** hin die **äußerſten** Theile *extrema;* ob ſie als ein Gutes oder Schlechtes zu denken ſind, hängt von dem Zuſammenhange ab; Gegenſatz intimus und medius. Geht man von dem **Anfangspunkte** aus, ſo heißen die **entfernteſten** Theile *ultima;* ſie gelten meiſtens als etwas Schlechtes, weil der Anfang ſelbſt meiſtens als etwas Gutes gilt; Gegenſatz citimus und proximus. *Postremus* bezieht ſich nur auf eine **Reihenfolge** und bezeichnet in derſelben das **Letzte**; Gegenſatz primus oder princeps, secundus, tertius u. ſ. w. *Supremus* und *summus* bezeichnen zunächſt äußerlich das **Letzte nach oben hin**; dann das Letzte als die **Vollendung**. Doch bezieht ſich *supremus* in der beſten Proſa vorzugsweiſe auf das **Lebensende**, verbunden mit dies, während *summus* das **Höchſte** theils in Rückſicht auf den **Ort**, theils in Rückſicht auf die **Würde** bezeichnet, in jenem Falle als Gegenſatz zu *imus*, in dieſem mehr zu *infimus*. De furto ne in *extrema* quidem aut media aut in aliqua denique parte quaestionis verbum fecit ullum. Cic. Cluent. 65. Pueritiae memoriam recordor *ultimam*. Cic. Arch. I. Coelum *extremum* atque *ultimum* mundi est. Cic. divin. II. 43. Tum ut quisque in fuga *postremus*, ita in periculo *princeps* erat; *postremam* enim quamque navem piratae *primam* adoriebantur. Cic. Verr. V. 34. Omnia *infima summis* paria fecit. Cic. leg. III. 9. *Summi*, medii, *infimi* eum oderunt. Cic. Phil. XIII. 20. Nihil intersit, utrum ab *summo* an ab *imo*, an ab medio nomina eorum incipiamus dicere. Auct. ad Her. III. 18. Sine exsequiis, sine funere, spoliatus illius *supremi* diei celebritate abiectus amburebatur. Cic. Mil. 32. — Wie leicht übrigens bei etwas veränderter

II. NOMINA. 273

Anschauung die oben besprochenen Wörter in einander übergehen, zeigt folgende Stelle des Cicero fin. III. 6. Sentis, credo, me iam diu quod τέλος Graeci dicunt, id dicere tum *extremum,* tum *ultimum,* tum *summum;* licebit etiam finem pro *extremo* aut *ultimo* dicere.

362. Celer, velox, pernix, citus (citius, ocius)
— schnell.

Wenigstens in den Fällen, wo ein Gegensatz zwischen Geist und Körper hervortreten kann, wird *celeritas* zur Bezeichnung der geistigen, *velocitas* zur Bezeichnung der körperlichen Schnelligkeit gebraucht. Der ursprüngliche, auch durch die Etymologie unterstützte Hauptunterschied aber beruht darin, daß *celer,* rasch, eine Schnelligkeit nach jeder Richtung, *velox,* geschwind, nur nach einer Richtung bezeichnet. Bei beiden Wörtern wird die Schnelligkeit als bloße Erscheinung aufgefaßt; *pernix,* behende, rührig, und *citus,* schnell, drücken zugleich die wirkende Ursache aus, welche bei dem *pernix* in der inwohnenden Kraft (daher nur von lebenden Wesen), bei dem *citus* in einem Antrieb von außen liegt; daher jenes zugleich auf die Ausdauer, dies auf das Stoßweise in der Schnelligkeit hinweiset. Die seltenen Adjektive *properus,* hurtig, flink, und *festinus,* eilig, bezeichnen, wie die zugehörigen Verba, jenes das Eilen der Strebsamkeit und Leichtigkeit, dies das Eilen der Ungeduld. Sunt in corpore praecipua pulchritudo, vires, valetudo, firmitas, *velocitas*... *Velocitas* autem corporis *celeritas* appellatur. Cic. Tusc. IV. 13. Nihil est animo *velocius,* nulla est *celeritas,* quae possit cum animi *celeritate* contendere. Cic. Tusc. I. 19. Cavendum est, ne aut *tarditatibus* utamur in ingressu mollioribus, ut pomparum ferculis similes esse videamur, aut in *festinationibus* suscipiamus nimias *celeritates.* Cic. off. I. 36. Vinces. Id enim *celeritas* significat et vis equorum. Cic. divin. II. 70. Alios videmus *velocitate* ad cursum, alios viribus ad luctandum valere. Cic. off. I. 30. Miles hoc curare debet, corpus ut quam validissimum et *pernicissimum* habeat. Liv. XLIV. 34. Adde etiam, si libet, *pernicitatem* et *velocitatem,* da divitias, honores cet. Cic. Tusc. V. 16. Catilinae *citus* modo, modo

18

tardus incessus erat. Sall. Cat. 15. Gebräuchlicher ift in der
Profa das Adverb cito, deſſen Komparativ *citius* dadurch von
ocius verſchieden ift, daß dieſes bloß auf die Zeit bezogen wird,
wie früher, raſcher; jenes aber eine gewiſſe moraliſche Beziehung erhält, wie eher, lieber, leichter. Vicinum *citius*
adiuveris, quam fratrem. Cic. off. I. 18. *Citius* dixerim,
iactasse se aliquos, quam quemquam celari se voluisse. Cic.
Phil. II. 11. Illi in morbum et incidunt tardius et recrean-
tur *ocius.* Cic. Tusc. IV. 14. Hoc quo pertinet? Ut *ocius*
ad tuum pervenias? Cic. Quint. 13. *Serius ocius*, früher
oder ſpäter (umgeſtellt). Hor. Carm. II. 3. 26.

363. Tardus, lentus, serus — langſam.

Tardus ift der volle Gegenſatz zu *celer* und ſeinen Synonymen; es bezieht ſich auf die Langſamkeit als Gegenſatz
der Schnelligkeit jeder Art, daher eigentlich wie tropiſch, faſt
nur tadelnd. *Lentus* iſt der Langſame im Gegenſatze zu dem
Heftigen; es iſt der Bedächtige. Tardus bekommt demgemäß auch die Bedeutung ſpät, von *serus* dadurch verſchieden,
daß dieſes immer das zu Späte bezeichnet. Celeritati *tarditas*
contraria est. Cic. top. 11. Commoda et incommoda conside-
rantur ab natura data animo aut corpori, hoc modo: valens
an imbecillus . . . velox an *tardus* sit. Cic. inv. I. 24. In
causis dicendis nimium patiens et *lentus* existimor. Cic. or.
II. 75. Selbſt ein *lente* currere (Ov. am. I. 13. 40.) und eine
lenta vivacitas (Plin. n. h. VIII. 27. 40.) iſt nicht widerſinnig.
Tardior ad discendum fui. Cic. Att. IX. 13. *Tarda* mens.
Cic. Tusc. V. 24. *Sera* gratulatio reprehendi non solet. Cic.
fam. II. 7.

364. Via, iter; semita, trames, callis; compitum
— der Weg, Pfad.

Via iſt eigentlich immer ein Konkretum und bezeichnet
den Weg zunächſt in Rückſicht auf den Platz und ſeine materiellen Eigenſchaften, die Straße; tropiſch auch das Verfahren, um zu einem Ziele zu gelangen (ratione ac *via* disputare. Cic. fin. II. 1.). *Iter* iſt weſentlich ein Abſtraktum
und bezeichnet den Weg, inſofern er zurückgelegt wird oder

werden kann; aber nie den Weg in einer Stadt; es bezieht sich auf die Handlung, wofür via der Ort ist; die Reise, der Marsch. Semita, trames und callis find schmalere Wege, Pfade, für Fußgänger oder höchstens für Reiter, nicht zum Fahren. Semita ist wesentlich nur der Fußweg, der etwa neben der Hauptstraße (via) herläuft (trottoir), als bequemerer Gang; trames ist ein Nebenweg, auf dem man kürzer oder heimlicher irgendwohin kommt; callis nicht in Städten, sondern ein schlechter Bergpfad oder Holzweg. Die Querwege, Kreuzwege werden allgemein compita, spezieller, nach der Zahl der zusammentreffenden viae, bivia, trivia, quadrivia genannt. Iter conficiebamus aestuosa et pulverulenta via. Cic. Att. V. 14. Longulum sane iter erat et via inepta. Cic. Att. XVI. 13. a. Erant omnino itinera duo, quibus itineribus Helvetii domo exire possent. Caes. b. G. I. 6. Romam in montibus positam et convallibus, non optimis viis, angustissimis semitis, prae sua Capua irridebunt. Cic. agr. II. 35. Intellegetis, hanc pecuniam, qua via modo visa est exire ab isto, eadem semita revertisse. Cic. Verr. II. 23. Egressus est non viis, sed tramitibus. Cic. Phil. XIII. 9. Nos pecorum modo per aestivos saltus deviosque calles exercitum ducimus. Liv. XXII. 14. In atriis auctionariis potius, quam in triviis aut in compitis auctionentur. Cic. agr. I. 3.

365. Concilium, contio, conventus, coetus, comitia — die Versammlung.

Das concilium und die contio (synkop. aus concitio), und gewissermaßen auch die comitia sind berufene Versammlungen, wogegen man bei dem conventus und coetus sich mehr freiwillig einfindet. Concilium ist eine Versammlung der Edleren, eines Ausschusses, dessen Mitglieder einzeln eingeladen werden, meist zur Berathung über Staatsangelegenheiten. Dafür wird auch comsilium gebraucht, wie bei uns der Rath, und zwar nach einer alten Unterscheidung so, daß consilium est consessus deliberantium, concilium audientium — indeß sind beide Wörter berathende Versammlungen, nur wird in consilium auf eine Einladung und Berufung nicht hingewiesen. Die Senatsversammlung heißt bloß senatus. Contio ist eine Versammlung der Gemeinde, in der Stadt, wie im Lager, nicht sowohl zur Berathung, als zur **Anhörung** der Vorschläge oder Rede eines **Einzelen**. Zur contio, wie zu den comitia, wird man durch **öffentlichen Ausruf** beschieden; doch ist zu jener zu kommen gewissermaßen eine **Pflicht**, zu den *comitiis* mehr ein **Recht** und eine **Ehre**. Beide beziehen sich nur auf Staatsangelegenheiten; doch ist *comitia* fast ein nomen proprium für die **Römische Volksversammlung** geworden, wozu der Ort *comitiam* heißt. *Conventus* heißt jede Versammlung zu einem bestimmten **Zwecke**, wie zur Feier eines Festes, zu **Privatberathungen** u. s. w.; in *coetus* aber, dem **allgemeinsten Ausdruck** für Versammlung, wird ein Zweck derselben gar nicht angedeutet; auch eine ganz **zufällige** Versammlung heißt *coetus*, doch werden die Mitglieder des *coetus* oft als **zusammengehörig** angesehen; außerdem ist es das gewöhnliche Wort für **heimliche**, verbrecherische Zusammenkünfte. Quid necesse est, tamquam meretricem in matronarum *coetum*, sic voluptatem in virtutum *concilium* adducere? Cic. fin. II. 4. *Concilium* deorum. Cic. n. d. I. 8. Mihi quidem eae verae videntur opiniones, quae... in senatu, quae apud populum, quae in omni *coetu* concilioque proferendae sint. Cic. fin. II. 24. Tu quibus rebus gestis, quo hoste superato, *contionem* donandi causa advocare ausus es? Cic. Verr. III. 80. Legi tuam *contionem* (d. i. die Rede in solcher Versammlung). Cic. fam. IX. 14. Valde est absurdum, ei *contionem* aut senatum aut *ullum coetum* hominum committere, cui nemo illorum, qui adsint, sanus, nemo civis, nemo liber esse videatur, Cic. or. III. 18. Ibi festos dies anniversarios agunt, celeberrimo virorum mulierumque *conventu*. Cic. Verr. IV. 48. Quaesivi a Catilina, in nocturno *conventu* apud Laecam fuisset necne. Cic. Cat. II. 6.

366. Amnis, fluvius, flumen, (fluctus, unda) —
der Fluß.

Amnis weiset immer auf die **Stärke** und **Kraft** der fließenden Wassermasse hin, wie unser **Strom**; daher es der eigentliche Name für **große Flüsse** ist im Gegensatze vom **Meere**; es hebt die **imposante Gemüthsseite** des Flusses hervor. *Flu-*

vius und *flumen* aber bilden mehr den Gegensatz zu stehendem Wasser. *Fluvius* ist ein rein geographischer Name für das materielle Ding, wobei die Bewegung des Wassers so sehr als Nebensache gilt, daß man z. B. adverso fluvio nicht sagen darf. *Flumen* aber hebt wesentlich die Bewegung des Wassers hervor, und bezeichnet dann jede dieser ähnliche Bewegung; weshalb auch tropisch der Fluß der Rede und Ähnliches nur durch *flumen* gegeben wird. Ebenso ist *fluctus* die starkbewegte Wassermasse, die stürmische Woge, *unda* dagegen die Welle, auch eine sanfter bewegte, freundliche Wassermasse. Coelius tantos tradit terrae motus factos esse, ut *flumina* in contrarias partes fluxerint atque in *amnes* mare influxerit. Cic. divin. I. 35. Herodotus sine ullis salebris quasi sedatus *amnis* fluit; Thucydides incitatior fertur. Cic. or. 12. Apud Hypanim *fluvium* Aristoteles ait bestiolas quasdam nasci, quae unum diem vivant. Cic. Tusc. I. 39. Tantum est *flumen* gravissimorum verborum. Cic. or. II. 45. Nam ut profluens *amnis* aut vix aut nullo modo, conclusa autem aqua facile corrumpitur: sic orationis *flumine* reprehensoris vitia diluuntur. Cic. n. d. II. 7.

367. Siccus, aridus, torridus — trocken.

Das Trockene heißt *siccum* in Hinsicht auf die durch die Trockenheit entstehende Festigkeit und Solidität, *aridum* in Hinsicht auf die dadurch entstehende Saftlosigkeit. Daher ist im eigentlichen, wie im tropischen Sinne *siccus* meist ein Lob, *aridus* ein Tadel, der homo siccus ein nüchterner, der aridus ein trockener Mensch). *Torridus* ist stärker, als *aridus* und weiset besonders auf die Dürre als Starrheit und Sprödigkeit hin; tropisch wird es nicht gebraucht. Audivimus summam esse in Masinissa corporis *siccitatem* et omnia cum exsequi regis officia et munera. Cic. sen. 10. cf. Tusc. V. 34. Utrum haec sunt consilia *siccorum*, an vinolentorum somnia? Cic. agr. I. 1. In eius oratione nihil inest, nisi sincerum, nisi *siccum* atque sanum. Cic. Brut. 55. Tu ex illo seminario triumphorum *arida* folia laureae rettulisti. Cic. Pis. 40. Victus *aridus*. Cic. Rosc. Am. 27. Stoicus iste nihil nos adiuvat: genus sermonis affert non liquidum, non fusum ac profluens, sed exile, *aridum*, concisum ac minutum. Cic. or. II. 38. Locus ab incendiis *torridus* cinerem pulveremque ferebat, quum quid venti motum esset. Liv. V. 48. Membra *torrida* gelu. Liv. XXI. 40. Considium, hominem vegrandi macie *torridum*, Romae contemptum atque abiectum videbamus. Cic. agr. II. 34.

368 ᵃ· Mare, oceanus, pontus, aequor, pelagus, salum — das Meer.

Das allgemeine Wort für Meer im Gegensatze von Land und Himmel ist *mare*; daher z. B. nur *terra marique* verbunden wird. Oceanus kann fast nur als nomen proprium für das erdumströmende Meer gebraucht werden, aber auch so nur in etwas hochrebender und poetischer Sprache. Es bildet, wie im Deutschen die See, von allen Synonymen den bestimmtesten Gegensatz zu *lacus*, der See, der Landsee, vom Lande umschlossen, wie oceanus und mare landumschließend sind. *Pontus*, allgemein bloß poetisch, ist in der Prosa (Cic. Verr. IV. 58.) nur das Schwarze Meer als *Pontus Euxinus*. Auch aequor und pelagus sind zur Bezeichnung des Meeres fast nur poetische Wörter; doch ist zu bemerken, daß bei pontus besonders auf die Tiefe und die wunderbaren Erscheinungen hingewiesen wird, die das Meer bietet, bei aequor auf die ausgebreitete Fläche, bei pelagus auf die Mitte und unendliche Weite des Meeres im Gegensatz zum Ufer und der Oberfläche. *Salum* gehört auch wol der Prosa an und bezeichnet das unruhige und hohe Meer, wo es von allen Küsten weit entfernt ist; das letztere allein, so weit man vom Ufer aus hinaufsehen kann, wird allgemein auch bloß durch *altum* ausgedrückt. Omnis terra, quae colitur a vobis, circumfusa est illo *mari*, quod Atlanticum, quod magnum, quod *Oceanum* appellatis. Cic. rep. VI. 20. Sic et Europe niveum doloso Credidit tauro latus et *scatentem Belluis pontum* mediasque fraudes Palluit audax. Hor. carm. III. 27. 25. Quid tam planum videtur, quam *mare*? ex quo etiam *aequor* illud poetae vocant. Cic. Ac. II. ap. Non. v. Aequor. p. 65. *Pelagus* tenuere rates nec iam amplius ulla Occurrit tellus cet. Virg. Aen. V. 8. Si quis ex *alto*, quum ad patriam accessisset, tempestate subito reiectus optaret, ut, quum esset a patria deiectus, eo restitueretur: hoc, opinor, optaret, ut a quo loco depulsus esset, in eum se fortuna restitueret, non in *salum*, sed in ipsam urbem, quam petebat. Cic. Caecin. 30.

368 b. Navis, navigium, ratis; linter, scapha, cymba — das Schiff, der Kahn.

Navis ist das **allgemeine Wort für Schiff**, ohne Nebenbeziehungen. In *navigium*, das **Fahrzeug (zu Wasser)**, wird besonders auf die **Ausrüstung und Brauchbarkeit zur Beförderung** hingedeutet. *Ratis*, eigentlich das **Floß**, wird oft auch für **Schiff** gebraucht in **Rücksicht auf seine Unvollkommenheit und Gebrechlichkeit**, namentlich der Gewalt des Meeres gegenüber; etwa das **Boot**, auch der **Kahn**. Alle drei auch für **Reisen zur See**. Als **Rettungsfahrzeuge oder für kurze Überfahrten und kleine Gewässer, zum Fischen und zum Vergnügen** gebraucht sind *linter*, *scapha* und *cymba*. Von diesen ist *linter*, der **Nachen**, das **ärmlichere Fahrzeug**, zunächst des **Fischers**; *scupha* das **Rettungsboot bei einem größern Seeschiffe**; *cymba* die **Barke**, der **Kahn zu Vergnügungs- und kurzen Überfahrten, bei Dichtern aber besonders der Nachen des Charon**. Milites vectoriis gravibusque *navigiis*, non intermisso remigandi labore, longarum *navium* (Kriegsschiffe) cursum adaequarunt. Caes. b. G. V. 8. Conscendere navem ... probo *navigio*, probo gubernatore proficisci. Cic. Ac. II. 31. *Nave* primus in Graeciam ex Aegypto Danaus advenit; antea *ratibus* navigabatur, inventis in mari rubro inter insulas a rege Erythra. Plin. n. h. VII. 57. fin. cf. Liv. XXVI. 9. Hor. carm. I. 3. 11. Ingens coacta vis *navium* est *lintriumque* temere ad vicinalem usum paratarum. Liv. XXI. 26. Ipsos quoque tempestas vehementius iactare coepit, usque adeo, ut dominus *navis*, quum idem gubernator esset, in *scapham* confugeret et inde funiculo, qui a puppi religatus *scapham* annexam trahebat, *navi*, quoad posset, moderaretur. Cic. inv. II. 51. *Cymbarum* ante oculos multitudo. Cic. off. III. 14. cf. Hor. carm. II. 3. extr.

368 ⁋ Navalis, nauticus; maritimus, marinus — das Schiffswesen, die See betreffend.

Navalis bezeichnet **allgemein**, was die Schiffe und das Schiffswesen betrifft; *nauticus* dagegen bezieht sich vorzugsweise auf die Wissenschaft, Übung und Technik der Schiffer. Navalia *navium*, nautica *nautarum* sunt. Die *res navalis* umfaßt demnach die Gesammtheit des Schiffswesens; die *res nauticae* (Plur.) die Schiffs-Ausrüstung und Führung. *Maritimus* ist, was auf oder am Meere seinen Platz hat; *marinus*, was im Meere oder aus dem Meere ist. Die *res maritimae* haben es wesentlich auch mit den Küsten zu thun. *Materia navalis*, Schiffbauholz, Liv. XXVI. 47. Karthaginienses permultum *classe* ac *maritimis rebus* valuerunt; Rhodiorum usque ad nostram aetatem *disciplina navalis* et gloria remansit . . . Maiores nostri superarunt omnibus *navalibus pugnis* Karthaginienses, homines in *maritimis rebus* exercitatissimos . . . Orae maritimae. Cic. Man. 18. Maris atque ventorum moderationem habemus propter *rerum nauticarum* scientiam plurimisque *maritimis rebus* fruimur atque utimur. Cic. n. d. II. 60. cf. Caes. b. G. III. 8. *Cantus nauticus*. Cic. n. d. II. 35. *Imperium maritimum*. Cic. Nep. *Marini* terreni que humores. Cic. n. d. II. 16. Die *aestus marini*, zum Wesen des Meeres gehörig, heißen *aestus maritimi* rücksichtlich ihrer Einwirkung auf die Küste. Cic. divin. II. n. d. II. 53.

369. Litus, ora, acta, ripa — das Ufer.

Litus, ora und *acta* gehören zum Meere, wie *ripa* zu den Flüssen. *Litus* heißt der Strand, oder von der gemüthlichen und lieblichen Seite aufgefaßt, das Gestade, als das Ende und die Gränze des Meeres; *ora* die Küste, als das Ende des Landes; man sagt wohl an der Küste von England, aber nicht leicht am Gestade von England; es giebt Küstenländer, aber keine Gestadenländer. Die litora sind gleichsam Eigenthum des Meeres, wie die Inseln; nur die Länder haben oras; deshalb gilt litus mehr als eine Linie, während ora oft die ganze Fläche um ein Meer ist, so weit die Wirkung des Meeres sie mitberührt. Acta wird das Gestade des Meeres genannt in Rücksicht auf das Reizende und Romantische des Aufenthaltes. *Ripa*, daß Ufer, als erhöhter Rand, gehört im Lateinischen nur den Flüssen an. Ein allgemeines Wort für Rand, sei es am Meere, an Flüssen oder wo immer, ist *margo*, welches indeß von Cicero gänzlich vermieden und durch Umschreibungen mit extremus ober sonstwie ausgedrückt ist. Solebat Aquilius quaerentibus, quid *litus* esset, ita definire, qua fluctus alluderet. Cic. top. 7. Insulae *litora*que collucent distincta tectis et urbibus ... Ipsum mare terram appetens *litoribus* cludit (eludit). Cic. n. d. II. 39. Dann tropisch Matellus non homo est, sed *litus* et aër et solitudo mera. Cic. Att. I. 18. Qui antea omnes socios in ultimis *oris* auctoritate nostri imperii salvos praestare poteramus ... iidem (tunc) non modo provinciis atque *oris* Italiae maritimis ac portubus nostris, sed etiam Appia iam via carebamus. Cic. Man. 18. Quae amoenitates *orarum* et *litorum!* Cic. n. d. II. 39. Agesilaus in *acta* cum suis accubuerat. Nep. Ages. 8. In *acta* cum mulierculis iacebat ebrius. Cic. Verr. V. 25. Flumina obliquis cinxit declivia ripis ... quae in mare perveniunt ... et pro *ripis litora* pulsant. Ov. Met. I. 42. Adde huc fontium gelidas perennitates, liquores perlucidos amnium, *riparum* vestitus viridissimos cet. Cic. n. d. II. 39.

370. Stella, sidus, astrum — der Stern.

Stella heißt jeder einzele der zahllosen Sterne und zwar mehr in physischer Beziehung, als bloß leuchtender Himmelskörper; *sidus* aber ist ein Hauptstern mit den zu ihm gehörigen Nebensternen, ein Komplex von Sternen, ein Sternbild, und zwar mehr als astrologisches Wort in Rücksicht auf die Bedeutsamkeit des Gestirns. *Astrum* bezeichnet, wie sidus, ebenfalls einen Hauptstern mit besonderem Namen, und zwar besonders in Rücksicht auf seinen Glanz und seine Lichtfülle, ist jedoch (vielleicht weil ursprünglich Griechisch) außer einer naheliegenden tropischen Bedeutung mehr auf die poetische und wissenschaftliche Sprache beschränkt. Stellarum inerrantium maxima multitudo est. Cic. n. d. II. 40. In aethere *astra* volvuntur ... Stellae natura flammeae sunt ... Stellarum magnus concentus est. Cic. n. d. II. 46. Occidit iam *sidus*

Vergilîarum (das Siebengestirn). Liv. XXI. 35. Vos sempiternos illos ignes *sidera* et *stellas* vocatis. Cic. rep. VI. 15. Chaldaei notant *sidera* natalicia. Cic. divin. II. 43. Hortalus nostras laudes in *astra* sustulit. Cic. Att. II. 25. Und in demselben Sinne ex *astris* decidit. Cic. Att. II. 21.

371. Aër, aether, aura — die Luft.

Aër ist zunächst der **allgemeine Name für Luft**, dann speziell die Luft in der Nähe der Erde, die **Atmosphäre**. *Aether*, der **Äther**, ist die obere Luft, die Umgebung der Atmosphäre. *Aura* heißt die Luft in Rücksicht auf ihre wirklich vorhandene **Bewegung oder Beweglichkeit**, insofern diese milde und **angenehm** ist (gelinder als ventus), **Lufthauch, Lüftchen**. In der guten Prosa ist es aber fast nur in einer hieraus abgeleiteten **tropischen** Bedeutung (aura popularis, honoris. Cic. har. 10. Sest. 47.) gebräuchlich. In *aethere* astra volvuntur. Cic. n. d. II. 46. Aquae et terra et *aër*. Cic. n. d. I. 15. *Aëra* amplectitur immensus *aether*. Cic. n. d. II. 36. Catulum neque periculi *tempestas*, neque honoris *aura* potuit unquam de suo cursu demovere. Cic. Sest. 47.!

372. Tempus, dies, aetas, aevum — die Zeit.

Der **allgemeine Name für die Zeit ist *tempus*;** sie wird so genannt, sobald auf irgend eine **Eigenschaft**, auf **Witterung, Zeitverhältnisse**, bestimmbare Dauer derselben etwas ankommt. *Dies* dagegen heißt die Zeit bloß in Rücksicht auf eine **unbestimmbare Ausdehnung** derselben. *Tempus* docebit heißt die **Zeitverhältnisse** werden oder der **rechte Zeitpunkt** wird lehren; *dies* docebit, die **Länge der Zeit** wird lehren. *Aetas* und *aevum* bezeichnen eine Zeit, die durch den Zusammenhang der in ihr liegenden Ereignisse als ein Ganzes zusammengehört, einen **Zeitabschnitt;** daher ist *aetas* in Bezug auf den Einzelen das **Lebensalter**, in Bezug auf eine Generation das **Zeitalter** u. s. w. *Aevum* aber ist ein **feierliches** Wort und nur durch die Farbe des Ausdrucks von aetas zu scheiden; die **schlichte** Prosa hat das Wort vermieden. *Tempus* est pars quaedam aeternitatis, cum alicuius annui, menstrui, diurni nocturnive spatii significatione. Cic. inv. I.

II. NOMINA.

26. Veniet *tempus* (mortis) et quidem celeriter; volat enim *aetas.* Cic. Tusc. I. 31. *Dies* levat luctum. Cic. Att. III. 15. Nos quod est allatura *dies*, id consilio ferre neque exspectare *temporis* medicinam debemus. Cic. fam. V. 16. Beati *aevo* sempiterno fruuntur. Cic. rep. VI. 3. b. h. fie leben ewig, wo also aevum wie aetas auf die Lebensdauer geht; das ewig liegt nur in dem Eigenschaftsworte, wie aus der Klage des Menschen, daß ihre Natur imbecilla atque *aevi brevis* sei (Sall. Iug. 1.) deutlich hervorgeht. Von *dies* ist noch zu bemerken, daß es hier gen. fem. ist; ein masculinum ist es immer dann und nur dann, wenn es entweder den Gegensatz von Nacht bildet, oder den bestimmten Zeitraum von 24 Stunden bedeutet.

373. Aeternus, sempiternus, iugis, perennis, perpetuus, continuus — ewig, ununterbrochen.

Aeternus ist ein erhabener, metaphysischer Ausdruck für ewig, *sempiternus* dagegen ein kälterer, mathematischer. Die aeternitas ist eine unbegreifliche, anfang- und endlose Zeit; bei dem sempiternum tempus wird nur auf die Endlosigkeit der Zeit hingewiesen. *Iugis* ist in der guten Sprache nur Beiwort des nieversiegenden Quellwassers. *Perennis* bezeichnet das in seiner Frische und Kraft Fortdauernde, während andere, auch allenfalls fortdauernde Dinge doch durch den Einfluß der Zeit leiden; es wird aber nicht von der Zeit selbst, noch auch von lebenden Wesen gesagt. *Perpetuus* (von per und petere, wie assiduus, continuus von assidere, continere; nicht von per und pati) bezeichnet das im Raume oder in der Zeit nicht Unterbrochene, ununterbrochen; eine oratio *perpetua*, im Gegensatze von dialogischer Rede, kann weder aeterna, noch sempiterna heißen. Perpetuus aber bezieht sich auf die ununterbrochene Fortdauer desselben Dinges, *continuus* dagegen auf die ununterbrochene Aufeinanderfolge verschiedener Dinge (oder der Theile desselben Dinges). Tempus est pars *aeternitatis.* Cic. inv. I. 26. Fuit ab infinito tempore *aeternitas*, quam nulla temporum circumscriptio metitur. Cic. n. d. I. 9. Si barbarorum est in diem vivere, nostra consilia *sempiternum* tempus spectare debent. Cic. or.

II. 40. Fatum est ex omni *aeternitate* fluens veritas *sempiterna.* Cic. divin. I. 55. Ex puteis *iugibus* aquam calidam trahunt. Cic. n. d. II. 9. Adde huc fontium gelidas *perennitates.* Cic. n. d. II. 39. Aristoteles animum ἐντελέχειαν appellat novo nomine, quasi continuatam motionem et *perennem.* Cic. Tusc. I. 10. Contine te in tuis *perennibus* studiis. Cic. Brut. 97. Meus reditus is fuit, ut a Brundusio usque Romam agmen *perpetuum* totius Italiae viderem. Cic. Pis. 22. Efficiam, ut bonam de me opinionem *perpetuo* retineatis. Cic. agr. III. 1. Aliquot annos *continuos* magna parte dignitatis caruit. Cic. Man. 18.

374. Antiquus, vetus, vetustus, priscus, pristinus — alt.

Die allgemeinste Bedeutung haben *antiquus* und *vetus;* *antiquus* bezieht sich nur auf die Länge der Zeit, vor welcher etwas da war: *vetus* auf die Länge der Zeit, durch welche hindurch etwas gebauert hat; das *antiquum* hat vielleicht aufgehört, das *vetus* besteht (wenigstens in seinen Folgen) sicher noch; eine Sitte, welche vor 1000 Jahren, wenn auch damals nur auf kurze Zeit bestanden hat, ist dennoch jetzt ein *mos antiquus*, aber durchaus nicht vetus. In Rücksicht auf die durch das Alter gewonnene Festigkeit und Schlauheit sagt man *vetus*, in Rücksicht auf die Würde und Bedeutsamkeit *antiquus;* jenes oft im bösen, dieses nur im guten Sinne; *antiqui* milites sind Soldaten, wie sie vormals waren; *veteres* milites sind alte durchtriebene Soldaten; antiqui scriptores, insofern sie seit Langem nicht mehr leben; veteres scriptores, insofern sie in ihren Schriften schon lange und noch da sind; die antiqui scriptores *dixerunt*, die veteres scriptores *dicunt. Antiquitas* ist das Alterthum, das heißt die alte Zeit mit den von ihr umfaßten Dingen; *vetustas* ist das Alter d. h. die lange Zeit, welche hindurch etwas gebauert hat. *Antiquare* für veraltet erklären, freilich nur noch als term. techn. für das Abschaffen alter Gesetze gebräuchlich; woraus unser antiquiren, gleich *obsolescere*, in scharfem Gegensatze zu *inveterascere*, d. h. durch das Alter an Festigkeit gewinnen. *Vetustus* bezieht sich nur auf Dinge; im Übrigen ist es gleich vetus, schließt jedoch meistens ein Lob ein. *Priscus* bezeichnet wie *antiquus* nur das, was vor langer Zeit da war und nun selten geworden ist, aber mit dem Unterschiede, daß das *priscum* sich wesentlich auf den alterthümlichen Charakter im Gegensatze zur Mode, das *antiquum* sich mehr auf die vergangene Zeit an sich bezieht; jenes ist demnach fast altfränkisch. Pristinus heißt alt in dem Sinne von vormalig, wobei der jetzige Zustand mit einem früher (vor kurz oder lang) gewesenen verglichen, aber auf die Dauer desselben gar keine Rücksicht genommen wird. Animus et ortu et virtute corpore *antiquior* est. Cic. Tim. 7. Navalis apparatus ei semper *antiquissima* (die angelegentlichste) cura fuit. Cic. Att. X. 8. *Antiquitas* proxime accedit ad deos. Cic. leg. II. 11. Vereor, ne haec nimis *antiqua* et iam obsoleta esse videantur. Cic. Verr. I. 21. Homo ex numero disertorum postulabat, ut illi, unde peteretur, *vetus* atque usitata exceptio daretur cet. Cic. or. I. 37. Pisistratum proximo saeculo Themistocles insecutus est, ut apud nos, *perantiquus*, ut apud Athenienses, non ita sane vetus. Cic. Brut. 10. *Veterrimae* quaeque amicitiae, ut ea vina, quae *vetustatem* ferunt, debent esse suavissimae. Cic. am. 19. Credendum est *veteribus* et *priscis*, ut aiunt, viris. Cic. Tim. 34. (12.) (In duodecim tabulis) verborum *prisca vetustas* cognoscitur. Cic. or. I. 43. Cotta gaudere videtur sono vocis agresti et illud, quod loquitur, *priscum* visum iri putat, si plane fuerit rusticanum. Cic. or. III. 10. Oculi mei *veterem* consuetudinem fori et *pristinum* morem iudiciorum requirunt. Cic. Mil. 1. Timoleon Siciliam in *pristinum* restituit. Nep. Tim. 1. Maiores nostri, *veteres* illi, admodum *antiqui*, leges annales non habebant. Cic. Phil. V. 17.

375. Novus, recens, novicius — neu.

Das allgemeine Wort für neu ist *novus*, im Gegensatze ebensowohl von antiquus, als von vetus; *recens* ist weit beschränkter; es wird nur dann gebraucht, wenn das Neue als eben erst entstanden, daher oft als noch frisch, kräftig, naheliegend und bekannt hervorgehoben werden soll, wobei ebenfalls vetus nicht minder, als antiquus den Gegensatz bilden kann. Das novum war bisher noch nicht, das recens ist jetzt noch nicht lange da. *Novicius* heißt neu mit besonderer Hervorhebung der mit der Neuheit verbundenen schlechten Eigenschaften, der Unerfahrenheit u. s. w.; als Substantiv der Neuling. Exstitit hoc loco quaestio subdifficilis, num quando *novi* amici, digni amicitia, *veteribus* sint anteponendi. Cic. am. 19. Verres infamia non *recenti*, sed *vetere* ac diuturna flagrabat. Cic. Verr. II. 5. Non modo Curii, Catones, Pompeii, *antiqui* illi, fortissimi viri, *novi* homines (als politisches Wort; cf. nobilis); sed hi *recentes*, Marii et Didii et Caelii commemorari possunt. Cic. Mur. 8. Non intermittunt aut admirationem earum rerum, quae sunt ab *antiquis* repertae, aut investigationem *novarum*. Cic. fin. V. 20. In *novarum* rerum cupidus (Cic. Verr. I. 7.) ist etwas noch nicht Vorhandenes gemeint, das man einrichten will, Neuerungen; mit *recens* res (Cic. Verr. I. 53.) ist eine schon, aber eben erst geschehene Sache gemeint. Nemo queritur, Syrum nescio quem de grege *noviciorum* factum esse consulem. Cic. Pis. 1.

376. Annuus, anniculus, anniversarius, quotannis — jährlich.

Annuus sagt man von dem, was ein Jahr lang dauert, gedauert hat oder dauern soll; *anniculus* von dem, was nur erst ein Jahr, noch nicht länger als ein Jahr, da ist; jenes ist einjährig, dieses erst einjährig. Anniversarius ist jährlich d. h. was auf denselben Jahrestag wiederkehrt; *quotannis* (nur adv.) jährlich, d. h. was alle Jahre einmal ohne bestimmte Rücksicht auf den Tag geschieht. Nos *annuum* tempus prope iam emeritum habemus. Cic. Att. VI. 5. Ut Romae consules, sic Karthagine *quotannis* annui bini reges creabantur. Nep. Hann. 7. *Annuae* varietates calorum et frigorum. Cic. n. d. II. 39. denn diese varietates dauern nur ein Jahr und wiederholen sich alsdann. Attici neptem Caesar, vix *anniculam*, Tiberio privigno suo despondit. Nep. Att. 19. Mercurius sacris *anniversariis* apud Tyndaritanos colebatur. Cic. Verr. IV. 39. Ibi Syracusani festos dies *anniversarios* agunt. Id. ib. 48.

377. Annona, frumentum — das Getreide.

Annona ist das Getreide als Gegenstand des Kaufs und Verkaufs, daher auch selbst der Getreidepreis. *Frumentum* ist das Getreide als Frucht und Gewächs; daher z. B. das Korn auf dem Halme oder noch in den Halmen nur frumentum heißt. Repente vilitas *annonae* ex summa inopia et caritate rei *frumentariae* consecuta est. Cic. Man. 15. *Annona* pretium non habet. Cic. Verr. III. 98. Praefectus *annonae*. Liv. IV. 13. *Frumentum* ex agris in loca tuta comportatur. Cic. Att. V. 18. Luxuriosa *frumenta* wurde von den Landleuten und auch sonst wol gesagt (Cic. or. 24.), wie bei Ov. fast. I. 690. luxuriosa seges.

378. Tempestas, procella — der Sturm.

Tempestas ist zunächst allgemein das Wetter, wird aber, ebenso wie dieses Wort bei uns, auch für Unwetter gebraucht; selbst als (etwas hochtrabendes cf. Cic. or. III. 38.) Synonymum von tempus weiset es auf etwas Ungünstiges und Gefahrvolles hin. In dem Sinne von Unwetter ist tempestas ein eigentliches Sturmwetter, in welchem mit einem Male Wind, Regen, Blitz und Donner als besondere Theile erscheinen können. Die *procella* dagegen ist ein bloßer Sturmwind als Stoß, ein Theil der tempestas, wozu auch gehören *turbo*, der Wirbelwind, *pluvia*, der Regen (allgemein oder als wohlthätige Naturerscheinung), *imber* der Platzregen und *nimbus* die kalte Regenwolke (beide als etwas Unfreundliches); ferner *nubes*, die Wolke, allgemein als schwebende, verdunkelnde Masse (Regen, Staub u. s. w., das poetische nubilus nur vom Regen und tropisch), und *nebula* die aus der Erde aufsteigende Nebelwolke. Navigationem, dummodo idonea *tempestus* sit, ne omiseris. Cic. Qu. fr. II. 6. Si *nubes* rettuleris in deos, referendae certe erunt *tempestates*, quae populi Romani ritibus consecratae sunt. Ergo *imbres, nimbi, procellae, turbines* dii putandi. Cic. n. d. III. 20. Ingentibus *procellis* fusus *imber* certam magis victoriam, quam proelium diremit. Liv. VI. 8. . Tropisch gebraucht Cicero Magna *tempestas* invidiae nobis impendet. Cat. I. 9. unb vita a *procellis* invidiarum remota. Cluent. 56. mit einer leicht erkennbaren Verschiedenheit der Anschauung.

379ᵃ· Bellum, tumultus (seditio), militia — der Krieg.

Bellum, das allgemeine Wort, bezeichnet den Krieg als das bestimmte Verhältniß zweier Staaten gegen einander. Speziell als bellum ist *tumultus*, welches in der Bedeutung von Krieg nur auf kriegerische Bewegungen in Italien (auch Oberitalien) bezogen wird. An sich ist *tumultus* immer der Aufruhr, wobei man an die Gesetzlosigkeit, die plötzliche Verwirrung und nahdrohende Gefahr erinnert wird. Der *tumultus* kann auch von Bürgern oder Unterthanen desselben Staates herrühren; bellum decernere, den Krieg beschließen; tumultum decernere, die Aufruhrgesetze proklamiren. Wie tumultus die Unordnung, so hebt *seditio* vorzugsweise die Spaltung hervor, wodurch Zusammengehörige in Parteien auseinandergehen; diese Parteien heißen *partes* als einander gegenüberstehende, *factiones* als einander feindliche Theile. Zum bellum gehört die *militia*, das Kriegsleben, in Rücksicht auf die Strenge des Dienstes, die Strapazen und Genüsse des soldatischen Lebens. Der Ausdruck pace et bello, pace belloque, bezeichnet die Sache bloß von der Verstandesseite, im Frieden und im Kriege; domi militiaeque dagegen hebt wesentlich die Gemüthsseite hervor, wie unser zu Hause oder daheim und im Felde. Apud Regillum *bello* Latinorum in nostra acie Castor et Pollux ex equis pugnare visi sunt. Cic. n. d. II. 2. Potest esse *bellum* sine *tumultu; tumultus* esse sine *bello* non potest ... *tumultus* Italicus, tumultus Gallicus. Cic. Phil. VIII. 1. Solon capite sanxit, si qui in *seditione* non alterius utrius *partis* fuisset. Cic. Att. X. 1. Illi quibuscunque rebus vel *belli* vel *domi* poterunt, rem publicam augeant imperio, agris, vectigalibus. Cic. off. II. 24. Xenophon Socraticus in ea *militia*, qua cum Cyro minore perfunctus est, sua scribit somnia. Cic. divin. I. 25. Eorum virtus fuerat *domi militiaeque* cognita. Cic. Tusc. V. 19. Vir fortis ac strenuus, *pace belloque* bonus. Liv. IV. 3. Hic *in pace* iacere, quam *in bello* vigere maluit. Cic. Phil.

X. 7. cf. XI. 14. Jedoch findet sich *pace* in dieser Weise wohl bei Livius (II. 1. u. oft); bei Cicero vielleicht nicht.

379ᵇ· Pugna, proelium, acies, certamen, dimicatio — der Kampf, die Schlacht.

Den allgemeinsten Sinn hat *pugna*; es bezeichnet jeden Kampf, als einen gegenseitigen, fortbauernden Angriff, sei es zwischen Einzelen, oder zwischen Vielen, mit Waffen oder mit Worten, zur See oder zu Lande; der Kampf, in Kriegsverhältnissen die Schlacht. *Proelium* und *acies* sind schon einigermaßen technische, militärische Ausdrücke, zuerst indem sie sich nur auf Krieges- und zwar vorzugsweise auf Landschlachten beziehen, dann indem sie auch diesen Begriff noch modifiziren. *Proelium* heißt die Schlacht nämlich in Rücksicht auf die militärischen Bewegungen, Stellungen und einzelen Angriffe, das Treffen; *acies* heißt die Schlacht mit Rücksicht auf die geordnete Stellung der Heere, offene Feldschlacht im Gegensatze zu andern militärischen Operationen, zu Stadtbestürmungen, die dennoch auch *pugnae*, oder zu Überfällen, die dennoch meistens *proelia* sind. *Certamen* ist der Wettkampf und Wettstreit, mit Worten oder Waffen, aber natürlich mit Rücksicht auf die Anstrengung, zu siegen. *Dimicatio* ist der Kampf fast in dem Sinne von Vertheidigung, mit Rücksicht auf die Lebensgefahr bei demselben. Hostes diuturnitate *pugnae* defessi *proelio* excedebant. Caes. b. G. III. 4. Horatius, ut segregaret *pugnam* Curiatiorum, fugam capessivit ... Iam Horatius, caeso hoste victor, secundam *pugnam* petebat et defungi *proelio* festinabat. Liv. I. 25. Quanta *pugna* est doctissimorum hominum! Cic. divin. II. 51. Exercitus noster urbem ex Tigranis regno ceperat et *proeliis* usus erat secundis. Cic. Man. 9. Legiones *pugnam* excipiunt, suppressaque hostium ferocia *proelium* aequatur. Tac. Hist. V. 18. Discessi ab eo bello, in quo aut in *acie* cadendum fuit, aut in aliquas insidias incidendum cet. Cic. fam. VII. 3. Ad philosophos me revocas, qui in *aciem* non saepe prodeunt. Cic. Tusc. II. 25. Gaetuli non *acie* neque ullo more *proelii*, sed catervatim in nostros incurrunt. Sall. Iug. 97. Mihi est in hac petitione Milonis omni non modo contentione, sed etiam *dimicatione* elaborandum. Cic. fam. II. 6. Nos iam in *aciem dimicationem*que descendamus. Cic. or. 13. Fit *proelium* acri *certamine*. Caes. b. G. VIII. 28. Cum civi aliter contendimus, si est inimicus, aliter, si competitor; cum altero *certamen* honoris et dignitatis est, cum altero capitis et famae. Cic. off. I. 12.

380. Exercitus, agmen, acies — das Heer.

Exercitus wird das Heer genannt, insofern es aus geübten Leuten, Soldaten, besteht; *agmen* heißt das Heer, insofern es auf dem Zuge oder Marsche, *acies*, insofern es in Schlachtordnung gedacht wird. Jede Mannschaft, die einem zu Gebote steht, kann *manus* genannt werden; *cohors* heißt sie als Theil eines Ganzen und in ihrem Pflicht- und Abhängigkeits-Verhältnisse, wie cohors discipulorum: aber sowohl die manus wie die cohors haben einen Führer, welcher bei *caterva*, die Schaar ohne Nebenbegriff, so wie bei *turba*, der Schwarm. d. h. eine regel- und zügellose Schaar, nicht gedacht zu werden braucht. Pompeius adolescentulus *exercitum* difficili rei publicae tempore confecit eique praefuit. Cic. Man. 21. *Agmine* quadrato cum gladiis sequuntur. Cic. Phil. II. 42. His *aciem exercitus* nostri ostendam. Cic. Cat. II. 3. Phalanx, quae venerat, *agmen* magis quam *acies* aptiorque itineri quam pugnae, vixdum in iugum evaserat. Liv. XXXIII. 9. Magis *agmina*, quam *acies*, in via concurrerunt. Liv. XXI. 57.

381. Acies, acumen — die Schärfe.

Acies ist eine scharfe Linie, zum Schneiden geeignet; *acumen* ist ein scharfer Punkt, eine Spitze, zum Stechen geeignet. Im übertragenen Sinne ist daher acies die Verstandesschärfe, insofern sie in einem Scheiden und Sichten des Verworrenen, in klarer Erkenntniß; acumen, insofern sie in einem tiefen Eindringen sich zeigt; oder überhaupt acies, sobald sie als schneidend, acumen, sobald sie als stechend gedacht wird. *Acies* securium. Cic. Verr. V. 43. *Acumen* stili. Cic. or. I. 33. Et inopia et satietas affluens *aciem mentis* perstringere solet. Cic. divin. I. 29. Dialectici ipsi se compungunt suis *acuminibus*. Cic. or. II. 38.

382. Series, ordo — die Reihe.

Series bezeichnet die Reihe als eine natürliche und innere Verkettung, daher namentlich eine Reihe durch Ursache und Wirkung zusammenhangender Begebenheiten und Ähnliches. *Ordo*, die Ordnung, ist die Reihe als eine kunstgerechte Einrichtung. Est admirabilis quaedam continuatio *series*que rerum, ut aliae ex aliis nexae et omnes inter se aptae colligataeque videantur. Cic. n. d. I. 4. Admirabatur Lysander proceritates arborum et directos in quincuncem *ordines*. Cic. sen. 17. Fatum appello *ordinem seriem*que causarum, quum causa causae nexa rem ex se gignat. Cic. divin. I. 55.

383. Ala, cornu — der Flügel.

Der Flügel eines Heeres wird *ala* genannt als ein bestimmter Theil desselben; *cornu* als der Standort dieses Theiles. Man wird also sagen, ein Soldat gehöre zur rechten oder linken *ala*, aber er stehe auf dem rechten oder linken *cornu*. Pompeius te *alae* alteri praefecit. Cic. off. II. 13. Dextro *cornu* Galli, sinistro Samnites constiterunt. Liv. X. 27. *Alae* dictae exercitus equitum ordines bei Gell. XVI. 4. scheint nicht in aller Strenge wahr zu sein.

384. Sacramentum, ius iurandum — der Eid.

Sacramentum ist der militärische Eid, durch welchen man sich seiner Fahne verpflichtet; *ius iurandum* der bürgerliche Eid als feierliche Erhärtung und Versicherung. Das sehr spät erst gebrauchte *iuramentum* muß man ganz vermeiden. Cato ad Pompilium scripsit, ut se secundo militiae *sacramento* obligaret. Cic. off. I. 11. Nullum vinculum ad adstringendam fidem *iure iurando* maiores artius esse voluerunt. Cic. off. III. 31.

385. Arma — Waffen.

Arma ist der allgemeine Name für Waffen, sowohl zum Schutze (Helm, Schild u. s. w.), als auch zum Angriff (Speer, Schwert u. s. w.). *Telum* ist jede Angriffswaffe, *iaculum* eine solche, die **geworfen**, *missile* allgemeiner, die geworfen, geschossen u. s. w. werden kann. *Spiculum* ist der **Wurfspieß** besonders in Rücksicht auf die **Spitze**, *hasta* zunächst in Rücksicht auf den **Schaft**, dann allgemein **Speer** oder **Wurfspieß**, worunter noch das *pilum*, die *lancea* u. s. w. als besondere Arten gehören. Bloß geschossen wird die *sagitta*, der **Pfeil**. *Gladius* ist der allgemeine Name für **Schwert**; *ensis*, der **Degen**, ist ein **gewählterer Ausdruck** und fast nur poetisch; *acinaces*, ebenfalls poetisch, ist das eigenthümliche krumme Schwert der Asiaten. *Pugio* heißt der **Dolch** als offene **Stoßwaffe**, *sica* als geheime, unehrliche **Schneidewaffe** des **Banditen**. *Mucro* heißt zunächst die **Spitze des Speeres** im Gegensatz zum Schafte. *Galea* ist vorzugsweise der **Helm**, von Leder, jedoch auch allgemein; *cassis* vielleicht ein Helm von Erz, aber seltener. *Lorica* ist der allgemeine Name für **Panzer**, wiewohl ursprünglich vielleicht bloß für einen **ledernen**; *thorax* ist bloß der **Brustharnisch**, aber selten gebraucht. *Scutum* ist der allgemeine und gewöhnliche Name für den (ledernen, langen) **Schild**, namentlich der **Schwerbewaffneten**, *parma* für die **Leichtbewaffneten**; *clipeus* durch seine **runde Gestalt** ausgezeichnet; *pelta* ein **leichter Schild** bei den **Griechen**, *cetra* ebenso bei Spanischen und Afrikanischen Völkern.

386. Noxius, nocens, sons — schuldig.

Noxius ist **schädlich**, aber zunächst **ohne Beziehung auf ein moralisches Bewußtsein der Schuld**; daher wird es von Sachen, wie von Personen gesagt, als dauernde Eigenschaft; es ist ziemlich selten. *Nocens* ist nicht etwa bloß **schadend**, sondern noch öfter unser **schuldig**, namentlich in **kriminal-gerichtlichem Sinne**. *Sontes* sind immer nur die **vorzugsweise Schuldigen**, die **Rädelsführer** und **Ähnliches**, im Gegensatze zu **anderen minder Schuldigen**, nicht zu Unschuldigen. Daher ist auch *insons* fast nur poetisch, während innoxius und innocens natürlich und gewöhnlich sind. Magistratus *noxium* civem coerceto. Cic. leg. III. 3. e. leg. *Innocens* si accusatus sit, absolvi potest; *nocens* nisi accusatus fuerit, condemnari non potest. Cic. Rosc. Am. 20. In evertendis urbibus viri magni est, rebus agitatis punire *sontes*, multitudinem conservare. Cic. off. I. 24. Bei der Catilinarischen Verschwörung comprehensio *sontium* mea, animadversio senatus fuit, sagt Cicero gegen den Antonius Phil. II. 8.

387. Hostis, inimicus, adversarius, infestus, infensus
— der Feind, feindlich.

Hostis bezeichnet den Feind in Kriegesverhältnissen, insofern er im Namen des Staates oder gegen den Staat auftritt; Gegensatz *civis, pacatus* u. s. w. *Inimicus*, der Feind und der Widersacher, bezeichnet den Feind in Rücksicht auf seine unholde Gesinnung. Sein Gegensatz ist *amicus*, der Freund durch seine Neigung oder wenigstens durch ein dieser Gesinnung entsprechendes äußeres Verhältniß; wogegen *familiaris* der Freund durch vertraulichen, namentlich durch häuslichen Verkehr, *hospes* der Gastfreund ist. *Adversarius* ist der Gegner in jedem Verhältnisse, insofern er als handelnd gegen uns gedacht wird, sei es im Kampfe, im Gerichte, beim Disputiren oder bei der Bewerbung um ein Amt und dergleichen. Nur die Handlungen der adversarii sind einander entgegengesetzt; auf die gegenseitigen Gesinnungen wird keine Rücksicht genommen. *Infestus*, feindselig, und *infensus* erbittert, gehören beide einer leidenschaftlichen Feindschaft, einer Erbitterung an; daher sind sie innerlich meistens stärker, als inimicus, äußerlich aber an Dauer schwächer, kürzer, indem sie eben nur die Folge einer Aufregung sind, wie inimicus eine dauernde Stimmung bezeichnet. Sie unterscheiden sich aber so, daß *infestus* die aus der Erbitterung hervorgehende Handlung, aktivisch und passivisch, hervorhebt, als feindselig behandelt und feindselig behandelnd; *infensus* aber sich bloß auf die Feindseligkeit als aufgebrachten Gemüthszustand bezieht. Hostilia signa gehören dem Feinde zu; infesta signa können sie im Augenblicke des Angriffs und Kampfes genannt werden. Pompeius saepius cum *hoste* conflixit, quam quisquam cum *inimico* concertavit. Cic. Man. 10. Omnes nos statuit ille non *inimicos*, sed *hostes*. Cic. Phil. XI. 1. Omnium est communis *inimicus*, qui fuit *hostis* suorum. Cic. Verr. I. 15. Graecorum optimum quemque *hospitio ami*-

*citia*que coniungi dico oportere; nimiae *familiaritates* eorum non tam fideles sunt. Cic. Quint. fr. I. 1. 5. Pugiles, etiam quum feriunt *adversarium*, ingemiscunt. Cic. Tusc. II. 23. Hic tribunus non modo non seditiosus, sed etiam seditiosis *adversarius* est. Cic. Cluent. 34. Filii vita *infesta*, saepe ferro atque insidiis appetita est. Cic. Rosc. Am. 11. *Infestis* prope signis Galli inferuntur in Fonteium. Cic. Font. 16. Aratores *infenso* animo atque *inimico* venerunt. Cic. Verr. II. 61.

388. Externus, exterus, extraneus, alienus, alienigena, peregrinus — auswärtig, fremd.

Externus bezeichnet als Gegensatz zu *intestinus* das Äußerliche bloß in örtlicher Rücksicht, in Bezug auf die Lage; *exterus* dagegen hebt als Gegensatz zu *domesticus* mehr die dem Auswärtigen eigene Persönlichkeit, die Abneigung und Ähnliches hervor; externus ist fast geographische, exterus politische Bezeichnung. *Extraneus* wird das Auswärtige genannt, insofern es als solches minder bedeutend ist. *Alienus*, fremd, ist alles, was man nicht selbst besitzt, was einem nicht, oder nicht zur Sache gehört. *Alienigena*, anderwärts geboren, ausländisch. *Peregrinus* ist, wer sich gegenwärtig, aber nur in vorübergehendem Aufenthalte irgendwo befindet, wo er noch nicht einheimisch geworden ist; kommt die Beziehung hinzu, daß der Fremde als Gastfreund bei einem andern sich aufhält, so ist der eine des andern hospes oder Gast (aber keiner ist caupo, ein Gastwirth, dem man bezahlt). Der peregrinus entbehrt des Bürgerrechts, der *hospes* genießt des Gastrechts. Vehementer utile est iis, qui honeste posse multum volunt, per *hospites* apud *externos* populos valere opibus et gratia. Cic. off. II. 18. Hoc iure legati populi Romani in socios nationesque *exteras* utuntur. Cic. Verr. I. 27. Rebus ipsis et partibus causae, non verbis neque *extraneis* ornamentis, animus auditoris tenendus est. Civ. inv. I. 22. Difficilis est cura rerum *alienarum*. Cic. off. I. 9. Hoc a natura non est *alienum*. Cic. Tusc. V. 34. Potestis testes *alienigenas* anteferre domesticis? Cic. Font. 10. Etiam *peregrini* Romae reges fuere. Cic. Sull. 7. Nos autem, hinc Roma qui veneramus, iam non *hospites*, sed *peregrini* atque advenae nominabamur. Cic. agr. II. 34.

389. Artus, angustus — enge.

Artus hat durchaus nur paſſiven, *angustus* aktiven Sinn; das *artum* ift dadurch enge, daß es feſt, ſtark und knapp angezogen iſt; *arta* vincula ſind feſt angezogene, und dadurch erſt engverbindende Bande; *angustus* aber iſt beengend, und die *angustiae* ſind nicht bloß *fauces*, ſondern beengende fauces, und allgemeiner eine bedrängende Lage; artus giebt den Begriff ganz äußerlich, angustus weiſet auf die Seelenſtimmung hin, welche durch die Enge veranlaßt wird. Haec non ita sunt *arta* et adstricta, ut ea, quum velimus, laxare nequeamus. Cic. or. 65. Epicurus una in domo et ea quidem *angusta* quam magnos tenuit amicorum greges? Cic. fin. I. 20.

390. Crassus, densus, spissus — dick.

Crassus bezeichnet die Dicke theils als körperliche Dimenſion, jedoch nur ohne Angabe eines beſtimmten Maßes; theils als die, namentlich der Dicke des menſchlichen Leibes gewöhnlich eigene Maſſenhaftigkeit und Plumpheit; daher es ſowohl von der Dicke der Luft, als auch von geiſtiger Unbeholfenheit gebraucht wird; der Gegenſatz iſt tenuis. *Densus* heißt dick oder vielmehr dicht, in Rückſicht auf die Menge der ſich an einander drängenden Theile; bei Cicero wiegt dieſe Beziehung ſo ſehr vor, daß er es faſt geradezu für häufig braucht, im Gegenſatze von *rarus*. *Spissus* heißt dicht, dick, nicht in Bezug auf die Dimenſion oder die Menge der Theile, ſondern auf die Feſtigkeit und Gepreßtheit derſelben in Einem Ganzen, im Gegenſatze von *solutus*. Jedoch gilt dies faſt nur von den Dichtern und ſpätern Proſaikern; bei Cicero hat es nur die Bedeutung verwickelt und mühſam, welche ſich freilich wohl aus dem Begriffe der Zuſammengepreßtheit ableiten läßt. Athenis tenue coelum, ex quo acutiores etiam putantur Attici; *crassum* Thebis, itaque pingues Thebani. Cic. fat. 4. Homo magnus, rubicundus, crispus, *crassus*. Ter. Hec. III. 4. 26. Agri crassi (Cic. Flacc. 29.) kann als Gegenſatz zu solum macrum ac tenue (Cic. agr. II. 25.)

gefaßt werden; jedoch schreiben Einige Crassi als Eigennamen. Menapii se omnes in *densissimas* silvas abdiderant. Caes. b. G. III. 38. Illud quo nihil potest esse praestantius, ... in aliqua parte elucet aliquando, idem apud alios *densius*, apud alios fortasse rarius. Cic. or. 2. *Spississima* ex omni materia, ideo et gravissima iudicantur ebenus et buxus. Plin. n. h. XXXVI. 40. Scribebam πολιτικά, *spissum* sane opus et operosum. Cic. Qu. fr. II. 14. *Spisse* atque vix ad Antonium pervenimus. Cic. Brut. 56.

391. Tutus, certus, securus — sicher.

Tutus heißt sicher als geschützt vor Gefahren, *certus*, gewiß, geschützt vor Zweifeln und Bedenken, *securus*, geschützt vor Besorgnissen und Furcht. Der tutus ist gesichert, der securus glaubt sich gesichert, ist unbesorgt. Obducuntur cortice trunci, quo sint a frigore *tutiores*. Cic. n. d. II. 47. Omnia, quae *certa* non erunt, pro *certo* negato (d. h. ut incerta). Cic. Att. V..21. *Securitas* est animi tamquam tranquillitas. Cic. fin. V..8. De lingua Latina *securi* es animi. Cic. Att. XII. 52. Ita est: *tuta* scelera esse possunt, *secura* non possunt. Sen. ep. 97. 11.

392. Necessarius, propinquus, cognatus, consanguineus, affinis, gentilis — verwandt.

Necessarii sind allgemein diejenigen, welche durch irgend ein dauerndes Verhältniß zu einander gebunden sind, sei es durch Verwandtschaft, durch nähere Freundschaft oder Geschäftsverhältnisse; die necessitudo ist allgemein ein Freundschaftsverhältniß, das immer noch bestehen kann, wenn auch die amicitia, die Freundschaft als Gesinnung und Neigung, so ziemlich aufgehört hat. *Propinqui*, spezieller als jenes, sind diejenigen, welche einander durch (irgend welche Art von) Verwandtschaft angehören; die Angehörigen. Die *cognati* und *consanguinei* gehören einander an durch Blutsverwandtschaft, jedoch so, daß die cognati in näherem Verhältnisse zu einander stehen, als Glieder derselben Familie, während consanguinitas eine weitere Blutsverwandtschaft, namentlich auch zwischen verwandten Nationen bezeichnet. *Agnati* sind in mehr technischem Sinne Verwandte von Vatersseite, denen man wohl die cognati als Verwandte mütterlicher Seits entgegenstellt, wiewohl dies Wort allgemeineren Sinn hat. *Affines* sind Verwandte durch Verschwägerung. *Gentilis*, wer zu derselben gens gehört, weniger in Rücksicht auf die Verwandtschaft, als auf die politische und religiöse Vereinigung derselben. Ut quisque te maxime *cognatione, affinitate, necessitudine* aliqua attingebat, ita maxime manus tua putabatur. Cic. Verr. II. 10. Omnia haec sunt officia *necessariorum*. Cic. Mur. 35. Si pietate *propinquitas* colitur, necesse est, iste, qui *affinem* fama ac fortunis spoliare conatus est, impium se esse fateatur. Cic. Quint. 6. Ameriae Roscii domus, uxor liberique erant, tot *propinqui cognatique* optime convenientes. Cic. Rosc. Am. 34. Ambarri *necessarii* et *consanguinei* Aeduorum erant. Caes. b. G. I. 11. Hominum genus consideratur . . . . *cognatione*, quibus maioribus, quibus *consanguineis*. Cic. inv. I. 24. Tuus *gentilis*, Brute, Marcus Pennus, C. Gracchum facile agitavit. Cic. Brut. 28. So nennt Cicero bloß in Rücksicht auf das nomen gentile, scherzweise den König Servius Tullius seinen *gentilis*. Tusc. I. 16.

393. Finitimus, confinis (conterminus, contiguus), vicinus — benachbart.

Finitimus ist das eigentliche und allgemeinste Wort zur Bezeichnung der Gränznachbarschaft von Ländern und Staaten, angränzend; jedoch auch im übertragenen Sinne zur Bezeichnung eines nahen Zusammenhangs ganz gebräuchlich. Ebenso wird das (namentlich im tropischen Sinne) etwas seltnere *confinis* gebraucht, von finitimus fast nur durch die Anschauung verschieden, indem die confines durch eine gemeinschaftliche Grenze verbunden, in einer Wechselseitigkeit gedacht werden (*confinio coniuncti*), die finitimi aber sich nur nahe berühren und fast als finibus dirempti gelten. Dasselbe bezeichnet mit einiger Verschiedenheit der Anschauung *conterminus* und *contiguus*; sie sind jedoch nur von Dichtern und spätern Schriftstellern gebraucht worden. Wie jene in Bezug auf Ländereien und Staaten, so bezeichnet *vicinus* den Nachbar in Bezug auf Haus und Hof. Die *vicinia* ist alsdann die Nachbarschaft als **Ortsbestimmung**, die **Nähe, nächste Umgebung**; die *vicinitas* als gesellschaftliches Verhältniß. Regnum Ariobarzanis *finitimum* est vestris vectigalibus. Cic. Man. 2. Metus est *finitimus* aegritudinis. Cic. Tusc. IV. 30. *Confines* hi erant: Senonibus civitatemque patrum memoria coniunxerant. Caes. b. G. VI. 3. Non modo civitas, sed ne *vicini* quidem proximi sentient. Cic. Cat. II. 10. Dialecticorum scientia *vicina* et *finitima* est eloquentiae. Cic. or. 32. In *vicinia* nostra Avernus lacus est. Cic. Tusc. I. 16. Amicitiae, consuetudines, *vicinitates* quid haberent voluptatis, carendo intellexi. Cic. red. Quir. 1. Conveniet autem in omni re contrahenda *vicinitatibus* et *confiniis* aequum et facilem esse. Cic. off. II. 18.

394. Praedo, latro, pirata — der Räuber.

Alle drei bekennen sich durch die That zum Räuberhandwerk, wodurch sie von dem, der in einem einzelen, bestimmten Falle etwas raubt, von dem raptor und direptor, verschieden sind. Unter ihnen selbst nun ist *praedo* der **allgemeine Name für jeden Räuber**, geschehe der Angriff in den Wohnungen, auf der Landstraße oder auf dem Meere; es liegt darin besonders die Rücksicht auf die durch den Raub zu machende Beute. *Latro* ist die besondere Bezeichnung für den **Straßenräuber**, namentlich in Rücksicht auf die Grausamkeit; *pirata* ist der **Seeräuber**, der praedo maritimus. Quis unquam *praedo* fuit tam nefarius, quis *pirata* tam barbarus, ut quum integram praedam sine sanguine habere posset, cruenta spolia detrahere mallet? Rosc. Am. 50. Non semper viator a *latrone*, nonnunquam *latro* a viatore occiditur. Cic. Mil. 2. Quaerimus, qualis in bello *praedonum praedo* ipse fuerit, qui in foro populi Romani *pirata* nefarius reperiatur. Cic. Verr. I. 59.

395. Praeda, spolia, exuviae, manubiae — die Beute.

Die Beute, insofern sie bloß als **eroberter Besitz oder Gewinn** angesehen wird, heißt *praeda;* insofern sie als **Sieges- und Ehrenzeichen** angesehen wird, *spolia*. Das Letztere ist freilich meistens nur bei erbeuteten Waffen der Fall (woher die spolia opima), wird jedoch auch allgemeiner von der Beute eines trotzigen Siegers überhaupt gesagt. *Exuviae* heißt die Beute als dem Feinde vom Leibe gerissene Kleider oder Waffen; jedoch ohne, wie spolia, so sehr die Ehre des Sieges hervorzuheben. *Manubiae* heißt die Beute nicht wie der Einzele sie dem Feinde entreißt, sondern als abgelieferte, dann theils verkaufte, theils vertheilte Beute; sodann ist es auch der Antheil des Einzelen, namentlich des Feldherrn. Dubitamus, quid iste in hostium *praeda* molitus sit, qui *manubias* sibi tantas ex Metelli *manubiis* fecerit? Cic. Verr. I. 59. Quis pirata tam barbarus fuit, ut quum integram *praedam* sine sanguine habere posset, cruenta *spolia* detrahere mallet? Cic. Rosc. Am. 50. Natura non patitur, ut aliorum *spoliis* nostras augeamus facultates. Cic. off. III. 5. Hunc locum (i. e. Rostra) maiores vestri *exuviis* nauticis et classium *spoliis* ornatum reliquerunt. Cic. Man. 18.

396. Transfuga, perfuga; (fugitivus, fugax) — der Überläufer.

Transfuga heißt der Überläufer überhaupt, insofern er die Parteien wechselt, zu der andern Partei übergeht; *perfuga* insofern er nun ein Feind seiner frühern Partei wird. Der *transfuga* wird mehr als bloßer desertor, der perfuga als *proditor* angesehen. *Fugitivus* hat, wie entlaufen, einen verächtlichen Nebensinn, und wird vorzugsweise von entlaufenen Sklaven gesagt, wogegen das mehr poetische profugus den aus der Heimat Flüchtigen überhaupt bezeichnet. *Fugax*, ebenfalls ein meist poetisches Wort, ist zum Fliehen geneigt und rasch fliehend, beides entsprechend unserm flüchtig. Non omnia ille *transfuga* ausus erat senatui dicere. Cic. divin. I. 44. Iste initio *proditor* fuit, deinde *perfuga*; primo sociorum consilia adversariis enuntiavit, deinde societatem cum ipsis adversariis coiit. Cic. Rosc. Am. 40. Non tam *fugitivi* illi a dominis erant, quam tu a iure et legibus. Cic. Verr. IV. 50. Als Verbum bezeichnet transfugere die bloße Handlung des transfuga, überlaufen, während perfugere nach einer anderen Wirkung des per, durch die Flucht irgendwo Rettung, eine Zuflucht suchen bedeutet.

II. NOMINA.

397. Diutinus, diuturnus, longinquus, remotus — lange, entlegen.

Die beiden ersten beziehen sich nur auf die Zeit, als Adjektive von *diu*, lange (von diu, bei Tage, ist *diurnus*, täglich, am Tage, Einem Tage angehörig; *quotidianus*, jedem einzelen Tage angehörig); sie werden oft verwechselt, doch bezeichnet *diutinus* öfter die lange Dauer als Last, langwierig; *diuturnus*, als Folge der Festigkeit, im Gegensatze des Wechselnden und Vergänglichen; dauernd. Longinquus bezieht sich zunächst auf den Raum, dann durch eine gewöhnliche Übertragung auch auf die Zeit; es wird dabei wesentlich auf die Weitläufigkeit des Zwischenraums oder der Zwischenzeit Rücksicht genommen, in jenem Falle entlegen und weitläufig, in diesem langanhaltend. Remotus enthält zuerst als Partizip die Rücksicht auf die Entstehung des Fernseins durch ein Entferntwordensein und weiset außerdem nur auf das Ende, nicht auf eine Beschaffenheit des Zwischenraums hin; auf die Zeit wird es nicht oft bezogen. Magnus ardor animos hominum occupavit desiderio libertatis odioque *diutinae* servitutis. Cic. fam. XI. 8. Nihil mihi *diuturnum* videtur, in quo est aliquid extremum. Cic. sen. 19. Hostes ex locis tam *longinquis* tamque diversis omnes Pompeio se dederunt. Cic. Man. 16. Quae extis, quae fulguribus . . . praesentiuntur, haec notata sunt observatione *diuturna*. Affert autem vetustas omnibus in rebus *longinqua* observatione incredibilem scientiam. Cic. divin. I. 49. *Remotis* arbitris ad se adolescentem iussit venire. Cic. off. III. 31. Tu a Ti. Gracchi aequitate ac pudore longissime *remotus* es. Cic. agr. II. 12.

398. Totus, integer, cunctus, universus, omnis — ganz, all.

Totus und *integer* unterscheiden sich von den übrigen Synonymen wesentlich dadurch, daß jene eine ursprüngliche Ganzheit bezeichnen, woraus erst die Theile entstehen; diese aber von den Einzelheiten ausgehen und das Ganze als die Summe seiner Bestandtheile darstellen. Totum bezeichnet dann besonders das Ganze als Einheit und Vollkommenheit, im

II. NOMINA.

Gegensatz zu den Theilen und Stücken; *integrum* das Ganze als Unverletztes, im Gegensatz zu Verstümmeltem und Verdorbenem. Von den drei letzteren schließt sich *cunctus* zunächst an totus an und bezeichnet demnach eine innigere Ganzheit, als universus und omnis. Es ist ganz gleichbedeutend mit totus, nur daß bei *cunctus* das Ganze als eine Vereinigung der Theile gedacht wird; auch liegt darin eine Verstärkung, die wir im Deutschen meistens zum Prädikate fügen, durch den Zusatz von zusammen, auf ein Mal, einstimmig. *Universus* bezieht sich auf eine Gesammtheit im Gegensatze zur Vereinzelung, omnis auf eine Vollzähligkeit der Einzelen im Gegensatze zu Ausnahmen; die *universi* sind den singulis und dispersis, die omnes dem nemo, unus und aliquot entgegengesetzt. Octavius mihi *totus* deditus est (keins der andern ist hier zulässig). Cic. Att. XIV. 11. Haec omnia salvis populi Romani sociis atque *integris* vectigalibus gesta sunt. Cic. Man. 8. In *integro lotu* res est. Cic. Verr. II. 39. Imminent duo reges *toti* Asiae ...; civitates autem *omnes*, *cuncta* Asia atque Graecia, vestrum auxilium exspectare coguntur. Cic. Man. 5. Nemo *cunctam* terram intuens de divina ratione dubitabit. Cic. n. d. II. 39. *Tota* mente Crassum atque *omni* animo intuebatur. Cic. or. II. 21. Unum debet esse *omnibus* propositum, ut eadem sit utilitas *uniuscuiusque* et *universorum*. Cic. off. III. 6. Quid quisquam potest ex *omni* memoria sumere illustrius, quam pro uno cive *omnes* privato consensu, et *universum* senatum publico consilio mutasse vestem? Cic. Sest. 12. Quos *singulos* sicut operarios barbarosque contemnas, eos esse aliquid putabis *universos*? Cic. Tusc. V. 36. cf. Tac. Agr. 12.

399. Utilis, idoneus, aptus, opportunus, habilis — brauchbar, geschickt.

Utilis hat die ganz allgemeine Bedeutung nützlich, ohne daß eine besondere Bestimmung wozu dabei nothwendig wäre, wie dies bei idoneus und aptus der Fall ist. Der *idoneus*, geeignet, ist von Natur geschickt etwas zu leiden; der aptus, passend, tüchtig, durch Kunst, Übung u. s. w. geschickt etwas zu thun; das idoneum kann man zu seinem Zwecke brauchen;

das **aptum** soll selbst, oder doch selbst mit handeln; aber auch in passivem Sinne wird eine künstliche Angemessenheit nur durch aptus ausgedrückt. *Habilis* bezieht sich auf eine Brauchbarkeit, die bloß in der **Bequemlichkeit und leichten Beweglichkeit** besteht. Opportunus ist gleichbedeutend mit idoneus, jedoch mit der Einschränkung, daß das *opportunum* sich als solches **zufällig darbietet** in dem Augenblicke, wo man es brauchen kann. Die *opportunitas* wird so mit der occasio synonym, nur daß diese die Gelegenheit etwas zu thun bloß in Rücksicht auf die Zeit, jene die **gute Gelegenheit etwas bequem zu thun in Rücksicht auf alle Umstände** bezeichnet. Nunquam est *utile* peccare. Cic. off. III. 15. Ratio mensque sapientis *idonea* est ad iubendum et ad deterrendum. Cic. leg. II. 4. Locus ad aciem instruendam *opportunus* atque *idoneus* erat. Caes. b. G. II. 5. Coelius erat homo neque doctus, neque maxime *aptus* ad dicendum ... Thucydides verbis *aptus* et pressus est. Cic. or. II. 13. Occasio est pars temporis, habens in se alicuius rei *idoneam* faciendi aut non faciendi *opportunitatem*. Cic. inv. I. 27. Si mihi calceos Sicyonios attulisses, non uterer, quamvis essent *habiles* et *apti* ad pedem, quia non essent viriles. Cic. or. I. 54. Falernum mihi semper *idoneum* visum est deversorio. Cic. fam. VI. 19.

400. Mollis, luxuriosus, effeminatus — weichlich.

Mollis hat den ganz **allgemeinen** Sinn von weich; **löblich** wo die Weichheit am rechten Orte ist, doch öfter **tadelnd,** da der Römer meistens Festigkeit und Strenge verlangt (vergl. lenis, Nro. 209); in jenem Falle, **sanft, milde**; in diesem **weichlich.** Die Weichlichkeit des *luxuriosus*, des Üppigen, zeigt sich in einer **übergroßen Reichlichkeit und Pracht** in seiner Erscheinung und seinen Genüssen. Der mollis **empfängt leicht und fühlt tief** jeden Eindruck; der luxuriosus **sucht alle sinnlichen Genüsse und giebt sich ihnen hin.** Nur in einer gewissen gemüthlichen Übertragung, wie luxuriosa frumenta (Cic. or. 24.), luxuries in oratione, ut in herbis (Cic. or. II. 23.) kann das Wort seinen tadelnden Sinn verlieren. Diese Üppigkeit und Verschwendung selbst heißt *luxus*, die Freude daran und die Neigung zu derselben *luxuries*. Das Weichliche, insofern es sich als weibliche Schwäche zeigt, heißt *effeminatum*, namentlich wenn, der partizipalen Bedeutung gemäß, die **Entstehung der Weichlichkeit, der Verweichlichung**, hervorgehoben werden soll; von *enervatus*, **entnervt**, ist es nur durch die veränderte Anschauung verschieden. Bloß auf **Verschwendung** bezieht sich *prodigus*, auf **liederliche Unordentlichkeit des Lebens überhaupt** *dissolutus*. In Quinto, fratre meo, quam *mollis* animus sit et ad accipiendam et ad deponendam offensionem, nihil attinet me ad te, qui nosti, scribere. Cic. Att. 1. 17. Quis hoc philosophus tam *mollis*, tam languidus, tam *enervatus*, tam omnia ad voluptatem doloremque corporis referens, probare posset? Cic. or. I. 52. Multa et lauta supellex fuit et magnifica multis locis, non illa quidem *luxuriosi* hominis, sed tamen abundantis. Cic. Phil. II. 27. Homo *effeminatus* fortissimum virum conabatur occidere. Cic. Mil. 33. In his rebus ne quid *effeminatum* aut *molle* sit. Cic. off. I. 35.

401ª· Ludus, (schola), lusus, lusio, iocus —
 Das Spiel, der Scherz.

Ludus, lusus und *lusio* sind von *iocus* wesentlich dadurch unterschieden, daß jene, wie **Zeitvertreib und Zerstreuung**, mehr als **Beschäftigung und Mittel gegen die Langeweile**, *iocus* aber, wie **Scherz und Spaß**, mehr als einzelner Ausfluß der **Laune und des Witzes** angesehen wird. *Ludus* aber heißt das Spiel vorzugsweise **objektiv**, als eine Einrichtung betrachtet; **subjektiv** betrachtet, als **Handlung**, wofür wir bestimmter das **Spielen** sagen, heißt das Spiel bei Cicero nur *lusio*, bei andern häufiger *lusus*. Alle drei beziehen sich eigentlich auf **Thaten**, wie die *ioci* und *ioca* auf **Wortscherze**. Von den **Schauspielen** und allen öffentlichen Spielen braucht man nur *ludi*. Der Singular *ludus* aber wird auch synonym mit *schola*; doch ist jenes eine **niedere Schule**, in der bloß **spielähnliche Exerzitien** vorkommen, wie die **Fechtschule** oder eine **Schule für Kinder, die lernen müssen**; *schola* dagegen bezeichnet außer der **allgemeinen Bedeutung** auch speziell die **höhere Schule für Jünglinge**, worin **entwickelnd gelehrt** wird. Zum ludus gehören nur discipuli und ein ludimagister, zur schola außer den discipulis die auditores und der doctor. **Tropisch** bezeichnet ludus, wie unser ein

Spiel, eine Kleinigkeit. Ad pilam se aut ad talos aut ad tesseras conferunt, aut etiam novum sibi ipsi aliquem excogitant in otio *ludum*. Cic. or. III. 15. *Ludo* et *ioco* uti quidem licet, sed ut somno et ceteris quietibus. Cic. off. I. 29. *Ludi* gymnici, Osci, Romani cet. *Ludis* zur Zeit der Spiele. Cic. Phil. VI. 4. Illa perdiscere *ludus* esset. Cic. fin. I. 8. Ducebam mecum Ciceronem meum in *ludum*, discendi, non *lusionis*. Cic. Qu. fr. III. 4. extr. Infantes *lusionibus* vel laboriosis delectantur. Cic. fin. V. 20. Nudi iuvenes per *lusum* et lasciviam currebant. Liv. I. 5. *Lusus* aleae bei Suet. Calig. 41., aber *lusio* pilae bei Cic. or. I. 16. *Ioca* tua plena facetiarum sunt. Cic. Att. XIV. 14. Illis ius iurandum *iocus* est, testimonium *ludus*. Cic. Flacc. 5. *Ioca seria*, Scherz und Ernst. Cic. fin. II. 26. Extra *iocum*. Cic. fam. VII. 16. und 32. Remoto *ioco*. Id. ib. 11.

401 b. Ludio, histrio, actor, comoedus, tragoedus
— der Schauspieler.

Der *ludio* oder *ludius*, der Spieler, ist mehr ein Spaßmacher als Künstler, ein Kunststückmacher, der dabei allerlei Einfälle improvisirt. Die sämmtlichen übrigen Wörter bezeichnen den Schauspieler von Fach; und zwar *histrio*, Schauspieler, im Allgemeinen als Ausüber dieses Geschäftes; *actor* als Darsteller einer Rolle durch Wort, Haltung und Handlung; *comoedus* und *tragoedus* zunächst als Schauspieler in der Komödie oder Tragödie, als Komöde, als Tragöde. Bei dem *actor* tritt mehr das Spiel, bei dem *comoedus* und *tragoedus* mehr die Wirksamkeit durch Wort und Vortrag in den Vordergrund. Der *actor* ist ferner nicht immer, der *histrio* sogar oft nicht ein geachteter Künstler; wohl aber der *comoedus* und *tragoedus*, indem nur gute Künstler für ihr Spiel die Gattung der Stücke selbst wählen und sich der einen Gattung ausschließlich widmen konnten. *Ludiones* ex Etruria acciti ... Vernaculis artificibus, quia *hister* Tusco verbo *ludio* vocabatur, nomen *histrionibus* inditum. Liv. VII. 2. *Histriones* eos vidimus, quibus nihil posset in suo genere esse praestantius, qui non solum in dissimillimis personis satisfaciebant, quum tamen in suis versarentur; sed et *comoe-*

dum in tragoediis et *tragoedum* in comoediis admodum placere videmus. Cic. or. 32. In oratore acumen dialecticorum, sententiae philosophorum ... vox *tragoedorum*, gestus paene summorum *actorum* est requirendus. Cic. or. I. 28. Perbrevi tempore, qui ne in novissimis quidem erat *histrionibus*, ad primos pervenit *comoedos*. Cic. Rosc. Com. 11.

402. Sponsor, praes, vas — der Bürge.

Sponsor gehört dem gewöhnlichen Leben fast mehr an als dem Gerichte; seine Bedeutung ist die eines Verbale von spondeo. *Praes* und *vas* gehören eigentlich ganz in die Rechtsalterthümer. Gemeiniglich ist *praes* der Bürge in Zivilsachen (causis privatis, Prozessen um Mein und Dein); *vas* dagegen der Bürge in Kriminalsachen (causis publicis). De tuo negotio, quod *sponsor* es pro Pompeio, si Galba *consponsor* tuus redierit, non desinam cum illo communicare. Cic. fam. VI. 18. Sunt lites aestimatae Gabinio: nec *praedes* dati, nec ex eius bonis, quanta summa litium fuisset, a populo recepta est. Cic. Rab. Post. 4. *Vas* factus est alter eius sistendi, ut si ille non revertisset, moriendum esset ipsi. Cic. off. III. 10. Quis subit in poenam *capitali* iudicio? *vas*. Quid si lis fuerit *nummaria*, quis dabitur? *praes*. Auson. Idyll. XII. 100.

403. Sponsio, pactio, foedus, societas — der Vertrag.

Sponsio ist als Verbale zu spondeo nur ein feierlicheres Versprechen; in der Bedeutung von Vertrag ist es demnach nur für die eine Seite verpflichtend, während die andere ein Recht bekommt. Bei Cicero wird das, was der sponsio gemäß geschehen oder Statt finden soll, meistens durch einen Bedingungssatz (mit ni, wenn behauptet, mit si, wenn geläugnet wird), das, was zum Pfande gesetzt wird, mit de ausgedrückt; manchmal bekommt es so den Sinn einer Wette. *Pactio* ist ein gegenseitiger Vertrag, meistens nicht zwischen Staaten als solchen, sondern zwischen Personen, und zwar nicht sowohl in Rücksicht auf die dadurch entstehende Verbindung, als auf die Festsetzungen und Bedingungen derselben. *Foedus* ist ein feierlicher Vertrag, besonders zwischen

Staaten, als die freundschaftliche Verbindung derselben, das Bündniß, zu wechselseitiger Sicherheit. *Societas* ist eine Verbindung zu gemeinschaftlicher Unternehmung; sie braucht nicht durch einen förmlichen Vertrag geschlossen zu werden, sondern beruht oft auf bloßer Übereinkunft, wie societas generis humani. Cic. n. d. I. 2. Voti *sponsione* deo obligamur. Cic. leg. II. 16. Iubet P. Quintium cum Sex. Naevio *sponsionem* facere: ni bona sua ex edicto Burrieni praetoris dies XXX possessa essent. Cic. Quint. 8. *Sponsione* lacessere, vincere. Cic. Verr. III. 57. Quint. 26. Consules profecti ad Pontium in colloquium, quum de *foedere* victor agitaret, negarunt iniussu populi *foedus* fieri posse, nec sine fetialibus caerimoniaque sollemni. Itaque non, ut vulgo credunt, *foedere* pax Caudina, sed per *sponsionem* facta est. Liv. IX. 5. C. Memmius *pactionem* in senatu recitavit, quam ipse et suus competitor cum consulibus fecissent. Cic. Att. IV. 18. Utinam, Cn. Pompei, cum C. Caesare *societatem* aut nunquam coisses, aut nunquam dirimisses. Cic. Phil. II. 10. Ego nullam *societatem* cum importunissimo hoste *foedere* ullo confirmari posse credidi. Cic. Phil. II. 35.

404. Ambitio, ambitus — das Umhergehen, der Ehrgeiz.

Ambitio ist zunächst zwar wohl von dem Umhergehen der Amtskandidaten gesagt, bezeichnet aber diese Bewerbung um das Amt, insofern sie durch ein Gesetz nicht verpönt war; dann ist es allgemein der Ehrgeiz. *Ambitus* ist in dieser politischen Bedeutung die nach dem Gesetze strafbare Bewerbung um ein Amt, durch Bestechung u. s. w. Doch wird es auch in seiner eigentlichen Bedeutung von dem Umgang der Sterne (Cic. n. d. II. 19.), dem Umfang der Häuser (top. 4.), der Satzperioden (Brut. 44. or. III. 48.) gesagt. Quid de nostris *ambitionibus*, quid de cupiditate honorum loquar? Cic. Tusc. II. 26. In Laelio multa hilaritas erat; in eius familiari Scipione *ambitio* maior, vita tristior. Cic. off. I. 30. Quid mihi damnatos *ambitus* colligitis, quum illi ipsi debuerint potius de pecuniis repetundis, quam *ambitus* accusari? Cic. Cluent. 41. Lex *ambitus*. Cic. Mur. 2.

405. Merces, pretium, praemium — der Preis.

Merces ist der vorher festgesetzte und verdiente Preis für eine Leistung durch persönliche Dienste oder durch Vermiethung, oft mit einem verächtlichen Nebensinne, der Lohn. *Pretium* ist allgemein der Preis, der gegeben wird; dann besonders der Kaufpreis für eine abgetretene Waare; dann auch der Werth der Dinge in Hinsicht des Kaufes und Verkaufes. *Praemium* ist ein Ehrenpreis, welcher den Empfänger vor anderen auszeichnen soll, die Belohnung. Iste magister tanta *mercede* nihil sapere docuit. Cic. Phil. II. 4. Nulla Lacedaemone tam est nobilis vidua, quae non ad scenam eat, *mercede* conducta. Nep. praef. Videris mihi una *mercede* duas res assequi velle. Cic. Rosc. Am. 29. *Pretio* adducta civitas, et *pretio* parvo, ea, quae accepit a maioribus, vendidit. Cic. Verr. IV. 60. Annona non habet *pretium*. Cic. Verr. III. 98. *Pretio* ac *mercede* minuisti maiestatem rei publicae. Cic. Verr. V. 20. Legibus et *praemia* proposita sunt virtutibus et supplicia vitiis. Cic. or. I. 58. *Praemia* mihi tanta pro mea industria sunt data, quanta antea nemini. Cic. Mur. 4. Liberalitas gratuitane est an *mercenaria*? Si sine *praemio* benigna est, gratuita; si cum *mercede*, conducta ... Item iustitia nihil expetit *praemii*, nihil *pretii*. Cic. leg. I. 18. Das Miethen selbst ist nach den angeführten Beispielen con-ducere; conducticius für *mercenarius* ist indeß selten.

406. Donum, munus — das Geschenk.

Das allgemeine Wort für Geschenk in jeder Bedeutung ist *donum*; insofern aber das Geschenk eine Verbindlichkeit mit sich bringt und als ein Beweis der Gewogenheit und Gnade angesehen wird, heißt es *munus*. Dona kann ein jeder jedem anderen geben, munera giebt man nur den Befreundeten (oder denen, die man als solche ansieht oder dazu machen will) und den Untergeordneten. Non intermittebas quasi *donum* aliquod quotidie afferre rei publicae; maximum autem illud, quod dictaturae nomen sustulisti. Cic. Phil. I. 13. Quem (Antiochum regem) quum Verres audisset multa praeclara secum habere, mittit homini *munera.* Cic. Verr. IV. 27. Suo iure noster ille Ennius sanctos appellat poetas, quod quasi deorum aliquo *dono* atque *munere* commendati nobis esse videantur. Cic. Arch. 8.

407. Benignitas, beneficentia, liberalitas, munificentia, largitio — die Güte, die Freigebigkeit.

Zunächst bezeichnen *benignitas* und *liberalitas* dasselbe mehr als Gesinnung, was *beneficentia* und *munificentia* als Handlungsweise ausdrücken. Die *benignitas* aber giebt und handelt aus rein menschlicher Güte, aus Liebe gegen die Mitmenschen; die *liberalitas* aber folgt beim Geben mehr einem edlen Stolze und Selbstgefühle, um ihrem Ansehen und ihrer Würde nichts zu vergeben. Die benignitas beweiset sich schon in liebevoller Aufopferung; *beneficentia* aber ist erst dort, wo die Handlung der benignitas die erwünschten Früchte bringt und wohlthätig wirkt. Der *liberalis* giebt aus freier Unbefangenheit und ohne engherzige Berechnung viel, und zwar so viel, als er angemessen findet; der *munificus* dagegen giebt aus Freude am Schenken, auch allenfalls, um dadurch zu glänzen, eher überreichlich, als wenig. Die beneficentia will helfen; die *munificentia* will schenken. Sie alle sind aber immer etwas Schönes, und dadurch wesentlich verschieden von der *largitio*, der Freigebigkeit aus Verschwendung oder aus eigennützigen Absichten. *Beneficus* est, qui alterius causa *benigne* facit. Cic. leg. I. 18. *Liberales* sunt, qui suis facultatibus aut captos a praedonibus redimunt, aut aes alienum suscipiunt amicorum, aut in filiarum collocatione adiuvant, aut opitulantur in re vel quaerenda vel augenda. Cic. off. II. 16. Convenit, quum in dando *munificum* esse, tum in exigendo non acerbum. Cic. off. II. 18. Iustitiae coniuncta est *beneficentia*, quam eandem vel *benignitatem* vel *liberalitatem* appellari licet (munificentia würde an sich schon hierzu nicht gehören; das Wort ist aber überhaupt von Cicero vermieden). Cic. off. I. 7. De ambitu raro illud datur (wird von dem Verklagten zugestanden), ut possis *liberalitatem* ac *benignitatem* ab ambitu atque *largitione* seiungere. Cic. or. II. 25.

II. NOMINA.

408. Cachinnus, cachinnatio, risus — das Gelächter.

Cachinnus und *cachinnatio* bezeichnen ein **lautes** und **heftiges** Gelächter, wie man es **unschicklich** findet; *cachinnus* aber ist ein solches Gelächter **objektiv**, als eine Erscheinung und **Sache** betrachtet; *cachinnatio* **subjektiv**, als **Handlung**. Den subjektiven und objektiven Sinn zugleich enthält *risus*, das **Lachen**, insofern es sich auch, und zwar vorzugsweise, in den **Mienen** zeigt. Cachinnus und cachinnatio sind eigentlich bloß eine Erschütterung der **Stimme**, risus dagegen das Lachen als **Folge** und **Ausdruck** einer **Affektion**. Daher auch nur *irridere*, **verlachen**; *subridere*, **lächeln** u. s. w. Zopyrus physiognomon mulierosum esse Socratem dixit; in quo Alcibiades *cachinnum* dicitur sustulisse. Cic. fat. 4. Si *ridere* concessum est, vituperatur tamen *cachinnatio*. Cic. Tusc. IV. 31. *Ridere* convivae, *cachinnare* ipse Apronius (inf. hist.). Cic. Verr. III. 25. *Risus* populi atque admurmuratio facta est. Cic. Verr. IV. 12.

409. Aereus, aheneus — ehern.

Die Angabe, daß *aereus* der **naturhistorische** Ausdruck sei, mit Hinsicht auf den **Stoff**, wie **ehern** oppos. eisern; *aheneus* aber ein **technischer**, mit Hinsicht auf die **Plastik**, wie **von Erz** oppos. von **Marmor** ꝛc. wird sich aus der guten Prosa schwerlich erweisen lassen. In der guten Prosa war bloß *aheneus* gebräuchlich, *aereus* zuweilen in der spätern Prosa, *ahenus* bloß in der Poesie. Man sagte später nummi *aerei*, **Kupfermünzen**, wofür niemals nummi ahenei gebraucht worden; in der besten Sprache bezeichnet man dies durch den Gen. *aeris*.

410. Duo, ambo, uterque, utervis, uterlibet — beide.

Duo ist **zwei** als eine bloße **Vielheit** gedacht, wofür wir unter Umständen, namentlich wenn von zwei **bekannten** Dingen gesprochen wird, auch **die beiden** anstatt **die zwei** sagen; z. B. im Beginne einer Erzählung: **die beiden** Pythagoreer, Damon und Phintias u. s. w. Lateinisch **nur** Damon et Phintias, *duo* Pythagorei cet. *Ambo* und *uterque* aber stellen, wie unser **beide**, die Zweiheit als eine Allheit dar; es sind die einzigen Zwei, aber nicht aus vielen genommen, sondern es werden gar nicht mehr, als zwei, gedacht. In *ambo* aber werden diese beiden als zwei Hälften, und demnach als Ein Ganzes angesehen; in *uterque* aber gelten die beiden als zwei selbständige Einheiten. In *uterque* ist eine **Entgegenstellung** der Subjekte enthalten, in *ambo* eine **Gemeinsamkeit** derselben nach Zeit, Raum oder Verhältnissen. Wie aber uterque **verbindend**, unus *et* alter, so ist *utervis* und *uterlibet* **trennend**, wie unus *vel* alter; die beiden letztern unter sich nach ihren letzten Bestandtheilen so unterschieden, wie voluntas und libido, indem bei *utervis* mehr eine **besonnene** Wahl, bei *uterlibet* ein **blindes** Zugreifen vorausgesetzt wird. Von *alteruter* sind sie scharf geschieden dadurch, daß jene **beides** gestatten, *alteruter* aber **eins ausschließt**; wir können das Letztere daher nicht durch beide, sondern nur durch einer von beiden ausdrücken, wie necesse est, *alterum utrum* vincere. Cic. fam. VI. 3. Praeter *duo* nos loquitur isto modo nemo. Cic. fam. VII. 25. Hic, qui *utrumque* probat, *ambobus* debuit uti. Cic. fin. II. 7. De Laelii et Scipionis ingenio ea iam opinio est, ut plurimum tribuatur *ambobus* ... Sed etsi *utrique* primas, priores tamen libenti deferunt Laelio. Cic. Brut. 21. *Duae* res vehementer in praetura desideratae sunt, quae *ambae* in consulatu Murenae profuerunt ... Horum *utrumque* ei fortuna reservavit (ambo koordinirt, uterque mit dem Genitiv). Cic. Mur. 18. – A ceteris ita petitum est ut dicerent, ut *utrumvis* salvo officio se facere posse arbitrarentur. Cic. Rosc. Am. 1. In aurem *utramvis* otiose dormias; man denke sich hier ein utramquel Ter. Heaut. II. 2. 101. *Utrumlibet* elige; alterum incredibile est, alterum nefarium; et ante hoc tempus *utrumque* inauditum. Cic. Quint. 26.

411. Quisque, quivis, quilibet, unusquisque — jeder.

Die drei ersten verhalten sich ganz genau, wie uterque, utervis und uterlibet. Quisque umfaßt immer **mehrere** Gegenstände. quivis und quilibet dagegen nur **Einen** von vielen, aber jeden beliebigen. *Quisque* aber wird in der guten Prosa nur als eine Art Enklitika behandelt, und steht dann immer nach einem Worte, namentlich nach den Relativen und Reflexiven (sui, sibi, se, suus), nach den Ordinalzahlen und Superlativen. Sobald der Begriff Nachdruck bekommt, muß *unusquisque* eintreten, das von *omnes* dadurch verschieden ist, daß es weniger die Vollzähligkeit, wie dieses, sondern wesentlich die Vereinzelung aller hervorhebt, im Gegensatze zu universi. Quo *quisque* est ingeniosior, eo docet laboriosius. Cic. Rosc. Com. 11. Quinto *quoque* anno Sicilia censetur. Cic. Verr. II. 56. Non omnia dicam et leviter *unumquodque* tangam. Cic. Rosc. Am. 30. Simonides dicitur ex eo, quo eorum loco *quisque* cubuisset, demonstrator *uniuscuiusque* sepeliendi fuisse. Cic. or. II. 86. *Quidvis* potius, quam ut non hac aestate absolvatur. Cic. Att. XIII. 26. Vita agenda est certo genere quodam, non *quolibet*. Cic. fin. III. 7.

412. Alius, alter, ceterus, reliquus — ander, übrig.

Alius, ein anderer, bezeichnet einen von den vorher bezeichneten geschiedenen, aber sonst ganz unbestimmt gelassenen Gegenstand, der durch *alter* wenigstens insoweit bestimmt ist, daß es hierbei nur ein zweiter sein kann; dahingegen *ceterus* und *reliquus* alles von dem bezeichneten Gegenstande Geschiedene umfassen. *Ceterus* aber bezeichnet das Übrige im Gegensatze zu dem schon Genannten, *reliquus* bloß als den anderen Theil, den Rest des Ganzen; daher heißt auch das adversative übrigens nur *ceterum*, nie reliquum; jenes entspricht unserm sonstig und sonst, dies unserm übrig. Beides steht mit argentum verbunden Cic. Verr. IV. 22. Verres sah eine silberne patella, in qua sigilla erant egregia; und sigillis avulsis *reliquum* argentum reddidit; Eupolemus hatte bei einer andern Mahlzeit das sonstige Silberwerk (*ceterum* argentum) purum und nur zwei Becher cum emblematis auftragen lassen; welche emblemata sich Verres wieder zueignete. Ebenso wird durch den Plural *alii* eine unbestimmte Menge aus den von dem in Rede Stehenden geschiedenen Dingen bezeichnet, durch *ceteri* und *reliqui* aber alle Übrigen, und zwar durch *ceteri* für sich als selbständige Individuen, durch *reliqui* als der Rest; daher werden die ceteri den Genannten **gleich** geachtet; die reliqui, eben weil sie nicht genannt werden, gelten für un= bedeutender. Ceterus kann natürlich (wie sonstig) nicht als Prädikat vorkommen (nicht ceterum est, ut cet.), auch überhaupt im Singular nicht anders, als bei kollektiv ge= faßten Wörtern. Qui discedere animum censent, *alii* statim dissipari, *alii* diu permanere, *alii* semper. Cic. Tusc. I. 9. Si cum *altero* (mit einem andern d. i. einem Zweiten) contrahas, vita officio vacare non potest. Cic. off. I. 2. At eam tibi Verres fecit iniuriam, quae *ceterorum* quoque animos posset alieno incommodo commovere. Cic. Caecil. 17. Adhibenda est igitur quaedam reverentia adversus homines, et optimi cuiusque et *reliquorum*. Cic. off. I. 28. Restare tibi videbatur servorum nomen, quo, quasi in portum, reiectus a *ceteris* suspitionibus, confugere posses. Cic. Rosc. Am. 29. A villa in senatum arcessebantur et Curius et *ceteri* senes. Cic. sen. 16.

413. Venenum, virus — das Gift.

Das allgemeine Wort für Gift ist *venenum*, sei es ein natürliches oder ein künstlich bereitetes; jedoch denkt man es sich meistens als etwas Heimliches und Verführerisches. *Virus* (ohne Plur.) ist immer nur ein natürliches, nie ein be= reitetes Gift; es gilt als etwas Bitteres und Widerliches. Beide bezeichnen aber nur ein flüssiges Gift; ein trockenes Gift wird man nur durch eine Umschreibung mit venenum ausdrücken dürfen; denn auch das Griechische, bei Dichtern und spätern Prosaikern vorkommende Wort *toxicum* ist nur ein flüssi= ges Gift, meist ein Gifttrank. Socrates Critiae, cui *venenum* praebiberat, mortem est eam auguratus, quae brevi consecuta est. Cic. Tusc. I. 40. *Venenum* parare. Cic. Coel. 21. Tribuni plebem agitabant suo *veneno*, lege agraria. Liv. II. 52. Si quis ea asperitate est et immanitate naturae, congressus ut hominum fugiat atque oderit, qualem fuisse Athenis Timonem nescio quem accepimus: tamen is pati non possit, ut non anquirat aliquem, apud quem evomat *virus* acerbitatis suae. Cic. am. 13.

II. NOMINA.

414. Passus, gradus, gressus — der Schritt.

Passus ist in der guten Sprache der Raum, der passis pedibus bespannt wird, der Schritt oder eigentlich der Doppelschritt, als Längenmaß; *gradus* ist der Schritt als eine bestimmte Art der Fortbewegung lebender Wesen, durch das feste Vorwärtssetzen des Fußes; der Tritt; dann auch die feste Stellung eines Menschen; ferner die Stufe. *Gressus* ist ein verstärktes gradus; es ist der Schritt als Gang; gradus steht nur im Gegensatze von Kriechen, Hüpfen, Fliegen u. s. w.; *gressus* bezieht sich aber auf die Verschiedenheiten der schreitenden Gänge unter einander, auf den Charakter des einzelen schreitenden Gehens. Se mensum pedibus aiebat *passuum* quattuor millia. Cic. Qu. fr. III. 1. 2. Ad hanc (mundi) conversionem, quae pedibus et *gradu* non egeret, (deus) *ingrediendi* membra non dedit. Cic. Tim. 6. Cavendum est, ne tarditatibus utamur in *gressu* (andere *ingressu*, welches doch auch überhaupt gewöhnlicher ist) mollioribus. Cic. off. I. 36.

415. Fames, esuries, inedia — der Hunger.

Fames ist der Hunger als quälendes Gefühl und heftiges Verlangen nach Nahrungsmitteln; *esuries* (sehr selten) ist der Hunger als Eßlust; oft sogar ein angenehmes Gefühl, wie bei uns der Appetit; *inedia* ist der Hunger als bloßes Nichtessen, weil man nach Essen nicht verlangt, oft wie Fasten. Avis inclusa in cavea et *fame* enecta est. Cic. divin. II. 35. *Famem* sitimque depellere, explere. Cic. Pompeius peneticam (Hungerkur) fecit usque eo, ut ego miserer cius *esuriei*. Coel. in Cic. fam. VIII. 1. var. lect. Regulus in potestate hostium vigiliis et *inedia* necatus. (Regulus, als vir sapiens, verlangte in seiner Lage nicht nach Speise). Cic. fin. V. 27. Minturnenses Marium, fessum *inedia* fluctibusque, recrearunt. Cic. Planc. 10. Tropisch für Hunger, als heftiges Verlangen nach etwas, kann demgemäß nur fames gebraucht werden; jedoch so ist es fast nur poetisch.

416. Conclave, cubiculum — das Zimmer.

Conclave wird das Zimmer genannt in Rücksicht darauf, daß es verschließbar ist; *cubiculum* in Rücksicht darauf, daß es zum Aufenthalt und zum Ausruhen bestimmt ist. Quum cenatus cubitum in idem *conclave* cum duobus adolescentibus filiis isset, inventus est mane iugulatus. (Hier kommt auf die Verschließbarkeit des Raumes viel an.) Cic. Rosc. Am. 23. Polemarchus, quum Verres etiam cubaret, in *cubiculum* introductus est. Cic. Verr. III. 23. *Cubicula* nocturna et diurna (Wohn- und Schlafzimmer, denn auch bei Tische lag man). Plin. ep. I. 3. 1.

417. Fel, bilis — die Galle.

Fel ist die Galle im **thierischen** Körper, bilis die Galle im **menschlichen** Körper. Tropisch wird fel nur von Dichtern gebraucht, und zwar ganz allgemein, sowohl in Rücksicht auf den Zorn, als auf die **Bitterkeit und das Gift** der Galle. Bilis dagegen wird auch in der Prosa als Symbol des Zornes gebraucht. *Fel* caprinum, vel scrofinum. Plin. n. h. XXVIII. 46. Omnia vipereo spicula *felle* linunt. Ovid. Pont. I. 2. 18. *Fel* gallinaceum. Cic. Quum pituita redundat aut *bilis*, in corpore morbi nascuntur. Cic. Tusc. IV. 10. *Bilem* id commovet latoribus legis curiatae. Cic. Att. II. 7.

418. Fulgur, fulmen — der Blitz.

Fulgur heißt der Blitz in Rücksicht auf den plötzlichen **Lichtstrahl**, *fulmen* in Rücksicht auf den zerschmetternden **Feuerstrahl**. Demgemäß wird, wenn das Zerstörende des Blitzes in Betracht kommt, in der Prosa nur fulmen gebraucht; wenn das bloße Licht bezeichnet werden soll, wie beim **Wetterleuchten**, fulgur, statt dessen minder gute Schriftsteller auch fulguratio, fulgetrum und fulgetra gebrauchen. Placet Stoicis, eos anhelitus terrae, qui frigidi sint, quum fluere coeperint, ventos esse; quum autem se in nubem induerint eiusque tenuissimam quamque partem coeperint dividere atque dirumpere, idque crebrius facere et vehementius, tum et *fulgura* et *tonitrua* exsistere; si autem nubium conflictu ardor expressus se emiserit, id esse *fulmen*. Cic. divin. II. 19.

419. Gutta, stilla — der Tropfen.

Gutta ist das gewöhnliche Wort und bezeichnet den natürlichen, namentlich den Waſſer- und Blutstropfen; *stilla* iſt das ſeltenere Wort und bezeichnet den Tropfen anderer, namentlich künſtlich gemachter Feuchtigkeiten, daher auch den Tropfen als Maß. Terrentur animi *guttis* imbrium quasi cruentis. Cic. n. d. II. 5. *Gutta* cavat lapidem; consumitur annulus usu. Ovid. Pont. IV. 10. 5. Interit magnitudine maris Aegaei *stilla* muriae (Salzlake). Cic. fin. III. 14. Ternis *stillis* adipis additis in oleum. Plin. n. h. XXIX. 22.

420. Latebra, latibulum — der Schlupfwinkel.

Latebra bezeichnet die Verborgenheit als den Ort, wo man ungeſehen und zurückgezogen leben kann, oft ganz angenehm, ſowohl im eigentlichen Sinne, als auch im tropiſchen für eine Entſchuldigung, ein Hinterpförtchen. *Latibulum* bezeichnet den Schlupfwinkel als heimlichen Wohnort der Thiere, als einen Ort, in den man ſich aus-Furcht oder Noth verkriecht. In balneis publicis non invenio quae *latebra* togatis hominibus esse possit. Cic. Coel. 26. Hac *latebrae* dulces et iam, si credis, amoenae. Hor. ep. I. 16. 15. Magnae in animis hominum *latebrae* sunt. Cic. Marc. 7. Nihilne te, Torquate, ipsum per se delectat? ... signum, tabula, locus amoenus, ludi, villa Luculli, (nam si tuam dicerem, *latebram* haberes; ad corpus diceres pertinere), (ſo hätteſt du eine Ausflucht). Cic. fin. II. 33. Repente te, tamquam serpens e *latibulis*, oculis eminentibus, inflato collo, tumidis cervicibus, intulisti. Cic. Vatin. 2. Ferae *latibulis* se tegunt. Cic. Rab. Post. 15. Volo aliquod emere *latibulum* et perfugium doloris mei. Cic. Att. XII. 13.

421. Malitia, malevolentia — die Bosheit.

Malitia iſt die Bosheit als boshafte Geſinnung, *malevolentia* als ungünſtige, abgeneigte Geſinnung. Der malitioſus ſtudirt darauf, anderen Leid und Schmerz zu verurſachen; der malevolus gönnt dem anderen das Gute nicht, ohne gerade durch eigene Thätigkeit und Abſichtlichkeit ihm Böſes zuzufügen; jener freut ſich, wenn der andere gerade durch ihn ſelbſt ins Unglück kommt; dieſer wenn der andere überhaupt nur Schaden leidet. Das ſeltenere Wort *malignitas* stimmt faſt mit malitia überein, und bezeichnet öfter eine Knauſerei im Geben und Zutheilen. Das Verhältniß von pravitas, nequitia u. ſ. w. ergiebt ſich aus den entſprechenden Stammwörtern. *Malitia* est versuta et fallax nocendi ratio. Cic. n. d. III. 30. *Malevolentia* est voluptas ex malo alterius sine emolumento suo. Cic. Tusc. IV. 9. Accensa cupiditas est *malignitate* patrum, qui militem praeda fraudavere. Liv. II. 42.

422: Osculum, suavium, basium — der Kuß.

Osculum und *suavium* bezeichnen den Kuß als Zeichen der Zuneigung, und zwar osculum als Kuß der Freundſchaft, suavium als Kuß der Zärtlichkeit; jenes mit einer gewiſſen Würde, dies faſt nur als Vertraulichkeit; jenes trotz der Ableitung unſerem Worte Kuß, dieſes — wenigſtens weit mehr — unſerem Mäulchen entſprechend. *Basium* bezeichnet den Kuß der leidenſchaftlichen Verliebtheit und gehört demgemäß faſt ganz den erotiſchen Dichtern, der Proſa faſt gar nicht an. Utinam ad *osculum* Atticae possim currere. Cic. Att. XII. 1. Cadmus agit grates peregrinaeque *oscula* terrae Figit (die beiden andern Wörter würden nicht paſſen). Ovid. Met. III. 24. Atticae meis verbis *suavium* des. Cic. Att. XVI. 11. Da mi *basia* mille, deinde centum ... Dein, quum multa millia fecerimus, Conturbabimus illa, ne sciamus, Aut ne quis malus invidere possit, Quum tantum sciat esse *basiorum*. Catull. 5.

423. Pars, portio, (frustum), partes, factio —
der Theil, die Partei.

Pars heißt der Theil als Beſtandtheil des Ganzen, inſofern ſein Verhältniß zum Ganzen berückſichtigt wird; daher ein Drittel, ein Viertel u. ſ. w. nur tertia, quarta pars; bei Ausdrücken wie tres partes iſt der Nenner um eines größer zu denken, drei Viertel. *Portio* iſt der zugemeſſene Theil, der Antheil; in der beſten Proſa findet es ſich aber nur in der Verbindung pro portione, was vielleicht beſſer als ein Wort angeſehen wird, nach Verhältniß. *Frustum*, das Stück, iſt ein Theil, deſſen Verhältniß zum Ganzen wegen ſeiner Kleinheit oder Form- und Bedeutungsloſigkeit nicht in Betracht kommt. *Pars* und *partes* bezeichnen auch die Partei, aber ebenfalls als Theil oder Theile des Ganzen, durch deren richtige Verbindung das Ganze wieder hergestellt wird. *Factio* dagegen, die Partei als **Parteiung**, steht in Opposition gegen das Ganze; sie handelt nach einem Grundsatz, jedoch nicht aus Rechtsgefühl, sondern aus Parteigeist. Wie die partes Theile des Ganzen, so sind die factiones böse Auswüchse an demselben, die nicht vereinigt, sondern nur unterdrückt oder vertilgt werden können. Omnes mundi *partes* inter se concinunt. Cic. n. d. II. 7. Nunquam in Sicilia frumentum publice est emptum, quin Mamertinis *pro portione* imperaretur. Cic. Verr. V. 21. Necesse est, offa obiecta cadere *frustum* ex pulli ore. Cic. divin. I. 15. Philosophiam in *partes*, non in *frusta* dividam; dividi enim illam, non concidi, utile est. Sen. ep. 39. In his bellis civilibus non licuit mihi nullius *partis* esse. Cic. fam. X. 31. In Gallia in omnibus civitatibus *factiones* sunt. Caes. b. G. VI. 10. Tenuisti provinciam per decem annos non tibi a senatu, sed a te ipso per vim et per *factionem* datos. Cic. Att. VII. 9.

424. Paternus, patrius — väterlich.

Paternus bezeichnet väterlich als dasjenige, was der Vater hat oder gehabt hat, was die Kinder von ihm bekommen haben; *patrius* 1. als dasjenige, was der Vaternatur eigen ist; 2. als dasjenige, was den Vätern, Vorfahren, oder dem Vaterlande angehört. Magnam possidet religionem *paternus* maternusque sanguis. Cic. Rosc. Am. 24. Cur te fraterna vitia potius, quam bona *paterna* et avita moverunt? Cic. Coel. 14. Fortuna tibi non dedit, ut intellegere posses, qui animus *patrius* in liberos esset. Cic. Rosc. Am. 16. Hic mos erat *patrius* Academiae, adversari semper omnibus in disputando. Cic. or. I. 18. Das Odium *paternum*, Nep. Hann. 1. Liv. II. 58. ist der Haß des Vaters gegen andere; die acerbitas *patria*, Liv. VII. 5. ist die Härte des Vaters gegen den eigenen Sohn.

425. Regius, regalis — königlich.

Regius ist, was und wie es ein König hat, was und wie es ein König macht u. s. w.; *regalis* ist, was und wie es ein König haben soll, was und wie es ein König machen soll

u. f. w. Jenes bezeichnet bloß die Eigenschaft, Art und Weise eines Königs; dieses seine Auszeichnung und Würde; daher ist regius zuweilen fast despotisch, tyrannisch, wie crudeliter et *regie* factum. Cic. Cat. I. 12. daher Codrus ... si esset ornatu *regio*, Cic. Tusc. I. 48. fast gleich ornatu *suo*; aber: Iubebat cogitare pictam in tabula Voluptatem, pulcherrimo vestitu et ornatu *regali* in solio sedentem — in Bezug auf die Pracht und den Glanz. Cic. fin. II. 21. Nihil tam *regale* (regius kann seinem Begriffe nach nicht gesteigert werden) videtur, quam studium agri colendi. Cic. sen. 17. Plerumque *regiae* voluntates mobiles. Sall. Iug. 113.

426. Sedes, sedile, sella — der Sitz.

Sedes, der Sitz, in allen Bedeutungen des Deutschen Wortes; und zwar 1. als Platz zum Sitzen gleichviel ob natürlich oder durch Menschenhand eingerichtet; 2. als fester Platz für den Aufenthalt, Wohnsitz. Sedes ist fast noch ein Abstraktum, *sedile* und *sella* dagegen sind ganz konkret, sie bezeichnen nicht den Platz und die Fläche, auf der man sitzt, sondern den Körper, die Vorrichtung zum Sitzen. *Sedile* bezeichnet diese Vorrichtung in jeder Form, auch wie sie von Natur sich findet; *sella* in einer bequemen oder würdigen Form, wie Stuhl, Sessel, Thron. Der Zweig des Baumes kann immer ein sedile für den Vogel genannt werden; seine sedes ist er nur, wenn der Vogel wirklich darauf sitzt. Indem nun sedile (das Wort scheint aber der besten Prosa fremd zu sein), als allgemeine Vorrichtung zum Sitzen, besonders die Bank bezeichnet, wird es synonym mit *scamnum* und *subsellium*, von denen jenes, wie sein Diminutiv scabellum oder scabillum, besonders die Fußbank, subsellia aber die Sitzbänke in den öffentlichen Gebäuden, im Gerichte, Theater, Senat, bezeichnen. Quum virgo staret et Caecilia in *sella* sederet, puella defatigata petiit a matertera, ut sibi concederet paulisper, ut in eius *sella* requiesceret ... Tum illa Vero, inquit, mea puella, tibi concedo meas *sedes*. Cic. divin. I. 46. Archias *sedem* fortunarum suarum Romae collocarat. Cic. Arch. 4. *Sellae* atque operis locum omnes salvum esse volunt (Arbeitsstuhl). Cic. Cat. IV. 8. *Sella* curulis. Cic. Verr. II. 8.

427. Opinio, sententia, suffragium — die Meinung.

Opinio ist die **Privatmeinung**, die jeder bloß nach seinem eigenen Gefühle hegt: *sententia* und *suffragium* sind **öffentliche Meinungen**, die man ausspricht und geltend machen will, und zwar sententia in der Art, daß die Meinung auf **Einsicht** und **Überzeugung**, suffragium in der Art, daß sie auf dem **Willen** oder der **Zu-** und **Abneigung** beruht; daher die **Stimme** des Richters, Senators u. s. w. eine sententia, die Stimme in der Volksversammlung ein suffragium ist. Votum in diesem Sinne ist durchaus zu vermeiden. Firmiores sunt apud quosdam *opiniones* de bestiis quibusdam, quam apud alios de sanctissimis templis et simulacris deorum. Cic. n. d. I. 29. Factum est senatus consultum in meam *sententiam*. Cic. Att. IV. 1. Servus *sententiis* omnibus absolvitur. Cic. Verr. IV. 45. Te populus cunctis *suffragiis* consulem facturus est. Cic. fam. XV. 12. Gewöhnlich heißt es sententiam *dicere*, seine **Stimme abgeben, aussprechen**; sententiam *ferre* nur dann, wenn die Stimme auf einem **Zettel** ꝛc. abgegeben und in die Urne **getragen** wird. Daher auch nur suffragium *ferre* (nicht dicere).

428. Vestis, vestitus, vestimentum, amictus, amiculum — das Kleid.

Vestis, das **Kleid**, und *vestitus*, die **Kleidung**, werden als ein Ganzes betrachtet, als der Anzug, in welchem man erscheint; *vestimentum* dagegen bezeichnet, wie das **Kleidungsstück**, einen der verschiedenen Theile des Anzugs; daher ist vestem und vestitum mutare **Trauerkleider anlegen**; ad vestitum (suum) redire, sie ablegen; vestimenta mutare aber die **Kleider wechseln, sich umkleiden**. *Vestis* bezeichnet das Kleid als Anzug oder Haupttheil desselben ganz allgemein, mag es getragen werden oder nicht; daher selbst, und bei Cicero vorzugsweise, als vestis stragula oder vestis allein einen **Teppich, eine Decke**; vestitus dagegen wird immer als Anzug, als Bekleidung am Leibe gedacht; jedoch auch übertragen, *vestitus* riparum viridissimos Cic. n. d. II. 39., während vestis die tropische Anwendung nicht zuläßt. Sie alle sind **nothwendig zu** jebem anständigen Erscheinen vor Menschen; *amictus* und *amiculum* aber werden als weitere Oberkleider, Überwürfe, über den vestitus angelegt, zum Schutz gegen Kälte, zur Erhöhung des Glanzes oder einer sonstigen Forderung der Mode gemäß, wie die toga bei den Römern im Frieden, das *sagum* oder *sagulum* im Kriege, das Griechische pallium. Amiculum bezeichnet allgemein jeden derartigen Überwurf, amictus aber nur als wirkliche Kleidung, als Tracht oder Art, sich zu kleiden. Quid dicam de his viris, quos videtis adesse *veste mutata?* Cic. Planc. 12. Maximus vini numerus fuit, permagnum optimi pondus argenti, pretiosa *vestis*, multa et lauta supellex. Cic. Phil. II. 27. *Vestitum*, quo ipse tectus erat, tibi tradidit. Cic. Rosc. Am. 49. Concinnitas illa crebritasque pristina manebat; sed ea *vestitu* illo (Schmuck) orationis, quo consueverat, ornata non erat. Cic. Brut. 95. Calceos et *vestimenta* mutavit. Cic. Mil. 10. Invideo tibi, quod unis *vestimentis* tam diu lautus es. Cic. Flacc. 29. Nihil est facilius, quam *amictum* imitari alicuius aut statum aut motum. Cic. or. II. 22. Alcibiades paulo ante interitum visus est in somnis amicae esse amictus *amiculo*. Cic. divin. II. 69.

429. Vindex, ultor — der Rächer.

Der *vindex* bestraft einen Frevel, um die Gerechtigkeit wieder herzustellen; den *ultor* treibt sein eigener Zorn und seine Entrüstung; der *vindicans* will dem verletzten Rechte Genüge und Genugthuung verschaffen als strenger Richter des Bösen und Beschützer des Guten; der *ulciscens* will die gekränkte Leidenschaft befriedigen und ist ein heftiger Verfolger. Wird die Rache zugleich als eine verdiente Strafe betrachtet, so gebraucht Cicero für rächen auch einige Male das Deponens *puniri* oder *poeniri* aliquem, an einem Rache nehmen, einen büßen lassen, zur Bestrafung ziehn. Odio inducti me excludunt et aperte *vindicem* coniurationis (den strengen Richter) oderunt. Cic. fam. V. 6. Ego ille coniurationis investigator atque *ultor* (Verfolger, Feind) certe hunc non defenderem, si coniurasse arbitrarer. Cic. Sull. 30. Valerius consul, in parvis rebus neglegens

ullor, gravem se ad maiora *vindicem* servabat. Liv. II. 11.
Quid? tu me tibi iratum, Sexte, putas, cuius tu inimicissimum crudelius etiam *punitus es*, quam erat humanitatis meae postulare? Cic. Mil. 13.

430ᵃ· Aliquis, quispiam, quis, quidam, nescio quis,
  quisquam, ullus — jemand, ein gewiſſer,
    irgend ein, etwas.

Gemeinſam iſt allen dieſen Wörtern die Unbeſtimmtheit; unterſchieden werden ſie dem Gebrauche nach im Allgemeinen ſo, daß die fünf erſten einem affirmativen Gedanken angehören, die beiden letzten einem negativen. Unter jenen bezeichnet *aliquis*, irgend ein gewiſſer, eine Unbeſtimmtheit, von der man zwar keine genaue, aber doch eine gewiſſe Vorſtellung hat oder haben kann, und zwar als Gegenſatz zu dem gänzlichen Läugnen. Zuweilen entſpricht es dem Deutſchen der erſtebeſte. Durch *quispiam*, welches ſehr nahe damit übereinſtimmt, wird nicht die Wirklichkeit, ſondern nur die Möglichkeit einer derartigen Vorſtellung bezeichnet; es iſt alſo irgend ein Beliebiger, irgend einer, welchen du willſt, der Bedeutung von quilibet ſich nähernd. Sage ich iniquum me esse *aliquis* dicet, ſo muß man glauben, ich habe ſchon eine Vermuthung, wer es etwa ſei, ich habe alſo eine gewiſſe Vorſtellung von der Perſon; ſage ich aber *quispiam* dicet, ſo deute ich an, daß es jeder ſein kann, daß ich auf keinen Einzelen meine Vermuthung gerichtet habe. Cic. Verr. III. 46. Noch unbeſtimmter iſt *quis*; es bezeichnet etwas, von dem man ſich ſelbſt auch nur irgend eine Vorſtellung machen entweder nicht will oder nicht darf, ſondern dies gleichſam fragend ganz dem Zuhörer überläßt. Si *quid* est in me ingenii, ſagt Cicero Arch. 1., und ſetzt hinzu, es iſt ſehr unbedeutend; hätte er geſagt Si *aliquid* est in me ingenii, ſo wäre als Zuſatz zu erwarten geweſen und das werdet Ihr mir doch wohl nicht beſtreiten. Deshalb iſt quis gewöhnlich an der Stelle in Fragen und der Frage ähnlichen Sätzen. *Quidam* iſt ein Entſchuldigungswort; es wird als Enklitika an eine etwas unbeſtimmte oder ungenaue Bezeichnung angehängt, um sich eben wegen dieser Unbestimmtheit zu entschuldigen; gewöhnlich aber giebt man sich dabei den Anschein, als könne man, wenn es nöthig wäre, die Angabe wohl genauer geben. Bei *nescio quis* fällt auch dieses weg; es ist eine offene Erklärung, daß man das ab äquate Wort, das vocabulum proprium, für den gedachten Begriff nicht anzugeben wisse. Alle jene Wörter lassen also bei Voraussetzung der Existenz nur einen Zweifel an dem Namen und der Beschaffenheit übrig; *quisquam* und *ullus* aber heben den Zweifel an der Existenz selbst hervor. Man vergleiche quisquam mit dem Französischen personne, quidquam mit rien, ullus mit aucun; alle diese Wörter tragen den negativen Begriff schon in sich, der durch die zugesetzte Negation oder durch die Satzform nur vervollständigt und schärfer ausgeprägt wird. *Quisquam,* irgend wer, hat wie nemo, quidquam, wie nihil, durchaus substantivische Natur; *ullus* (aus unulus) dagegen irgendwelcher, auch nur der Geringste, ist, wie nullus, abjektivisch; jedoch sagt man bei Personen, wie nemo Romanus, so auch quisquam Romanus, nicht nullus oder ullus Romanus, und so in allen ähnlichen Fällen, wo der Sinn ist, nemo qui quidem Romanus sit. Dagegen wird ullus selten und weit seltener, als nullus, substantivisch gebraucht, weil dies Wort in den Formen nullius und nullo immer als Substantiv eintritt für die in der besten Prosa vermiedenen Formen neminis und nemine; im Nominativ und Akkusativ Sing. kommen ullus und nullus als Substantive niemals vor.

1. Nach ne, num, si, nisi, quo und anderen Relativen ist der Gedanke meistens derartig, daß *quis* angemessener ist als *aliquis* oder *quisquam*; letztere werden nur alsdann festgehalten, wenn in dem Deutschgedachten das irgend ein besonderen Nachdruck hat, nur irgend ein (tantum wird hier ebensowenig zugesetzt, wie bei unus, nur einer).

2. *Aliquid* und *quid* sind, wie quisquam und quidquam, immer substantivisch; als Abjektive braucht man neben aliquis auch aliqui; aliqua oder qua kann als Substantiv oder Adjektiv gebraucht werden; quisquam gilt für beide Geschlechter.

3. Nach ne, neve, num wird in der besten Prosa niemals (vielleicht nur Sall. b. Iug. 45.) *quisquam* gebraucht,

II. NOMINA.

fonbern quis, ober unter ber in Nr. 1. angegebenen Bebingung aliquis.

4. Sagt man im Deutschen ohne alle Gefahr, so ist ber logisch schärfere Gebanke ohne irgenbwelche Gefahr; unb baher werben berartige Ausbrücke Lateinisch nur -burch *ullus* gegeben, nicht burch omnis, also sine *ulla* periculo. Huius rei neque index, neque vestigium *aliquod*, neque suspitio *cuiquam* erat *ulla;* irgenb eine Spur, ber Gebanke ift, z. B. biese ober jene; irgenbwem; auch nur ber geringste Verbacht. Cic. Verr. V. 62. Griechisch Τούτου τοῦ πράγματος οὔτε δικαστής, οὔτε σημεῖόν τι, οὔτε ὑποψία οὐδενὶ ἦν οὐδεμία. Nullam partem corporis sine *aliqua* necessitate affictam totamque formam quasi perfectam reperietis arte, non casu (b. h. ohne irgenb eine Nothwenbigkeit, bei bem einen Theile ift es biese, bei bem anbern jene; sine *ulla* n. würbe gar nicht paffen). Cic. or. III. 45. In crucem tu agere ausus es *quemquam*, qui civem Romanum se esse diceret! Cic. Verr. V. 63. Hi neque exercitationis *ullam* viam, neque *aliquod* praeceptum artis esse arbitrabantur. Cic. or. I. 3. Errare eos dicunt, si *quidquam* ab his praesidii sperent, qui suis rebus diffidant. Caes. b. G. V. 41. Si de rebus rusticis agricola *quispiam* aut de pingendo pictor *aliquis* diserte dixerit: non idcirco illius artis putanda sit eloquentia. Cic. or. II. 9. Ceteri reges per tribunum *aliquem* (ben erstenbesten) se omni regno posse nudari vident. Cic. Sest. 28. O stultum hominem, dixerit *quispiam*, repugnantem utilitati suae. Cic. off. III. 27. Non igitur vir bonus faciat, dixerit *quis*, quod utile sit, quod expediat? Cic. off. III. 19. Alcidamas *quidam* (erlaßt mir bie nähere Beschreibung bes Mannes). Cic. Tusc. I. 42. Est sermo ille nobis ... a tali *quodam* ductus exordio (es bebarf feiner genauern Bezeichnung; ungefähr so). Cic. Tusc. II. 4. Mulier dixit, se terrendi eius causa, non quo sciret *quidquam*, ea locutam. Liv. XXXIX. 13. Prima causa publica, pro S. Roscio dicta, tantum commendationis habuit, ut non *ulla* esset, quae non digna nostro patrocinio videretur. Cic. Brut. 90. Habenda fortunae gratia, quod Italiam sine *aliquo* vulnere cepistis. Caes. b. c. III. 73. Quum ad naturam eximiam atque illustrem accessit ratio *quaedam* con-

firmatioque doctrinae, tum illud *nescio quid* praeclarum ac singulare solet exsistere. Cic. Arch. 7. Deiotarus copias misit ad Caecilium *nescio quem*. Cic. Deiot. 8. Ubi semel *quis* peieravit, ei postea credi non oportet. Cic. Rab. Post. 13. Est ergo *ulla* res aut commodum *ullum* tam expetendum, ut viri boni et splendorem et nomen *amittas*? Cic. off. III. 20. Multi magis fremebant, quam *quisquam* unus recusare audebat. Liv. III. 45.

430 b. Quis, qui, qualis, — wer? welcher?

Quis verlangt als Antwort die **Kenntlichmachung durch eine Benennung, einen Namen** (in Beziehung auf viele, wie *uter* in Beziehung auf zwei), *qui* dagegen die **Kenntlichmachung vermittelst einer Beschreibung und Angabe der Beschaffenheit**. *Qualis* verlangt gar **nicht mehr die Kenntlichmachung des wer** (das vielleicht schon bekannt ist), sondern **ausschließlich die Angabe der Beschaffenheit**. Piso uno cognomine declarabatur non modo *quis* esset, sed etiam *qualis* esset (sc. *Frugi* hieß er und *frugi* war er). Cic. Font. 13. Possum oblivisci, *qui* fuerim? non sentire, *qui* sim (sc. consul — exsul)? Cic. Att. III. 10.

430 c. Pauci, nonnulli, aliquot, complures, multi, (quidam) — wenige, einige, viele.

Die genannten Wörter bezeichnen sämmtlich eine **unbestimmte Mehrheit**; *pauci* bezeichnet dieselbe in ihrer **Annäherung zur Reinheit** (wenige — fast keine); *multi* in ihrer **Annäherung zur Allheit** (viele — fast alle); *nonnulli* in ihrem **Gegensatz zur Reinheit** und zugleich in ihrer **Annäherung zur Wenigkeit**; *aliquot* in ihrem **Gegensatz zur Bestimmtheit** (10, 100, 1000) und in ihrer **Annäherung zur Vielheit**. Bei nonnulli macht man sich gar keine Vorstellung von einer bestimmten Zahl, bei aliquot wenigstens eine ungefähre. *Complures* bezeichnet dieselbe Mehrheit, wie nonnulli und aliquot, faßt sie jedoch als eine **Gemeinsamkeit** auf. *Complures* dies sind mehre Tage **nacheinander**, eine Reihe von Tagen, während nonnulli und aliquot zerstreut liegen können; ganz passend sagt man *com-*

plures res una mercede assequi, mehre Fliegen mit einem Klapp schlagen, aber dafür nicht nonnullas ober aliquot. *Quidam* endlich heißt einige, gewisse, jedoch gar nicht in Beziehung auf ihre Zahl, sondern nur auf ihre Qualität ober ihren Namen. Metus ad omnes, poena ad *paucos* pervenit. Cic. Cluent. 46. M. Calidius non fuit orator unus e *multis;* potius inter *multos* prope singularis fuit. Cic. Brut. 79. M. Antonius scripsit quodam in libello, disertos se cognosse *nonnullos*, eloquentem neminem. Cic. or. I. 21. Ipse testes honestarum *aliquot* locis pugnarum cicatrices adverso pectore ostentabat. Liv. II. 23. Cum Pompeio *complures* dies nullis in aliis nisi de re publica sermonibus versatus sum. Cic. fam. II. 8.

III. Particulae.

431. Certe, certo, profecto, nae, sane, quidem, saltem, re vera — gewiß, in Wahrheit.

Die beiden ersten sind Versicherungspartikeln, die aus dem Erkennen, die beiden folgenden Betheuerungspartikeln, die aus dem Gemüthe hervorgehen. *Certe* (in diesem Falle immer vorstehend) giebt die Sicherheit dem ganzen Gedanken, *certo* bloß dem Prädikate als solchem; *certe scio* heißt: verlaß dich darauf, ich weiß es oder gewiß weiß ich es; *certo scio*, ich weiß es als gewiß; darum kann man auch *certe nescio*, nie aber *certo nescio* sagen. *Profecto* und *nae*, wahrlich, unterscheiden sich darin, daß *profecto* stärker ist und mehr der Verstandesseite angehört, wogegen *nae* (ne) weit schwächer und gemüthlicher ist, nur im Anfang der Sätze und stäts mit einem unmittelbar nachgesetzten Pronomen gebraucht wird. *Sane* ist weniger bekräftigend, als einräumend und bejahend, wohl, freilich, allerdings; *quidem*, zwar, freilich, ist beschränkend, immer enklitisch, und dient oft nur dazu, dem Worte, an das es sich anschließt, Nachdruck zu verleihen; *saltem*, ebenfalls enklitisch, doch gewiß, wenigstens, ist herabsteigend, und giebt das geringste und ebendeswegen um so gewissere Maß an. Alle diese Wörter sind positiv, wogegen *minime* und *minimum*, am Wenigsten, gar nicht, stäts negativ sind. *Re vera* ist verbessernd, im Gegensatz zum Scheine, wie unser in Wahrheit, in der That aber. Si deus scit, *certe* illud eveniet; sin *certe* eveniet, nulla fortuna est. Cic. divin. II. 7. Id te scire cupere *certo* scio. Cic. Att. II. 23. *Profecto* negare non potes, te ex lege Rupilia sortiri iudicium debuisse. Cic. Verr. II. 18. *Nae* tu, Eruci, accusator esses ridiculus, si illis temporibus natus esses, quum

ab aratro arcessebantur, qui consules fierent. Cic. Rosc. Am. 18.
Res *sane* difficilis est. Cic. or. II. 66. Sit *sane*, quoniam tu
ita vis. Cic. Att. VI. 1. Misera est *illa quidem* consolatio, sed
tamen necessaria. Cic. fam. VI. 2. Eripe mihi hunc dolorem,
aut minue *saltem*. Cic. Att. VI. 9. Haec ille, si *verbis* non
audet, *re* quidem *vera* palam loquitur. Cic. Quint. 17.

432. Falso, perperam — unrichtig.

Falso, falsch, bezeichnet die Unrichtigkeit subjektiv, in
Bezug auf die Person, als einen absichtlichen oder zufälligen
Irrthum derselben; eine absichtliche, betrügerische Unrichtigkeit wird durch *fallaciter* bezeichnet. *Perperam*, verkehrt,
bezeichnet die Unrichtigkeit objektiv, als ein vorliegendes Faktum. Der Gegensatz zu *falso* ist *vere*, zu *perperam* aber *recte*.
Illud *falso* memoriae proditum est. Cic. Man. 14. Aliud utile,
aliud honestum videri solet; *falso*. Cic. off. III. 18. Seu *recte*,
seu *perperam* facere coeperunt. Cic. Quint. 8. Utrum *recte*
an *perperam* iudicatum est? Cic. Caecin. 24.

433. Plane, omnino, prorsus, utique — ganz und gar.

Plane bildet, wie geradezu, den Gegensatz zu fast und
kaum; *omnino*, wie vollständig, den Gegensatz zu einzelen
Theilen und Ausnahmen; *prorsus*, wie durchaus, den Gegensatz zu gleichsam und gewisser Maßen; *utique*, wie jeden Falls, den Gegensatz zu möglichen Falls, vielleicht.
Effice id, quod iam *propemodum* vel *plane* potius effeceras.
Cic. Brut. 97. Has res sustinere *vix* possum, vel *plane* nullo
modo possum. Cic. Att. XI. 9. Defensionum laboribus senatoriisque muneribus aut *omnino* aut *magna* ex *parte* liberatus
sum. Cic. Tusc. I. 1. Sane frequentes fuimus, *omnino* ad ducentos. Cic. Qu. fr. II. 1. Si id dicis, nihil esse mundo sapientius, nullo modo *prorsus* assentior. Cic. n. d. III. 8. In
philosophos vestros si quando incidi, verbum *prorsus* nullum
intellego. Cic. or. II. 14. Quo die venies, *utique* cum tuis
apud me sis. Cic. Att. IV. 4. Si quid acciderit, quid censeas
mihi faciendum, *utique* scribito. Cic. Att. X. 1.

434. Valde, perquam, admodum, magnopere — sehr.

Valde ist ganz so allgemein, wie unser sehr, bei Eigenschaftswörtern, wie bei Zeitwörtern. *Perquam*, **ungemein**, bezeichnet einen noch höhern Grad, indem es ein **Erstaunen** des Sprechenden ausdrückt, pflegt aber **nicht mit Zeitwörtern** verbunden zu werden. *Admodum* ist eine **schwächere Steigerung**; seine ursprüngliche Bedeutung **bis zu dem Maße, bis an**, hat es noch bei Zahlwörtern, z. B. *mille admodum occidit*, bis an tausend Liv. XXVII. 30. Dann entspricht es unsern steigernden Wörtern **ganz, recht**, welche ebenfalls etwas schwächer sind, als sehr; bei einer Negation hat es oft den Sinn von **eigentlich**. Die übrigen Wörter allgemeiner Steigerung, wie *magnopere* (die Stelle des fehlenden magne vertretend, nur bei Verben), *vehementer, mire, mirifice, mirum quantum, eximie* u. s. w. enthalten alle eine mehr oder minder große, von der eigentlichen Bedeutung dieser Wörter abhängige Modifikation der Steigerung, welche Modifikation hervorzuheben allgemein weniger möglich und räthlich ist, als an den jedes Mal vorliegenden Stellen. Das seltene, aber doch auch bei Cicero vorkommende *oppido*, **sehr, ganz, ziemlich**, ist nicht genau zu bestimmen. De Hispania novi nihil; sed exspectatio *valde* magna. Cic. fam. XV. 17. Gaudeo, vos significare litteris, quam *valde* probetis ea, quae apud Corfinium sunt gesta. Cic. Att. IX. 6. Hic, quam ille, dignior, *perquam* grave est dictu. Cic. Planc. 6. *Perquam* flebiliter lamentatur. Cic. Tusc. II. 21. Equidem etiam *admodum* adolescentis Rutilii familiaritate delector. Cic. am. 27. Alter non multum, alter nihil *admodum* scripti reliquit. Cic. or. II. 2. Hi me *admodum* diligunt. Cic. fam. IV. 13.

435. Satis, affatim, abunde — genug.

Der Begriff wird ganz allgemein ausgedrückt durch *satis*, **genug**, so daß man nicht mehr **braucht**; daher oft auch **ziemlich, recht** und Ähnliches. So etwas ist immer gut, und daher heißt *satius* **besser**. *Affatim* ist genug, so daß man nicht mehr **mag**; es ist **subjektiv**, nach der Meinung des Handelnden genug, während satis das **objektiv, wirklich Genügende** bezeich-

III. PARTICULAE.

net. Auch kann demgemäß *affatim* nur bei Verben stehen, während *satis* als Substantiv, Adjektiv und Adverb gebraucht wird. Die Regel, daß *sat* vor polysyllabis, satis vor disyllabis stehe, ist falsch. *Abunde* ist mehr als genug, überflüssig, ungefähr soviel, wie *satis superque*, nur unter einem bestimmteren Bilde. Sum avidior, quam *satis* est, gloriae. Cic. fam. IX. 14. Haec hominibus *satis* multa esse debent. Cic. Rab. Post. 16. *Satis* temporis habere. Cic. Verr. II. 1. Seminibus et homines *affatim* vescuntur, et terrae eiusdem generis stirpium renovatione complentur. Cic. n. d. II. 51. *Satis* est et *affatim* prorsus. Cic. Att. XVI. 1. Puto, me Dicaearcho *affatim satis*fecisse. Cic. Att. II. 16. Toti huic quaestioni *abunde* satisfactum erit. Cic. divin. II. 1.

436. Adeo, tam, tantum, tantopere — so sehr.

Adeo, bis zu dem Grabe, so sehr, ist stärker, als *tam*, so; auch kann tam nur mit einem Zeit- oder Eigenschaftswort stehen, nicht ohne diese (nicht tam, ut — aber wohl adeo, ut). *Tantum* so viel, und öfter *tantopere*, pflegen nur bei Zeitwörtern gebraucht zu werden; sie enthalten nur die Steigerung, welche in so sehr liegt, während adeo auch so gar, selbst so lange u. s. w. bezeichnen kann. Endlich wird nach *adeo* regelmäßig eine Folge mit *ut* angeknüpft, nach den übrigen aber auch eine Gleichstellung mit quam, quantum, quantopere. *Adeone* hospes, *adeone* ignarus es disciplinae consuetudinisque nostrae, ut haec nescias? Cic. Rab. perd. 10. Nemo *tam* multa scripsit, quam multa sunt nostra. Cic. or. 30. *Tantum* temporibus illis ius iurandum valebat. Cic. off. III. 21. Nunquam *tantopere* pertimui, ut (statt quantopere) in ipso iudicio. Cic. Verr. I. 2.

437. Aeque, pariter, perinde, tamquam, quasi
— gleich, gleichwie.

Aeque und *pariter* (mit folgendem atque) behalten von aequus und par den Unterschied bei, daß jenes mit gleicher Billigkeit und Ähnliches, also ebensogut; dieses aber mit gleicher Kraft oder Wirkung, ebenso, bezeichnet. Beide beziehen sich aber auf eine wirkliche Gleichheit, während *perinde* (gerade so) dieselbe subjektiv, als eine Meinung (mit folgendem *ac si*, als ob) ausdrückt. *Tamquam* und *quasi* bezeichnen nicht eine Gleichheit, sondern eine Vergleichung, *tamquam* gleichwie, gleichsam, als wenn, zur Bezeichnung einer bloßen Ähnlichkeit, ohne alle Identität; *quasi* wie wenn, gewisser Maßen, zur Bezeichnung einer theilweisen und nach der Eigenthümlichkeit der Auffassung wirklichen Identität. Praesens me adiuvare potuisses et consolando et prope *aeque* dolendo. Cic. fam. IV. 6. Me colit et observat *aeque* atque illum ipsum suum patronum. Cic. fam. XIII. 69. De industria elaboratur, ut verba verbis *quasi* dimensa respondeant... et ut *pariter* extrema terminentur eundemque referant in cadendo sonum. Cic. or. 12. Domi tuae *pariter* accusatorum atque iudicum greges videt. Cic. par. VI. 2. Brutus illud, non *perinde* atque ego putaram, arripere visus est. Cic. Att. XVI. 5. Is, qui pecuniam debuerit, *perinde* habeatur, *quasi* eam pecuniam acceperit. Cic. leg. II. 19. E vita discedo, *tamquam* (gleichwie) ex hospitio. Cic. sen. 23. Dolabellae quod scripsi, videas suadeo, *tamquam* si tua res agatur. Cic. fam. II. 16. Artium omnium *quasi* (gewisser Maßen) parens philosophia iudicatur. Cic. or. I. 3.

438. Alias, aliter, secus, ceterum, ceteroquin — anders, sonst.

Alias ist in der guten Prosa bloß Zeitpartikel, sonst wohl, in dem Sinne von in andern Fällen; *ceterum* und *ceteroquin* aber heißen sonst, in dem Sinne von in allen andern Rücksichten. *Aliter* ist anders, auf andere Weise, auch sonst, in dem Sinne von bei anderer Beschaffenheit; *secus*, anders, in dem Sinne von umgekehrt, meistens als etwas Schlechteres; man sagt oft vere an secus, recte an secus, aber niemals falso an secus. *Alias* pluribus; nunc ad institutam disputationem revertamur. Cic. divin. II. 2. Ego in Cumano et in Pompeiano praeterquam quod sine te, *ceterum* satis commode me oblectabam. Cic. Qu. fr. II. 15. Falernum mihi semper visum est idoneum deversorio; si modo tecti satis est ad comitatum nostrum recipiendum. *Ceteroquin* mihi locus non displicet. Cic. fam. VI. 19. Tu si *aliter* existimes,

III. PARTICULAE. 331

nihil errabis. Cic. fam. III. 7. Ius semper est aequabile; neque enim *aliter* ius esset. Cic. off. II. 12. Tecum agam non *secus* ac si meus frater esses. Cic. Mur. 4. Recte an *secus* faciant, nihil ad nos. Cic. Pis. 28.

439. Mox, brevi — bald.

Mox, bald, gleich nachher, bezeichnet den Zusammenhang in einer Reihenfolge; *brevi*, bald, in Kurzem, bezeichnet den Abstand in der Zeitfolge; bei *mox* wird der Zwischenraum durch Handlungen oder Ereignisse, bei *brevi* durch Stunden, Tage oder Wochen ausgefüllt, deren Maß der Sprechende auch wohl bestimmt angeben könnte. De numero *mox* dicam; *nunc* de sono. Cic. or. 49. Domus, quae *quondam* Ciceronis, *mox* Censorini fuit, *nunc* Statilii Sisennae est. Vell. II. 14. Quia praemia virtutum velocius erat vitiis adeptus, crudelitatem *mox, deinde* avaritiam exercuit. Tac. hist. I. 72. Invitati hospitaliter per domos quum situm moeniaque et frequentem tectis urbem vidissent, mirantur tam *brevi* rem Romanam crevisse. Liv. I. 9. Vere Socrates Critiae, cui venenum praebiberat, mortem est eam auguratus, quae *brevi* consecuta est. Cic. Tusc. I. 40.

440. Deinde, deinceps, porro — darauf, ferner.

Durch *deinde*, darauf, wird eine bloße Aufeinanderfolge, durch *deinceps*, gleich darauf, eine unmittelbare Nacheinanderfolge bezeichnet, der Reihe nach. *Porro*, ferner, bezieht sich zunächst auf ein Weiterrücken in Raum und Zeit; dann auf einen Fortschritt des Gedankens, während deinde und deinceps mehr den Anschluß an das Vorige hervorheben. An ego tibi obviam non prodirem? primum, Appio Claudio? *deinde* imperatori? *deinde* more maiorum? *deinde,* quod caput est, amico? (b. h. der du erstens das, zweitens 2c. das bist?) Cic. fam. III. 7. De iustitia satis dictum est; *deinceps* de beneficentia ... dicatur. Cic. off. I. 13. Rhodius quidam moriens sex aequales nominavit et dixit, qui primus, qui secundus, qui *deinceps* moriturus esset. Cic. divin. L 30. Videte iam *porro* cetera. Cic. Rosc. Am. 40. Hoc saepe audivi a maioribus natu, qui se *porro* a senibus audisse dicebant. Cic. sen. 13.

441. Tandem, demum, denique — endlich.

Tandem, endlich, bezieht sich auf etwas längst Erwartetes, daher es oft auch ein Ausdruck der Verwunderung ist, namentlich bei Fragen, wie unser denn, z. B. Hoc quale *tandem* est? Cic. n. d. I. 38. Zur Verstärkung wird zuweilen *aliquando* hinzugefügt, *tandem aliquando*, endlich einmal; und dafür auch wohl *aliquando* allein gesetzt. Vergl. Nr. 457. Meistens werden bei *tandem* die Prädikate im Gegensatz gedacht. Bei *demum*, endlich, wo wir dieses mit erst vertauschen können, werden die Subjekte oder doch nur einzele Satztheile im Gegensatz gedacht, auf denen alsdann der Nachdruck liegt; deßhalb schließt sich auch *demum* als Enklitika ihnen an; die Prädikate sind dabei gewöhnlich dieselben. *Denique* heißt endlich bei gewöhnlichen Aufzählungen; doch braucht es nicht gerade das Letzte zu sein; dies kann vielmehr noch mit *postremo* darauf folgen. Auch steht es, wo man die Aufzählung abbricht, für unser kurz. Spes est hunc miserum aliquando *tandem* posse consistere. Cic. Quint. 30. Vos *demum*, ut video, legem sine tabulis antiquastis. (Das heißt: Ihr erst, im Gegensatze zu andern vor euch; vos tandem würde heißen: Ihr, nachdem ihr lange genug gezögert.) Cic. leg. III. 17. Omnes urbes, agri, regna *denique, postremo* etiam vectigalia vestra venierunt. Cic. agr. I. 23. Is *denique* honos videtur, qui propter magna merita claris viris defertur. Cic. fam. X. 10.

442. Rursus, iterum, denuo, de integro — wieder, von Neuem.

Rursus, zunächst in lokaler Bedeutung rückwärts, zurück, dann auf die Zeit übertragen wieder; es bezeichnet aber sowohl die erste, als auch die zweite und jede folgende Wiederholung. *Iterum* bezeichnet immer nur die erste Wiederholung; wieder, zum zweiten Male, im Gegensatze zu semel, primum, tertium u. s. w. Denuo (aus de novo, das aber selbst in diesem Sinne nicht vorkommt), wieder, von Neuem, enthält eine Hinweisung darauf, daß die Handlung das erste Mal ihre Wirkung verfehlt hat und also als **nicht mehr gültig oder nicht geschehen betrachtet wird**. *De integro*, **von Neuem**, ist noch etwas spezieller, als *denuo*, indem es darauf hinweiset, daß die Wiederholung **ebenso frisch** und **nicht schwächer** geschehe, als die erste Handlung, wie man im Deutschen provinziell wohl **von Frischem** sagt statt **von Neuem**. *Rursus* bekommt außerdem zuweilen, wie unser **hinwiederum**, **entgegensetzende Kraft**. Wenn das Deutsche wieder eine Wiederholung durch den **Wechsel der Subjekte** bezeichnet, so heißt es *invicem;* vergl. Nro. 473. Facis, ut *rursus* plebs in Aventinum sevocanda esse videatur. Cic. Mur. 7. Quid est autem se ipsum colligere, nisi dissipatas animi partes *rursum* in suum locum cogere? Cic. Tusc. IV. 36. Aestimatio, quae ἀξία dicitur, neque in bonis numerata est neque *rursus* in malis. Cic. fin. III. 10. Nemo est, quin saepe iactans Venerium iactum iaciat aliquando, nonnunquam etiam *iterum* atque tertium. Cic. divin. II. 59. Häufig ist *iterum* consul. Quinto quoque anno Sicilia censetur. Censa erat praetore Peducaeo. Quintus annus quum te praetore incidisset, censa *denuo* est. Cic. Verr. II. 56. Quae deinde interceptio poculi? cur non de *integro* datum? Cic. Cluent. 60.

443. Dudum, diu, pridem — lange.

Dudum heißt **schon seit langer Zeit**, *diu* **lange Zeit hindurch**, *pridem* **vor langer Zeit**, **längst**. Jedoch fallen dudum und pridem zuweilen zusammen. Bei *diu* wird bloß auf die **Ausdehnung** der Zeit hingewiesen, ohne Rücksicht auf den **Anfangs- und Endpunkt**; bei *dudum* wird vorzugsweise der **Anfangs- und Endpunkt** hervorgehoben und dadurch die **Ausdehnung und Dauer** selbst als geringer angesehen, wie in dem Deutschen **eine Zeitlang**, **vor einer Zeitlang**; bei *pridem* wird nur auf den **Anfangspunkt** gesehen, der dabei als **wirklich fern liegend** aufgefaßt ist; **schon früher**. Dixi *dudum*, materiam aliam esse ioci, aliam severitatis. Cic. or. II. 55. Quae *dudum* ad me scripsisti, . . . ea sentio esse vera. Cic. Att. XI. 24. *Dudum* circumrodo, quod devorandum est. Cic. Att. IV. 5. Princeps iam *pridem* iuventutis, celeriter, ut spero, civitatis. Cic. fam. III. 11. Ille vult *diu* vivere, ille *diu* vixit. Cic. sen. 19. Ad mortem te duci, Catilina, iam *pridem* oportebat; in te conferri pestem istam, quam tu in nos omnes iam *diu* machinaris. Cic. Cat. I. 1.

444. Adhuc, hactenus, etiam — noch.

Adhuc heißt bis zu diesem Punkte, bis jetzt, bloß in Rücksicht auf die Zeit, *hactenus*, bis hierhin, immer, wenn auch in uneigentlicher Bedeutung, nur in Rücksicht auf den Ort, wo etwas aufhören will oder muß. Hactenus bezeichnet das Ende als eine Linie, daher auch den Schluß. Bei *adhuc* wird die Fortdauer bis zu einem bestimmten Ende, bei *etiam* aber das noch Dauern selbst ohne Rücksicht auf das Ende hervorgehoben, wie in unserm immer noch. Mit Negationen verbunden wird noch nicht durch *nondum*, *necdum* ausgedrückt, wenn der Satz eine Gleichzeitigkeit mit einer andern Begebenheit bezeichnet. Bei Komparativen braucht man nur etiam, oder gar nichts. Non commovi me *adhuc* Thessalonica; sed iam extrudimur. Cic. Att. III. 14. Caesari, sicut *adhuc* feci, libentissime pro te supplicabo. Cic. fam. VI. 14. Ergo haec *hactenus*: redeo ad urbana. Cic. Att. V. 13. *Hactenus* fuit, quod caute a me scribi posset. Cic. Att. XI. 4. Quum iste *etiam* (immer noch) cubaret, in cubiculum introductus est. Cic. Verr. III. 23. Quamdiu *etiam* furor iste tuus nos eludet? Cic. Cat. I. 1. Quae spes si manet, *etiam* nunc salvi esse possumus (immer noch). Cic. Rosc. Com. 52. Ille autem quid agat, si scis *neque dum* Roma es profectus, scribas ad me velim. Cic. Att. XIV. 10. Gabinium statim, *nihildum* suspicantem, ad me vocavi. Cic. Cat. III. 3.

445. Fere, ferme, paene, prope — fast.

Fere enthält immer eine gewisse Mäßigung des Urtheils; daher ist es bei Zahlenangaben ungefähr, in andern Fällen so ziemlich, so gut als, vielleicht. So hat *sit* an sich auch allgemeine Bedeutung; durch den Zusatz von *fere* wird es dahin gemäßigt, daß es doch nicht immer geschieht; nemo ist allgemein; nemo *fere* vielleicht niemand u. s. w. *Ferme* scheint davon nicht verschieden zu sein; doch ist es nur bei Livius und

Spätern häufig; bei Cicero ist es selten und vielleicht nur bei einer Negation. *Paene* und *prope* zeigen beide an, daß noch etwas fehlt; *paene* aber, wie fast, mit einer größeren Annäherung zu dem noch nicht; *prope*, wie beinahe, mit einer größeren Annäherung zu dem wirklich: jedoch sind die Deutschen Wörter wol ebensowenig, wie die Lateinischen, mit Bestimmtheit von einander zu scheiden. Bemerkenswerth ist im Lateinischen bei paene und prope das Perf. Indik. statt des Deutschen Plusqupf.Konjunkt. Bei bestimmten Zahlenangaben braucht man für ungefähr oft *circiter;* für bis an, bis gegen, auch *ad*. Probabile est, quod *fere* fieri solet. Cic. inv. I. 29. Ex victoria bellica non *fere* quemquam est invidia civium consecuta. Cic. Sest. 51. Brutum abiectum quantum potui excitavi: quem non minus amo, quam tu, *paene* dixi, quam te (fast hätte ich gesagt). Cic. Att. V. 20. post. med. Dicendi Latine maturitas iam ad summum *paene* perducta est, ut eo nihil *ferme* quisquam addere possit, nisi qui a philosophia, a iure civili, ab historia fuerit instructior. Cic. Brut. 43. *Prope* desperatis hic rebus te in Graeciam contulisti. Cic. fam. VII. 28. *Propemodum* iustioribus utimur illis, qui omnino avocant a philosophia. Cic. fin. I. 1.

446. Fere, plerumque, vulgo — gewöhnlich.

Fere ist auch in dieser Bedeutung nach dem Vorigen bloß ein gemäßigtes *semper*. *Plerumque*, meistens, und *vulgo*, insgemein, beziehen sich beide bloß auf ein öfters und vielfach vorkommendes Faktum, nicht auf eine Gewohnheit oder Angewöhnung (um dies zu bezeichnen, muß man mos, consuetudo, solere brauchen). *Plerumque* aber bezieht sich, wie meistens, auf verschiedene Male, der Zeit nach, wobei das Subjekt dasselbe sein kann; *vulgo* hingegen bezieht sich, wie gemeiniglich, allgemein, auf eine Gleichzeitigkeit bei vielen Subjekten. Haec ipsa fortuita sunt: *plerumque* enim, non semper eveniunt. Cic. divin. II. 5. Illud fit etiam ab antiquis, sed *plerumque* casu, saepe natura. Cic. or. 51. *Vulgo* hominum opinio socium me adscribit tuis laudibus. Cic. fam. IX. 14. Eiusmodi tempus erat, ut *vulgo* impune homines interficerentur. Cic. Rosc. Am. 29.

447. Forte, fortasse, forsitan — vielleicht.

Forte heißt eigentlich nur durch Zufall, zufällig; wenn aber die Satzform selbst den Begriff der Möglichkeit ausdrückt, wie bei ne, num, si, nisi, quo cet., so wird das im Deutschen nach diesen Partikeln folgende vielleicht im Lateinischen nur durch *forte, gerade, etwa,* ausgedrückt. Außer solchen Sätzen aber darf man für vielleicht nur *fortasse* und *forsitan* brauchen, und alsdann ist *fortasse* ein vielleicht, welches man zu glauben Grund hat, weshalb es mit dem Indikativ zu stehen pflegt; *forsitan* ein vielleicht, welches man lediglich als Vorstellung aufwirft, ohne sich eines bestimmten Grundes bewußt zu sein; daher ist es selbst in den seltenen Fällen, wo es mit dem Indikativ steht, ein vielleicht, welches man nicht glaubt. Est, est profecto illa vis divina; nisi *forte* idcirco esse non putant, quia non apparet nec cernitur. Cic. Mil. 31. Heri veni in Cumanum; cras ad te *fortasse*. Cic. fam. IX. 23. Raras tuas quidem (*fortasse* non perferuntur), sed suaves accipio litteras. Cic. fam. II. 13. *Forsitan* quaeratis, qui iste terror sit et quae tanta formido. Cic. Rosc. Am. 2. *Forsitan* meliores illi accusatores habendi sint; sed ego defensorem in mea persona, non accusatorem, maxime laudari volo. Cic. Verr. I. 38.

448. Imprimis, praecipue, praesertim, potissimum, maxime, (summe, plurimum) — vorzüglich.

Imprimis geht auf eine Auszeichnung, die man mit andern, und zwar mit den Ersten gemein hat; es ist ein bedeutend verstärktes sehr. *Praecipue*, vorzugsweise, in geradem Gegensatze zu *communis*, geht auf eine Auszeichnung, die man vor den andern besonders genießt; es ist demnach mehrsagend, als imprimis. *Praesertim*, zumal, dient wesentlich nur, um einen besonders ausgezeichneten Grund oder eine solche Bedingung einzuführen; daher praesertim quum, praesertim si — jedoch kann die Konjunktion auch fehlen und der Grund oder die Bedingung durch einen abgekürzten Satz ausgedrückt sein, durch ein Adjektiv, Partizip u. s. w.; die Bedeutung des Satzes aber bleibt immer dieselbe. Ganz verschieden von allen ist *potissimum;* 'es hat dieselbe Bedeutung in Bezug auf viele, die potius in Bezug auf zwei hat, nämlich eine Hervorhebung des Einen mit Ausschließung aller übrigen; ihn, sie, es u. s. w. gerade, und keinen andern; daher schließt es sich auch diesem betonten Wort als Enklitika an. *Maxime*, am Meisten, enthält keinen Vergleich mit andern, sondern bloß eine Steigerung des Prädikats an sich. Es verhält sich zu *summe,* wie *maximus* zu *summus* (beide tropisch; denn sonst sind sie nicht synonym); *maximus* ist Verstandesbegriff und relativ, wie sich aus den Gegensätzen maior, magnus, parvus u. s. w. und den Verbindungen *quam maximus* u. s. w. ergiebt; *summus* dagegen ist Vernunftbegriff und absolut, keiner Modifikation fähig und ohne Gegensatz, außer infimus oder nullus. *Maxime longus* ist richtig und gut; summe longus ist widersinnig. Res *maxime necessariae* sind sehr nothwendige oder die nothwendigsten Dinge; res *summe necessariae* sind absolut nothwendige Dinge; *maximus* ist nur mit andern Superlativen koordinirt, *summus* dagegen mit andern Positiven von absoluter Bedeutung, wie *summus atque perfectus* imperator. Cic. Manil. 13. Magnus homo vel potius *summus et singularis* vir. Cic. Brut. 85. *Plurimum* endlich (als Adv. nur bei Verben) steigert unter dem Bilde der Zahl, der Bezahlung und des Preises, wie *maxime* unter dem Bilde des Maßes und der Ausdehnung; wogegen das summum weder zu zählen noch zu messen ist. Lentulum quum ceteris artibus, tum *imprimis* imitatione tui fac erudias: quem nos *imprimis* amamus carumque habemus. Cic. fam. I. 7. Auditor Platonis Ponticus Heraclides, vir doctus *imprimis.* Cic. Tusc. V. 3. Labor in hoc defendendo *praecipue* meus est, studium vero conservandi hominis *commune* mihi vobiscum esse debebit. Cic. Rab. perd. 1. Dicendi ars in omni libero populo, *maxime*que in pacatis tranquillisque civitatibus, *praecipue* semper floruit semperque dominata est. Cic. or. I. 8. Sera gratulatio reprehendi non solet, *praesertim* si nulla neglegentia praetermissa est. Cic. fam. II. 7. Non tam ista me sapientiae fama delectat, falsa *praesertim* (i. e. praesertim quum falsa est). Cic. am. 4. E quibus (philosophandi generibus) nos id *potissimum* consecuti sumus, quo Socratem usum arbitramur. Cic. Tusc. V. 4. Missi sunt, qui consulerent Apollinem, quo *potissimum* duce uterentur. Nep. Milt. 1. Hoc ad rem mea sententia *maxime* pertinet. Cic. Rosc. Am. 31. Roscius a me petiit et *summe* contendit, ut propinquum suum defenderem (er beſtanb burchauß barauf). Cic. Quint. 24. Homines ipsi quum *summe* in omnes cives Romanos officiosi, tum praeterea *maxime* sedati et quieti sunt, prope praeter ceteros ad *summum* Graecorum otium potius, quam ad ullam vim accommodati. Cic. Verr. I. 24. *Maxima* bona, Cic. Tusc. V. 30.; aber nur Ein *summum* bonum, Cic. fin. V. 6. Vehementer quidam hŏmines, et ii *maxime,* qui te et *maxime* debuerunt et *plurimum* iuvare potuerunt, inviderunt dignitati tuae. Cic. fam. I. 7. 2. Hoc ego utor uno omnium *plurimum.* Cic. fam. XI. 16. Öfter plurimum valere, posse, auch diligere.

449. Frustra, nequidquam, incassum — umſonſt.

Frustra wirb gefagt mit Rückficht auf baß Subjekt, baß in feiner Erwartung getäufcht wirb, umfonſt; *nequidquam* in Bezug auf die Sache, auß welcher nichts geworben ift. Wer etwas Vollkommenes zu leiften hofft, ber wirb bei aller Sorgfalt und Anftrengung immer *frustra* arbeiten; aber wohl nicht *nequidquam,* vergeblich, für nichts und wieber nichts, weil boch mancher Seitenvortheil baburch erreicht wirb. *Nequidquam* ift bemnach ſtärker als *frustra. Incassum* (nicht bei Cicero) ift ein bilblicher Ausbruck, wie unfer in den Wind, ins Blaue, wirb aber feiner Natur gemäß nur bei Verben ber Bewegung gebraucht, felbſt in der übertragenen Bebeutung. *Gratis,* umſonſt, b. i. ohne Lohn, gehört nicht bazu. Neque enim ipse auxilium suum saepe a viris bonis *frustra* implorari patietur, neque id aequo animo feret civitas. Cic. or. II. 35. Nec *frustra* ac sine causa quid facere dignum deo est. Cic. divin. II. 60. Dic, inquam, diem. Pudet dicere. Intellego; verum et sero et *nequidquam* pudet. Cic. Quint. 25. Senatus *nequidquam* Pompeii auxilium imploraturus est. Caes. b. c. I. 1. Man vergleiche befonbers bies Beifpiel mit bem erften: bem *frustra* auxilium implorans wirb die Hülfe felbſt, ber Beiftand abgefchlagen, dem *nequidquam* auxilium im-

III. PARTICULAE.

plorans nützt die Hülfe zu nichts. *Incassum* missae preces. Liv. II. 49. Galli vana *incassum* tela iactare. Liv. X. 29.

450. Nonnunquam, interdum, aliquando; aliquoties, subinde — zuweilen.

Die drei ersten heißen zuweilen, bisweilen, wobei man eine bestimmte Zahl des wie oft nicht denkt. Sie selbst sind wol nur dem Grade nach, wie sie geordnet, unterschieden, indem nonnunquam, wie öfters, eine Annäherung an saepe ausdrückt, interdum dagegen, wie mitunter, fast ein non saepe, aliquando, wie wolmal, fast ein bestimmtes raro ist. Diese Bestimmungen gehen ziemlich deutlich aus folgendem Beispiel hervor: Nostri illi moderati homines ipsum sapientem aiunt saepe aliquid opinari, quod nesciat; irasci *nonnunquam*, exorari eundem et placari; quod dixerit, *interdum*, si ita rectius, mutare; de sententia decedere *aliquando;* omnes virtutes mediocritate quadam esse moderatas. Cic. Mur. 30. Comitiorum et contionum significationes *interdum* verae sunt, *nonnunquam* vitiatae et corruptae. Cic. Sest. 34. *Subinde* (nicht bei Cicero, Caesar, Nepos; oft bei Livius) heißt zuweilen in dem Sinne von mehrmals nach der Reihe, d. h. so daß eine unterbrechende Handlung dazwischen vorkommt; daher ist es auch bald nachher. *Aliquoties* heißt nicht zuweilen, sondern einige Male, d. h. man denkt dabei an eine ungefähr bestimmte Zahl, die man allenfalls noch wol herausbringen könnte. *Aliquoties* iam iste locus a te tractatus est. Cic. leg. II. 4. *Subinde* spolia domos mittebant. Liv. XXXV. 2.

451. Interim, interea, tantisper — unterdessen.

Insofern alle drei Partikeln auf die Zeit bezogen werden, ist zu bemerken, daß *interim* gar keine Dauer, sondern nur ein momentanes Eintreffen während einer andern Handlung; *interea*, eine, wenn auch nur theilweise, gleichzeitige Dauer mit derselben; *tantisper* eine gleichzeitige und gleichlange Dauer mit derselben bezeichnet. Daher verbinden sich auch interea und tantisper öfter mit dum oder selbst mit quoad u. s. w., was bei interim nicht so gut geschieht; dahingegen wird *interim*, wie bei uns unterdeß, indessen, auch Adversativpartikel.

Haec *dum* Romae geruntur, Quintus *interea* contra ius de saltu agroque communi vi detruditur. Cic. Quint. 6. Quum litteras tuas legissem, incredibili gaudio sum elatus et continuo omnes feci participes meae voluptatis. *Interim* ad me venit Munatius noster, ut consuerat cet. Cic. fam. X. 12. Totos dies scribo; non quo proficiam aliquid; sed *tantisper* relaxor (sc. a dolore). Cic. Att. XII. 14. *Interim* mihi videris, Eruci, una mercede duas res assequi velle. Cic. Rosc. Am. 29. *Interim* velim mihi ignoscas. Cic. Att. VII. 12.

452. Ita, sic, tam — fo.

Das eigentlich steigernde fo heißt nur *tam*, worüber schon oben gesprochen ist; es verbindet sich nur mit Abjektiven und Adverbien; bei Verben tritt zum Ausdruck einer bestimmten Steigerung adeo dafür ein. *Ita* und *sic* sind allgemein schwer von einander zu scheiden; doch merke man Folgendes. *Ita* ist ein Adverb zu *is*, wie *sic* zu *hic;* daher bezieht sich jenes mehr auf das Vorhergehende und die dritte Person; dieses mehr auf das Folgende und die erste Person; jenes umfaßt als allgemeines Adverb die vorhergenannten Umstände und Verhältnisse, als Ursache und Begründung des Folgenden; sic dagegen leitet zu dem Folgenden als Gleichgestelltem hinüber; daher ist *ita ut,* so daß; *sic ut* oder *sicut* so wie. Bemerkenswerth ist der nothwendige Gebrauch von *ita* bei Schwüren; ferner mit einer Negation und einem Abjektiv oder Adverb für das Deutsche sehr in dem Sinne von eben, haud *ita* multi nicht gerade viele; valde würde hier falsch sein; dagegen ist sic zuweilen gleich unserm so so, so ziemlich. Dico illum adolescentem, quum sibi non pepercisset, aliquot dies aegrotasse et *ita* esse mortuum. Cic. Cluent. 60. Sine virtute nemo beatus; virtus autem actuosa est, et deus vester nihil agens; expers virtutis igitur;- *ita* ne beatus quidem est. Cic. n. d. I. 40. Libros confeci et absolvi, nescio quam bene; sed *ita* accurate, ut nihil possit supra. Cic. Att. XIII. 19. *Ita* me dii iuvent! Cic. Att. I. 16. Caio Quintio mortuo, neque *ita* multo post, in Galliam proficiscitur Quintius. Cic. Quint. 4. Utinam ut culpam, *sic* etiam suspitionem vitare potuissem! Cic. Phil. I. 13. *Sic* velim existimes, te

III. PARTICULAE. 341

mihi nihil gratius facere posse. Cic. fam. XIII. 57. Domum eius tibi *sic* commendo, ut maiore studio commendare non possim. Cic. fam. XIII. 38. Cautum Marcellum (dico); me *sic*, sed non tamen cautissimum. Cic. Att. XV. 13.

453. Modo, nuper — neulich, jüngst.

Modo, jüngst, bezieht sich auf eine noch ganz nahe liegende Vergangenheit, die man als noch im Zusammenhange mit der Gegenwart des Sprechenden ansieht, so eben, jetzt eben, eben noch. *Nuper*, neulich, bezieht sich auf eine von der Gegenwart schon ganz geschiedene, daher oft selbst auf eine ziemlich ferne Vergangenheit. In qua urbe *modo* gratia, auctoritate, gloria floruimus, in ea nunc his omnibus caremus. Cic. fam. IV. 13. Haec *nuper*, id est, paucis ante saeculis, medicorum ingeniis reperta sunt. Cic. n. d. II. 50. *Nuper* homines eiusmodi — et quid dico *nuper?* immo vero *modo* ac plane paulo ante vidimus. Cic. Verr. IV. 3.

454. Modo, tantum, solum, non-nisi, dumtaxat — nur.

Modo, nur, bezeichnet nicht eine wirkliche Einschränkung, sondern eine subjektive Mäßigung des Gedankens; daher ist es das eigentliche Wort in allen Sätzen des Begehrens (Imperativen, ut, ne, si cet.). *Tantum*, eigentlich so viel, dann nur so viel, setzt die Theile desselben Ganzen, und zwar den geringeren dem größeren entgegen. *Solum*, allein, bloß, hebt aus vielen, von einander geschiedenen Dingen eins als Gegensatz gegen die andern hervor. *Non-nisi* ist das nur in einem hypothetischen Urtheile; nicht anders als (wenn). *Dumtaxat* (soll stehen für dum quis taxat, wenn einer es genau nimmt) fügt nur eine besondere Beziehung zu dem ausgesprochenen Urtheile hinzu, und muß dann bald durch allerdings nur, eigentlich jedoch nur, wenigstens und Ähnliches übersetzt werden. Veniat *modo*, explicet suum illud volumen. Cic. Rosc. Am. 35. Vide *modo*. Cic. Caecil. 14. Videtur posse opprimi, *modo* ut salva urbe. Cic. fam. XVI. 12. In hac arte, si *modo* est ars, nullum est praeceptum, quomodo verum inveniatur. Cic. or. II. 33.

Nomen *tantum* virtutis usurpas; quid ipsa valeat ignoras. Cic. par. 2. Dixit *tantum;* nihil ostendit. Cic. Flacc. 15. Quasi vero atra bile *solum*, ac non saepe vel iracundia graviore vel timore vel dolore moveatur. Cic. Tusc. III. 5. Amicitia *nisi* inter bonos esse *non* potest. Cic. am. 5. Antonius *nil nisi* de rei publicae pernicie cogitabat. Cic. Phil. IV. 2. Hac tamen in oppressione sermo in circulis *dumtaxat* et conviviis (freilich nur) est liberior, quam fuit. Cic. Att. II. 18. Verberavi te cogitationis tacito *dumtaxat* convicio, quod fasciculus alter ad me iam sine tuis litteris perlatus est. Cic. fam. XVI. 26. Valde me Athenae delectarunt, urbs *dumtaxat* et urbis ornamentum. Cic. Att. V. 10.

455. Non, ne, haud, nihil, neutiquam, nequaquam, minime — nicht.

Die allgemeine, in jeder direkten Verneinung anwendbare Negation ist *non;* in Sätzen jedoch, die aus dem Begehren hervorgehen, dient *ne* als Verneinungswort; nur sollte man dieses nicht (nach der gewöhnlichen Lehre) mit dem Imperativ verbinden, da in der besten Prosa ein verneinender Imperativ nur mit *noli* und einem Infinitiv gegeben wird. *Haud* mag wol wenig anders verneinen, als *non;* es ist aber nur in gewissen, oft wiederkehrenden Verbindungen gebräuchlich, wo es immer den positiven Begriff in das Gegentheil verwandelt, z. B. *Haud scio an*, gleich vielleicht, ebenso *haud multum* = paulum; *haud magnus* = parvus u. s. w. *Nihil*, heißt eigentlich immer nichts, wird aber zuweilen auch als ein stärkeres nicht gebraucht, gar nicht. Ebenso kann im Allgemeinen *neutiquam* (als negirtes utique) nur als Verstärkung gelten, sowie auch *nequaquam* und *minime;* sie mögen sich verhalten wie in keiner Beziehung, keines Weges, durchaus nicht. *Non* est ita. Cic. Flacc. 22. Nemo is, inquies, unquam fuerit. *Ne* fuerit; ego quid desiderem, *non* quid viderim, disputo. Cic. or. 29. Rem *haud* sane difficilem admirari videmini. Cic. sen. 2. Mardonius hoc proelio *haud* ita magna manu Graeciae fugatus est. Nep. Paus. 1. *Nihil*ne te nocturnum praesidium palatii, *nihil* urbis vigiliae ... *nihil* horum ora vultusque moverunt? Cic. Cat. I. 1. Hoc ego *neu-*

tiquam officium liberi esse hominis puto. Ter. Andr. II. 1, 30.
Scipio Q. Maximum fratrem, virum egregium omnino, sibi
nequaquam parem, tamquam superiorem colebat. Cic. am. 19.
Ipse aer *minime* est expers caloris. Cic. n. d. II. 10. An tu
haec non credis? *Minime* vero. Cic. Tusc. I. 6.

456. Nunc, tum, tunc, iam — jeßt.

Nunc bezieht sich immer auf die wirkliche Gegenwart
des Sprechenden im Gegensatze zu allem Vergangenen oder
Künftigen. In der Erzählung vergangener Begebenheiten aber
darf man unser jetzt oder nun nur durch *iam* oder *tum* ausdrücken; durch *iam*, wenn das jetzt oder nun bloße Anknü-
pfungs- und Fortsetzungspartikel ist; durch *tum*, wenn die
wirkliche Aufeinanderfolge zweier Ereignisse bestimmt hervorgehoben werden soll; sonst ist *tum*, dann, damals, da, fast
immer in Wechselbeziehung zu einem wirklich gesetzten oder zu
denkenden *quum* oder *si*. *Tunc* pflegt besonders für das mit
Nachdruck ausgesprochene damals gebraucht zu werden, meistens
im bestimmten Gegensatze zu *nunc*, gegenwärtig. *Iam* bezieht
sich eigentlich auf keinen bestimmten Zeitpunkt, sondern bezeichnet bloß das beschleunigte Eintreten einer Handlung, gehöre
diese der Vergangenheit, der Gegenwart oder der Zukunft an;
wo wir es in jenem Falle durch schon, in dem zweiten durch
schon, nun oder jetzt, in dem dritten durch bald oder sogleich ausdrücken. Daher findet man auch verbunden *iam tunc,
iam nunc*. Auch sagt man *iam iam* als Verstärkung. *Non iam*
wird synonym mit *non amplius*, worüber später. Erat *tunc*
excusatio oppressis, misera illa quidem, sed tamen iusta:
nunc nulla est. Cic. Phil. VII. 5. Quae quidem multo plura
evenirent, si ad quietem integri iremus: *nunc* (jetzt aber) onusti
cibo et vino perturbata et confusa cernimus. Cic. divin. I. 29.
Iam Horatius, caeso hoste victor, secundam pugnam petebat.
Tunc (jetzt nun) clamore Romani adiuvant militem suum. Liv.
I. 25. Cedo, quid postea? Eum ego meum esse aio. Quid
tum? Cic. Mur. 12. Haec non noram *tum*, quum cum Democrito tuo locutus sum. Cic. Att. VI. 1. Id tu, Brute, *iam*
intelleges, quum in Galliam veneris. Cic. Brut. 46. Quo autem pacto deceat incise membratimve dici, *iam* videbimus;

nunc quot mutentur comprehensiones dicendum est. Cic. or.
63. Sunt duo menses *iam*. Cic. Rosc. Com. 3. *Iam* a prima
adolescentia. Cic. fam. I. 9. 23. Consilium istud *tunc* esset
prudens, *si* nostras rationes ad Hispaniensem casum accommodaturi essemus. Cic. Att. X. 8.

457. Olim, quondam, aliquando — einſt.

Olim bezieht ſich, wie unſer einſt, auf einen von der Gegenwart fern geſchiedenen Zeitpunkt, gehöre er der Vergangenheit oder der Zukunft an. *Quondam* bezieht ſich in der guten Proſa bloß auf die Vergangenheit und bezeichnet meiſtens eine gewiſſe Zeitdauer in derſelben, vormals. *Aliquando* iſt unſer unbeſtimmtes (auf der letzten Silbe betontes) einmal, im Gegenſatze zu jeder beſtimmten Zeit- oder Zahlenangabe; daher es ſich denn auf jede Zeit beziehen, und auch ein nicht *semel* (ein Mal), ſondern ein oder ander Mal vorkommendes Ereigniß bezeichnen kann. *Unquam* hat immer negativen Charakter, wie unſer je, jemals; *semel* iſt als beſtimmtes Zahladverb nur einmal. Quid ostenta Lacedaemonios *olim*, nuper nostros adiuverunt? Cic. *divin.* II. 25. Utinam coram tecum *olim* potius, quam per epistolas (sc. colloquar)! Cic. Att. XI. 4. Omnia fere, quae sunt conclusa nunc artibus, dispersa et dissipata *quondam* fuerunt. Cic. or. I. 42. Populus Romanus, qui *quondam* lenissimus existimabatur, hoc tempore domestica crudelitate laborat. Cic. Rosc. Am. 53. Tandem *aliquando* Catilinam ex urbe eiecimus. Cic. Cat. II. 1. Ut *aliquando* de rebus iudicatis dicere desistamus, pauca ex aliis generibus sumemus (einmal = endlich einmal, vergl. Nro. 441.). Cic. Verr. II. 48. Si placet, sermonem alio transferamus, et nostro more *aliquando*, non rhetorico, loquamur. Cic. or. I. 29. Illucescet *aliquando* ille dies. Cic. Mil. 26. Inquiritur, sitne *aliquando* mentiri boni viri? Cic. or. III. 29. Si, num, ne ... *quando*. Cic. Rosc. Am. 13. 50. am. 16. 19.

458. Plus, magis, amplius, potius — mehr.

Von allen wird zunächſt nur *plus*, zuweilen jedoch auch *amplius*, als Subſtantiv gebraucht. Als Adverb unterſcheidet

III. PARTICULAE.

sich *plus* von *magis* dadurch, daß *plus* immer quantitativ ist auf die Frage wie viel? *magis* aber qualitativ auf die Frage wie sehr? Zuweilen, aber selten, wie in plus amare, diligere, fällt dieses bis auf eine geringe Verschiedenheit der Anschauung zusammen. *Magis* muß daher stehen bei Eigenschaftswörtern, während es bei Zahlwörtern nicht stehen kann, außer etwa, wo es einen Komparativ bildet, wie annos natus *magis* quadraginta — älter —. Cic. Roc. Am. 14. Doch liest man auch hier richtiger *annos* natus *maior* quadraginta. *Amplius*, wie unser weiter, hat zunächst räumliche, dann auch zeitliche Bedeutung, ferner; bei Zahlenangaben heißt es nur über, weshalb hier auch kein *quam* darnach gesetzt wird, was in diesem Falle jedoch auch bei *plus*, mehr als, nicht zu geschehen pflegt. Zur Steigerung einer Eigenschaft oder eines Verhältnisses kann es nicht gebraucht werden. Das Deutsche nicht mehr in Bezug auf die Zeit (wenn kein *quam* folgt) heißt bei Cicero regelmäßig non iam, nicht non amplius. *Potius*, vielmehr, eher (*prius* nur in Rücksicht auf die Zeit) bezieht sich immer auf eine Auswahl zwischen zweien (wie potissimum zwischen vielen), wovon dies genommen und das andere nicht genommen wird; bei prius und libentius dagegen wird das andere vielleicht auch genommen, nur im ersteren Falle später, im anderen Falle ungerner. *Plus* oneris sustuli, quam ferre me posse intellego. Cic. Rosc. Am. 4. Nescio an *amplius* mihi negotii contrahatur. Cic. Cat. IV. 5. Tantum, et *plus* etiam, ipse mihi debebat. Cic. Att. VII. 3. Non *plus*, quam semel, eloquetur. Cic. off. III. 15. Fratrem in provincia reliquit! Num est hoc non *plus* annum obtinere provinciam? Cic. Att. VI. 6. Hunc mehercule *plus plusque* in dies diligo. Cic. Att. VI. 2. Aditus ad consulatum non *magis* nobilitati, quam virtuti patet. Cic. Mur. 8. Nisi forte *magis* erit parricida, si quis consularem patrem, quam si quis humilem necaverit. Cic. Mil. 7. Quid est, Catilina, quod iam *amplius* exspectes? Cic. Cat. I. 3. De sepulcris nihil est apud Solonem *amplius*, quam ne quis ea deleat. Cic. leg. II. 26. Syracusis eum *amplius* centum cives Romani cognoscebant. Cic. Verr. I. 5. *Iam nemo* tam improbus inveniri potest. Cic. Cat. I. 2. *Neque iam* licet mihi, neque est integrum, ut meum laborem hominum periculis sublevandis non impertiam. Cic. Mur. 4. An Ligarius Uticae *potius*, quam Romae esse maluisset? Cic. Lig. 2. Quodvis *potius* periculum mihi adeundum, quam a sperata dicendi gloria discedendum putavi. Cic. Brut. 91.

459. Longe, procul, eminus — fern.

Longe, weit, bezieht sich immer auf eine absolute wirklich große Ferne, bezeichnet aber diese in jeder Beziehung, in der Ferne, in die Ferne, aus der Ferne. *Procul*, von Weitem, fern, bezeichnet eine bloße Trennung, und bezieht sich demnach auf eine verhältnißmäßige Ferne. *Eminus*, von Weitem, wird, wie sein Gegensatz *comminus*, in der guten Sprache nur sehr beschränkt, nämlich nur vom Kampfe aus der Ferne oder Nähe gebraucht. Non *longe* a tuis aedibus inambulabat. Cic. leg. I. 1. Sol immenso mundo *longe* lateque collucet. Cic. n. d. II. 15. Exspectare te arbitror, haec tam *longe* repetita principia quo spectent. Cic. fam. XIII. 29. Perseus *in conspectu* patris tacitus *procul* constitit. Liv. XL. 8. Karthaginem et Corinthum, quae *procul* erant a conspectu imperii, maiores nostri funditus sustulerunt. Cic. agr. II. 32. Subauscultando excipimus voces eorum et *procul*, quid narrent, attendimus. Cic. or. II. 36. Senex non *eminus* hastis aut *comminus* gladiis utitur. Cic. sen. 6.

460. Quoad, quatenus, prout — in wie weit.

Quoad bezieht sich auf eine möglichst große Ausdehnung des Urtheils, in wie weit nur, so viel immer; das Ende wird dabei angeschaut als ein Punkt, eine Spitze. *Quatenus* dagegen beschränkt das Urtheil nach einem angegebenen Maße, in so weit, fast in dem Sinne von wenn nämlich; das Ende wird dabei angeschaut als eine Linie, Gränze. *Prout* (pro eo ut), je nachdem, giebt ein proportionales Verhältniß an. Tu, *quoad* poteris, nos consiliis iuvabis. Cic. Att. X. 2. Si provinciam, *quoad* eius facere potueris, quam expeditissimam mihi tradideris: facilior erit mihi quasi decursus mei temporis. Cic. fam. III. 2. Accipio excusationem ea parte, *quatenus* neglegentia eorum, qui litteras accipiant, fieri scribis,

III. PARTICULAE. 347

ne ad nos perferantur. Cic. fam. IV. 4. In omnibus rebus videndum est *quatenus*; nam magis offendit nimium, quam parum. Cic. off. III. 17. or. 22. Sthenius supellectilem elegantiorem compararat, *prout* Thermitani hominis facultates ferebant. Cic. Verr. II. 34. Tuas litteras, *prout* res postulat, exspecto. Cic. Att. XI. 6. Vergl. Nro. 500.

461. Statim, illico, e vestigio, extemplo, continuo, protinus, actutum, confestim — sogleich.

Statim, *illico* und *e vestigio* geben den Begriff sogleich durch eine räumliche, *extemplo* und *actutum* durch eine zeitliche Darstellung; *continuo* und *protinus* beziehen sich auf die Art des Zusammenhangs zweier Handlungen; *confestim* auf die Beschaffenheit der einen Handlung. *Statim*, sogleich, d. h. im Beginne einer Handlung, als Gegensatz von später; *illico* auf der Stelle, dann in Bezug auf die Gleichzeitigkeit zweier Handlungen; *e vestigio*, vom Fleck, ohne Weiteres, in Bezug auf das schnelle Abgethansein der Handlung; *extemplo* und *ex tempore*, im Augenblick, ohne Weiteres, in Bezug auf das Beginnen der Handlung, ohne Vorbereitung und Zurüstung; *continuo*, unmittelbar darauf, im Gegensatze zu einem leeren Zwischenraum; *protinus*, gerades Wegs, sofort, im Gegensatze von nicht zum Ziel führendem Zwischenthun; *actutum*, alsbald, im Gegensatze zu einem Warten; *confestim*, eiligst, in Bezug auf die Raschheit beim Beginne und während der Handlung. Verres simulac tetigit provinciam, *statim* litteras Messanam dedit. Cic. Verr. I. 10. Ad vadimonium non venerat; *illicone* ad praetorem ire convenit? Cic. Quint. 15. Repente *e vestigio* ex homine tamquam aliquo Circaeo poculo factus est Verres. Cic. Caecil. 17. Quod fingat *extemplo*, non habet. Cic. Rosc. Com. 3. Alia subito *ex tempore* coniectura explicantur. Cic. divin. I. 33. Ignis in aquam coniectus *continuo* exstinguitur. Cic. Rosc. Com. 6. Te hortor et rogo, ut Romam *protinus* pergas et properes. Cic. Qu. fr. I. 3. Heus! Heus! aperite aliquis *actutum* ostium. Ter. Ad. IV. 4. 26. Caesar cohortes, quae in stationibus erant, secum proficisci, reliquas armari et *confestim* se subsequi iussit. Caes. b. G. IV. 32. Rem administrandam arbitror sine ullā mora et *confestim* gerendam censeo. Cic. Phil. V. 12.

462. Repente, subito — plöglich.

Repente geschieht dasjenige, wovon man das Gegentheil erwartet hat; *subito* dasjenige, was man nicht erwartet, woran man nicht gedacht hat; soll aber nicht so sehr die Beschaffenheit des Ereignisses selbst, als vielmehr der Eindruck, den es macht, hervorgehoben werden, so braucht man *inopinatus*, wider Erwarten, entsprechend der Bedeutung von repente, *necopinatus*, unerwartet, entsprechend der von subito. *Repente* ist demgemäß immer stärker und zugleich beschränkter, als *subito;* dies heißt nämlich zwar auch unerwartet, indem ein Ereigniß, an das man nicht gedacht hat, einem allerdings unerwartet kommt; allein von einer Handlung gesagt heißt subito in Rücksicht auf das handelnde Subjekt, das vorher nicht daran gedacht hat, so viel als unvorbereitet, ohne Vorbereitung. Ganz dieser Bedeutung gemäß gehören auch zusammen *repente e vestigio* und *subito ex tempore*, wie die in der vorigen Nummer beigeschriebenen Beispiele des Cicero sie *geben*. Caesar *accusata acerbitate* Marcelli *repente praeter spem* dixit, se senatui roganti de Marcello non negaturum (nach der vorhergehenden Anklage erwartete man das Gegentheil). Cic. fam. IV. 4. Divinus adolescens, *subito praeter spem* omnium exortus, prius exercitum confecit, quam quisquam hoc eum cogitare suspicaretur (kein Mensch dachte an den Octavian). Cic. Phil. V. 16. Etsi utile est, *subito* saepe dicere, tamen illud utilius, sumpto spatio ad cogitandum, *paratius* atque accuratius dicere. Cic. or. I. 33. Hostium *repens* (öfter repentinus) adventus magis aliquanto conturbat, quam exspectatus; et maris *subita* (bei Livius oft subitarius; aber subitaneus taugt nicht) tempestas, quam ante provisa, terret navigantes vehementius. Cic. Tusc. III. 22.

463. Saepe, crebro, frequenter, (identidem, subinde) — oft.

Saepe, zunächst vielleicht immer wieder, heißt oft in ganz allgemeiner Bedeutung; in *crebro* und *frequenter* aber, wie in häufig, tritt eine nähere Bestimmung des oft hervor. Während *multus* (das sich zu dem Eigenschaftswort *creber* gerade so verhält, wie *saepe* zu dem Adverb *crebro*) ganz allgemein auf eine Vielheit hinweiset, hebt *creber* die Dichtigkeit und Gedrängtheit der einzelen Theile, *frequens* die Reichlichkeit der Menge besonders hervor. Ob nun die in *creber* bezeichnete Gedrängtheit etwas Gutes ist oder nicht, das hängt von der Beschaffenheit des Gedankens ab; durch *frequens* aber wird an sich meistens auf etwas Gutes hingewiesen. Endlich bezieht sich *crebro* meistens auf Dinge und Handlungen, die von einem Subjekte ausgehen, *frequens* aber auf eine Vielheit von Personen: so daß *creber* als Gegensatz zu *rarus*, selten, nicht zusammengedrängt, *frequens* zu *paucus*, wenig, nicht zahlreich, gelten kann. Sehr häufig braucht man aber im Lateinischen die Adjektive, wo wir die entsprechenden Adverbien anwenden. *Identidem* heißt nur zu wiederholten Malen dasselbe; *subinde* öfter dazwischen, als Unterbrechung einer andern Handlung. Saepe singulis utendum est, plerumque binis, non fere ternis. Cic. or. 66. Thucydides creber est rerum *frequentia* (in Bezug auf den gedrängten Reichthum des Stoffes). Cic. or. II. 13. Crebro Catulum, saepe me, saepissime rem publicam nominabat. Cic. Cael. 24. Tu, quaeso, crebro ad me scribe. Cic. Att. VII. 10. Refert etiam, qui audiant, ... *frequentes*, an pauci, an singuli. Cic. or. III. 55. Crebri afferebant nuntii, male rem gerere Darium (d. h. Bote auf Bote). Nep. Milt. 3. So bezieht sich *frequens* senatus auf die Vollzähligkeit desselben, während *creber* hier fast auf den Mangel an Platz hinweisen würde. L. Cassius identidem in causis quaerere solebat, cui bono fuisset. Cic. Rosc. Am. 30. Vendite ista et illicite lucro mercatorem, ut sequatur agmen; ego subinde suggeram, quae vendatis. Liv. X. 17.

464. Semper, usque, perpetuo — immer.

In *semper* wird die Zeit oder ein bestimmter Zeitraum als Dauer aufgefaßt, während welcher die betreffende Handlung entweder fortwährend oder in jedem vorkommenden Falle geschieht; immer. *Usque* dagegen bezeichnet eine Bewegung, ein Fortrücken in der Zeit bis zu einem bestimmten Ende; es ist ursprünglich lokal (wie auch noch in der Verbindung mit Präpositionen, ad u. s. w.); also ist *semper* immer, allzeit, jeder Zeit; *usque* in einem fort, immerfort. *Perpetuo* bezieht sich auf die Festigkeit, die dem Aufhören entgegenwirkt, wie beständig (vergl. perpetuus). Ea quum tempore commutantur, commutatur officium, et non *semper* est idem. Cic. off. I. 10. Quod *semper* movetur, aeternum est. Cic. Tusc. I. 30. Mihi *usque* curae erit, quid agas, *dum* quid egeris sciero. Cic. fam. XII. 19. *Usque* animadverti, iudices, Erucium iocari atque alias res agere, *antequam* Chrysogonum nominavi. Cic. Rosc. Am. 22.

465. Sensim, paulatim, pedetentim, gradatim — allmählich.

Sensim wird gesagt in Rücksicht auf den Eindruck, welchen die Handlung auf die Beobachter macht; unmerklich. *Paulatim* heißt immer nur wenig auf einmal, allmählich. *Gradatim* stufenweise und *pedetentim*, Schritt vor Schritt, beziehen sich nicht bloß auf das langsame, sondern jenes namentlich auch auf das abgemessene, dieses auf das vorsichtige Vorwärtsschreiten zu einem Ziele; beide sind nur auf die Art und Weise einer Handlung zu beziehen. Den Gegensatz zu *sensim* bildet *repente*, zu *paulatim* (bei Cäsar öfter, bei Cicero wol nicht) so ziemlich *protinus*, zu *gradatim* etwa *raptim*, zu *pedetentim* etwa *confestim* oder *festinanter*. Daß man für unser nach und nach nur das einfache *sensim* gebrauchen und weder dies noch eins seiner Synonyma doppelt setzen darf, ist bekannt Magis decet, amicitias *sensim* dissuere, quam *repente* praecidere. Cic. off. I. 33. *Paulatim* Germanos consuescere Rhenum transire videbat. Caes. b. G. I. 33. Augent enim relata verba et ea, quae ascendunt *gradatim* ab humilioribus ad superiora. Cic. part. 15. A me omnia caute *pedetentim*que dicentur. Cic. Cluent. 12.

466. Simul, una, pariter, coniuncte — zugleich.

Simul bezieht sich vorzugsweise auf ein Verbundensein der Zeit nach, wie unser zugleich; daher auch nur *simul ac*, sobald als. *Una* bezeichnet zunächst eine Verbindung in Rücksicht auf den Ort, wie unser zusammen; es wird aber, wie

dieses, auch oft in uneigentlicher Beziehung gebraucht, um ein
Zusammengehören von Dingen auszudrücken. *Pariter* bezieht
sich eigentlich immer nur auf die Art und Weise der Handlung; ebenso, in gleichem Maße; aber auch wo es für *simul* steht, enthält es immer seiner Grundbedeutung gemäß mehr
eine Gleichstellung, als eine Gleichzeitigkeit. *Coniuncte* weiset seiner partizipialen Bedeutung gemäß auf die Entstehung
des Zusammenseins, auf die Vereinigung hin, die dabei meistens als eine absichtliche Verknüpfung angesehen wird.
Cicero braucht vorzugsweise nur coniuncte, während Cäsar und
Livius die Form *coniunctim* vorzuziehen scheinen; doch entspricht
auch in der Bedeutung *coniuncte* mehr dem verbunden, *coniunctim* dem gemeinschaftlich. Eodem tempore *simul* nobiscum (sie kamen aber von ganz verschiedenen Seiten) in oppidum
introiit Terentia. Cic. fam. XVI. 9. Duo quidam Arcades familiares iter *una* faciebant (nicht bloß zu gleicher Zeit, sondern
zusammen). Cic. divin. I. 27. Vita *pariter* cum sensu amit-
titur (d. h. zwar zugleich, aber noch etwas mehr, nämlich von
beiden bleibt nichts übrig). Cic. Tusc. I. 11. Facetiis
maxime homines delectantur, si quando risus *coniuncte* re
verboque moveatur. Cic. or. II. 61. Viri (partem suae pecuniae) cum dotibus communicant. Huius omnis pecuniae *coniunctim* ratio habetur. Caes. b. G. VI. 19.

467. Voluntate, sponte, ultro — freiwillig, von selbst.

Voluntate, mit Willen, und *de industria* (seltner ex industria), mit Fleiß, können gewissermaßen eher als Gegensätze,
denn als Synonyma zu sponte und ultro angesehen werden.
Voluntate sagt man im Gegensatz zu andern bewegenden Ge-
fühlen, nicht aus Furcht, aus Schwäche u. s. w.; *de industria*
wird gesagt im Gegensatze zu aus Unvorsichtigkeit oder
Nachlässigkeit. *Sponte* (mit vorangestelltem Possessiv), aus sich,
geschieht dasjenige, wovon wir einen nach gewöhnlicher Meinung erforderlichen äußeren Grund nicht angeben können; *ultro*
dagegen, von selbst, geschieht etwas, ehe eine anregende
Veranlassung eintritt. In *voluntate* ist der freie Entschluß,
in de industria die Sorgfalt, in sponte die Freiheit von
fremdem Einfluß aller Art, in *ultro* die Raschheit der

Handlung wesentlich hervorgehoben. Nur sponte kann von Aussagen jeder Art, die übrigen können nur von Handlungen gebraucht werden. Populi alii *voluntate*, alii metu iugum accipiebant. Liv. XL. 49. Iniuriae interdum nocendi causa *de industria* inferuntur. Cic. off. I. 7. Possum respondere, te quae facias tuo iudicio et tua *sponte* facere. Cic. fam. IX. 14. Sua *sponte* laudabilis virtus est. Cic. Tusc. IV. 15. Nec mihi quidquam in mentem venit optare, quod non *ultro* mihi Caesar detulerit. Cic. fam. IV. 15.

468. Vix, aegre, vixdum, commodum — kaum.

Vix, kaum, hat einen negativen Charakter, wie beinahe nicht, und wirkt auch deshalb auf die Verhältnisse seines Satzes meistens ebenso, wie eine Negation, z. B. nur vix quisquam, nicht aliquis. *Aegre*, mit Mühe, hat affirmativen Sinn; es macht die Handlung selbst keines Weges unsicher, sondern giebt nur die Mühe und Noth des handelnden Subjektes an, wogegen *vix* sich allein auf das Ereigniß selbst bezieht. *Vixdum* heißt kaum noch. *Commodum* behält durchaus, wie modo, die Bedeutung eben erst. Amnis aut *vix* aut nullo modo corrumpitur. Cic. n. d. II. 7. Istae obscurationes propter exiguitatem *vix* aut ne *vix* quidem apparent. (Man bedenke, was ne aegre quidem sein würde). Cic. fin. IV. 13. Omnis conglutinatio recens *aegre*, inveterata *facile* divellitur. Cic. sen. 20. *Vixdum* epistolam tuam legeram, quum ad me Curtius venit. Cic. Att. IX. 2. Inveteratio, ut in corporibus, *aegrius* (von *vix* ist keine Steigerung denkbar) depellitur, quam perturbatio. Cic. Tusc. IV. 37. *Commodum* discesserat Hilarius, quum tabellarius venit. Cic. Att. XIII. 19.

469. Palam, propalam, publice — öffentlich.

Was *palam*, offen, geschieht, das kann und mag von jedermann bemerkt werden; *propalam* sagt mehr; man braucht es alsdann, wenn man will, daß die Sache von jedermann bemerkt werden soll; der Gegensatz zu jenem ist *clam*, zu diesem mehr *secreto* und *furtim*. *Publice* geschieht etwas von Seiten des Staats, der Stadt oder der Gemeinde, im Gegensatze von *privatim*. *Aperte* und *manifesto*, offenbar, in Bezug auf ein Erkennen, als Gegensätze zu tecte und obscure, entsprechen den schon behandelten Adjektiven. Multa *palam* domum suam auferebat; plura *clam* de medio removebat. Cic. Rosc. Am. 8. *Palam* in eum tela iaciuntur, *clam* subministrantur. Cic. Cael. 9. In aliquam locupletem ac refertam domum veni, non explicata veste neque proposito argento neque tabulis et signis *propalam* collocatis, sed his omnibus multis magnificisque rebus constructis ac *reconditis*. Cic. or. I. 35. Nemini meus adventus sumptui neque *publice* neque *privatim* fuit. Cic. Verr. I. 6. *Publice* scribere, an den Staat, Senat. Cic. fam. XV. 3. und oft.

470. Clam, furtim, occulte, secreto, obscure — heimlich.

Clam, heimlich, geschieht ganz allgemein jedes, wovon andere nichts merken und wissen sollen. In allen übrigen Wörtern ist die Heimlichkeit durch eine spezielle Beziehung modifizirt, in *furtim* durch das diebische, verstohlene, und demgemäß auch ängstliche Wesen bei der Handlung; in *occulte* durch den in occultare liegenden Begriff einer Verdecktheit; in *secreto*, dem Begriff von secernere gemäß, durch den einer Geschiedenheit von andern, bei Seite; in *obscure* durch den der Dunkelheit und der daraus hervorgehenden Unerkennbarkeit. Ille sibi, *clam* vobis, salutem fuga petivit. Caes. b. c. II. 23. Vergleiche die vorige Nummer. Quid Alexandria totaque Aegyptus? Ut *furtim* decemviris traditur! Cic. agr. II. 16. Quid quoque pacto agi placeat, *occulte* inter se constituunt. Caes. b. G. VII. 83. *Secreto* hoc audi; tecum habeto. Cic. fam. VII. 25.

471. Generaliter, generatim, universe, summatim — im Allgemeinen.

Generaliter bezieht sich auf eine allgemeine Gültigkeit nach der Bedeutung von *generalis*, alle betreffend, ohne der Einzelen und Einzelheiten Erwähnung zu thun. *Generatim*, klassen- oder abtheilungsweise, wird eine Sache behandelt, wenn man sie nicht in ihre kleineren Einzelheiten, sondern nur in ihre größeren und natürlichen Haupttheile scheidet und betrachtet; *universe* dagegen, wenn man das Ganze gar nicht in Theile zerlegt, sondern eben nur den **Durchschnitt und Eindruck des Ganzen** als solchen berücksichtigt, im Ganzen; sehr oft wird aber daſſelbe im Lateiniſchen durch Anwendung des Abjektivs *universus* ausgedrückt, nicht aber durch *in universum*. *Summatim* weiſet auf eine Hervorhebung der **Hauptpunkte** hin, aber immer mit Rückſicht auf die dadurch entſtehende **Kürze** der Darſtellung. Übrigens beziehen ſich alle nur auf **ein und dieſelbe Handlung**; in Bezug auf mehre oder wiederholte Handlungen, wo im **Allgemeinen** ſo viel iſt wie **insgemein**, ſagt man vulgo, plerumque u. ſ. w. Tempus *generaliter* definire difficile est. Cic. inv. 1. 26. Aut publice civitates istos honores habent, aut *generatim* homines, ut mercatores, ut aratores, ut navicularii. Cic. Verr. II. 55. Quid ego de ceteris civium Romanorum suppliciis *singillatim* potius, quam *generatim* atque *universe* loquar? Cic. Verr. V. 55. Cetera *universe* mandavi, illud proprie. Cic. Att. V. 2. Hi loci, quia de re *universa* tractari solent, communes nominati sunt. Cic. or. III. 27. Subsedi in ipsa via, dum haec, quae longiorem desiderant orationem, *summatim* tibi perscriberem. Cic. Att. V. 16.

472. Singillatim, nominatim, separatim — im Einzelen.

Singillatim bildet den geraden Gegenſatz zu *generatim*, wie **im Einzelen zu im Allgemeinen**; was *singillatim* behandelt wird, darin werden auch die **kleineren Einzelheiten** eines Ganzen genau berückſichtiget. Mit einer geringen Änderung der Auffaſſung kann dafür oft singuli, singulae partes oder unusquisque eintreten. *Nominatim* iſt an ſich nur **namentlich**, das zwar öfter in die Bedeutung von **ausdrücklich**, aber nie, wie bei uns, in die eines ſteigernden **beſonders** übergeht (vergl. praecipue). *Separatim* iſt ebenfalls nie ein ſteigerndes, ſondern immer nur ein ſcheidendes, **trennendes beſonders**. In wie fern proprius, peculiaris und singularis den Begriff **beſonder** ausdrücken, ſiehe bei dieſen Wörtern. De unoquoque *singillatim* dicemus. Cic. inv. I. 30. Vergl. die vorige Nummer. Voluptates persequitur omnes *nominatim*. Cic. n. d. I. 40. Tanta erat cum barbaris gentibus coniunctio, ut non *nominatim*, sed *generatim* proscriptio esset informata. Cic. Att. XI. 6. Dii *separatim* ab universis singulos diligunt. Cic. n. d. II. 66. De honesto et de summo bono libri *separatim* sunt. Cic. Tusc. V. 7.

473. Vicissim, invicem, (inter se), mutuo, alternus
— wechselseitig, gegenseitig, einander.

Viscissim, invicem und *alternus* enthalten immer den Begriff der Abwechselung, d. h. dann der eine dann der andere, und jedesmal der eine nicht, während der andere. Man kann also niemals für unser einander sagen vicissim oder invicem oder alterni se diligunt; sondern eine solche dauernde Gegenseitigkeit (nicht Abwechselung) wird durch *inter se* oder Doppelsetzung von *alter* oder *alius* oder dem jedesmaligen Hauptworte bezeichnet. (*Inter se* amant; *alter alterum* amat, *coniux coniugem* amat; *alius alium* occidit, der eine tödtete diesen, der andere jenen; ähnlich *miles militem* u. s. w.) *Vice versa* muß man niemals brauchen. Vicissim aber bezieht sich mehr auf eine langsam erfolgende, sukzessive Abwechselung, andrerseits, hinwiederum, wobei die Abwechselung sowohl in den Subjekten, als auch in den Prädikaten Statt finden kann. *Invicem* dagegen bezeichnet eine raschere Aufeinanderfolge, selbst ein gleichzeitiges Abwechseln und zwar nur in den Subjekten bei einer und derselben Handlung. *Alternus* bezieht sich auf ein regelmäßiges geordnetes und oft wiederholtes Abwechseln zwischen zweien, wie etwa in elegischen Gedichten die Hexameter und Pentameter versus *alterni* sind. *Mutuo* und das Adjektiv *mutuus* bezeichnet immer eine solche Gegenseitigkeit, aus welcher eine Verbindlichkeit oder Verpflichtung irgend welcher Art hervorgeht; daher es besonders vom Borgen und Leihen und gegenseitigen Liebesdiensten überhaupt gebraucht wird. Ubi potest illa aetas aut calescere vel apricatione melius vel igni, aut *vicissim* umbris aquisve refrigerari salubrius? Cic. sen. 16. Hoc ego facto valde delector; nihil enim fieri potuit amantius. Considera nunc *vicissim* tuum. Cic. fam. III. 6. Terra florere, deinde *vicissim* horrere potest. Cic. n. d. II. 7. Defatigatis *invicem* integri succedunt.

Caes. b. G. VII. 85. Etrusci multis *invicem* casibus victi victoresque fuerunt. Liv. II. 54. Totos dies simul eramus *invicem* (d. h. den einen Tag er bei mir, den andern ich bei ihm). Cic. Att. V. 10. Haec *inter se* quam repugnent plerique non vident. Cic. Tusc. III. 29. Ciceronis pueri *inter* se amant (bloß *se* amant würde heißen sie haben Eigenliebe). Cic. Att. VI. 1. Omni tempore summa studia officio *mutuo* inter nos certatim constiterunt. Cic. fam. X. 34. Fac valeas meque *mutuo* diligas. Planc. in Cic. fam. X. 7. 15. 17. Duo aut tres sunt fere extremi servandi et notandi pedes, quos aut choreos aut heroos aut *alternos* esse opportebit. Cic. or. III. 50. *Alternorum* iudicum reiectio (in Bezug darauf, daß der Beklagte die von dem Kläger, oder auch der Kläger die von dem Beklagten vorgeschlagenen Richter verwerfen konnte). Cic. Planc. 15. Vatin. 11. cf. Cic. or. II. 70. Liv. III. 56.

474. A, ab, abs, de, ex — von, aus.

Der gewöhnliche Gebrauch von *a* (vor Vokalen nur *ab*, welches sich jedoch auch findet vor *l, i, n, r, d, f, s*, wie abs zuweilen vor *q* und *t*) beim Passiv, von *de* für über, in Betreff u. s. w. ist bekannt. Vom Orte gebraucht, denkt man sich, was *a* loco kommt, nur als daran, was *de* darauf, was *ex* als darin gewesen. *A* ist allgemein ein bloßes weg von; *de* ein hinunter von; daher *de* auch vorzugsweise gebraucht wird in Bezug auf eine Stellung, die man inne hat, äußerlich wie tropisch. Quum *de* vi interdicitur, duo genera causarum esse intellegebant, ad quae interdictum pertineret; unum si qui *ex* eo loco, ubi fuisset, alterum si *ab* eo loco, quo veniret, vi deiectus esset . . . Si qui meam familiam *de* meo fundo deiecerit, *ex* eo loco me deiecerit. Si qui mihi praesto fuerit cum armatis hominibus extra meum fundum et me introire prohibuerit; non *ex* eo loco, sed *ab* eo loco me deiecerit . . . *Unde* utrumque declarat, et *ex* quo loco, et *a* quo loco. Unde deiectus Cinna? *Ex* urbe. Unde deiecti Galli? *A* Capitolio. Unde qui cum Graccho fuerunt? *Ex* Capitolio cet. Cic. Caecin. 30.

475. Ad, apud, penes, iuxta, propter — bei.

Ad bezeichnet örtlich und zeitlich sowohl eine Annäherung, zu, an, als auch ein Nahesein, bei, an; doch letzteres in Bezug auf den Ort nur von Sachen gebraucht. *Apud* bezeichnet bloß das Nahesein, und wird vorzugsweise auf Personen bezogen; *ad* Ciceronem, an Cicero; *apud* Ciceronem, bei Cicero (als Person oder als Schriftsteller). *Penes* wird ebenfalls nur auf Personen bezogen, und bezeichnet dann nicht ein bloß örtliches bei, sondern eine Abhängigkeit irgend welcher Art, in dem Gewahrsam, in der Gewalt einer Person. *Iuxta* (bei Cicero wol sehr selten) bezeichnet eine dichtanstoßende Nähe, neben, hart an; es wird nur auf leblose Dinge bezogen. Cicero braucht dafür *propter*, in der Nähe von. Deinde iter faciam *ad* exercitum, ut circiter Idus Sextiles putem me *ad* Iconium fore. Cic. fam. III. 5. Ab hora octava *ad* vesperum secreto collocuti sumus. Cic. Att. VII. 8. Fuisti *apud* Laecam illa nocte. Cic. Cat. I. 4. Hoc *apud* Platonem est in philosophos dictum. Cic. off. I. 9. *Apud* eosdem iudices reus est factus. Cic. Cluent. 22. Hi servi centum dies *penes* accusatorem (im Hause, in seiner Gewalt) quum fuissent, ab eo ipso accusatore producti sunt. Cic. Mil. 22. Eloquentia non modo eos ornat, *penes* quos est, sed etiam universam rem publicam. Cic. or. 41. Atticus sepultus est *iuxta* viam Appiam *ad* quintum lapidem. Nep. Att. 22. *Propter* Platonis statuam consedimus. Cic. Brut. 6.

476. Adversus, in, contra, erga — gegen.

Adversus (aus *ad* und *versus*, welches letztere bei Städtenamen allein gebraucht und zwar seinem Accusativ nachgesetzt wird), heißt gerade zugewandt, entgegen, gegenüber; auf Personen bezogen, denkt man es sich Gesicht gegen Gesicht, und zwar allgemein, wie unser gegen. Dasselbe bezeichnet, jedoch mit noch stärkerem Nachdruck, *in*, wobei das gegen als ein Eindringen angesehen wird. *Contra* und *erga* haben ihre ursprüngliche Beziehung auf den Ort fast ganz verloren, besonders das letztere; bekanntlich wird *contra* vorzugsweise von einem feindlichen (wider, daher nothwendig als Gegensatz zu *pro*), *erga* von einem freundlichen gegen (oft = zu) gebraucht. Quonam modo me gererem *adversus* Caesarem, usus tuo consilio sum. Cic. fam. XI. 27. Manlius perindulgens fuit *in* patrem; idem acerbe severus *in* filium. Cic. off. III. 31. Te ex Asia Romam *versus* profectum esse constabat. Cic. fam. II. 6. Detrahere aliquid alteri est *contra* naturam. Cic. off. III. 5. Ea potentia nos utimur *pro* salute bonorum *contra* amentiam perditorum. Cic. Mil. 5. Praecipiunt, ut eodem modo *erga* amicos affecti simus, quo *erga* nosmet ipsos. Cic. am. 16.

477. Ante, prae, coram — vor.

Coram wird nur in dem ganz speziellen Sinne von in Gegenwart eines andern (daher auch für persönlich, mündlich oder mit eigenen Augen) gebraucht. *Ante* bezeichnet vorzugsweise ein räumliches und zeitliches vor, *prae* dagegen ein ursächliches und vergleichendes vor. Vor dem Richter, dem Volke u. s. w. heißt in der gewöhnlichen Bedeutung ausschließlich *apud*. *Ante* tribunal tuum, M. Fanni, *ante* pedes vestros, iudices, caedes futurae sunt. Cic. Rosc. Am. 5. Iam *ante* Socratem omnes paene veteres ad ignorationis confessionem adducti sunt. Cic. Ac. I. 12. Comitia in *ante* diem VI. Kal. Sextil. dilata sunt. Cic. Att. I. 16. 13. Stillantem *prae* se pugionem tulit. Cic. Phil. II. 12. Romam *prae* sua Capua irridebunt. Cic. agr. II. 35. Solem *prae* iaculorum multitudine et sagittarum non videbitis. Cic. Tusc. I. 42. *Prae* gaudio ubi sim nescio. Ter. Heaut. II. 3. 67. Reliqua *prae* lacrimis scribere non possum. Cic. Att. IX. 12. Mihi ipsi *coram* genero meo quae dicere ausus es? Cic. Pis. 6. *Coram* tecum eadem haec agere conantem me deterruit pudor. Cic. fam. V. 12.

478. Pone, post, secundum — nach.

Pone wird nur vom Orte gebraucht, als Adverb hinten, als Präposition hinter; es ist aber fast ganz veraltet und selten. *Post* bildet den genauen Gegensatz zu *ante*, in Rücksicht auf Zeit und Reihenfolge nach, in Rücksicht auf ein bloßes Ortsverhältnis hinter. *Secundum* dient zur Bezeichnung des sich nächst Anschließenden; daher oft für gleich nach, gemäß u. s. w. Totum animal movebatur et ante et *pone*. Cic. Tim. 13. Num sic fac existimes, *post* has miserias nihil esse actum, aliud cum dignitate. Cic. fam. IV. 4. Repente *post* tergum equitatus cernitur. Caes. b. G. VII. 88. Proxime et *secundum* deos homines hominibus maxime utiles esse possunt. Cic. off. II. 3. Vultus *secundum* vocem plurimum potest. Cic. or. 18. Finis bonorum est *secundum* naturam vivere. Cic. fin. V. 9.

479. Circum, circa, circiter — um.

Circum, nur in Beziehung auf den Ort gebraucht, bezeichnet theils eine **wirklich kreisförmige Bewegung** um einen Mittelpunkt, theils ein umhet bei einer als Kreis gedachten Menge. *Circa* bezieht sich allgemeiner auf die **Umgebung** und **Umgegend**, ohne den bestimmten Gedanken an die Kreisform. Bei **Zahlenangaben** entspricht es, wie *circiter*, unserm **ungefähr**; bei ungefähren Zeitangaben braucht Cicero nur *circiter*, Livius auch *circa*. Terra *circum* axem se summa celeritate convertit. Cic. Ac. II. 30. Naevius pueros *circum* amicos dimittit. Cic. Quint. 6. Verres multa sibi opus esse aiebat, multa canibus suis, quos *circa* se haberet. Cic. Verr. I. 48. Nos *circiter* Kalendas aut in Formiano erimus aut in Pompeiano. Cic. Att. II. 4.

480. Cis, citra u. s. w.

Cis, citra, **diesseits**, *trans*, *ultra*, **jenseits**; *in, intra*, **in, innerhalb**; *ex, extra*, **aus, ausserhalb**; *sub, infra*, **unter, unterhalb**; *super, supra*, **über, oberhalb**. Die hier paarweise zusammengestellten Wörter stehen alle genau in demselben Verhältnisse zu einander. *Cis, trans, in, ex, sub, super* dienen sämmtlich zu einer **näheren**, durch **unmittelbare Berührung** bestimmten Ortsangabe; *citra, ultra, intra, extra, infra, supra* enthalten eine **unbestimmtere** Ortsangabe; was *cis Alpes* ist, stösst von dieser Seite, was *trans*, stösst von jener Seite an die Alpen; was aber *citra Alpes* ist, braucht nur irgendwo zwischen mir und den Alpen zu sein; was *ultra*, das kann weit darüber hinaus sein. Bei der Angabe *in* oder *ex* urbe wird die Stadt als ein Punkt, und daher die Angabe selbst als vollkommen bestimmt angesehen; bei *intra* und *extra* urbem sieht man nur auf die einschliessenden Gränzen, innerhalb oder ausserhalb deren irgend welcher Ort gemeint ift. Bei *sub* und *super* denkt man das **unter** und **über** in unmittelbarer Berührung mit dem Gegenstande, bei *infra* und *supra* in einer beliebigen Entfernung von demselben. Me omnium illarum dioecesium, quae *cis* Taurum sunt, omniumque earum civitatum magistratus legationesque conveniebant. Cic. fam. III. 8. Gallia *Ci*salpina, *Ci*spadana; *Trans*alpina, *Trans*padana. Decretum est, ut exercitum *citra* flumen Rubiconem educeret, dum ne propius urbem Romam CC millia admoveret. Cic. Phil. VI. 3. Belgae proximi sunt Germanis, qui *trans* Rhenum incolunt. Caes. b. G. I. 1. Caesar *paulo ultra* eum locum castra transtulit. Caes. b. c. III. 66. Meministine me hoc dicere *in* senatu? Cic. Cat. I. 3. *Intra* parietes meos de mea pernicie consilia inibantur. Cic. Att. III. 10. Ampius conatus erat tollere pecunias Ephesо *ex* fano Dianae eiusque rei causa senatores omnes *ex* provincia evocaverat. Caes. b. c. III. 105. Apud Germanos latrocinia nullam habent infamiam, quae *extra* fines cuiusque civitatis fiunt. Caes. b. G. VI. 23. *Sub* radicibus montis vi summa proelium commiserunt. Nep. Milt. 5. Res quaedam ita sunt parvae, ut *sub* sensum cadere non possint. Cic. Ac. I. 8. *Infra* lunam nihil est, nisi mortale et caducum; *supra* lunam sunt aeterna omnia. Cic. rep. VI. 17. Demetrius *super* terrae tumulum noluit quid statui, nisi columellam, tribus cubitis ne altiorem. Cic. leg. II. 26. Bei der Angabe von den Plätzen bei Tische braucht man regelmäßig *supra* und *infra*. *Supra* me Atticus accubuerat, *infra* Verrius. Cic. fam. IX. 26.

481. In, inter u. f. w.

In, inter, in, zwischen; *sub, subter,* unter; *prae, praeter,* vor, vorüber. Auch diese Wörter stehen paarweise, so wie *prope* und *propter,* in demselben Verhältnisse zu einander: die ersteren bezeichnen das in, unter, vor, nahe bei als einen Punkt; die letzteren dagegen als eine Ausdehnung: bei *inter* denkt man sich zunächst nur die beiderseitigen Gränzen bestimmt; *subter* ist ein unter — weg; *praeter* ein vorüber, vorbei: man vergleiche intericere, subterfugere, praetermittere mit inicere, suffugere, praemittere; auch *propter* bezeichnet das bei nur als eine Ausdehnung, die einem andern Orte nahe ist. Codrus se *in medios* immisit hostes. Cic. Tusc. I. 48. Classis communis Graeciae *inter* Euboeam continentemque terram cum classiariis regiis conflixit. Nep. Them. 3. Virtus omnia, quae cadere in hominem possunt, *subter* se habet. Cic. Tusc. V. 1. *Subter* tertium orbem mediam fere regionem sol obtinet. Cic. rep. VI. 17. Servi haec omnia *praeter* oculos Lollii ferebant. Cic. Verr. III. 35.

482. Usque ad, tenus — bis.

In *usque ad*, so wie in dem zuweilen auch allein gebrauchten *ad* oder *usque*, wird der Endpunkt einer Längenausdehnung und Richtung hervorgehoben; es bezieht sich auf den Gränzpunkt einer Linie und steht immer in Beziehung zu dem Anfangspunkte, welcher auch meistens dabei mit a genannt wird; usque ist aber auch hier in einem fort bis, vergl. semper. *Tenus* bezeichnet nicht die Richtung, sondern nur die eine Gränze bei Angabe einer Flächenausdehnung, deren andere Gränze sich von selbst versteht und daher nicht genannt werden darf. Demgemäß sagt man auch nur quo*usque* und quo*ad*, huc*usque* und *adhuc*, weil in quo und huc auf den Endpunkt einer Linie und Richtung gesehen wird; aber qua*tenus* und hac*tenus*, weil qua und hac immer die Gränze einer Fläche, also eine wirkliche Linie bezeichnen. Zu bemerken ist, daß *verbo tenus* nicht, wie man es jetzt wol braucht, wörtlich heißt, sondern dem Worte nach, im Gegensatze zur Wirklichkeit. Sonst bezieht sich *tenus* nur auf den Ort; ad und usque auf Ort und Zeit. Ab hora octava *ad* vesperum secreto collocuti sumus. Cic. Att. VII. 8. Nihil difficilius est, quam amicitiam *usque ad* extremum vitae spiritum permanere. Cic. am. 10. *Usque* Ennam profecti sunt. Verr. IV. 49. Antiochus Magnus Tauro *tenus* regnare iussus est. Cic. Deiot. 13. Nam veteres *verbo tenus* acute illi quidem, sed non ad hunc usum popularem atque civilem de re publica disserebant. Cic. leg. III. 6.

483. Ob, propter, causa, gratia, (de, per) — wegen.

Ob und *propter* haben zunächst räumliche Bedeutung, jenes entgegen, vor; dieses bei, neben. Demgemäß find sie auch unterschieden, wo sie einen Grund bezeichnen, indem hier ob den vorschwebenden, gedachten Grund bezeichnet, den man wirklich machen will; *propter* dagegen den bestehenden, wirklichen Grund, von dem oder durch den irgend etwas geschieht. *Causa* ist noch mehr subjektiv, als *ob*; es bezieht sich auf Zwecke, Veranlassungen und Absichten, nicht aber auf wirklich schon vorhandene Gründe. Fast gleichbedeutend mit causa ist das weniger häufige *gratia;* doch giebt *gratia* den Begriff mehr von der Gemüthsseite, *causa* mehr von der Verstandesseite. Man sagt in Prosa niemals mea, tua, sua gratia, oft mea, tua, sua causa. *De* heißt wegen, wo dieses gleichbedeutend ist mit über, in Betreff. Durch alle diese aber wird eigentlich nur ein förderndes wegen ausgedrückt; ein bewilligendes oder ein hinderndes wegen giebt man gewöhnlich durch *per* (*prae*, vor, vergleiche oben). Bekannt und vorzugsweise häufig ist aber der Gebrauch von *ob* in Verbindung mit den Wörtern *res* und *causa;* im Übrigen ist es selten und wird durch causa vertreten. Man bemerke noch, daß es Unlateinisch ist, vor *ob* das Pronomen *is* zu setzen, indem die Römer nicht sagten *eam* ob causam, sondern *ob eam* causam. Ob aliquod emolumentum suum cupidius dicere videntur. Cic. Font. 8. Multa mihi veniebant in mentem, quam *ob* rem istum laborem tibi honori fore putarem. Cic. fam. III. 10. Tironem *propter* humanitatem malo salvum, quam *propter* usum meum. Cic. Att. VII. 5. Me autem, *propter* quem ceteri liberi sunt, tibi liberum non visum demiror. Cic. fam. VII. 27. Postumia, virgo Vestalis, de incesta causam dixit, crimine innoxia, *ob* suspitionem *propter* cultum amoeniorem ingeniumque liberius parum abhorrens famam. Liv. IV. 44. Qui sui defendendi *causa* telo est usus, non hominis occidendi *causa* telum habuisse putatur. Cic. Mil. 4. Sophistae appellabantur ii, qui ostentationis aut quaestus *causa* philosophabantur. Cic. Ac. II. 33. Neque longioribus, quam oportet, hyperbatis compositioni serviamus, ne, quae eius rei *gratia* fecerimus, *propter* eam fecisse videamur; et certe nullum aptum atque idoneum verbum permutemus *gratia* lenitatis. Quint. IX. 4. 144. Bestiae hominum *gratia* generatae sunt. Cic. n. d. II. 63. (Hoc ego) non exprobrandi *causa*, sed commonendi *gratia* dicam. Cic. Rosc. Am. 16. Quem honoris *gratia* und *causa* nomino. Cic. Flebat uterque non *de* suo supplicio, sed pater *de* filii morte, *de* patris filius. Cic. Verr. I. 30. His *per* te frui libertate non licet. Cic. Flacc. 29. Consequatur summas voluptates, non modo parvo, sed *per* me nihilo, si potest. Cic. fin. II. 48.

484. Et, atque, que — und.

Et ist die reine Kopula ohne Nebenbegriff; es dient daher zur Verbindung solcher Wörter und Sätze, die an sich von einander geschieden sind und nur für den Zweck der Darstellung mit einander in grammatische Verbindung gebracht werden. *Atque* (meistens vor Vokalen, so wie das durch Verkürzung daraus entstandene *ac* nur vor Konsonanten gebräuchlich) dient zur Verbindung solcher Begriffe und Gedanken, die schon an sich mit einander innerlich und natürlich verbunden sind. *Que* dient ebenfalls zur Verbindung zusammengehöriger Begriffe und Gedanken, aber in der Art, daß diese durch die Verbindung mit *que* als vollständig genannt und abgeschlossen dargestellt werden. Daher der nothwendige Gebrauch von *et* in Überschriften, in Aufzählungen u. s. w., wobei aber natürlich anstatt des sonst bei jeder einzelen Person oder Sache zu wiederholenden *et* auch eine unverbundene Zusammenstellung genügt und sehr häufig ist; daher der Gebrauch von *atque* zur Verbindung synonymer Begriffe, wobei natürlich das bedeutendere Wort nachsteht; ferner als Vergleichungspartikel zur Verbindung synonymer und entgegengesetzter Gedanken und Sätze (*aeque, pariter, idem, similis, alius* cet. *atque* u. s. w.); daher der Gebrauch von *que* in Verbindungen wie se sua*que*, coniuges liberi*que*, ceteri*que* qui, omnes*que* qui oder zur Anknüpfung des letzten Wortes bei Aufzählungen; daher endlich nur atque oder que (niemals et) zulässig, wenn dasselbe Wort um einer Verstärkung willen doppelt gesetzt wird, wie etiam *atque* etiam, magis magis*que*. Wer terra mari*que* besiegt ist, der ist auf alle mögliche Weise besiegt; bei *et* mari *et* terra ist das zwar auch der Fall, aber es werden die beiden Arten hier nicht als ein Ganzes gefaßt, sondern um einer rhetorischen Vergrößerung willen als zwei Ganze dargestellt. Animus perturbationibus vacuus perfecte *atque* absolute beatos efficit, idem*que* concitatus et abstractus ab integra certa*que* ratione non constantiam solum amittit, verum etiam sanitatem. Cic. Tusc. IV. 17. Jedoch ist es natürlich, daß bei dem nothwendig sehr häufigen Gebrauche dieser Wörter die spezielle Bedeutung der einzelen theils wegen des Wohlklangs oder anderer Zwecke der Darstellung, theils auch aus Ungenauigkeit sehr oft nicht beachtet worden ist. Von *que* ist noch besonders zu bemerken, daß es an Präpositionen nur dann angehängt zu werden pflegt, wenn dieselbe Präposition eben vorhergeht; im anderen Falle schließt sich *que* an das regierte Wort. Scire velim, quid cogites, de tota*que* re quid sentias. Cic. Att. VII. 14.; aber de temporibus illis de*que* universa re publica. Cic. or. I. 7.

485. Neque, et non — und nicht.

Neque (statt nonque) vertritt eigentlich die Stelle von *que* oder *atque* mit folgender Negation; gebraucht wird es namentlich, wenn der ganze Satz verneint werden soll; *et non* dagegen, wenn die Negation vorzugsweise ein einzeles Wort in demselben trifft. Häufig verbindet sich *neque* mit *vero* und *tamen*, indem es selbst schon zu einer adversativen Bedeutung hinneigt, ebenso mit enim, nicht leicht aber mit autem, gar nicht mit etiam und quoque. Adhibenda est ratio, *nec* utendum pravissima consuetudinis regula. Cic. Brut. 74. Ratio et oratio conciliat inter se homines, *neque* ulla re longius absumus a natura ferarum. Cic. off. I. 15. Magna in hoc certe vis et incredibilis animus *et non unius* viri vires atque opes indicantur. Cic. Mil. 25.

486. Etiam, quoque — auch.

Etiam ist ein bekräftigendes und steigerndes auch; *quoque* ein bloß verbindendes und gleichstellendes auch; daher *etiam* in den Bedeutungen von ja, noch, sogar, selbst, je nachdem der Gedanke die Bestätigung oder Steigerung erfordert; *quoque* dagegen ist ebenso auch. *Et* wird in der guten Profa nur selten für auch gebraucht, verhältnißmäßig noch wol am Häufigsten vor Pronominibus, z. B. *et ipsum* (Cic. or. I. 46.), jedoch immer so, daß in dem Gedanken der Gegensatz *et alii*, et ceteri u. s. w. liegt. Oft aber, wenn demselben Subjekte verschiedene Prädikate beigelegt werden, wird, anstatt eines andern Pronomens (is oder ille) mit quoque oder etiam, Lateinisch *idem* gebraucht, jedoch nur, wenn der Gedanke einiger Maßen abversativ ist, wie dabei auch, dennoch auch, doch zugleich. Secundas *etiam* res nostras, non modo adversas pertimescebam. Cic. fam. IV. 14. Iustitiam qui tollunt, *etiam* adversus deos immortales impii iudicandi sunt. Cic. off. III. 6. Dic *etiam* clarius. Cic. Verr. III. 75. Aut *etiam* aut *non* respondere potest. Cic. Ac. II. 32. Te *etiam* atque *etiam*, Diana, obtestor. Cic. Verr. V. 72. Quod ego facio, tu *quoque* animum inducas. Cic. fam. IV. 8. Si amicitia per se colenda est, societas *quoque* hominum et aequalitas per se expctenda. Cic. leg. I. 18.

487. Et-et, quum-tum, tam-quam, tum-tum, qua-qua; non-modo (solum, tantum) — sed (verum) etiam — sowohl — als auch, nicht nur — sondern auch.

Durch *et-et* werden Begriffe und Gedanken auf die allgemeinste Weise, ohne alle speziellen Beziehungen, mit einander verbunden; es ist geradezu nur sowohl — als auch. Bei *quum-tum* führt *quum* die bekanntere und minder bedeutende, *tum* die besonders zu nennende und bedeutendere Behauptung ein; umgekehrt steht bei *tam-quam* die bekanntere Behauptung nach, die eigentlich noch nothwendige Behauptung vor, wobei aber beide in gleich hohem Grade behauptet werden; ebenso wie, sowohl als; doch bei Cicero nie gleich sowohl als auch. *Tum-tum* verbindet Aussagen, die zwar beide, aber nicht beide zugleich Statt finden; theils-theils, bald-bald. *Qua-qua* heißt seiner Natur und seinem Gebrauche nach immer nur sowohl in Rücksicht auf, als auch in Rücksicht auf, oder sowohl in so weit, als auch in so weit; doch ist *qua-qua* bei Cicero selten, häufig bei Livius. Von allen diesen Verdoppelungen liegt *et-et* den Ausdrücken *non modo* (so-

lum, tantum), *sed* (*verum*) *etiam* am Nächften; jenes giebt fchlichterweg zwei Behauptungen; *non modo, sed etiam* giebt fie mit weit größerer Stärke, indem hierbei das erftere Glied zwar als wenig angefochten betrachtet, das lettere aber aufs Beftimmtefte gegen einen fchon wirklich ausgefprochenen oder doch leicht möglichen Widerfpruch und Zweifel feft verfichert wird. Unter fich aber weichen die letteren Ausdrücke etwa fo von einander ab, wie modo, solum und tantum (dies weniger gebräuchlich), oder wie im Deutfchen nicht nur, nicht allein und nicht bloß, fondern auch. *Et* laetitiam nobis voluptas animi, *et* molestiam dolor affert; eorum utrumque *et* ortum est e corpore *et* ad corpus refertur ... *et* voluptates *et* dolores ... *et* praeterita *et* futura. Cic. fin. I. 17. Te *quum* semper valere cupio, *tum* certe dum hic sumus. Cic. fam. VII. 4. *Quum* multae res in philosophia nequaquam satis adhuc explicatae sint, *tum* perdifficilis est quaestio de natura deorum. Cic. n. d. I. 1. Pax *quum* iucunda, *tum* salutaris est. Cic. Phil. XIII. 1. Solis *tum* accessus, *tum* recessus *et* frigoris *et* caloris modum temperant ... inflectit autem sol cursum *tum* ad septemtriones, *tum* ad meridiem u. f. w. Cic. n. d. II. 19. *Tam* omnibus ignoscere crudelitas est, *quam* nulli. Sen. clem. I. 2. Cuius me mei facti poenituit, non *tam* propter periculum meum, *quam* propter multa vitia, quae ibi offendi. Cic. fam. VII. 3. Secerni blandus amicus a vero *tam* potest, *quam* omnia fucata a sinceris. Cic. am. 25. Omnia convestit hedera, *qua* basim villae, *qua* intercolumnia. Cic. Qu. fr. III. 1. 2. Sequitur hunc annum consul insignis, L. Papirius Cursor, *qua* paterna gloria, *qua* sua. Liv. X. 38. In privatis rebus si quis rem mandatam *non modo* malitiosius gessisset, sui quaestus aut commodi causa, *verum etiam* neglegentius; eum maiores summum admisisse dedecus existimabant. Cic. Rosc. Am. 38. O rem indignam, in qua *non modo* docti, *verum etiam* agrestes erubescant! Cic. leg. I. 14. Tullus Hostilius *non solum* proximo regi dissimilis, *sed* ferocior *etiam* Romulo fuit. Liv. I. 22. Qua in re Caesar *non solum* publicas, *sed etiam* privatas iniurias ultus est. Caes. b. G. I. 12. Tu *non solum* ad neglegendas leges et quaestiones, *verum etiam* ad evertendas perfringendasque valuisti. Cic. Cat. I. 7. Zu bemerken ist die gewöhnliche Regel, daß, wenn beide Sätze verneint sind und ein gemeinschaftliches, im zweiten Satze befindliches Prädikat haben, anstatt *non modo non, sed ne — quidem* (sed vix) mit Weglassung des zweiten non bloß *non modo — sed ne quidem* gesagt wird. Keines Wegs aber ist hier ein non a u s g e l a s s e n, sondern es ist im Lateinischen auch keins gedacht; nur muß man trotz der Wortstellung die Negation des zweiten Satzes zum Prädikat ziehen*); z. B. Talis vir *non modo* facere, sed *ne* cogitare *quidem* quidquam audebit, quod non audeat praedicare. Cic. off. III. 19. d. h. er wird etwas Ehrloses nicht nur zu thun, sondern selbst nur zu denken nicht wagen. Regnum video, *non modo* Romano homini, sed *ne* Persae *quidem* cuiquam tolerabile — nicht nur einem Römer, sondern auch einem Perser nicht erträglich. Cic. Att. X. 8. Wo aber durch ein solches Hinüberziehen der Negation zum Prädikate der Gedanke nicht richtig wird, da darf sie auch niemals ausgelassen werden; denn was gedacht ist, das muß bei richtigem Sprechen nothwendig auch gesagt werden. Caesaris ac Pompeii *non modo* res gestas *non* antepono meis, *sed ne* fortunam *quidem* ipsam. Cic. Att. X. 4.

488. Aut, vel, sive — oder.

Aut giebt eine n o t h w e n d i g e und scharfe Trennung an, *vel* eine solche, die dem jedesmaligen Willen überlassen bleibt; daher wird durch *aut* die erste Angabe a u s g e s c h l o s s e n oder mindestens verbessert: in welchem letzteren Falle es fast so viel ist wie *vel potius*, weshalb sich auch *aut* nicht, wie *vel*, mit potius (sane, certe) verbindet, sondern namentlich mit omnino. Bei Angaben des Grades wird durch *vel* als ein Adverb ein w i l l k ü r l i c h hoher Grad bezeichnet, s e l b s t, s o g a r. Sive, statt *vel si*, kann seiner Natur nach nur in wirklich ausgesprochenen

---

*) Daß man die in ne-quidem liegende Negation zum Hauptverbum ziehen müsse, zeigt sich auch in anderen Fällen, namentlich wenn ein Nebensatz oder ein abgekürzter Nebensatz zwischen ne-quidem gestellt ist, z. B. illorum veterum sermone assuefacti qui erunt, ii *ne cupientes quidem* poterunt loqui, nisi Latine. Cic. or. III. 10. cf. Liv. IV. 8. Non modo non quae possumus, sed ne *quantum possumus* quidem cogimur. Cic. sen. 11.

oder abgekürzten Nebensätzen stehen; dem Sprechenden ist es dabei gleichgültig, welche von beiden Angaben man annehme, nur ist ihm natürlich die zuerst gegebene die wahrscheinlichste. Das abgekürzte und enklitische ve braucht man besonders zur Verbindung synonymer Ausdrücke; bei Zahlen heißt es bis, aber immer mit dem Nebenbegriffe der Wenigkeit, z. B. ter quaterve gilt als wenige Male, dagegen ter quaterque und noch mehr terque quaterque als viele Male angesehen wird. Omnia bene dicenda sunt ei, qui hoc se posse profitetur, *aut* eloquentiae nomen relinquendum est. Cic. or. II. 2. Res contrariae perferendae *aut* omnino neglegendae sunt. Cic. Tusc. IV. 24. Fortitudo est scientia rerum perferendarum, *vel* affectio animi in patiendo ac perferendo summae legi parens sine timore. Id. ib. Epicurus homo minime malus *vel* potius optimus. Cic. Tusc. II. 19. Non multum, *aut* nihil omnino Graecis ceditur. Cic. Tusc. I. 3. In fidibus musicorum aures *vel* minima sentiunt. Cic. off. I. 41. Honestum sine ullis praemiis fructibusve per se ipsum potest iure laudari. Cic. fin. II. 14. Adiungit agros in Macedonia, qui regis Philippi sive Persae fuerunt. Cic. agr. II. 19. Dieselben Bedeutungen bleiben bei den Verdoppelungen dieser Konjunktionen, nur daß sie noch stärker hervortreten.

489. Item, itidem — ebenso.

Item bezieht sich immer auf die Ähnlichkeit oder Gleichheit der Prädikate, daher selbst ut, quemadmodum u. a. darauf folgen kann; wird aber die Vergleichung verneint, so steht namentlich *non item* häufig am Ende der Sätze (ohne Wiederholung des Prädikats). *Itidem* bezeichnet die Ähnlichkeit in einer einmaligen Wiederholung; die öftere und in kurzen Zwischenräumen erfolgende Wiederholung wird durch *identidem* (wobei dasselbe Subjekt bleibt) ausgedrückt. Fecisti *item*, uti praedones solent. Cic. Verr. IV. 9. Placuit Scaevolae *itemque* ceteris. Cic. leg. II. 21. Spectaculum uni Crasso iucundum fuit, ceteris *non item*. Cic. Att. II. 21. Nunc *itidem* (ut in Aratio carmine) ab eodem Iove et a ceteris diis immortalibus sunt nobis agendi capienda primordia. Cic. leg. II. 3. cf. Cic. top. 22. Recitabatur *itentidem* Pompeii testimonium. Cic. Rab. Post. 12.

III. PARTICULAE.

490. Ergo, igitur, itaque, proinde, ideo, idcirco, propterea — daher.

Die entsprechendsten Deutschen Ausdrücke für diese Wörter sind der Reihe nach folgende: **Also, nun** (tonlos), **daher, demnach, deshalb, darum, deswegen**. *Ergo* ist das eigentliche Wort für unser *also* in einem logischen Schlusse aus vorhergeschickten einzelen Sätzen; es ist beweisend; *igitur* giebt, wie oft unser *somit*, eine Folgerung, die sich ganz von selbst versteht und daher mehr Nebensache ist, als bloße Fortsetzung des Gedankens; es ist verbindend; *itaque* bezeichnet eine Folgerung nicht sowohl aus einzelen Sätzen, als aus den vorliegenden Umständen; es ist erklärend. *Proinde* ist eine Folgerung des Begehrens, und wird daher in der guten Prosa fast nur in Aufforderungen gebraucht (daher durchweg mit dem Imperativ oder Konjunktiv). Die vier genannten Wörter müssen sich nothwendig auf das Vorhergehende beziehen; *ideo, idcirco* und *propterea* dagegen finden meistens in einem folgenden Satze, mit *quod, ut, ne* u. s. w. ihre Erklärung. Ferner weisen diese Wörter nicht wie jene, auf faktische, sondern auf subjektive Gründe, auf Zwecke und Absichten hin; unter sich sind sie schwer zu scheiden, wiewohl *ideo* offenbar allgemeiner, *idcirco* und *propterea* durch die in *circa* und *propter* liegende Bedeutung einiger Maßen mobiisirt sind. Überhaupt aber sind die drei erstgenannten, wie die drei letzten Wörter wegen rhetorischer Zwecke, theils auch aus Ungenauigkeit, oft das eine für das andere gebraucht worden. A. Malum mihi videtur esse mors. M. Iisne, qui mortui sunt, an iis, quibus moriendum est? A. Utrisque. M. Est miserum *igitur*, quoniam malum. A. Certe. M. *Ergo* et ii, quibus evenit iam, ut morerentur, et ii, quibus eventurum est, miseri. A. Mihi ita videtur. M. Nemo *ergo* non miser. A. Prorsus nemo. Cic. Tusc. I. 5. Est *igitur* ambulantibus ad hunc modum sermo ille institutus. Cic. Tusc. II. 4. Bestiolae quaedam unum diem vivunt; ex his *igitur* hora octava quae mortua est, provecta aetate mortua est. Cic. Tusc. I. 39. Est enim metus, ut aegritudo praesentis, sic ille futuri mali. *Itaque* nonnulli aegritudinis partem quandam metum esse dicebant. Cic. Tusc. IV. 30. Si quis rem mandatam gessisset neglegentius, eum maiores nostri summum admisisse dedecus existimabant. *Itaque* mandati constitutum est iudicium, non minus turpe, quam furti. Cic. Rosc. Am. 38. Quae resecanda sunt, non patiar ad perniciem civitatis manere; *proinde* aut exeant aut quiescant. Cic. Cat. II. 5. *Proinde* fac tantum animum habeas, quanto opus est. Cic. fam. XII. 6. Quis unquam crederet, Verrem mulierum adversarium futurum? an *ideo* aliquid contra mulieres fecit, ne totum edictum ad Chelidonis arbitrium scriptum videretur? Cic. Verr. I. 41. *Ergo idcirco* turpis haec culpa est, quod duas res sanctissimas violat, amicitiam et fidem. Cic. Rosc. Am. 39. Haec *propterea* de me dixi, ut mihi Tubero conquiesceret. Cic. Lig. 3.

491. Cur, quare, quapropter, quamobrem, quocirca, unde — warum, weshalb.

Cur ist immer Fragepartikel, direkt oder indirekt; es fragt nach dem beweisenden und rechtfertigenden Grunde; ebenso *cur non*, während *quidni* bloß eine Aufforderung ist in Form einer Frage. *Quare* ist zunächst sowohl fragend, als auch, der Kraft des Relativs und des folgenden Modus gemäß, oft gleich *et ea re* oder *ut ea re;* es fragt aber auch seiner Natur gemäß nicht sowohl nach dem beweisenden, als nach dem erklärenden Grunde. *Quapropter, quamobrem* und *quocirca* enthalten eine durch die beigesetzte Präposition modifizirte Bedeutung; nur muß bemerkt werden, daß *quapropter* und *quocirca* in der guten Prosa weder in der direkten, noch in der indirekten Frage, sondern bloß als verbindend für die ungebräuchlichen Verbindungen *et propterea, et idcirco*, gebraucht werden. *Unde* fragt auf die allgemeinste Weise nach dem Ausgangspunkte; siehe die bei a, de und ex beigebrachte Stelle des Cicero. Affers haec omnia argumenta, *cur* dii sint. Cic. n. d. III. 4. Afferunt rationem, *cur* negent. Cic. fam. VI. 8. Quid est, *cur* sedeas? Cic. Cluent. 53. *Cur* Marcellum Hannibal interemit? *cur* Paullum Cannae sustulerunt? *cur* Africanum domestici parietes non texerunt? Cic. n. d. III. 32. *Quare* nihil potuit confici? Cic. Att. XI. 15.

III. PARTICULAE. 371

Utendum est excusatione, *quare* id necesse fuerit. Cic. off. II. 19. Agusius fuit omnium periculorum meorum socius... *Quare* sic eum tibi commendo, ut unum de meis domesticis et maxime necessariis. Cic. fam. XIII. 71. Permulta sunt, quae dici possunt, *quare* illud intellegatur. Cic. Rosc. Am. 33. Honos virtutis est praemium. *Quamobrem*, mi Planci, incumbe toto pectore ad laudem. Cic. fam. X. 10. Meminero, me recepisse, quem defenderem; *quapropter* nihil est, quod metuas. Cic. Verr. II. 73. Meas cogitationes omnes explicavi tibi superioribus litteris; *quocirca* hae sunt breves. Cic. Att. X. β.

492. Nam, namque, enim, etenim — denn.

Nam ist vorzugsweise ein beweisendes, *enim* ein erklärendes denn; daher auch jenes stärker, dieses schwächer. Demgemäß pflegt eine vorhergegangene negative Behauptung durch *nam*, eine leichthin affirmirte Behauptung durch *enim* begründet zu werden; selten ist nam non, häufig neque enim oder non enim; *nam* steht gern vor einem relativen, *enim* gern nach einem demonstrativen Worte. *Nam* erhält vermöge seiner größeren Kraft öfters eine adversative Bedeutung, und in jener bekannten elliptischen Redeweise steht *nam* oder *namque* allein, *enim* aber in Verbindung mit *at* oder *sed*: so daß hier nam fast dieselbe Kraft hat, wie *at enim*. Namque und *etenim* bekommen durch que und et außer der begründenden auch noch eine verbindende Kraft, und sind daher besonders geeignet, um Übergänge zu bilden, d. h. der mit *namque* und *etenim* verbundene Satz enthält nicht selbst den Beweis oder die Erklärung des Vorhergehenden, sondern bildet nur den ersten Satz einer weiteren Entwickelung, in welcher diese Begründung liegt. Exiguum hoc tempus tamen mihi nimium longum videtur. Habeo *enim* nihil, tentatis omnibus rebus, in quo acquiescam. *Nam* dum illud tractabam, de quo antea scripsi ad te, quasi fovebam dolores meos... Solitudinem meam non obturbavit Philippus. *Nam* (fast gleich sondern) ut heri me salutavit, statim Romam profectus est.... Sed omnia, ut voles. Ego *enim*, quidquid feceris, id quum recte, tum etiam mea causa factum putabo. Cic. Att. XII. 18.

24*

Nam (elliptisch für sed supervacanea dico; nam) quid argumentamur, quo pecunia ista pervenerit. Fecit ipse iudicium. Cic. Verr. I. 57. Tum ille: *Namque* quod tu non poteris aut nescies, quis nostrum tam impudens est, qui se scire aut posse postulet? Cic. or. I. 22. Intellegetis, nullis hominibus quemquam tanto odio, quanto istum Syracusanis et esse et fuisse. *At enim* (elliptisch für at hoc nihil valet; nam) istum soli Siculi persequuntur, cives Romani salvum esse cupiunt. Cic. Verr. II. 6. Ebenso *Sed enim*. Cic. Arch. 3. Besonders häufig ist *etenim* vor si, dagegen *nam* vor etsi, quod (für quod ad id attinet quod) u. s. w. Vielfach aber dienen diese Konjunktionen bloß den subjektiven Zwecken des Schriftstellers, ohne daß dadurch in der Form und Verbindung der Gedanken irgend ein Unterschied bewirkt würde.

493. Scilicet, videlicet, nimirum, nempe — nämlich.

Das Deutsche **nämlich** kann durch keins dieser Wörter ausgedrückt werden, wo es zur bestimmteren Hervorhebung einer **Apposition** dient; hier wird es entweder weggelassen, oder durch qui est, durch dico (z. B. magnus ille orator Romanorum, Ciceronem *dico*) oder auf ähnliche Art gegeben. *Scilicet* und *videlicet* dagegen entsprechen weniger unserm **nämlich**, als vielmehr den Ausdrücken natürlich, versteht sich; *nimirum* dem ohne Verwunderung und Bedenken einräumenden offenbar, allerdings, freilich. *Nempe* ist eine halbfragende Betheuerungspartikel; es wird namentlich nach wirklich ausgesprochenen oder in Gedanken liegenden Fragen gebraucht anstatt einer nachdrucksvollen Wiederholung des Zeitwortes, wofür zwar die übrigen auch, aber doch seltener, vorkommen. Am Häufigsten ist bei allen vier Partikeln der ironische Gebrauch: in welchem Falle auch wir öfters freilich, versteht sich, natürlich brauchen, oder uns durch den bloßen Ton der Rede helfen. Orator etiam cognoscat rerum gestarum et memoriae veteris ordinem, maxime *scilicet* nostrae civitatis. Cic. or. 34. Me quidem species quaedam, commovit, inanis *scilicet*, sed commovit tamen. Cic. fin. V. I. Homo *videlicet* timidus et permodestus vocem consulis perferre non potuit. Cic. Cat. II. 6. Ad sodalem tuum, virum optimum, M. Marcellum demigrasti, quem tu *videlicet* ad custodiendum te diligentissimum fore putasti. Cic. Cat. I. 3. Luxuries igitur hominem *nimirum* et acris alieni magnitudo ad hoc scelus impulerunt. Cic. Rosc. Am. 14. Nihil eiusmodi invenio; itaque incognito *nimirum* assentiar, id est, opinabor. Cic. Ac. II. 35. Apud quem igitur hoc dico? *Nempe* apud eum (ich sage es vor dem) qui, quum hoc sciret, tamen me, antequam vidit, rei publicae reddidit. Cic. Lig. 8. Penes quos igitur sunt auspicia maiorum? *Nempe* (sie sind) penes patres. Liv. VI. 41. At avus nobilis. Tuditanus *nempe* ille, qui nummos populo de rostris spargere solebat. Cic. Phil. III. 6.

494. Quia, quod, quippe, quum, quoniam, quando, quandoquidem — weil.

Quia giebt einen Grund an als wirkliche Thatsache; der mit quia angeknüpfte Gedanke wird als feststehend oder bekannt vorausgesetzt und nur seine Beziehung als Grund zu dem Hauptsatze hervorgehoben; soll der begründende Gedanke selbst erst bekannt gemacht werden, so wendet man im Lateinischen wie im Deutschen einen Demonstrativsatz an, mit nam oder denn. *Quod* bezeichnet den Grund bloß als einen (eigenen oder fremden) Gedanken; soll es unentschieden bleiben, ob wir diesen Gedanken als den wirklichen Grund ansehen, so verbindet sich quod mit dem Konjunktiv; soll der (früher) gedachte Grund aber zugleich als die (jetzige) Überzeugung des Sprechenden gelten, so steht quod mit dem Indikativ. *Quippe* ist bloß eine relative Bekräftigungspartikel, wie häufig unser als, auch freilich, und bezeichnet die Übereinstimmung mit der Wirklichkeit. *Quum* ist wesentlich Zeitpartikel und bezeichnet nie den logischen Grund an sich, sondern als eine Folge aus den Zeitverhältnissen; da.. *Quoniam* (aus quum und iam) erhält noch eine besondere Modifikation durch *iam* und bezeichnet demnach einen Grund, der durch die obengenannten Verhältnisse erst eingetreten ist; oft als Übergangskonjunktion in Reden, da nunmehr, da also. *Quando* wann, ist fast nur Zeitpartikel; zur Angabe des Grundes wird es nicht oft gebraucht, und auch hier fast immer noch mit vorherrschenbem Zeitbegriffe; der Grund muß alsdann auch faktisch anerkannt sein. In *quandoquidem* tritt noch die Bedeutung des einräumenden und beschränkenden *quidem* hinzu, weil denn, da einmal. Quoniam, quando und quandoquidem haben auf die Wahl des Modus keinen Einfluß und stehen demnach regelmäßig mit dem Indikativ. Tertia est urbs, *quae, quod* in ea parte Fortunae fanum antiquum fuit, Tycha nominata est. (Cicero giebt den Grund als von ihm selbst aufgestellt und zugleich als seine Überzeugung an). Quarta est urbs, quae, *quia* postrema aedificata est, Neapolis nominatur (diesen Grund stellt nicht Cicero selbst erst auf, sondern jeder Mann erkennt ihn als solchen schon in dem Namen Neapolis). Cic. Verr. IV. 53. Dolorem ob id ipsum, *quia* dolor sit, fugiendum putat. Cic. Tusc. V. 33. Aristides expulsus est patria, *quod* praeter modum iustus esset. Cic. Tusc. V. 36. Num propterea nulla est rei publicae gerendae ratio atque prudentia, *quia* multa Pompeium, quaedam Catonem, nonnulla etiam te ipsum fefellerunt? Cic. divin. I. 14. Minari denique divisoribus ratio non erat, propterea *quod* eos intellegere videbam (ungefähr gleich quod illi intellege*bant*), me hoc iudicio districtum atque obligatum futurum. Cic. Verr. I. 9. Praedia mea tu possides; ego aliena misericordia vivo. Concedo, et *quod* animus aequus est, et *quia* necesse est. Cic. Rosc. Am. 50. Sol Democrito magnus videtur, *quippe* homini erudito in geometriaque perfecto. Cic. fin. I. 6. Convivia cum patre non inibat, *quippe* qui ne in oppidum quidem, nisi perraro veniret. Cic. Rosc. Am. 18. Non intellego, quare Rullus quemquam intercessurum putet; *quum* intercessio stultitiam intercessoris significatura sit. Cic. agr. II. 12. *Quoniam* de genere belli dixi, *nunc* de magnitudine pauca dicam. Cic. Man. 8. *Quoniam* semel suscepi, succurram atque subibo. Cic. Rosc. Am. 11. Itaque *quando* vestrae cautiones infirmae sunt, Graeculam tibi misi cautionem. Cic. fam. VII. 18. *Quandoquidem* tu istos oratores tanto opere laudas, vellem aliquid Antonio, plura Crasso libuisset scribere. Cic. Brut. 44. Hoc confiteor iure mihi obtigisse, *quandoquidem* tam iners sum. Ter. And. III. 5. 2.

III. PARTICULAE.

495. Sed, verum, vero, autem, at, tamen — aber, doch.

Alle diese Wörter berühren sich in der Bezeichnung eines Gegensatzes, der jedoch durch die einzelen einiger Maßen modifizirt wird. In *sed* erscheint der Gegensatz als Berichtigung, in *verum* als Bekräftigung, in *vero* als nachdrucksvoll hervorgehobene Behauptung, in *autem* als bloße Verschiedenheit, in *at* als Einwurf, in *tamen* als Beschränkung einer wirklich ausgesprochenen oder doch im Gedanken liegenden Einräumung. *Tamen* ist unser doch; die übrigen sind sämmtlich aber, was wir indeß, wo es dem *autem* entspricht, fast ganz tonlos aussprechen; für sondern darf man nur *sed* und *verum* anwenden. Die Zusammensetzungen *attamen, sedtamen, verumtamen* vereinigen allemal den Begriff eines Einwurfs, einer Berichtigung und einer Bekräftigung mit dem der in *tamen* liegenden Beschränkung. Übrigens muß man bemerken, daß die Wahl von *sed* oder *verum* oft ganz nach Willkür zu sein scheint, indem ein bestimmter Unterschied der Bedeutung kaum aufzufinden ist. Atque hunc ille summus vir scelere solutum periculo liberavit. Insidiatori vero et latroni quae potest inferri iniusta nex ... Est igitur haec, iudices, non scripta, sed nata lex; quam non didicimus, suscepimus, legimus, verum ex natura ipsa arripuimus, hausimus, expressimus; ad quam non docti, sed facti; non instituti, sed imbuti sumus: ut, si vita nostra in aliquas insidias ... incidisset, omnis honesta ratio esset expediendae salutis. Cic. Mil. 4. Nunc quod agitur agamus; agitur *autem*, liberine vivamus, an mortem obeamus. Cic. Phil. XI. 10. Quid porro quaerendum est? Factumne sit? At constat. A quo? At patet. Cic. Mil. 6. Canes aluntur in Capitolio, ut significent, si fures venerint. At fures internoscere non possunt. Cic. Rosc. Am. 20. Ego (Crassus) quamquam memet mei poenitet, cum hoc (Antonio) maxime *tamen* in comparatione coniungar. Cic. or. III. 9.

496. Etsi, etiamsi, tametsi, quamquam, quamvis, quamlibet, licet, quum — obgleich.

Sie alle bilden eine relative Einräumung; um eine demonstrative Einräumung zu bezeichnen, braucht man im Lateinischen *quidem*, im Deutschen zwar. Durch *etsi*, **auch wenn**, wird die Einräumung bloß als eine **Voraussetzung** gegeben; ob man diese als Wirklichkeit oder bloß als Möglichkeit betrachtet wissen will, hängt nicht von der Konjunktion, sondern von dem folgenden Modus ab. *Etiamsi*, **wenn auch schon, selbst wenn**, ist spezieller als *etsi*, indem noch der Begriff von *iam* hinzutritt; es enthält demnach eine Einräumung zugleich mit dem Zeitbegriffe von *iam*, oder der Gradbezeichnung von *etiam*. *Tametsi* oder *tamenetsi* erhält durch die gleichzeitige Ankündigung der in *tamen* liegenden Beschränkung eine weit **größere Kraft**; daher das folgende *tamen* immer durch **dennoch** zu übersetzen ist; auch wird die Annahme dabei immer als wirklich und unbezweifelt angesehen. *Quamquam*, **wiewohl**, enthält eine Einräumung mit gleichzeitiger **Anerkennung des Gedankens als einer Wirklichkeit**. Öfters, namentlich in Fragen, bildet es einen demonstrativen Gegensatz, wo wir es zuweilen noch durch **wiewohl**, öfter aber durch **jedoch, freilich**, wiedergeben; seltener wird auch *etsi* und *tametsi* so gebraucht. *Quamvis* (bis auf einige unsichere Ausnahmen stäts mit dem Konjunktiv verbunden), führt eine Einräumung ein, deren Annahme in **noch so hohem Grade man dem Willen des Zuhörers überläßt**; daher auch Nep. I. 2. *quamvis* carebat nomine nicht der Indikativ ungenau ist, sondern der Gebrauch von *quamvis* anstatt *quamquam*. Das poetische und spätere *quamlibet* verhält sich dazu, wie *quilibet* zu *quivis*. Durch *licet* wird eine Einräumung gegeben, deren Wirklichkeit der Sprechende selbst **gar nicht behauptet**, sondern dem Hörer anzunehmen überläßt; wir übersetzen es meistens gar nicht, sondern brauchen dafür etwa das Hülfszeitwort des Modus **mögen** (wie ja auch *licet* vermöge seiner vollkommen verbalen Natur nur mit dem Konjunktiv, und zwar, weil es ein Präsens ist, nur mit dem Konjunktiv eines **Haupttempus** steht (licet *venirent*, licet *venissent* wäre durchaus **falsch**); *quamquam* und *tametsi* dagegen werden in der guten Sprache nur mit dem Indikativ verbunden. *Quum* behält auch als einräumende Konjunktion seine Natur als **Zeitpartikel** bei, **obgleich**, **da doch**. *Etsi, etiamsi, quamvis* und *quantumvis* (für *vis* stehen auch andere Formen von *volo*) behalten jedoch öfter ganz ihre ursprüngliche, in den Wörtern selbst liegenbe Bebeutung bei. Optimi homines faciunt, quod honestum est, *etsi* nullum emolumentum consecuturum vident. Cic. fin. II. 14. Habet res deliberationem; *etsi* ex parte magna tibi assentior. Cic. Att. VII. 3. *Etiamsi* quod scribas non habebis, scribito tamen. Cic. fam. XVI. 26. Neque ea quisquam, nisi diu multumque scriptitarit, *etiamsi* vehementissime se in his subitis dictionibus exercuerit, consequetur. Cic. or. I. 33. *Tametsi* statim vicisse debeo, tamen de meo iure decedam. Cic. Rosc. Am. 27. Rem publicam more nostro tuebimur, *quamquam* admodum sumus defatigati. Cic. fam. XII. 25. *Quamquam* quid loquor? *Quamquam* quis ignorat? Cic. Cat. I. 8. Flacc. 26. *Quamvis* prudens ad cogitandum sis, sicut es: tamen, nisi magnae curae tibi esset, ... nunquam ea res tibi tam belle in mentem venire potuisset. Cic. Att. XII. 37. Illa, *quamvis* ridicula *essent*, sicut erant, mihi tamen risum non moverunt. Cic. fam. VII. 32. *Quam volet*, iocetur. Cic. n. d. II. 17. Non enim possis, *quantumvis licet* excellas, omnes tuos ad honores amplissimos perducere. Cic. am. 20. *Licet* omnes in me terrores impendeant, tamen succurram atque subibo. Cic. Rosc. Am. 11. Has tabulas Marcellus, *quum* omnia profana fecisset, tamen non attigit. Cic. Verr. IV. 55.

497. Si, quum, siquidem, sin — wenn.

Si, wenn, ist wie dieses, bebingenb und begründend. Den Zeitbegriff aber, der in unserm wenn anstatt wann liegt, hat im Lateinischen nicht *si*, sondern *quum*. *Siquidem*, wenn wenigstens, wenn anders, ist fast bloß der Form nach bebingend; es giebt unter der Form der Bedingung eine Behauptung, die man bei jebermann als unbezweifelt zugestanden voraussetzt. *Sin*, wenn aber, enthält neben der Bedingung noch einen Gegensatz zu einer schon vorher wirklich ausgesprochenen ober doch im Gebanken liegenben andern Bedingung. Wenn aber noch kein *si* vorhergeht, so kann man für das Deutsche wenn aber niemals *sin* brauchen, sondern si mit sed, autem u. s. w. Haec *si* tecum patria loquatur, nonne impetrare debeat? Cic. Cat. I. 8. *Si* Neptunus, quod Theseo promiserat, non fecisset, Theseus filio Hippolyto non esset orbatus. Cic. off. I. 10. Verres confecto itinere *quum* ad aliquod oppidum venerat, eadem lectica usque in cubiculum deferebatur. Cic. fam. XVI. 2. Haec ille, *si* prodierit, atque adeo *quum* prodierit (scio enim proditurum esse), audiet. Cic. Rosc. Am. 35. Vestrum est, Quirites, *si* (begründend) ceteris recte facta sua prosunt, mihi mea, ne quando obsint, providere. Cic. Cat. III. 12. Antiquissimum e doctis est genus poetarum, *siquidem* Homerus fuit ante Romam conditam. Cic. Tusc. I. 1. Peccavit nihilominus, *siquidem* peccare est tamquam transire lineas. Cic. par. III. 1. *Si* se dant (iudices) et inclinant, accipio, quod datur. *Sin* est integer quietusque iudex, plus est operis. Cic. or. II. 44. *Si* illum relinquo, eius vitae timeo; *sin* opitulor, huius minas. Ter. Andr. I. 3. 5.

498. Nisi, ni, si non, si minus — wenn nicht.

Der vielgesuchte und viel angegebene Unterschied zwischen *nisi* und *si non* ist doch zunächst offenbar der, welcher sich daraus ergiebt, daß bei jenem die Negation vor, bei diesem nach der konditionalen Konjunktion zu denken ist; demgemäß ist *nisi* nicht wenn, außer wenn (ausgenommen, als), oder auch wenn nicht, jedoch dies nur so, daß sich die Verneinung über den ganzen Bedingungssatz erstreckt; *si non* dagegen ist wenn ... nicht, wobei der Bedingungssatz bejaht bleibt und nur ein Satzglied verneint wird. Ferner ist die in *nisi* liegende Negation nicht sowohl das aus dem Erkennen hervorgehende *non*, als vielmehr das aus dem Begehren hervorgehende *ne*; die Wirkung hiervon zeigt sich sowohl bei *nisi* selbst in der Bedeutung wofern nicht, es sei denn daß; als auch namentlich bei *ni*, welches vorzugsweise bei Drohungen, Wetten und Betheurungen jeder Art gebräuchlich ist (cf. sponsio Nro. 403.). Eine negative Voraussetzung oder Einräumung wird nur durch *si non* ausgedrückt, worauf denn meistens tamen, at, oder eine ähnliche Beschränkung folgt. Ist eine schon vorher affirmativ ausgesprochene Bedingung noch einmal, und zwar negativ, zu wiederholen, so muß *si non* stehen mit wiederholtem Zeitworte, *si minus* ohne das Zeitwort. Nur in diesem Falle entspricht *si minus* unserem wenn nicht; soll dabei der Gegensatz mehr hervorgehoben werden, so steht *sin minus*. Memoria minuitur, *nisi* eam exerceas (außer wenn). Cic. sen. 7. Non tam perspicue istorum maleficia videremus, *nisi* ipsos caecos redderet cupiditas. Cic. Rosc. Am. 35. Dolorem iustissimum, *si non* (Einräumung) potero frangere, occultabo. Cic. Phil. XI. 8. Perfectionis laudem *si non* assequimur, at quid deceat videmus. Cic. or. 29. *Si* feceris, magnam habebo gratiam; *si non* feceris, ignoscam. Cic. fam. V. 19. Moriar, *ni,* quae tua gloria est, puto te malle a Caesare consuli, quam inaurari. Cic. fam. VII. 13. Is sponsionem fecit, *ni* vir bonus esset. Cic. off. III. 19. Quod si assecutus sum, gaudeo; *sin minus,* tamen me consolor. Cic. fam. VII. 1. extr. Dolores, si tolerabiles sint, feramus; *sin minus,* aequo animo e vita exeamus. Cic. fin. I. 15. Außer der angegebenen Verbindung ist *ni* faſt nur poetiſch; nisi aber, wo wir es nach negativen Sätzen durch als ausdrücken, iſt von *quam* weſentlich verſchieden dadurch, daß jenes nie eine Vergleichung bezeichnet, wie dieſes, ſondern immer nur eine Ausſchließung; jedoch ergiebt ſich ſowohl dieſes, wie der bekannte ironiſche Gebrauch von *nisi,* namentlich in der Verbindung mit forte und vero, hinlänglich aus dem Vorigen.

499. Quam, ut, velut, qui, quemadmodum, quomodo — wie.

Quam und *ut* ſind zunächſt von der eigentlichen Frage, beſonders von der direkten, gänzlich ausgeſchloſſen. Häufig aber werden beide bei einem Ausrufe gebraucht, und für *quam* iſt dieſes, außer der Korrelation zu tam, der gewöhnlichſte Fall, wo es unſerm wie entſpricht. Es deutet immer auf einen hohen Grad hin, und gehört immer nur zu einem einzelen Worte, wogegen der durch *ut* auf ähnliche Art bewirkte Nachdruck auf den ganzen Gedanken geht. Jenes iſt demnach ſeiner Bedeutung nach unſerm wie ſehr, *ut* unſerm wie entſprechend. Ebenſo iſt *quam multi* von *quot* dadurch unterſchieden, daß jenes ſich nur auf eine Zahl, die als wirkliche Menge gilt, dieſes aber auch auf jede kleine Zahl beziehen kann; daſſelbe gilt natürlich von *quam saepe* und *quoties, quam magnus* und *quantus.* Ferner iſt *ut* das Korrelativ zu ita und sic, wie quam

zu tam. Endlich ist das wie zur Einschaltung von Zwischen-
sätzen (*ut* aiunt) und zur Bezeichnung der Zeit in dem Sinne
von sobald als immer nur *ut*, und keins von den andern
Wörtern; auch zur Aufführung von Beispielen dient sehr häufig
ut. Fast nur zu diesem Zwecke dient aber *velut*, wie zum Beispiel, auch im Anfange der Sätze geradezu unserem so zum
Beispiel entsprechend. Die andern Synonymen können zur
Einführung eines Beispiels nicht gebraucht werden. Qui, wie,
erscheint immer nur als Fragwort; aber es dient nur dem rhetorischen Zwecke, in der Form der Frage seine Verwunderung
und seinen Unglauben auszudrücken, nicht um eine Antwort
zu erzielen. *Quemadmodum* und *quomodo* sind darauf beschränkt,
die Art und Weise einer durch ein Verb ausgedrückten Handlung anzugeben, und zwar geschieht dies durch *quemadmodum*
mehr annäherungsweise, durch *quomodo* bestimmter; weshalb auch *quemadmodum* auf die Mittel, wodurch die Handlung zu Stande kommt, *quomodo* auf die eigentliche Beschaffenheit derselben bezogen wird. Quanta studia decertantium
sunt; *quam* cupiunt laudari! Cic. fin. V. 22. *Quam* sint morosi,
qui amant, vel ex hoc uno intellegi potest. Cic. fam. VII. 15.
Quam nihil praetermittis in consilio dando! *quam* nihil tamen
explicas! Cic. Att. IX. 2. Credo, te audisse, quae consurrectio
iudicum facta sit, *ut* me circumsteterint, *ut* aperte iugula sua
pro meo capite Clodio ostentarint (*quam* würde hier bloß das
aperte steigern). Cic. Att. I. 16. Quae postea in eum sunt con-
gesta, *ut* sustinuit, *ut* contempsit ac pro nihilo putavit! Cic.
Mil. 24. *Qui* fit, ut ego nesciam, sciant omnes, quicunque
Epicurei esse voluerunt? Cic. fin. II. 4. *Qui* potest in eiusmodi
trunco esse sapientia? Cic. n. d. I. 30. Quae sunt istae custo-
diae? apud quos homines? *quemadmodum* est asservatus? Cic.
Verr. V. 27. Haec negotia *quomodo* se habeant, ne epistola
quidem narrare audeo. Cic. fam. II. 5.

500ᵃ. Quoad, donec, dum, quamdiu, quousque,
quatenus — so lange als, bis.

Quoad weiset nicht sowohl auf die Dauer einer Handlung,
als vielmehr auf das Ende derselben hin; das Ende wird da-

bei als ein Punkt, die Ausdehnung der Zeit, des Grades, der Verhältnisse als eine vollständige angesehen, und es ist also in Bezug auf die Zeit so lange als, bis; in Bezug auf andere Verhältnisse so weit; in beiden Fällen liegt der Gedanke zum Grunde: und dann ist es genügend, und weiter ist es nicht nöthig. *Donec* (bei Cicero 4 mal) bezeichnet in der Bedeutung so lange als immer die gleichlange Dauer zweier Handlungen vom Anfange bis zum Ende beider; auch in der Bedeutung bis behält es den Begriff der Dauer bei und ist eigentlich so lange bis. *Dum* heißt nur während; es bezeichnet die Gleichzeitigkeit zweier Ereignisse, keines Weges aber eine gleichlange Dauer derselben; *dum* oder während ich schreibe, muß ich manches Buch aufschlagen; aber weder *quoad*, noch *donec*, noch *quamdiu*, oder so lange, als ich schreibe. Die Bedeutungen so lange als, wenn nur u. s. w. hat *dum* nur dann, wenn sich diese aus der angegebenen Grundbedeutung, aus der Form des Gedankens, aus der Setzung desselben Tempus in dem Hauptsatze und dem Satze mit dum, aus dem folgenden Modus u. s. w. von selbst ergeben. Die drei angegebenen Wörter können auf jede Zeit bezogen werden, sie sei lang oder kurz; *quamdiu* aber bezieht sich immer auf eine als wirklich lang aufgefaßte Zeit; außerdem ist es das einzige von allen, das auch in der direkten oder indirekten Frage für wie lange gebraucht werden kann; denn auch *quoad* würde hier nur bis wann heißen, findet sich aber auch so wol nur bei Dichtern, z. B. *Quoad* exspectatis? Ter. Phorm. I. 2. 98. Die Natur eines eigentlichen Fragewortes (nicht als Konjunktion gebräuchlich) in dem Sinne wie lange? hat *quousque*; es bezeichnet, wie quamdiu, immer eine als wirklich lang angeschaute Zeit, von einem unbestimmten Anfange ununterbrochen (usque) bis zu einem fraglichen Ende; zugleich ist es allgemeiner, als quamdiu, indem es sich nicht bloß auf die Zeit, sondern auch auf den Grad bezieht. Quatenus, inwiefern, insofern, enthält immer eine Beschränkung; dabei aber ist nur die Gränze und zwar als eine Linie angeschaut; bei quoad dagegen ist die Längenausdehnung bis zur Gränze und diese selbst als ein Punkt angeschaut (Vergl. quo und qua; dann ad und tenus in Nro. 482.). Vergl. Nro. 460. *Quousque?* inquies. . *Quoad* erit integrum. Cic. Att. XV. 23.

Tam diu velle debebis, *quoad* te, quantum proficias, non poenitebit. Cic. off. I. 1. Ea vero continebis, *quoad* ipse te videam. Cic. Att. XIII. 21. Scire autem nos oportet, cognitis, *quoad* possunt ab homine cognosci, bonorum et malorum finibus, nihil a philosophia posse aut 'maius aut utilius optari, quam haec, quae a nobis hoc quadriduo disputata sunt. Cic. Tusc. IV. 38. *Quoad* facere potui ober in Briefen *quoad eius* facere potueris. Cic. or. II. 72. fam. III. 2. Usque eo timui, ne quis de mea fide atque integritate dubitaret, *donec* ad reiciendos iudices venimus. Cic. Verr. I. 6. *Donec* armati confertique abibant, peditum labor in persequendo fuit. Liv. VI. 13. Nunquam destitit orare, *donec* perpulit. Ter. Andr. IV. 1. 37. Catilina erat unus timendus, *dum* moenibus urbis continebatur. Cic. Cat. III. 7. Hoc feci, *dum* licuit (gleichlange Dauer, weil in beiden Sätzen basselbe Tempus); intermisi, *quoad* non licuit. Cic. Phil. III. 13. Exspecta, *dum* Atticum conveniam. Cic. Att. VII. 1. Iratis subtrahendi sunt ii, in quos impetum conantur facere, *dum* se ipsi colligant. Cic. Tusc. IV. 36. *Quousque* tandem abutere, Catilina, patientia nostra? *quamdiu* etiam furor iste tuus nos eludet? *quem ad finem* effrenata sese iactabit audacia? Cic. Cat. I. 1. In quousque liegt hier die allgemeinere Frage nach Zeit und Grad, in quamdiu die speziellere nach der Zeit allein, in quem ad finem die speziellere nach dem Grade allein. *Quatenus* sint ridicula tractanda videndum est. Cic. or. II. 58. Se oppido tam diu tenuit, *quamdiu* in provincia Parthi fuerunt. Cic. fam. XII. 19.

500 b. Antequam, priusquam — bevor, eher als.

Antequam ober *anteaquam* (beides, wie priusquam, auch getrennt geschrieben) bezeichnet den Begriff zunächst unter dem Bilde des Raumes, mehr äußerlich; daher namentlich um das Maß des Zeitabstandes nach Jahren, Monaten 2c. anzugeben, nur *antequam* gebraucht wird (*quattuor diebus ante quam* cet.). *Priusquam* hebt den Begriff der Zeit selbst und namentlich den zeitlichen und inneren (ursächlichen) Zusammenhang (wie antequam den Abstand) bestimmter hervor. *Antequam* hat seinen Gegensatz in *postquam*; *priusquam* in *quum*

(ubi, si); oft aber fließen beibe ganz in benfelben Begriff zu•
fammen. Nescire, quid *antea quam* natus sis acciderit, id est
semper esse puerum. Cic. or. 34. *Priusquam* incipias, consulto, et ubi consulueris, mature facto opus est. Sall.
Cat. 1. *Ante* Salamina ipsam Neptunus obruet, *quam* Salaminii tropaei memoriam; *priusque* Boeotia Leuctra tollentur, *quam* pugnae Leuctricae gloria. Cic. Tusc. I. 46. cf.
Cic. Att. XV. 13.

IV. Nomina propria.

501. Afer, Africus, Africanus.

Afer ist man von Geburt oder durch irgend einen Zusammenhang der Natur; Hannibal ist ein Afer, Hor. Carm. IV. 4. 42.; selbst Afri, geborene Afrikaner, können nach Cic. Balb. 18. virtute civitatem adipisci. Das Wort ist fast nur substantivisch. *Africus* ist adjektivisch, den Afris zugehörend oder von ihnen herkommend; *Africa* terra, Liv. XXIX. 23. ist das Land der *Afri*; *Africus* ventus oder Africus allein, der von den Afris (nach Lateinischer Auffassung anstatt von Afrika) herkommende Wind. In Africus findet also noch ein natürlicher Zusammenhang mit den Afris Statt. Entfernter davon ist und nur einen zufälligen Zusammenhang damit bezeichnet *Africanus*; selbst ein Auswärtiger wird Africanus genannt werden, wenn er seinen Ruhm in Afrika erlangt hat, wie die Scipionen; das bellum Africanum, Cic. Deiot. 9., ist ein Krieg der Römer unter sich, der Cäsarianer und Pompejaner, der aber in Afrika geführt wurde, dagegen ein Krieg der Afrikaner unter sich oder der Römer mit Afrikanern bellum Africum heißt; die Africana causa, Cic. fam. VI. 13., sind Römer, die Pompejanische Partei, aber in Afrika.

502. Achaeus, Achivus, Achaicus; Graecus, Graius, Graeculus.

Im Allgemeinen und ohne irgend eine Nebenbeziehung heißen die Griechen *Graeci* und Griechisch *Graecus*; als Mitglieder des Achäischen Bundes heißen sie *Achaei*, Achäer; als Feinde und im Kampf gegen Troja, als Homerische Leute, heißen sie *Achivi*; in Rücksicht auf das Heroenhafte und patriarchalisch Noble ihres Wesens heißen sie mit gewähltem Ausdruck *Graii*; umgekehrt, in Rücksicht auf das, namentlich später hervortretende, Leichtsinnige und Geckenhafte ihres

Wesens mit spöttelndem Ausdruck *Graeculi*. *Achaicus* ist kein geborner Grieche, sondern ein Auswärtiger, der in Achaja oder mit Achäern zu thun hat oder gehabt hat. Von Achäischen Schriften und Schriftstellern ist nirgends die Rede, sondern nur von Graecis, oder mit der angegebenen Nebenbeziehung von Graiis. Aeternum inimicitiarum monumentum *Graios* de *Graiis* statuere non oportet. Cic. inv. II. 23. Homines *Achaici*, Cic. Att. I. 13., sind Römer in Achaja, so wie auch Mummius von Achaja Achaicus genannt worden ist.

503. Asianus, Asiaticus.

Wer in Asien geboren, seiner Natur und Lebensweise nach ein Asiat ist oder den Asiaten in diesem Sinne angehört, der ist *Asianus*. Plin. n. h. XXI. 98. Quintil. XII. 10. 18. Liv. XXXI. 2. Wer irgend einen zufälligen Zusammenhang mit Asien oder den Asiaten hat, ist davon Asiaticus zu benennen, wie Scipio. Das *Asiaticum* dicendi genus, Cic. Brut. 95., ist die Beredtsamkeit der Griechischen Redner in Asien, wie Asiatici Graeci, Liv. XXXVI. 17. *Asiana* res, Liv. XXXI. 2. ist die Angelegenheit der Asiatischen Staaten; *Asiaticum* bellum, Cic. Man. 7., ist der Krieg der Römer mit Asiaten. In Cic. Att. I. 17. sind *Asiani* die Römischen Ritter, welche die Zölle in Asien gepachtet hatten; eigentlich unrichtig; aber entweder muß man annehmen, daß Cicero mit diesem Ausdruck zugleich auf die Asiatennatur dieser Ritter, ihre Weichlichkeit und Üppigkeit, wovon er verschiedentlich spricht, hindeuten gewollt habe, oder daß die Variante Asiatici vorzuziehen ist.

504. Atheniensis, Atticus.

Atheniensis wird einer genannt, wenn man Athen als seine Vaterstadt hervorheben will; ein Athenienser, Athenisch. *Atticus*, Attisch, aus Attika, ist zunächst allgemeiner, als Atheniensis, indem es die Landschaft, nicht die Stadt, als Heimat angiebt; dann aber ist nur dies Wort gebraucht zur Bezeichnung der Vorzüge und Eigenthümlichkeiten, welche man den Athenern in ihrer Bildung, Sprache und Wissenschaftlichkeit überhaupt beilegte. Thukydides ist ein scriptor Atheniensis, insofern er zu Athen geboren ist; ein scriptor Atticus, insofern sein schriftstellerischer Charakter das Athenische Gepräge trägt.

Itaque nobis monendi sunt ii, quorum sermo imperitus increbruit, qui aut dici se desiderant *Atticos*, aut ipsi *Attice* volunt dicere, ut mirentur hunc (Demosthenem) maxime, quo ne Athenas quidem ipsas magis credo fuisse *Atticas* cet. Cic. or. 7.

505. Britannus, Britannicus.

Britannus ist ein **Britte**, ein Britannier seiner **Geburt nach**; *Britannicus*, Britannisch, ist, **von den Britten** oder deren **Lande benannt**. Ein Sieg über die Britten verschaffte selbst einem Römischen Feldherrn den Beinamen Britannicus. Sueton. Claud. 27.

506. Cres, Cretensis, Creticus.

Cres ist ein **geborner** Kreter oder Kretenser, z. B. Epimenides Cic. divin. I. 18.; daher heißen die Kreter in Rücksicht auf **ihren Charakter, ihre rauhe, strenge Lebensweise** ꝛc. nur *Cretes* — quorum nemo gustavit unquam cubans. Cic. Mur. 35. Diese Beziehung scheint in dem Namen Cretes immer vorwiegend zu sein. *Cretensis* dagegen ist man nach seinem **Aufenthalte, Wohnorte oder Bürgerrechte**; daher selbst Iuppiter Cretensis, Cic. n. d. III. 21., wegen seines bedeutsamen Aufenthalts in Kreta; und Pompeius *Cretensibus* obsides imperavit, nämlich insofern sie zum Kretischen **Staate** gehörten, ohne Rücksicht auf ihre Geburt und ihren Charakter als Kreter. Der *Creticus* ist kein Kreter, sondern wegen irgend eines Zusammenhangs mit Kreta so benannt, z. B. Metellus Creticus, Flor. III. 7., weil er Kreta zur Provinz gemacht; cf. Cic. Flacc. 13; ebenso mare Creticum, Hor. Carm. I. 26. 2.; pes Creticus, — ᴗ —, Cic. or. III. 47.

507. Gallus, Gallicus, Gallicanus.

Gallus ist ein **geborener** Gallier; *Gallicus*, Gallisch, was den Galliern **zugehört**, aus Galliern besteht, wie die Truppen des Brennus copiae Gallicae heißen, Cic. divin. I. 37.; *Gallicanus*, Gallikanisch, ist an sich nichts Gallisches, sondern die Sache Auswärtiger; die Angelegenheit von Römern unter sich, aber in Gallien, ist eine Gallicana res, Cic. Quint. 4., Römische Legionen in Gallien, oder theilweise aus Galliern bestehend, sind legiones Gallicanae. Ein Krieg der Römer mit Galliern ist ein bellum Gallicum; ein Krieg der Römer unter sich, aber in Gallien, wäre ein bellum Gallicanum. Illum exercitum (Catilinae) *Gal-*

IV. NOMINA PROPRIA. 387

licanis legionibus et hoc delectu, quem in agro Piceno et *Gallico* Q. Metellus habuit, magno opere contemno. Cic. Cat. II. 3.

508. Germanus, Germanicus, Germanicianus.

Germanus ist ein geborener Deutscher; *Germanicus*, den Deutschen oder Deutschland angehörig, wie saltus, Liv. IX. 36., oder wegen eines entfernteren Zusammenhangs mit ihnen benannt; wie bellum Germanicum, Caes. b. G. IV. 16., oder Drusus *Germanicus*, als Ehrenname wegen seiner Siege in Deutschland. *Germanicianus*, natürlich erst später gebräuchlich, ist nach dem Aufenthalt, nicht nach der Geburt, in Deutschland benannt; so das Römische Heer in Deutschland exercitus Germanicianus, Suet. Oth. 8. Vesp. 6.

509. Hispanus, Hispanicus, Hispaniensis.

Hispanus, ist von Geburt und seiner Natur nach Spanisch; *Hispanicus* ist, was den gebornen Spaniern eigenthümlich ist, ihnen zugehört, wie verbum, Suet. Aug. 82.; *Hispaniensis*, was wegen irgend eines Zusammenhanges mit Spanien oder Spaniern benannt worden, z. B. legatus Hispaniensis, Cic. Vat. 5., ein Römer, der in Spanien Legat ist; bellum Hispaniense, Cic. Man. 10. fam., II. 16., ein Krieg der Römer unter sich, aber in Spanien geführt, dagegen ein Krieg mit den Spaniern bellum Hispanicum heißen müßte. Non *Hispaniensis* natus, sed *Hispanus*, Vell. Paterc. II. 51., d. h. nicht von Römischen Eltern in Spanien geboren, nicht bloß dem Orte seiner Geburt nach ein Spanier, sondern ein wirklicher Spanier, von Spanischen Eltern. Vergl. Mart. ep. ante I. XII.

510. Italus, Italicus.

Itali sind die alten eingebornen Italer, *Italici* die Italischen Völkerschaften der historischen Zeit; daher jenes mit Hinweisung auf den Charakter und als alterthümlicher Ausdruck gebraucht, dieses mit Hinweisung auf die politischen Verhältnisse; bellum, ius etc. Italicum. (Nos) *Italos* ipsos ac Latinos, non hoc domestico nativoque sensu, sed pietate ac religione superavimus. Cic. har. 9. (Romani quaerebant ex Arpinis, cur) pro alienigenis ac barbaris *Italici* adversus veteres socios Romanos bellum gererent. Liv. XXIV. 47.

511. Iudaeus, Iudaicus.

Iudaeus ist ein Jude seiner Geburt und Abstammung nach; credat Iudaeus Apella; *Iudaicus* ist, was bei den Juden sich findet oder befindet, Jüdisch, z. B. exercitus, Tac. hist. II. 79., das Römische Heer in Judäa; aurum Iudaicum, das Iudaei allwärts zusammenbrachten und jährlich nach Jerusalem schickten. Cic. Flacc. 28.

512. Karthaginiensis, Poenus, Punicus, Punicanus.

Karthaginiensis ist Karthagisch oder ein Karthager, zur Angabe des Bürgerthumes ohne allen Nebenbegriff; nach Hannibals Wort: Hostem qui feriet, mihi erit *Karthaginiensis*, Quisquis erit, cuiatis erit. *Poenus* heißt ein Karthager mit Hinweisung auf seine Charaktereigenthümlichkeiten, Römerhaß, überhaupt auf die schlechten Eigenschaften. Ein nüchterner Biograph mußte sagen Hannibal Karthaginiensis; wer aber und wenn man sich damit befaßt, ihn als einen grausamen, meineidigen Menschen u. s. w. darzustellen, so wird man ihn *Poenus* nennen, wie Livius meistens thut. Karthaginiensis ist Substantiv und Adjektiv; zu Poenus aber ist das Adjektiv gemeiniglich *Punicus* mit allen gehässigen Nebenbeziehungen, die in Poenus liegen; daher bellum *Punicum*, daher die perfidia und fides *Punica* u. s. w. Auch die Naturprodukte des Karthagischen Gebietes, desgleichen Sprache und Litteratur wurden nur durch Punicus bezeichnet; die Kunsterzeugnisse dagegen durch *Punicanus*, z. B. lecti Punicani, Cic. Mur. 36., d. h. lecti nach Karthagischer Mode, zuerst dort gearbeitet, nachher auch in Rom nachgemacht.

513. Lacedaemon, Sparta; Laconicus, Lacedaemonius Spartanus, Laco, Spartiates.

Einen scharfen Unterschied zwischen *Lacedaemon* und *Sparta* festzustellen, wird schwer sein; in der ältesten Zeit waren Lazedämon und Sparta zwei verschiedene Städte, die nachher in eine zusammengewachsen zu sein scheinen. Hom. Il. II. 582. *Laconicus* und *Laco* beziehen sich zunächst allgemeiner auf die Landschaft, nicht bloß auf die Stadt; ferner enthalten beide Wörter eine Hinweisung auf die natürlichen Geistesanlagen, Scharfsinn, Kürze des Ausdrucks u. s. w.; daher *Laconis* illud dictum, Cic. Tusc. V. 14. cf. I. 46., nicht Lacedaemonii oder Spartani oder Spartiatae. Wegen dieser Hervorhebung des Natürlichen, der

Abstammung, heißen auch die Spartanischen Hunde nur Lacones, Hor. epod. VI. 5., und canes Laconicae, Plin. n. h. X. 63. Das Feminin zu Laco ist Lacaena, in der Poesie auch Laconis. Cic. Tusc. I. 42. Ov. Met. III. 223. *Lacedaemonius* heißt Lazedämonisch oder ein Lazedämonier, bloß zur Angabe des Vaterlandes und Staates, dem man angehört; *Spartiates* dagegen, der Spartiate, weiset immer auf körperliche Abhärtung, Tüchtigkeit im Kriege, und Ähnliches hin, wie es auch ursprünglich nur die Geehrten in Sparta, die Nachkommen der alten Dorier, bezeichnet. Dafür ist bei vielen Schriftstellern Spartanus, bei Cicero aber wol nur Spartiates in Gebrauch. Cic. Tusc. I. 43. V. 27.

514. Macedo, Macedonius, Macedonicus.

Macedo ist ein geborner Mazedonier; *Macedonius* (selten und poetisch), was von Natur zu Mazedonien gehört; *Macedonicus* ist nicht wirklich Mazedonisch, sondern wegen irgend eines Zusammenhangs mit Mazedonien so benannt. Legio Macedonum, Liv. XXX. 33. ist eine Legion Mazedonier; legiones Macedonicae, Cic. fam. XII. 23., sind Römische Legionen in Mazedonien; Metellus Macedonicus. Cic. Mur. 14.

515. Peloponnesius, Peloponnesiacus.

Peloponnesius giebt das Vaterland an, dem man zugehört; *Peloponnesiacus* wird man wegen irgend eines Zusammenhangs mit dem Peloponnes genannt. Civitates Peloponnesiae, Cic. Att. VI. 2., sind die Peloponnesischen Staaten; bellum Peloponnesiacum, Cic. off. I. 24., ist der Krieg mit den Peloponnesiern, der von diesen selbst gewiß nicht so, sondern etwa bellum Atticum genannt sein würde. Bellum Peloponnesium, Nep. Thras. 1., ist ungenau. Die Bewohner des Landes sind nur Peloponnesii, Vell. Paterc. I. 2.

516. Romanus, Quiris, Latinus.

Romanus ist der Römer und Römisch zur Bezeichnung der Vaterstadt und des Bürgerthums. *Latinus* bezeichnet zunächst, was der Völkerschaft der Latini angehört; ist aber auch ferner allein gebräuchlich, sobald von Sprache und Wissenschaft die Rede ist; Lateinisch; daher lingua Latina, litterae Latinae, Latine loqui cet. C. Gracchi immaturo interitu *res Romanae Latinaeque litterae* damnum fecerunt. Cic. Brut. 33. *Quirites* wurden die Römer genannt a Curibus Sabinis, Liv.

I. 13., jedoch nur als **Bürger** im Gegensatz von **Soldaten** — nec *Quirites* vos, sed milites videor appellaturus, Liv. XLV. 37. cf. Sueton. Caes. 70. In der gewöhnlichen Sprache ist Quirites nur in Gebrauch als **Anrede** der Römischen Bürger in **Rom selbst**, und in einigen **förmlichen Ausdrücken**, wie Populus Romanus Quiritium, Liv. V. 41.

517. Siculus, Siciliensis.

Siculus heißt der **Sizilier** oder **Sikuler** und **Sizilisch** in Rücksicht auf den Ursprung und die **Abstammung**; *Siciliensis* ist nicht eigentlich Sizilischen Ursprungs, sondern wegen irgend eines entfernteren Zusammenhangs mit Sizilien darnach benannt. Siculi acuta gens, Cic. Brut. 12. Siculi in facetiis excellunt, Cic. or. II. 54. Epicharmus Siculus, Hor. ep. II. 1. 48. Quaestura und annus *Siciliensis*, Cic. fam. XII. 38. Brut. 92., sind seine Quästur und das Jahr in Sizilien. Fretum *Siculum*, minder richtig, sagen Livius I. 2., Plinius u. a.; fretum *Siciliense*, richtiger, Cicero, n. d. III. 10. Genau ebenso unterscheiden sich Sardus und Sardiniensis, worüber der alte Grammatiker Pompeius sagt: In Cicerone in Scauriana invenimus istam discretionem de *Sardis* et *Sardiniensibus*, ut illos *incolas*, hos *advenas* esse doceat. Orell. fragm. Cic. p. 459.

518. Troes, Troianus, Troicus.

Troes ist ein gewählter und fremdartigerer Ausdruck, als Troiani. *Troianus* ist Trojanisch dem Ursprunge und Vaterlande nach, daher Troiani, Cic. divin. II. 39. Ein gewählter und minder gebräuchlicher Ausdruck dafür ist Troius. *Troicus* ist nicht wirklich aus Troja, sondern wegen irgend eines Zusammenhangs mit Troja darnach benannt. Selbst Achilles, der Held von Troja, könnte durch heros Troicus bezeichnet werden, dagegen der heros Troius, Virg. Aen. VIII. 530., oder Troianus durchaus einen **gebornen** Trojaner bezeichnet. Der bekannte Krieg heißt daher am Richtigsten bellum Troicum, wie auch die besten Schriftsteller sagen, Cic. fam. V. 12., ebenso tempora Troica, Cic. Brut. 10.; bellum Troianum wäre eigentlich nicht ein Krieg anderer **gegen** Troja, sondern der Trojaner unter sich; indeß Horaz und andere gebrauchen Troianus auch in dem Sinne von Troicus.

Index.

A.

A 474.
ab 474.
abdere 69.
abdomen 320.
abesse 132. 133.
abhorrere 75.
abominari 75.
abs 474.
abscondere 69.
absolvere 57. 62.
abstinentia 113.
abstrudere 69.
abundare 141.
abunde 435.
ac 484.
accelerare 130.
acceptus 216.
accidit 147.
accipere 104. 106.
accusare 56.
acer 230.
acerbus 216.
acervus 86.
Achaeus 502.
Achaicus 502.
Achivus 502.
acies 379. 380. 381.
acinaces 385.
acquirere 106.
acta 369.
actor 401.
actutum 461.
acumen 381.
acutus 190. 230.

ad 445. 475.
adamare 11.
adeo 436.
adhibere 136.
adhuc 444.
adimere 104.
adipisci 106.
administrare 176.
admirari 17.
admittere 126.
admodum 434.
adolescens 288.
adoriri 93.
adspicere 19.
adulari 40.
adultus 288.
adversari 115.
adversaria 256.
adversarius 387.
adversus 476.
aedes 262. 263.
aedificium 262.
aeger 223.
aegre 468.
aegre ferre 13.
aegrimonia 221.
aegritudo 223.
aegrotatio 223.
aemulatio 202.
aequabilis 306.
aequalis 306.
aeque 437.
aequor 368.
aequus 306.
aer 371.
aerarium 344.
aereus 409.
aerumna 222.

aes 344.
aestimare 8.
aestuare 150.
aetas 372.
aeternus 373.
aether 371.
aevum 372.
Afer 501.
affatim 435.
affectio 212.
affinis 392.
affirmare 70.
affluere 141.
Africanus 501.
Africus 501.
agger 86.
ager 309.
agere 45. 56. 217.
aggredi 98.
agmen 380.
agrestis 309.
aheneus 409.
aio 24.
ala 383.
alacer 230.
albus 326.
alere 171.
ales 339.
algere 151.
alias 438.
alienigena 388.
alienus 388.
alimentum 267.
aliquando 450. 457.
aliquis 430.
aliquoties 450.
aliter 438.
alius 412.

alloqui 42.
altare 264.
alter 412.
altercatio 246.
alternus 473.
alteruter 410.
altus 305.
alumnus 188.
alvus 320.
amare 11.
amarus 216.
ambiguus 237.
ambitio 404.
ambitus 404.
ambo 410.
amens 196.
amentum 334.
amicire 74.
amictus 428.
amiculum 428.
amicus 387.
amittere 88.
amnis 366.
amoenus 216.
amor 203.
ampliare 145.
amplificare 144.
amplius 458.
amplus 355.
anceps 237.
ancilla 283.
angere 122.
angor 221.
anguis 338.
angustiae 389.
angustus 389.
anima 184. 331.
animadvertere 4. 121.

INDEX.

animal 381.
animans 229. 381.
animosus 854.
animus 184.
annales 250.
anniculus 876.
anniversarius 376.
annona 377.
annuus 376.
ante 477.
antecedere 98.
antequam 500.
antiquare 874.
antiquitas 874.
antiquus 874.
antrum 311.
anxietas 221.
aper 335.
aperire 173.
aperte 469.
apertus 236.
apex 804.
apologus 250.
apparere 39.
appellare 42.
apprehendere 104.
aptus 399.
apud 475. 477.
ara 264.
arbiter 7.
arbitrari 7.
arbitrium 7.
arcere 112.
arctus 389.
ardere 150.
arduus 305.
argentum 344.
arguere 56.
argumentum 317.
argutus 190.
aridus 367.
arma 385.
armentum 382.
armus 320.
ars 187.
arteria 320.
articulus 320.
artus 320.
arvum 309.
Asianus 503.
Asiaticus 503.
aspernari 18.

aspis 388.
assecla 297.
assentari 40.
assequi 106.
asseverare 70.
assiduitas 232.
astrum 370.
astutus 191.
at 495.
ater 325.
Atheniensis 504.
atque 484.
atrox 210.
Atticus 504.
auctor 259.
audere 43.
audire 21.
auditor 188.
augere 144.
augur 293. 295.
auferre 104.
aura 371.
auscultare 21.
auspex 293.
austerus 214.
aut 488.
autem 495.
auxiliari 174.
avarus 213.
avere 9.
aversari 75.
avidus 213.
avis 339.

B.

Baiulare 125.
basium 422.
beatus 219.
bellua 331.
bellum, belli domique 379 a.
bellus 314.
beneficentia 407.
benevolentia 204.
benignitas 407.
bestia 331.
bibere 79.
bilis 417.
bivium 364.
blandiri 40.
bona 352.
bonus 199.
brachium 320.
brevi 439.

Britannicus 505.
Britannus 505.
bucca 320.

C.

Cachinnatio 408.
cachinnus 408.
cacumen 304.
cadere 146.
caducus 228.
caedere 123.
caerimonia 292.
caesaries 318.
calamitas 347.
calculus 270.
calere 150.
caligo 324.
callere 5.
callidus 191.
callis 364.
calumniari 56.
campus 309.
candela 328.
candelabrum 228.
candere 150.
candidus 326.
canticum 256.
cantilena 256.
cantus 256.
canus 326.
caper 337.
capere 103.
capillus 318.
captiosus 192.
caput 345 a.
carcer 342.
carere 135.
caritas 203.
carmen 260.
carum habere 11.
cassis 385.
castigare 121.
casus 220.
catena 341.
caterva 380.
catulus 337.
catus 189.
caupo 343. 388.
causa 245. 483.
causidicus 248.
cautes 270.
cautus 194.
caverna 311.
cavillatio 251.

cedere 127.
celare 69.
celeber 235.
celebrare 66.
celer 362.
celerare 130.
celsus 305.
cena 268.
censere 7.
cereus 328.
cernere 19.
certamen 379.
certe 431.
certo 431.
certus 391.
cervices 320.
cessare 59.
ceteroquin 438.
ceterum 438.
ceterus 412.
cetra 385.
cibaria 267.
cibus 267.
cicur 333.
cincinnus 318.
cinis 330.
circa 479.
circiter 445. 479.
cirrus 318.
cis 480.
cista 344.
citra 480.
citus 362.
civitas 274.
clam 470.
clamare 182.
claritas 281.
clarus 235. 236.
clemens 209.
clementia 209.
clipeus 385.
clivus 301.
coacervare 86.
codex 256.
codicilli 257.
coepisse 47.
coercere 113.
coetus 365.
cogitare 1.
cognatus 392.
cognitio 186.
cognoscere 3.
cohibere 113.
cohors 380.
colere 177.
collega 296.

INDEX.

collis 801.
collocare 84.
collum 320.
colonia 274.
colorare 155.
coluber 388.
coma 818.
comes 297.
comis 209.
comissatio 268.
comitari 170.
comitia 365.
commendare 36.
commentari 1.
comminus 459.
commodum 346. 468.
comoedus 401.
compendium 346.
comperendinare 145.
compes 341.
compescere 113.
compitum 864.
complecti 105.
complere 142.
comprehendere 3. 105.
conari 43.
concedere 126.
concilium 365.
concinere 117.
concio f. contio.
conclave 416.
concordare 117.
concupiscere 9.
condere 69. 152.
condonare 49.
conducticius 405.
confabulari 24.
confestim 461.
confidentia, confidere 193.
confinis 393.
confirmare 70.
confiteri 25.
configere 181.
conformare 80.
confutare 51.
congelare 151.
congruere 117.
conicere 7.
coniugium 291.
coniuncte 466.

coniungere 159.
coniux 290.
connivere 49.
connubium 291.
consanguineus 392.
consecrare 78.
consentire 117.
consequi 106.
considerare 20.
consideratus 194.
consilium 365.
consors 296.
conspicere 19.
constantia 208.
constituere 41.
consuesse 292.
consuetudo 292.
consummare 62.
contagio 822.
contaminare 91.
contemnere 18.
contemplari 20.
contendere 70.
contentio 246.
conterminus 393.
conticescere 26.
contiguus 393.
continentia 113.
continere 105. 113.
contingit 147.
continuare 61.
continuo 461.
contio 365.
contra 476.
contrarius 247.
controversia 246.
contubernium 291.
contueri 19.
contumacia 208.
contumelia 239.
convenire 117.
conventus 365.
convicium 240.
convivium 268.
copia 352.
copulare 159.
coram 477.
corium 319.
cornu 333.
corrigere 48.

corrigia 834.
corrumpere 87.
corruptela 241.
corruptio 241.
coruscare 149.
crapula 269.
crassus 390.
crebro 463.
credere 7. 193.
cremare 150.
Cres 506.
Cretensis 506.
Creticus 506.
crimen 240. 243.
criminari 56.
crinis 308.
cruciare 122.
crudelis 210.
cruor 320.
cubare 181.
cubiculum 416.
culmen 304.
cumulare 86.
cumulus 86.
cunctari 59.
cunctus 398.
cupere 9.
cupiditas 212.
cupido 212.
cupidus 213.
cur 491.
cura 221.
curare 175.
cuspis 385.
custodia 342.
cutis 319.
cymba 368 a.

D.

Damnum 347.
dapes 268.
dare 140.
de 474.
debere 137.
debilis 226.
decernere 181. 41.
decertare 181.
decipere 55.
declarare 54.
dedecus 239.
dedere 140.
dedicare 78.
deducere 170.
deesse 133.

defendere 111. 112.
deficere 133.
deformis 815.
deinceps 440.
deinde 440.
de industria 467.
de integro 442.
delectare 64.
delere 99.
deliberare 1.
delictum 238.
delirus 196.
delubrum 263.
demens 196.
demere 104.
demiror 17.
demoliri 100.
demonstrare 54.
demori 148.
demum 441.
denique 441.
densus 390.
denuo 442.
depeculari 108.
depellere 112.
deportare 169.
depravare 87.
deprehendere 53.
derelinquere 110.
desciscere 133.
deserere 110.
desiderare 9.
desidiosus 231.
desinere 60.
desistere 60.
despicere 18.
destituere 110.
destruere 100.
detegere 53.
deterior 200.
detestari 75.
detrimentum 347.
devincere 98.
devovere 75.
dicacitas 251.
dicere 24. 42.
dictio 249.
dicto audientem esse 38.
dictum 253.
dies 372.

INDEX.

differentia 247.
differre 119, 145.
diffiteri 25.
digerere 71.
dignitas 814.
diligentia 232.
diligere 11.
dilucidus 286.
dimicare 181.
dimicatio 379.
dirimere 72.
diruere 90.
dirus 210.
discernere 72.
disciplina 187.
discipulus 188.
discrepare 118.
discrimen 247.
disertus 254.
dispendium 348.
disponere 71.
disputare 29.
dissentire 118.
disserere 29.
dissidere 118.
dissimulare 50.
dissolutus 400.
distare 119. 132.
distinguere 72.
distribuere 71.
diu 443.
diurnus 397.
diutinus 397.
diuturnus 897.
divellere 90.
diversitas 247.
dives 352.
dividere 71.
divitiae 352.
docere 30.
doctor 188.
doctrina 187.
documentum 317.
dolere 13. 15.
dolor 15. 222.
dolosus 192.
dolus 192.
domare 167.
domesticus 262.
domicilium 262.
dominari 37.
dominatus 353.
dominus 282.
domus 262. 278.
donare 140.

donec 500.
domum 406.
dorsum 320.
draco 338.
dubitatio 237 a.
dubium 237 a.
dubius 237.
ducere 8.
dudum 443.
dulcis 216.
dum 500.
dumtaxat 454.
duo 410.
duplex 237.
duplus 237.
durus 210.
dux 279.

E.

Ebrietas 269.
ebriositas 269.
edicere 36.
editus 305.
educare 81.
educere 81.
effeminatus 400.
efferre 152.
effigies 316.
effugere 109.
egere 135.
egestas 349.
egregius 234.
eicere (in exsilium) 169.
ciulare 182.
eloquens 254.
emendare 48.
emere 162.
eminere 154.
eminus 459.
emolumentum 346.
emori 148.
emptor 343.
enervatus 400.
enim 492.
ensis 385.
ephebus 288.
epistola 257.
epulae 268.
epulum 268.
erga 476.
ergastulum 342.
ergo 490.
eripere 104.

errare 129.
erratum 238.
error 238.
erudire 82.
esca 267.
esculus 302.
esse (alicuius) 137.
esuries 415.
et 484. 486.
et-et 487.
etenim 492.
etiam 444. 486.
etiamsi 496.
et non 485.
etsi 496.
evenit 147.
evertere 99.
e vestigio 461.
evidens 236.
ex 474. 480.
exaggerare 86.
exaudire 21.
excellere 154.
excelsus 305.
excipere 106.
excitare 120.
excors 196.
exemplar 317.
exemplum 317.
exercitus 380.
exigere 169.
exiguus 356.
exilitas 351.
eximere 104.
eximius 234.
existimare 8.
exitium 322.
exordium 859.
expellere 169.
experiri 44.
expetere 9.
expiare 77.
expilare 108.
expiscari 52.
explanare 68.
explicare 68.
exponere 68.
exprobratio 240
expugnare 103.
exsecrare 75.
exsequi 62.
exsequiae 152.
exsilium 169.
exspectare 58.
exstinguere 99.

exstare 183.
exta 320.
extemplo 461.
exterminare 169.
externus 388.
exterus 388.
extra 480.
extraneus 388.
extremus 361.
exuviae 395.

F.

Fabula 250.
facere 45. 56. 128.
facetiae 251.
facies 313.
facinus 243.
factio 423.
facultas 343.
facultates 352.
facundus 254.
fallacia 192.
fallaciter 432.
fallax 192.
fallere 55.
falso 432.
fama 281.
fames 415.
familia 278.
familiaris 387.
famulus 283.
fanum 263.
fari 24.
fas 242.
fasti 250.
fastidire 18.
fastigium 304.
fastus 207.
fateri 25.
fatigatus 358.
fatum 220.
fatuus 195.
fauces 389.
faustus 219.
faux 320.
favere 67.
favilla 330.
favor 204.
fax 328.
fecundus 299.
fel 417.
felix 219.
femina 290.
fenus 345.

INDEX. 395

fera 331.
ferax 299.
fere 445. 446.
ferire 94.
ferme 446.
ferox 210.
ferre 13. 16. 41. 125.
fertilis 299.
ferus 210.
fervere 150.
fessus 358.
festinare 130.
festivitas 251.
fetus 298.
fictilis 308.
fidelitas 193.
fidentia 193.
fides 193.
fiducia 193.
figura 312.
finem adferre 178.
finem facere 178.
finem imponere 178.
fingere 50. 80.
finire 178.
finitimus 391.
firmus 227.
fiscus 344.
flagitare 33.
flagitium 243.
flagrare 150.
flamen 295.
flere 34.
fluctus 366.
fluere 143.
flumen 366.
fluvius 366.
fluxus 228.
foedus 315. 403.
foris 266.
forma 312.
formare 80.
formosus 314.
formidare 10.
fors 220.
forsitan 447.
fortasse 447.
forte 447.
fortis 354.
fortitudo 354.
fortuna 220.
fortunae 352.
fortunatus 219.

fragilis 228.
frangere 89.
fraudare 55.
fraudulentus 192.
fraus 192.
frenum 345.
frequenter 463.
frigere 151.
frigidus 151.
fructus 298.
fructuosus 299.
fruges 298.
frugi 199.
frugifer 299.
frumentum 298. 372.
frustra 449.
frustrari 55.
frustum 423.
frutex 303.
fucare 155.
fugare 97.
fugax 396.
fugere 109.
fugitivus 396.
fulcire 166.
fulgere 149.
fulgur 418.
fulmen 418.
funale 328.
fundere 97.
fundus 273.
fungi 176.
funus 152.
furens 196.
furor 196.
furtim 470.

G.

Galea 385.
Gallicanus 507.
Gallicus 507.
Gallus 507.
garrulus 255.
gaudere 14.
gaudium 215.
gelu 151.
gemere 182.
geminus 237.
gena 320.
generaliter 471.
generatim 471.
gens 276. 278.
gentilis 392.

genus 278.
gerere 38. 45.
Germanicianus 508.
Germanicus 508.
Germanus 508.
gerrae 252.
gestire 9.
gladius 385.
gloria 281.
gloriari 25.
gracilitas 351.
Graecus 502.
Graeculus 502.
gradatim 465.
gradi 127.
gradus 414.
Graius 502.
grandis 355.
gratia 483. 204.
gratiosus 216.
gratias agere 217.
gratis 449.
gratus 216.
gravitas 357.
gressus 414.
grex 332.
gubernare 37.
gula 320.
gustare 23.
gutta 419.
guttur 320.

H.

Habena 334.
habere (magni) 8.
habere (carum, gratiam) 11. 217.
habilis 399.
habitare 85.
hactenus 444.
haedus 336.
haerere 160.
haesitare 59.
hariolus 293.
haruspex 293.
hasta 385.
haud 455.
herus 282.
hilaritas 215.
hircus 336.
Hispanicus 509.

Hispaniensis 509.
Hispanus 509.
historia 250.
histrio 401.
homo 289.
honestare 177.
honestas 354.
honestus 199.
honor 281.
honorare 177.
honos 280.
horrere 10.
hortari 35.
hospes 387.
hostia 265.
hostis 387.
humanus 308. 209.
humare 152.
humere 143.
humerus 320.
humidus 308.
humilis 308.
humus 308.
hydrus 338.

I.

Iacere 131.
iactare se 25.
iaculum 385.
iactura 347.
iam 452.
ianua 366.
icere 90.
idcirco 490.
idem 486.
identidem 463. 489.
ideo 490.
idoneus 399.
igitur 490.
ignarus 197.
ignavus 231.
ignominia 239.
ignorantia 198.
ignorare 6.
ignoratio 198.
ignoscere 49.
ilex 302.
ilia 320.
illico 461.
illuminare 149.
illustrare 149.
illustris 235. 236.

INDEX.

imago 316.
imbecillus 226.
imber 378.
imbuere 82.
immanis 355.
imminere 164.
immolare 76.
impedire 114.
impendere 164.
impendium 348.
impensa 348.
imperare 36. 37.
imperator 279.
imperitus 197.
imperium 353.
impetrare 106.
implorare 32.
imprimis 448.
imus 361.
in 476. 480. 481.
inanis 350.
inaugurare 78.
incassum 449.
incertus 237.
incessus 127.
inchoare 47.
incipere 47.
incitare 120.
inclitus 235.
incolere 85.
incolumis 225.
incuria 221.
incusare 56.
indagare 52.
index 258.
indigere 135.
indignari 13.
indoles 185.
induere 74.
indulgere 49.
industria (de i. 467) 232.
inedia 415.
ineptiae 252.
iners 231.
infamia 239.
infantia 288.
infelix 219.
infensus 386.
infestus 386.
inficere 91.
infimus 361.
infirmus 226.
inficiari 25.
infitias ire 25.
informare 80.
informis 315.
infortunium 347.
infra 480.
ingenium 185.
ingens 355.
ingenuus 286.
ingressus 127.
inimicus 387.
iniuria 239.
initiare 78.
initium 359.
initus 127.
innatus 83.
innocens 386.
innocentia 354.
innoxius 386.
inopia 349.
inopinatus 462.
inquam 24.
inquinare 91.
inquit 24.
insanus 196.
inscientia 198.
inscitia 198.
inscius 197.
inscriptio 258.
insignis 235.
insimulare 56.
insitus 83.
insolentia 207.
insons 386.
instare 165.
instaurare 101.
instigare 120.
institor 843.
instituere 80. 82. 101.
instruere 82.
integer 225. 398.
intellegere 3.
inter 421.
interea 451.
interdum 450.
interesse 119.
interest 179.
interficere 123.
interire 153.
interim 451.
interimere 123.
intermittere 60.
interpretari 68.
intestina 820.
interrogare 31.
intervallum 310.
intra 480.
intueri 19.
invadere 93.
invalidus 226.
invasio 127.
invenire 53.
investigare 52.
inveterascere 374.
invicem 473.
invidentia 201.
invidia 201.
iocus 401.
ira 12.
iracundia 12.
irasci 12.
ire 127.
irridere 408.
irritare 120.
ita 452.
Italicus 510.
Italus 510.
itaque 490.
item 489.
iter 364.
iterum 442.
itidem 489.
iubar 329.
iubere 36. 41.
iucundus 216.
Iudaeus 511.
Iudaicus 511.
index 7.
iugis 373.
iugulare 123.
iugulum 320.
iugum 301.
iumentum 332.
iungere 159.
iurgium 246.
ius 242.
insiurandum 384.
iustus 391.
iuvare 174. 64.
iuvenis 288.
inventa 288.
iuventus 288.
iuxta 475.

K.

Karthaginiensis 512.

L.

Labare 146.
labes 323.
labi 146.
labor 222.
labrum 320.
Lacedaemon 518.
Lacedaemonius 513.
lacerare 90.
lacerti 320.
lacessere 120.
Laco 513.
Laconicus 513.
lacrimare 34.
lacus 368.
laedere 65.
laetari 14.
laetitia 215.
lamentari 34.
lampas 328.
lancea 385.
languidus 358.
laniare 90.
lapis 270.
largiri 140.
largitio 407.
lascivus 211.
lassus 358.
latebra 420.
laterna 328.
latibulum 420.
Latinus 516.
latro 894.
laudare 66.
laus 281.
legatus 279.
legem ferre, rogare 41.
legumen 298.
lenis 209.
lentus 363.
lepos 251.
letum 123.
libare 76.
libentius 458.
liber 286.
liber 256.
liberalis 286.
liberalitas 407.
liberare 57.
liberi 288.
libertinus 284.
libido 212.
librarius 259.
licet 126. 496.
licenter 286.
licitum 242.

INDEX.

ligare 158.
lignum 271.
lingua 249.
linter 368 a.
liquere 148.
lis 245.
litare 76.
litterae 257. 187.
litus 369.
livor 201.
locuples 352.
locus 310.
longe 459.
longinquus 397.
loquax 255.
loqui 24.
lorica 385.
lorum 334.
lucere 149.
lucerna 328.
lucrum 346.
luctus 15.
lucus 149.
ludio 401.
ludus 401.
lues 322.
lugere 15.
lumen 329.
lusio 401.
lustrare 77.
lusus 401.
lux 329.
luxuries 400.
luxuriosus 400.
luxus 400.
lychnus 328.

M.

Macedo 514.
Macedonicus 514.
Macedonius 514.
maceria 272.
machinari 172.
macies 351.
mactare 76.
macula 323.
maculare 91.
madere 143.
macrere 15.
maeror 15.
magis 458.
magister 188.
magnificentia 407.

magni aestimare 8.
magni ducere 8.
magni facere 8.
magni habere 8.
magnopere 434.
magnus 355.
maiores 278.
mala 320.
maledictum 240.
maleficium 243.
malevolentia 421.
malignitas 421.
malitia 421.
malus 200.
manare 143.
manceps 343.
mancipium 283.
mancus 226.
mandare 36.
manere 58.
manica 341.
manifesto 469.
manifestus 236.
mansuetudo 209.
mansuetus 333. 209.
manubiae 395.
manus 320. 380.
mare 368.
marinus 368 b.
maritimus 368 b.
maritus 289.
mas 289.
materies 271.
matrimonium 291.
matrona 290.
maxilla 320.
maxime u. maximus 448.
meare 127.
mederi 175.
mediocris 206.
meditari 1.
membrana 319.
membrum 320.
meminisse 2.
mendicus 349.
mendum 238.
mens 185.
mentiri 50.
meracus 365.
mercari 162.
mercator 343.

mercenarius 405.
merces 405.
merus 321.
metari 156.
metiri 156.
metuere 10.
micare 149.
militia, domi militiaeque 379 a.
minari 164.
minime 455.
minimum 431.
ministrare 39.
minutus 386.
mirari 17.
miser 219.
missile 385.
mitis 209.
moderari 63.
moderatio 206.
moderatus 206.
modestia 206.
modicus 206.
modo 185. 453. 454.
modus 292.
moenia 272.
moles 357.
moliri 172.
mollis 400.
momentum 357.
monere 35.
moneta 329.
mons 301.
monstrare 54.
monstrum 294.
morari 59.
morbus 223.
morem gerere 38.
mori 148.
morosus 214.
mors 123.
mos 292.
mox 439.
mucro 385.
mulctare 121.
mulier 290.
multus 463.
mundus 321.
municipium 274.
munificentia 407.
munus 250. 406.
murus 272.
mutuatio 345 a.
mutuo 473.

N.

Nae 431.
nam 492.
namque 492.
nancisci 106.
nares 320.
narrare 24. 28.
narratio 250.
nasus 318.
natio 276.
nativus 83.
naturalis 83.
nauticus 368 b.
navalis 368 b.
navis 368 a.
navitas 232.
navus 231.
ne 455.
nebula 378.
necare 123.
necdum 444.
necessarius 392.
necesse esse 137.
necopinatus 462.
nectere 158.
nefandus 244.
nefarius 244.
nefas 243.
nefastus 244.
negare 25.
neglegere 18. 60.
negotiator 343.
nempe 493.
nemus 300.
nequam 200.
nequaquam 455.
neque 485.
nequidquam 449.
nescio quis 430.
nescire 6.
nescius 197.
neutiquam 455.
nex 123.
ni 498.
niger 325.
nihil 455.
nimbus 378.
nimirum 493.
nisi 498.
nitere 149.
niti 166.
nobilis 235.
nobiles 287.
nocens 386.
nocere 92.

INDEX.

nomen 253.
nominare 42.
nominatim 472.
non 455.
nondum 444.
nomisi 454.
nonnunquam 450.
non modo) sed
- solum } (ve-
- tantum) rum)
487.) etiam
nosse 5.
nota 323.
notare 4.
notio 186.
notitia 186.
novus 375.
noxius 386.
nubes 378.
nubilus 378.
nudare 107.
nugae 252.
nummus 344.
nunc 456.
nuncupare 42.
nundinari 162.
nuper 453.
nutrire 171.

O.

Ob 483.
obesse 92.
obiurgatio 240.
oblectare 64.
obmutescere 26.
oboedire 38.
obscoenus 315.
obscure 470.
obscuritas 324.
obsecrare 32.
obsequi 38.
observare 177.
obsidere 102.
obsolescere 374.
obstare 92. 114.
obstinatio 208.
obtemperare 38.
obtestari 32.
obtinere 106. 138.
obtingit 147.
obtrectatio 202.
obtruncare 123.
obvenit 147.

occasio 399.
occidere 123.
occidere 148.
occultare 69.
occulte 470.
occupare 103.
oceanus 368.
ocius 302.
odium 201.
odorari 22.
offendere 65.
offendere 53.
officere 92. 114.
officium 280.
olere 22.
olfacere 22.
olim 457.
omen 294.
omittere 60.
omnino 433.
omnis 398.
onus 357.
opacus 327.
opera 222.
operire 73.
opes 352.
opinari 7.
opinio 427.
opitulari 174.
oportere 137.
opperiri 58.
oppido 484.
oppidum 274.
opportunus 399.
opprobrium 240.
oppugnare 103.
optare 9.
optimates 287.
opulentus 352.
opus 222.
opus esse 137.
ora 369.
orare 24. 32.
oratio 249.
orator 248.
orbare 107.
ordiri 47.
ordo 382.
origo 360.
ortus 360.
os 313.
oscen 339.
osculum 422.
ostendere 54.
ostentum 294.
ostium 266.

P.

Pacare 166.
pactio 403.
paene 445.
pagus 275.
palam 469.
palari 129.
palma 320.
pandere 173.
par 306.
parare 106.
parcus 213.
parentare 76.
parere 38.
paries 273.
pariter 489.
pariter 466.
parma 385.
pars 423.
partiri 71.
parvus 356.
passus 414.
patefacere 173.
paternus 424.
pati 124. 16.
patres 287.
patrius 424.
paucus 463.
paulatim 465.
paupertas 349.
pavere 10.
peccatum 238.
peculiaris 277.
pecunia 344.
pecus 332.
pedetentim 465.
pedica 341.
peior 200.
pelagus 368.
pellis 319.
pellucidus 236.
Peloponnesiacus 515.
Peloponnesius 515.
pelta 385.
pendere 160. 161.
penes 475.
penna 335.
penuria 349.
penus 267.
per 483.
peragere 62.
percellere 96.
percipere 4.

percunctari 31.
percutere 96. 123.
perdere 87. 88.
peregrinus 388.
peregrinari 128.
perennis 373.
perficere 62.
perfuga 386.
pergere 61.
periclitari 44.
perinde 437.
perire 148.
peritus 197.
perlucidus 236.
permittere 126.
pernicies 322.
pernix 362.
perperam 432.
perpetuo 464.
perpetuus 373.
perquam 434.
perseverantia 208.
perseverare 61.
perspicax 190.
perspicere 3.
perspicuus 236.
pertinacia 208.
pertinere 157.
perturbatio 212.
pessumdare 87.
pervicacia 208.
pestilentia 322.
pestis 322.
petere 56. 33.
petulans 211.
piare 77.
pictura 316.
pietas 203.
piger 231.
pilum 385.
pilus 318.
pinna 340.
pirata 394.
placare 168.
placidus 209.
plaga 310.
plane 433.
planities 306.
plantare 83.
planus 306.
plebs 276.
plecti 121.
plenus 142.
plere 142.

INDEX.

plerumque 446.
plorare 34.
pluma 340.
plurimum 448.
plus 458.
pluvia 378.
poëma 260.
poena 121.
Poenus 512.
poëta 261.
pollere 46.
polliceri 27.
polluere 91.
pompa 152.
pondus 357.
pone 478.
ponere 84.
pontifex 295.
pontus 368.
populari 109.
populus 276.
porcus 335.
porro 440.
porta 266.
portare 125.
portentum 294.
portio 423.
poscere 33.
posse 46.
possessio 352.
possidere 138.
post 478.
posteritas 278.
postremus 361.
postulare 33.
potare 79.
potentia 353.
potestas 353.
potissimum 448.
potius 458.
prae 477.
praebere 139.
praeceps 307.
praeceptor 188.
praecipere 30.
36.
praecipue 448.
praeclarus 234.
praeda 395.
praedari 108.
praedicare 66.
praedium 273.
praedo 394.
praefectus 279.
praemium 405.
praeruptus 307.

praes 402.
praesertim 448.
praestare 98.
139.
praestolari 58.
praeter 481.
praetermitere 60.
pravus 200.
precari 32.
prehendere 104.
premere 165.
pretium 405.
pridem 443.
primordium 359.
primores 287.
principes 287.
principium 359.
priscus 374.
pristinus 374.
prius 458.
priusquam 500.
privare 107.
privatus 277.
probare 66.
probitas 354.
probrum 239.
probus 199.
procax 211.
procella 378.
proceres 287.
procerus 305.
proclamator 248.
proclivis 307.
procrastinare 145.
procul 459.
prodigium 294.
prodigus 400.
proelium 379.
profecto 431.
proferre 145.
proficisci 128.
profiteri 25.
profugus 396.
profundus 305.
progenies 278.
prohibere 114.
proinde 490.
prolatare 145.
proles 278.
promittere 27.
pronuntiare 24.
pronus 307.
prooemium 359.
propalam 469.

prope 445. 481.
propensus 307.
properare 130.
propinare 79.
propinquus 392.
proprius 277.
propter 481. 483.
475.
propterea 490.
propugnare 111.
propulsare 112.
prorogare 145.
prorsus 433.
prosequi 170.
prosper 219.
protervus 211.
protinus 461.
prout 460.
providus 194.
provocare 42.
prudens 189.
pubes 288.
publice 469.
pudicitia 205.
pudor 205.
puer 288.
pugio 385.
pugna 379.
pugnare 181.
pugnus 320.
pulcher 314.
pullus 325. 337.
pulsare 94.
pungere 180.
Punicanus 512.
Punicus 512.
punire 121.
puniri 429.
purus 321.
pusillus 356.
pusio 288.
putare 7.

Q.

Qua-qua 487.
quadrare 117.
quaerere 31. 52.
quaeso 32.
quaestus 346.
quam 498. 499.
quamdiu 500.
quamlibet 496.
quamobrem 491.
quamquam 496.
quamvis 496.
quando 494.

quandoquidem 494.
quantus 499.
quapropter 491.
quare 491.
quasi 487.
quatenus 460.
500.
que 485.
quemadmodum 499.
quercus 302.
querela 218.
queri 34.
querimonia 218.
questus 218.
qui 499.
quia 494.
quidam 430.
quidem 431. 496.
quidni 491.
quies 233.
quilibet 411.
quippe 494.
quire 46.
Quiris 516.
quiritatio 218.
quis 430.
quispiam 430.
quisquam 430.
quisque 411.
quisquiliae 252.
quivis 411.
quoad 500. 458.
quocirca 491.
quod 494.
quomodo 499.
quondam 457.
quoniam 494.
quoque 486.
quot 499.
quotannis 499.
quotidianus 397.
quousque 500.
quoties 499.
quum 494. 496.
497.

R.

Rabidus 196.
rabula 248.
radiare 149.
ramus 303.
raptor 394.
rarus 463.

ratiō 185.
ratis 368 a.
recens 375.
recipere 27.
recordari 2.
recludere 173.
recreare 101.
recte 432.
redarguere 51.
reddere 45.
redintegrare 101.
redire 128.
redundare 141.
refellere 51.
refercire 142.
referre 28.
referre gratiam 217.
refert 179.
reficere 101.
reformidare 10.
refragari 115.
refutare 51.
regalis 425.
regere 37.
regio 310.
regius 425.
regnare 37.
regnum 353.
relegare 169.
relinquere 60. 110.
reliquus 412.
reminisci 2.
remotus 397.
renovare 101.
reparare 101.
repente 462.
repere 153.
reperire 53.
reprehendere 116.
repudiare 18.
repugnare 115.
reputare 1.
requies 233.
requirere 9.
reri 7.
res 215. 250. 347.
reserare 173.
resistere 115.
res publica 274.
restare 183.
restituere 101.
revera 431.

revenire 128.
vertere 128.
rex 279.
rhetor 248.
ridere 408.
rigere 151.
rimari 52.
ripa 369.
risus 408.
ritus 292.
rivalitas 202.
rixa 246.
robur 302. 353.
robustus 227.
rogare 31. 32. 41.
Romanus 516.
rudis 197.
rumor 281.
rumpere 89. 90.
rupes 270.
rursus 442.
rus 309.
rusticus 309.

S.

Sacer 78.
sacerdos 295.
sacramentum 384.
sacrificare 76.
saepe 463.
saevus 210.
saga 293.
sagax 190.
sagitta 385.
sal 251.
saltem 431.
saltus 300.
saluber 224.
salum 368.
salus 224.
salutaris 224.
salvus 225.
sanare 175.
sanctus 78.
sane 431.
sanguis 320.
sanitas 224.
sapere 23.
sapiens 189.
sarcire 101.
Sardiniensis 517.
Sardus 517.
sarmentum 303.
satelles 297.

satis 435.
sauciare 95.
saxum 270.
scamnum 426.
scapha 368 a.
scatere 141.
sceleratus 244.
scelerosus 244.
scelestus 244.
scelus 243.
schola 401.
scientia 187.
scilicet 493.
scindere 90.
scire 5.
sciscere 41.
sciscitari 31.
scopulus 270.
scriba 259.
scriptor 259.
scrofa 335.
scrupulus 270.
scrutari 52.
scutum 385.
secernere 72.
secreto 470.
sectator 297.
secundare 67.
secundum 478.
secundus 219.
securitas 221.
securus 391.
secus 438.
sed 495.
sedare 168.
sedes 426.
sedile 426.
seditio 379.
sedulitas 232.
seges 309 a.
segnis 231.
segregare 72.
sciungere 72.
sella 426.
semel 457.
sementis 309 a.
seminare 83.
semita 364.
semper 464.
sempiternus 373.
senatus 365.
senecta 288.
senectus 288.
sensim 465.
sententia 427.
sentire 1. 4.

separare 72.
separatim 472.
sepelire 152.
serenus 215.
serere 83.
series 382.
serius 214.
sermo 249.
sermocinari 24.
serpens 338.
serpere 153.
servare 111.
servire 39.
servitium 285.
servitus 285.
servus 283.
seta 318.
severus 214.
sexus 278.
si 497.
sic 452.
sica 385.
siccus 367.
Siciliensis 517.
Siculus 517.
sidus 370.
significare 54.
signum 294. 316.
silere 26.
silva 300.
si minus 498.
simul 466.
simulacrum 316.
simulare 50.
simultas 200.
sin 497.
sinero 16.
singillatim 472.
singularis 277.
si non 498.
siquidem 497.
situm esse 131.
sive 488.
societas 403.
socius 296.
socors 231.
sodalis 296.
solere 292.
sollicitudo 221.
solum 309. 454.
solvere 161.
sons 386.
sordidus 213.
sors 220. 345 a.
sospes 225.
Sparta 513.

INDEX. 401

Spartanus 513.
Spartiates 513.
spatium 310.
species 186. 312.
specimen 317.
speciosus 314.
spectare 19. 157.
specus 311.
spelunca 311.
spernere 18.
spiculum 385.
spiritus 184. 207.
spissus 390.
splendere 149.
spolia 395.
spoliare 107.
spondere 27.
sponsio 403.
sponsor 402.
sponte 467.
statim 461.
statua 316.
statuere 41. 84.
stella 370.
stilla 419.
stilus 249.
stimulare 120.
stipare 170.
stipator 297.
stirps 278.
stolidus 195.
stomachari 12.
stomachus 320. 12.
strenuus 354.
studere 67.
studium 204.
stultus 195.
stupere 17.
stupidus 195.
suavis 216.
suavium 422.
sub 480. 481.
subdolus 192.
subigere 167.
subiicere 167.
subinde 429. 463.
subito 462.
sublimis 305.
suboles 278.
subridere 408.
subsellium 426.
subter 481.
subtilis 190.
succensere 12.
sufficere 134.

suffragium 427.
sumere 104.
summatim 471.
summe 448.
summus 448. 361.
sumptus 348.
super 480.
superare 98.
superbia 207.
superesse 183.
supinus 307.
suppeditare 134. 139.
suppetere 134.
supplicare 32.
supra 480.
supremus 361.
surculus 303.
sus 335.
suscipere 27.
suscitare 120.
suspicere 17.
suspirare 182.
sustentare 166.
sustinere 166. 124.

T.

Tabula 316.
tabulae 256.
tacere 26.
taeda 328.
taeter 315.
tam 436. 452.
tam-quam 487.
tamen 495.
tametsi 496.
tandem 441.
tantisper 451.
tantopere 436.
tantum 436. 454.
tardus 363.
tectum 262.
tegere 73.
tellus 308.
telum 385.
tempestas 378.
templum 263.
temperantia 206.
temperare 63.
temperatio 206.
tempus 372.
temulentia 269.
tenax 213.
tenebrae 324.

tenere 138.
tentare 44.
tenuitas 291.
tenus 482.
tepere 150.
tergum 320.
tergus 319.
terminare 178.
terra 308.
terrenus 308.
thorax 385.
timere 10.
tingere 155.
tiro 188.
titulus 258.
tolerare 124.
tollere 104.
torquere 122.
torques 341.
torridus 367.
totus 297.
tractus 310.
tradere 140.
tragoedus 401.
trames 364.
tranquillitas 233.
trans 480.
transfigere 96.
transfuga 396.
tributum 345.
tristis 15. 214.
trivium 364.
Troes 518.
Troianus 518.
Troicus 518.
trucidare 123.
trudere 180.
trux 210.
tueri 111.
tum 456.
tum-quum 487.
tum-tum 487.
tunc 456.
tundere 180.
tumultus 379.
tumulus 301.
turba 380.
turbo 378.
turpis 200.
tutus 391.

U.

Uber 299.
ulcisci 429.
ullus 430.

ultimus 361.
ultor 429.
ultra 480.
ultro 467.
umbratilis 327.
umbrosus 327.
una 466.
unda 366.
unguis 320.
ungula 320.
universe 471.
universus 398.
unquam 457.
unusquisque 411.
urbanitas 251.
urbs 274.
urere 150.
urgere 165.
usque 464. 482.
usura 345.
usurpare 136.
usus 292.
ut 499.
uterlibet 410.
uterque 410.
utervis 410.
uti 136.
utilis 399.
utique 433.
uxor 290.

V.

vacare 135.
vacuus 350.
vadere 127.
vafer 192.
vagari 129.
valde 434.
valens 227.
valere 46.
valetudo 224.
validus 227.
vallum 86.
valvae 266.
vanus 350.
varietas 247.
vas 402.
vastare 108.
vastus 350. 355.
vates 261. 293.
vecors 196.
vectigal 345.
vegetus 229.
vehemens 230.

26

vel 488.
velle 9.
vellus 319.
velox 362.
velat 499.
vena 320.
vendere 163.
venditare 163.
venenum 413.
venerari 177.
veniam dare 49. 126.
venter 320.
venumdare 163.
venustas 314.
verberare 94.
verbosus 255.
verbum 253.
vere 432.
verecundia 205.
vereri 10.
vergere 157.
verna 283.
vero 495.
verres 935.
versura 345 a.
versutus 191.
vertex 304.
verum 495.
vesanus 196.
vestire 74.
vestimentum 428.
vestis 428.
vestitus 428.
veterator 192.
vetus 374.
vetustas 374.
vexare 122.
via 364.
vicinus 393.
vicissim 473.
victima 265.
victus 267.
vicus 275.
videlicet 493.
videre 19.
vigens 229.
vigil 342.
villa 273.
villus 318.
vimen 303.
vincere 98.
vincire 158.
vincula 158. 342.
vinculum 158. 341.
vindex 429.
vindicare 57. 111. 429.
vinolentia 269.
violare 65.
vipera 338.
vir 289.
virga 303.
virtus 354.
virus 413.
vis 353.
viscera 320.
viscere 19.
vitare 109.
vitium 288.
vituperare 116.
vivax 229.
vividus 229.
vivus 229.
vix 468.
vixdum 468.
vocabulum 253.
vocare 42.
vociferari 182.
volucer 339.
volumen 256.
voluntate 467.
voluptas 212.
vovere 27.
vox 253.
vulgo 446.
vulgus 276.
vulnerare 95.
vultus 313.